C. G. Jung

Mensch und Seele

C. G. Jung

Mensch und Seele

Aus dem Gesamtwerk 1905–1961
ausgewählt und herausgegeben von
Jolande Jacobi

EDITION C. G. JUNG

FSC
www.fsc.org
MIX
Papier aus verantwortungsvollen Quellen
FSC® C014496

Für die Verlagsgruppe Patmos ist Nachhaltigkeit ein wichtiger Maßstab ihres Handelns. Wir achten daher auf den Einsatz umweltschonender Ressourcen und Materialien.

Bibliografische Information der Deutschen Nationalbibliothek
Die Deutsche Nationalbibliothek verzeichnet diese Publikation in der Deutschen Nationalbibliografie; detaillierte bibliografische Daten sind im Internet über http://dnb.d-nb.de abrufbar.

Verlagsgruppe Patmos in der Schwabenverlag AG, Ostfildern
www.patmos.de
Neuausgabe des erstmals 1945 im Rascher Verlag, Zürich, unter dem Titel *Psychologische Betrachtungen* erschienenen und in der 3., neu bearbeiteten und ergänzten Auflage 1971 unter dem Titel *Mensch und Seele* im Walter Verlag, Olten, veröffentlichten Werkes

Umschlaggestaltung: Finken & Bumiller, Stuttgart
Gestaltung, Satz und Repro: Schwabenverlag AG, Ostfildern
Druck: GGP Media GmbH, Pößneck
Hergestellt in Deutschland
ISBN 978-3-8436-1192-3
EDITION C.G. JUNG im Patmos Verlag

An Jolan Jacobi

Dieses Buch haben Sie Sich als ein Denkmal Ihres Fleisses und Ihres Geschickes, die auch in schwerer Zeit nicht versagt haben, gesetzt. Ich bin dankbar dafür, dass ich das Baumaterial zu diesem Monument beitragen durfte.

C. G. Jung.

Küsnacht. 21 Dec. 1945.

Inhalt

Anhang

Vorwort von 1970

Rund ein Vierteljahrhundert ist seit dem ersten Erscheinen dieses Buches vergangen. Das Antlitz der Welt hat sich seither in mancher Beziehung verändert, aber das Wesen der menschlichen Seele, ihre Leiden und ihre Ängste, ihre Freuden und Sehnsüchte, sind die gleichen geblieben. Vielleicht sind sie sogar zahlreicher und vielfältiger geworden, vielleicht etwas umfassender und dem Bewusstsein näher gerückt, doch ihre Ergründung lässt nach wie vor zu wünschen übrig. Die Psychologie und besonders jene, die man Tiefenpsychologie nennt, hat große Fortschritte gemacht, sie wird zum Verstehen des Seins und Soseins immer häufiger herangezogen. So werden auch die tiefschürfenden Schriften von C. G. Jung immer aktueller und gesuchter. Es scheint daher gerechtfertigt, in einer neuen erweiterten Auflage eine Auslese von Zitaten, vor allem auch von solchen, die aus den letzten Jahren seines Schaffens stammen, der Welt vorzulegen.

Das Werk von C. G. Jung, das seinerzeit, als die erste Auflage dieser Auswahl herauskam, aus rund 150 Büchern und größeren und kleineren Schriften bestand, hat sich seither verdoppelt. In den 16 Jahren bis zu seinem Tode – also von 1945 bis 1961 – hat er noch eine Reihe von außerordentlich wichtigen Schriften verfasst. Neue Aussagen, schärfere Formulierungen des früher Festgestellten, Ergänzungen vergangener Behauptungen legten eine Erweiterung der vorhandenen Zitatensammlung nahe. So wurde manches bereits Vorgebrachte gestrichen und durch eindrücklicher Formuliertes ersetzt, anderes wieder wegen seiner relativen Unklarheit weggelassen. Um einzelne Gedanken wirkungsvoller hervorzuheben, kam eine größere Zahl neuer Zitate aus den letzten Werken hinzu. Damit konnte das gesamte Schaffen Jungs berücksichtigt werden, sodass es in der vorliegenden Zusammenstellung einen tief reichenden Einblick in den Erfahrungsschatz und die weit ausholende Gedankenwelt des großen Seelen- und Menschenkenners Jung vermittelt.

Die Liste der Werke, denen die Aussprüche entnommen wurden, ist im Anhang aufgeführt. Die Quellennachweise der »Aussagen« sind den jeweils am Schluss eines Zitates hinzugefügten Hinweisen zu entnehmen, wobei die Ziffer in eckigen Klammern auf das einzelne Werk verweist, gefolgt von der Paragrafenangabe im jeweiligen Band der Gesammelten Werke (GW) (z. B. [55] GW 11, § 87). [Die Quellenangaben erfolgen nach der heutigen Ausgabe der GW, Anm. d. Lektorats, Juli 2019.] Damit fällt der »Zitatennachweis« in der Form, wie ihn die erste Auflage brachte, weg und wird durch einen einfacheren und klareren ersetzt. Im Übrigen ist die Einteilung des Buches unverändert geblieben. Und auch die Gesichtspunkte der Auswahl, der Aneinanderreihung und der Beschränkung sind dieselben geblieben wie in der ersten Auflage. Vor allem aber wurde aus der späten Blütezeit des Jung'schen Werkes für Aussagen Raum geschaffen, die religiöse oder soziale Probleme aufgreifen und die kontinuierliche Entwicklung von Jungs zentralen Ideen aufzeigen. Bei der Auswahl der Texte, die den Schriften von Jung, die er nach 1945 verfasste, entnommen worden sind, stand mir Herr R. F. C. Hull, der Übersetzer und genaue Kenner der Gesammelten Werke Jungs, mit treffsicherem Auge und freundschaftlicher Mühewaltung zur Seite. Auch ihre Einordnung in die bereits vorhandenen Zitate verdanke ich seinem Wissen und seiner steten Hilfsbereitschaft. Er war mir ein unersetzlicher Mitarbeiter an dieser neuen Fassung des Buches.

Aufgrund seiner Vorarbeit hat Frau Alice Maurer die deutsche Fassung zusammengestellt und geordnet. Ihrer sorgfältigen Mitarbeit gebührt daher mein aufrichtigster Dank.

Möge das Buch ein weitverbreitetes Interesse finden und ebenso viel Anklang wie die erste Ausgabe, möge es ebenso eifrig gekauft werden und die Menschen zu Besinnlichkeit und Vertiefung führen.

Zürich, Herbst 1970
Dr. Jolande Jacobi

Einführung zur Erstausgabe 1945

Am Schnittpunkt zweier Welten, inmitten einer fast unvorstellbaren Zertrümmerung der überlieferten Wertmaßstäbe, steht heute der abendländische Mensch in einem gewaltigen äußeren und inneren Kampf um eine neue, allgemein verpflichtende Ordnung seines Lebens. Eine klare Orientierung, eine gesicherte Wegweisung ist im Wirbel der nach Gestalt ringenden geistigen Kräfte noch nicht möglich. Die menschliche Existenz schlechthin hat sich in ihrer ganzen Fragwürdigkeit und Ungesichertheit einer neuen Überprüfung zu stellen. Die schicksalhafte Vernichtung gewaltiger materieller Güter weist heute gebieterischer denn je auf den Bereich des Seelisch-Geistigen hin. Allseitiges, vertieftes Interesse wendet sich ihm endlich zu. Vielleicht – so meint man – vermag die Tiefenpsychologie, dieses jüngste, vielenorts noch recht stiefmütterlich behandelte Kind der Wissenschaften, einiges von dem Unfassbaren, mit dem der Mensch seit der Jahrhundertwende immer unerbittlicher konfrontiert wurde, dem Verstehen näherzubringen und diese weglose Gegenwart einer sinnbezogenen Zukunft entgegenzuführen. Denn langsam dämmert es ihm, dass die Wurzel alles Guten und Bösen in seiner eigenen Seele liegt und dass die Welt um ihn so ist, wie er selbst sie gestaltet; er ahnt vielleicht auch, dass aus dem, was in den Seelen der Menschen sich ereignet, die Geschicke der Welt erwachsen. Wie sollten aber Maß und Ordnung draußen, im Gebäude der Welt, herrschen, solange der Mensch sich nicht einmal in seinem eigenen inneren Seelenraume zurechtfindet?

So scheint es wohl an der Zeit, vielleicht sogar dringend geboten, nach der langen Reihe der Versuche von den mannigfaltigsten Standorten aus über Welt und Mensch Substanzielles auszusagen, das Wagnis einer breiter ausholenden Sinngebung auch vom Psychologischen her zu unternehmen. Hat doch der Standort der modernen Tiefenpsychologie gleichsam die Mitte inne zwischen den natur- und geisteswissenschaftlichen Betrachtungsweisen, indem sie, beide überbrückend, zugleich beiden verpflichtet ist und, wie keine andere, die Möglichkeit bietet, aus dem unmittelbarsten Erlebnis am Menschen die Wirklichkeit alles auf seelisch-geistiger Ebene Geschaffenen und Gewordenen zu erfahren. Dass sich zu diesem Zweck das weitverzweigte und mächtige Lebenswerk des Schweizer Arztes C. G. Jung, das sich bis in die tiefsten Urgründe seelischen Seins vortastet, als die gegebene Unterlage erwies, benötigt wohl kaum einer weiteren Rechtfertigung.

Nicht der Mensch Jung und sein Werk sollen hier gewürdigt werden; dies sei anderen Stellen vorbehalten. Wesen und Wert des Werkes, wie sie sich in der vorliegenden Auslese unmittelbar darbieten, vermögen ja zugleich vom Wesen und Wert ihres Autors zu künden. Jung ist in erster Linie Empiriker und Praktiker; seine persönlichen Erfahrungen bilden Voraussetzung und Grundlage seiner Theorie. Was er auch sagt, ist dem lebendigen seelischen Geschehen immer ganz nahe, und er selber ist in seiner ganzen Persönlichkeit von ihm berührt. Aphoristisches, Sentenzenhaftes, Erdachtes, dem kristallenen Reich abstrakter Gedanken Entnommenes liegt ihm nicht. Auch dort, wo seine Worte einen solchen Anschein haben könnten, entspringen sie stets einem zutiefst Erlebten, sind sie nur Niederschlag des in der Arbeit an der Seele Erfahrenen. Weil aber Jung zu gleicher Zeit neben dem wissenschaftlichen Empiriker auch ein echter Künstler ist, der bunt schillernden, rätselvollen, grenzenlosen Welt der seelischen Urbilder verhaftet, besitzt alles, was er aussagt, jene einmalige bezwingende Note, die niemanden unberührt entlässt. Das draußen im Alltag Erlebte oder im Sprechzimmer des Arztes Erfahrene wird durchwoben mit dem innen Erschauten und so zu einem weltweiten, fast alle Gebiete menschlichen Seins umgreifenden Rundblick von persönlichster und originellster Prägung. Keiner, der nicht abseits vom Leben steht, wird sich einer Auseinandersetzung mit ihm entziehen können, sei er zustimmend oder ablehnend eingestellt. Denn als ein vom Geheimnis der Seele selber Ergriffener vermag Jung wie wenige die Menschen zu ergreifen.

Da es nun nicht die Absicht dieser Auslese war, Jungs Lehre in ihrem rein wissenschaftlich-fachlichen Aspekt darzustellen, sondern vielmehr in einem Querschnitt einige der wichtigsten Gebiete des allgemeinmenschlichen Daseins, von der Psychologie her begriffen und beleuchtet, aufzuzeigen, wurde alles im engeren Sinn »Handwerkliche« von vornherein ausgeschieden. Ebenso mussten auch die Grundlagen der Theorie Jungs, die Grundzüge seiner Analytischen Psychologie mit ihrer großen Zahl von Definitionen und ihrem bunten Reigen von Begriffen und Gestalten, ihrem ganzen kasuistischen Material und den amplifikatorischen Belegen aus den Hilfswissenschaften der Psychologie sowie noch vieles andere Dazugehörige unberücksichtigt bleiben. Wer sich dafür interessiert oder sich auf dem Gebiet der Analytischen Psychologie Jungs genau orientieren will, der muss sich in die Reihe der speziellen Untersuchungen vertiefen. Die hier vorliegende Auswahl beschränkt sich auf besonders charakteristische, in sich abgerundete Aussprüche mehr allgemeiner Natur, sofern sie geeignet sind, eine »An-Schauung« von psychologischer Warte aus zu vermitteln. In ihnen etwelche moralisierenden Lehrsätze, Rezepte oder Ermahnungen erblicken zu wollen, wäre jedoch völlig verfehlt und würde ein Missverstehen der Auffassungen Jungs an einer zentralen Stelle bedeuten; es stünde in einem prinzipiellen Gegensatz zu den Absichten seiner Psychologie. Denn in ihrer täglichen praktischen Begegnung mit den verheerenden Folgen unreflektiert angenommener Vorschriften, aufgepfropfter, zuweilen schon in früher Kindheit »eingeprügelter« und niemals voll assimilierter, meistens sogar miss- oder unverstandener Meinungen, ist es ihr dringendes Anliegen, den Menschen zu einer seiner individuellen Eigenart entsprechenden, selbstverantwortlichen Lebenshaltung und Lebensanschauung zu bringen; zu einer inneren und äußeren Verhaltensweise, in welcher nicht das »man«, die kollektive Norm, die alleinige Macht ausübt, sondern zu einer solchen, die auch dem eingeborenen persönlichsten Gesetz eines jeden Individuums den ihm gemäßen Entfaltungsraum gewährt.

So mögen manche der angeführten Aussagen auf den ersten Blick vielleicht den landläufigen Anschauungen gegenüber als ungewöhnlich, als widerspruchserregend, ja als fremdartig erscheinen. Der psychologische Gesichtspunkt ist aber in der Bewertung und Beurteilung der Dinge bisher häufig übergangen worden; es ist daher kein Wunder, wenn von ihm aus gesehen vieles in neuem und eigenartigem Licht erscheint. Es darf auch nicht übersehen werden, dass, sobald man das Reich der Seele betritt und damit die Ganzheit der Psyche einbezieht, alles von ihrer Gegensatzstruktur aus beurteilt werden muss. Jeder Satz der Psychologie hat ihr Rechnung zu tragen, und jede psychologische Aussage wird zugleich Zeugnis von ihr geben. Die anscheinenden Widersprüche, die in den herausgehobenen Sätzen Jungs etwa gefunden werden könnten, beruhen auf dieser strukturellen Antinomie, die der Seele infolge der prinzipiellen Gegensatzspannung von Bewusstsein und Unbewusstem zu eigen ist. Ihre Erkenntnis und ihre Anerkennung drängt sich aber heute jedem Menschen unabweislich auf; hängt doch davon die Möglichkeit ab, ob der Mensch in Zukunft aus dem Gestrüpp der Schicksalsverstrickungen zu einer Ordnung zurückfinden kann, oder ob er, ahnungslos in Betreff der eigenen seelischen Voraussetzungen und der seiner Mitmenschen, den Mächten des Dunkeln auch weiterhin wehrlos ausgeliefert sein wird, wie wir es in unserer vom Stolz auf ihren kulturellen und technischen Fortschritt aufgeblähten Gegenwart mit Schaudern bereits erleben mussten.

Die Zusammenstellung der ausgewählten Texte erfolgte weder nach der chronologischen Folge der einzelnen Jung'schen Schriften noch nach der Anordnung innerhalb dieser. Sie wurde thematisch nach Sinngebieten vorgenommen und die Auswahl daher ausschließlich von inhaltlichen Gesichtspunkten aus getroffen, um dem Reichtum der psychologischen Betrachtungsweise ebenso gerecht werden zu können wie der Vielfalt der von ihr erfassten Gebiete. Immer blieb jedoch das Augenmerk sorgfältig auf eine möglichst breite Auffächerung der berührten Themen gerichtet, weshalb auch gelegentlich auf einzelne, abseits liegende Gedanken verzichtet wurde, um wichtigeren Lebenskreisen womöglich ganze Abschnitte widmen zu können. So entstand eine Art »Rundgang« durch einige der wesentlicheren Bereiche menschlichen Seins, bei welchem manche schärfere und ausgedehntere, manche wieder schwächere und begrenztere Schlaglichter erhielten. Es wurde dabei versucht, dem Leser durch Stichworte im Inhaltsverzeichnis einen Begleiter mitzugeben, der ihm die Orientierung im Labyrinth der mehr als tausend Zitate erleichtern sollte. Da die einzelnen Ausschnitte nirgends willkürlich und lose, das heißt ohne innere Sinnverbundenheit, und wo immer nur möglich in der Weise aneinandergereiht wurden, dass ein jeder mit dem vorangehenden und nachfolgenden durch einen mehr oder weniger engen gedanklichen Zusammenhang verknüpft ist, ihn gleichsam auseinandergefaltet oder in einem neuen Aspekt darstellt, vermag die scheinbare Unklarheit oder schwierigere Verständlichkeit eines Zitats zumeist durch das nächste oder übernächste leicht aufgehellt zu werden.

In den Texten wurden jene, die aus den älteren Jahrgängen stammen, nach der heutigen Orthografie umgeschrieben; außerdem sind an einigen wenigen, zum Beispiel solchen, die mitten aus einer fortlaufenden Ausführung oder aus Vorträgen stammen, der sprachlichen Ausgeglichenheit halber kleine Striche beziehungsweise Satzumstellungen vorgenommen worden, so etwa Weglassung der auf Vorangegangenes bezogenen Wörter wie »nämlich, aber, jedoch« usw. zu Satzbeginn oder eingeschobener direkter Anreden des Auditoriums sowie Umstellung des Prädikats usw. Die Zitate wurden ausschließlich den bis heute in deutscher Sprache im Druck erschienenen Werken Jungs entnommen; die Verwendung der großen Zahl von teils noch unveröffentlichten Manuskripten, teils nur in hektografierten Privatdrucken vorhandenen und im

Buchhandel nicht erhältlichen Arbeiten und Seminarprotokollen hätte einerseits den Umfang des Buches über Gebühr vergrößert, zumindest verdoppelt, andererseits die wissenschaftlich erwünschten Vergleiche durch Nachschlagen der Ausschnitte in den Originalwerken unmöglich gemacht. Eine Ausnahme wurde nur mit dem sogenannten »Basler Seminar« gemacht, da dieses als einziger unter den Privatdrucken bereits teilweise, wenn auch nur in französischer Sprache, veröffentlicht ist (siehe: L'homme à la découverte de son âme, Genf 1944).

Angesichts der Fülle, welche das Jung'sche Werk kennzeichnet, wäre es von vornherein aussichtslos gewesen, Vollständiges und Erschöpfendes geben zu wollen. Das konnte auch nicht das Ziel der vorliegenden Auslese sein. Denn sie musste sich darauf beschränken, eine auf den allgemein menschlichen Aspekt der psychologischen Anschauungen Jungs ausgerichtete Übersicht zu vermitteln und somit diese bewusst aus dem begrenzten Raum des wissenschaftlichen Bezirks herauszuheben. Sie wird nicht dem Fachmann dargeboten, sondern wendet sich an alle, die wissen und verstehen möchten, welches die inneren Kräfte sind, von denen sie und die Welt bewegt werden, an alle, die Klarheit suchen, um sich in diesem zwischen Licht und Finsternis pulsierenden Leben nicht zu verlieren, und schließlich an alle, die guten Willens sind, die volle Wirklichkeit der Seele anzuerkennen, ihr ihre Würde zurückzugeben und an dem besseren Verständnis einer neu erstehenden Menschheit mitzuarbeiten.

Zürich, Frühjahr 1945
Dr. Jolande Jacobi

Teil I
Wesen und Wirken der Psyche

Des Menschen Seele
Gleicht dem Wasser:
Vom Himmel kommt es,
Zum Himmel steigt es,
Und wieder nieder
Zur Erde muss es,
Ewig wechselnd.
GOETHE

Bekenntnis zur Seele

»Alles Außen ist auch Innen«, könnte man mit Goethe sagen. Dieses »Innen« nun, das moderner Rationalismus so gerne vom »Außen« ableitet, hat seine eigene Struktur, die aller bewussten Erfahrung vorangeht, die sogar ein Apriori auch der unbewussten Erfahrung ist. Denn es lässt sich schlechterdings nicht vorstellen, wie »Erfahrung« im weitesten Sinne, wie überhaupt Psychisches ausschließlich aus Äußerem entstehen könnte. Die Psyche gehört zum Innersten des Lebensgeheimnisses, und wie alles organisch Lebende seine ihm eigentümliche Struktur und Form hat, so auch die Psyche. Ob die seelische Struktur und ihre Elemente, die Archetypen, überhaupt je entstanden sind, das ist eine Frage der Metaphysik und daher nicht zu beantworten. Die Struktur ist das jeweils Vorgefundene, das heißt das, was in allen Fällen schon da war, die Vorbedingung. Das ist die *Mutter.*

[56] GW 9/I, § 187

Ein unrichtiges Funktionieren der Psyche kann den Körper weitgehend schädigen, wie umgekehrt ein körperliches Leiden die Seele in Mitleidenschaft zu ziehen vermag; denn Seele und Körper sind nichts Getrenntes, vielmehr ein und dasselbe Leben.

[109 B] GW 7, § 194

Die Seele ist eine Bilderfolge in weitestem Sinne, aber nicht ein zufälliges Neben- oder Nacheinander, sondern ein über alle Maßen sinnreicher und zweckmäßiger Aufbau, eine in Bildern ausgedrückte Anschaulichkeit der Lebenstätigkeiten. Und ebenso sehr, wie der lebensbereite Stoff des Körpers des Seelischen bedarf, um lebenstätig zu sein, so muss auch die Seele den lebendigen Körper voraussetzen, damit ihre Bilder leben können.

[23] GW 8, § 618

Trotz der materialistischen Tendenz, die »Seele« wesentlich als einen bloßen Abklatsch physikalischer und chemischer Vorgänge zu begreifen, liegt doch nicht ein einziger Beweis für diese Hypothese vor. Ganz im Gegenteil sogar beweisen unzählige Tatsachen, dass die Seele den physi-

kalischen Vorgang in Bilderfolgen übersetzt, die häufig mit dem objektiven Vorgang einen kaum noch erkennbaren Zusammenhang haben. Die materialistische Hypothese ist allzu kühn und greift über das Erfahrbare mit »metaphysischer« Anmaßlichkeit hinaus. Es besteht gar kein Anlass, das Seelische als etwas Sekundäres oder als ein Epiphänomen zu betrachten, sondern es gibt genügend Gründe, es – wenigstens hypothetisch – als einen factor sui generis aufzufassen, und zwar so lange, bis es hinlänglich erwiesen ist, dass der seelische Prozess auch in der Retorte fabriziert werden kann.
[77] GW 9/I, § 117

Zwischen organischem und psychischem Wachstum besteht kein prinzipieller Unterschied. Wie eine Pflanze ihre Blüte hervorbringt, so erschafft die Psyche ihre Symbole.
[102] S. 64

Eine Psychologie, die das Psychische als Epiphänomen betrachtet, tut besser, sich eine Gehirnpsychologie zu nennen und mit der überaus spärlichen Ausbeute sich zu begnügen, welche eine solche Psychologie liefert. Das Psychische verdient als ein Phänomen an sich genommen zu werden, denn es liegen gar keine Gründe vor, wonach es als bloßes Epiphänomen zu betrachten wäre, obschon es an die Gehirnfunktion gebunden ist; so wenig als man das Leben als ein Epiphänomen der Kohlenstoffchemie auffassen kann.
[80] GW 8, § 10

Die Einschränkung auf *materielle* Wirklichkeit schneidet aus dem Weltganzen ein zwar ungemessen großes, aber eben doch nur *ein Stück* heraus und erzeugt damit ein dunkles Gebiet, welches man unwirklich oder überwirklich nennen müsste. Das östliche Weltbild zum Beispiel kennt diesen beschränkten Rahmen nicht, weshalb es auch keiner philosophischen Überwirklichkeit bedarf. Unsere willkürlich abgezirkelte Wirklichkeit ist beständig von »Übersinnlichem«, »Übernatürlichem«, »Übermenschlichem« und dergleichen mehr bedroht. Die östliche Wirklichkeit schließt dies alles selbstverständlich ein. Die Störungszone beginnt bei uns schon mit dem Begriffe des Psychischen. In unserer »Wirklichkeit« kann das Psychische gar nichts anderes sein als Wirkung dritter Hand, von physischen Ursachen ursprünglich hervorgebracht, ein »Gehirnsekret« oder ähnlich Schmackhaftes. Dabei wird diesem Anhängsel der

Stoffwelt zugetraut, dass es sich selbst überspringen und nicht nur die Geheimnisse der physischen Welt, sondern auch noch in der Form von »Geist« sich selber erkennen könne, all dies, ohne dass ihm eine andere als eine indirekte Wirklichkeit zugestanden wird.
[97] GW 8, § 743

★

Da Psyche und Materie in einer und derselben Welt enthalten sind, überdies miteinander in ständiger Berührung stehen und schließlich beide auf unanschaulichen transzendentalen Faktoren beruhen, so besteht nicht nur die Möglichkeit, sondern sogar auch eine gewisse Wahrscheinlichkeit, dass Materie und Psyche zwei verschiedene Aspekte einer und derselben Sache sind.
[74] GW 8, § 418

Alle Wissenschaft jedoch ist Funktion der Seele, und alle Erkenntnis wurzelt in ihr. Sie ist das größte aller kosmischen Wunder.
[74] GW 8, § 357

Es scheint mir nicht erstaunlich, dass die Psychologie an die Philosophie rührt, denn das der Philosophie zugrunde liegende Denken ist eine psychische Tätigkeit, die als solche Gegenstand der Psychologie ist. Ich denke bei der Psychologie immer an den ganzen Umfang der Seele, und da ist Philosophie und Theologie und so vieles andere mit dabei. Denn gegenüber allen Philosophien und allen Religionen stehen die Tatsachen der menschlichen Seele, welche vielleicht in letzter Instanz über Wahrheit und Irrtum entscheiden.
[2] GW 8, § 525

Jede Naturwissenschaft ist da, wo sie nicht mehr experimentell vorgehen kann, beschreibend, ohne damit aufzuhören, wissenschaftlich zu sein. Eine Erfahrungswissenschaft aber macht sich selbst unmöglich, wenn sie ihr Arbeitsgebiet nach theoretischen Begriffen absteckt. Die Seele kommt nicht da zum Ende, wo die Reichweite einer physiologischen oder sonstigen Voraussetzung aufhört, das heißt, wir haben in jedem einzelnen Fall, den wir wissenschaftlich betrachten, die Gesamterscheinung der Seele in Erwägung zu ziehen.
[77] GW 9/I, § 113

Der psychologische Forscher sieht sich immer wieder gezwungen, die von ihm beobachtete Wirklichkeit durch weitläufige und sozusagen indirekte Beschreibung darzustellen. Nur soweit mit Zahl und Maß zugängliche Elementartatsachen mitgeteilt werden, kann auch von einer direkten Darstellung die Rede sein. Aber wie viel von der wirklichen Psychologie des Menschen wird als durch Maß und Zahl erfassbare Tatsache erlebt und beobachtet?
[58] GW 6, § 672

Es gibt keinen Archimedischen Punkt, von dem aus man urteilen könnte, da die Psyche ununterscheidbar ist von ihrer Manifestation. Die Psyche ist das Objekt der Psychologie und unglücklicherweise zugleich auch ihr Subjekt. Über diese Tatsache kommen wir nicht hinweg.
[55] GW 11, § 87

Jede andere Wissenschaft hat ein Außerhalb ihrer selbst; nicht so die Psychologie, deren Objekt das Subjekt aller Wissenschaft überhaupt ist.
[74] GW 8, § 429

Weit davon entfernt, eine materielle Welt zu sein, ist sie vielmehr eine psychische Welt, die nur indirekte und hypothetische Schlüsse auf die Beschaffenheit der wirklichen Materie zulässt. Dem Psychischen allein kommt unmittelbare Realität zu, und zwar jeglicher Form des Psychischen, selbst den »unrealen« Vorstellungen und Gedanken, die sich auf kein »Außen« beziehen. Nennen wir solche Inhalte Einbildung oder Wahn, so ist damit nichts von ihrer Wirksamkeit weggenommen, ja es gibt keinen »realen« Gedanken, der nicht gegebenenfalls von einem »unrealen« zur Seite könnte geschoben werden, womit letzterer eine größere Kraft und Wirksamkeit erweist als ersterer. Größer als alle physischen Gefahren sind die gigantischen Wirkungen der Wahnvorstellungen, denen doch unser Weltbewusstsein jegliche Wirklichkeit absprechen möchte. Unsere hochgepriesene Vernunft und unser maßlos überschätzter Wille erweisen sich gegebenenfalls als machtlos gegenüber dem »unrealen« Gedanken. Die Weltmächte, welche die gesamte Menschheit auf Gedeih und Verderb regieren, sind unbewusste psychische Faktoren, und sie sind es auch, welche das Bewusstsein und damit die conditio sine qua non für die Existenz einer Welt überhaupt hervorbringen. Wir sind überwältigt von einer Welt, welche durch unsere Seele geschaffen wurde.
[97] GW 8, § 474

Da wir nicht alles wissen, enthält praktisch jede Erfahrung, jede Tatsache oder jedes Objekt etwas Unbekanntes. Wenn wir also von der Totalität einer Erfahrung sprechen, kann sich das Wort »Totalität« nur auf den bewussten Teil der Erfahrung beziehen. Da wir nicht annehmen können, dass unsere Erfahrung die Totalität des Objektes umfasse, ist es klar, dass dessen absolute Totalität notwendigerweise den Teil enthalten muss, der nicht erfahren wurde. Dasselbe gilt, wie ich schon gesagt habe, von jeder Erfahrung und auch von der Psyche, deren absolute Totalität auf alle Fälle einen wesentlich größeren Umfang hat als das Bewusstsein. Mit anderen Worten, die Psyche macht keine Ausnahme von der allgemeinen Regel, dass das Wesen des Universums nur insoweit festgestellt werden kann, als unser psychischer Organismus es erlaubt.

[55] GW 11, § 68

Nicht nur am psychischen Menschen gibt es Unbekanntes, sondern ebenso auch am physischen, welches wir in ein vollständiges Menschenbild einbeziehen sollten, aber nicht können. Der Mensch selber ist zum Teil empirisch, zum Teil transzendental [...]. Auch wissen wir nicht, ob dasjenige, welches wir empirisch als physisch auffassen, im unbekannten Jenseits unserer Erfahrung nicht identisch ist mit dem, was wir im Diesseits als psychisch vom Physischen unterscheiden.

[42] GW 14/II, § 420

Obschon das allgemeine Vorurteil noch immer glaubt, dass die allein wesentliche Grundlage unserer Erkenntnis ausschließlich von außen gegeben sei und dass »nihil esse in intellectu, quod non antea fuerit in sensu«, so ist es doch wahr, dass die durchaus ansehnliche Atomtheorie des alten Leukippos und Demokritos keineswegs auf der Beobachtung von Atomzertrümmerungen beruhe, sondern auf einer »mythologischen« Vorstellung kleinster Teilchen, die als Seelenatome, als belebte kleinste Teilchen, schon den noch paläolithischen Zentralaustraliern bekannt sind. Wie viel Gegebenheit der Seele in das Unbekannte der äußeren Erscheinung projiziert wird, das ist jedem Kenner der alten Naturwissenschaft und Naturphilosophie bekannt. Es ist in der Tat so viel, dass wir überhaupt nicht imstande sind, jemals anzugeben, wie die Welt an sich überhaupt beschaffen ist, da wir ja gezwungen sind, das physische Geschehen in einen psychischen Prozess umzusetzen, wenn wir überhaupt von Erkenntnis reden wollen. Wer garantiert aber, dass bei

dieser Umsetzung ein irgendwie zulängliches »objektives« Weltbild herauskomme?
[77] GW 9/I, § 116

Das Seiende wird von unserer Erkenntnis nicht umfasst, sodass wir nicht in der Lage sind, über dessen Gesamtnatur Aussagen irgendwelcher Art zu machen. Die Mikrophysik tastet sich in das Unbekannte der Materie vor, wie die Analytische Psychologie in das Unbekannte der Psyche. Beide Forschungsrichtungen gelangen zu Befunden, die sich nur durch Antinomien veranschaulichen lassen, und entwickeln Begriffe, die in mehr als einer Hinsicht merkwürdig analog sind. Sollte sich diese Entwicklung in der Zukunft noch stärker ausprägen, so würde die Hypothese einer Einheit des Gegenstandes beider Forschungsrichtungen an Wahrscheinlichkeit gewinnen. Freilich besteht wenig oder gar keine Hoffnung, dass das einheitliche Sein je veranschaulicht werden kann, weil Vorstellung und Sprache in diesem Fall nur die Möglichkeit antinomer Sätze gestatten. Aber so viel wissen wir heutzutage über allen Zweifel hinaus, dass die empirische Erscheinung auf einem transzendentalen Hintergrund beruht.
[42] GW 14/II, § 423

★

Es ist eine merkwürdige Tatsache, auf die man immer wieder stößt, dass absolut jeder, auch der unmaßgeblichste Laie, über Psychologie völlig Bescheid zu wissen glaubt, wie wenn die Psyche ausgerechnet jenes Gebiet wäre, welches sich der allgemeinsten Bekanntschaft erfreut. Jeder wirkliche Kenner der Menschenseele wird mir aber beipflichten, wenn ich sage, dass sie zum Dunkelsten und Geheimnisvollsten gehört, das unserer Erfahrung begegnet. Man hat auf diesem Gebiete nie ausgelernt.
[53] GW 12, § 2

Das Ich, als das angeblich und fiktiv Allerbekannteste, ist in Wirklichkeit ein höchst komplexer Tatbestand, der unergründliche Dunkelheiten in sich schließt. Ja man könnte es sogar als eine relativ ***konstante Personifikation des Unbewussten*** selber definieren oder als jenen Schopenhauer'schen Spiegel, in welchem das Unbewusste des eigenen Gesichtes gewahr wird.
[41] GW 14/I, § 125

Die Psyche erschafft täglich die Wirklichkeit. Ich kann diese Tätigkeit mit keinem anderen Ausdruck als mit »Fantasie« bezeichnen. Die Fantasie ist ebenso sehr Gefühl wie Gedanke, sie ist ebenso intuitiv wie empfindend. Es gibt keine psychische Funktion, die in ihr nicht ununterscheidbar mit den anderen psychischen Funktionen zusammenhinge. Sie erscheint bald als uranfänglich, bald als letztes und kühnstes Produkt der Zusammenfassung alles Könnens. Die Fantasie erscheint mir daher als der deutlichste Ausdruck der spezifischen psychischen Aktivität. Sie ist vor allem die schöpferische Tätigkeit, aus der die Antworten auf alle beantwortbaren Fragen hervorgehen, sie ist die Mutter aller Möglichkeiten, in der auch, wie alle psychologischen Gegensätze, Innenwelt und Außenwelt lebendig verbunden sind.
[58] GW 6, § 78

Fantasie ist die Selbsttätigkeit der Seele, die überall da durchbricht, wo die Hemmung durch das Bewusstsein nachlässt oder überhaupt aufhört, wie im Schlaf.
[51] GW 16, § 125

Psychisches Sein ist in Wahrheit die einzige Kategorie des Seins, von der wir unmittelbare Kenntnis haben, weil nichts bekannt sein kann, wenn es nicht als psychisches Bild erscheint. Nur psychische Existenz ist unmittelbar nachweisbar. Wenn die Welt nicht die Form eines psychischen Bildes annimmt, ist sie praktisch nicht existierend.
[18] GW 11, § 769

Alles seelische Geschehen ist ein Bild und eine Ein-Bildung, sonst könnte ja gar kein Bewusstsein und keine Phänomenalität des Vorganges existieren. Auch die Einbildung ist ein psychischer Vorgang, weshalb es völlig irrelevant ist, ob eine Erleuchtung »wirklich« oder »eingebildet« genannt wird. Der, welcher eine Erleuchtung hat oder zu haben vorgibt, meint auf alle Fälle, erleuchtet zu sein. Was andere davon halten, entscheidet für ihn in Bezug auf seine Erfahrung gar nichts. Selbst wenn er löge, wäre seine Lüge eine seelische Tatsache.
[72] GW 11, § 889

Was ist Illusion? Von welchem Standpunkt aus können wir etwas als Illusion bezeichnen? Gibt es für die Seele etwas, was wir als »Illusion« bezeichnen dürfen? Für die Seele ist sie vielleicht eine wichtigste Lebensform, eine Unerlässlichkeit, wie der Sauerstoff für den Organismus. Was wir »Illusion« nennen, ist vielleicht eine seelische Tatsächlichkeit von überragender Bedeutung. Die Seele kümmert sich wahrscheinlich nicht um unsere Wirklichkeitskategorien. Für sie scheint in erster Linie *wirklich* zu sein, was *wirkt*. Wer die Seele erforschen will, darf sie nicht mit seinem Bewusstsein verwechseln, sonst verhüllt er den Gegenstand der Forschung seinem eigenen Blicke. Man muss im Gegenteil noch entdecken, wie verschieden die Seele vom Bewusstsein ist, um sie erkennen zu können. Nichts ist daher möglicher, als dass jenes, das für uns Illusion heißt, für sie Wirklichkeit ist, weshalb nichts inkommensurabler wäre, als die seelische Wirklichkeit an unserer Bewusstseinswirklichkeit zu messen.

[101] GW 16, § 111

»Physisch« ist nicht das einzige Kriterium einer Wahrheit. Es gibt nämlich auch *seelische* Wahrheiten, die sich physisch weder erklären noch beweisen oder bestreiten lassen. Wenn zum Beispiel ein allgemeiner Glaube vorhanden wäre, dass der Rhein zu irgendeiner Zeit einmal von der Mündung aufwärts in seine eigene Quelle zurückgeflossen sei, so ist dieser Glaube an sich eine Tatsache, obschon dessen Aussage, physisch verstanden, als äußerst unglaubwürdig gelten muss. Ein solcher Glaube bildet eine seelische Tatsache, die nicht zu bestreiten ist und keines Beweises bedarf.

[6] GW 11, § 553

Alle psychologischen Tatsachen, die sich nicht mithilfe von Apparaten und exakten naturwissenschaftlichen Methoden festlegen lassen, sind Aussagen und Meinungen, denen aber psychische Wirklichkeit zukommt.

[24] GW 10, § 839

Das ewig wechselnde Leben der Seele ist eine größere, wenn auch unbequemere Wahrheit als die sichere Starrheit des einen Gesichtspunktes. Es macht das Problem der Psychologie nicht einfacher. Indessen sind wir befreit vom Alb des »Nichts als«, dem unvermeidlichen Leitmotiv jeder Einseitigkeit.

[3 B] GW 17, § 156

Der natürliche Mensch ist kein »Selbst«, sondern Massenpartikel und Masse, ein Kollektivum bis zu dem Grade, dass er seines Ich nicht einmal sicher ist. Darum bedarf er schon seit uralten Zeiten der Wandlungsmysterien, die ihn zu »etwas« machen und damit der tierähnlichen Kollektivpsyche, die ein bloßes Vielerlei ist, entreißen.
[53] GW 12, § 104

Solange man von einer psychischen Existenz nichts weiß, so ist sie, wenn sie überhaupt erscheint, projiziert. So fand sich das erste Wissen um seelische Gesetz- oder Regelmäßigkeit ausgerechnet in den Sternen und ein weiteres im unbekannten Stoff. Von beiden Erfahrungsgebieten haben sich Wissenschaften abgetrennt, von der Astrologie die Astronomie und von der Alchemie die Chemie. Die eigentümliche Beziehung zwischen astronomischer Zeitbestimmung und Charakter hingegen ist erst in neuester Zeit im Begriffe, sich zu etwas wie wissenschaftlicher Empirie zu formen. Die wirklich wichtigen psychischen Tatbestände können weder mit dem Maßstab noch mit der Waage oder dem Reagenzglas oder dem Mikroskop festgestellt werden. Sie sind daher (angeblich) unsichtbar, das heißt mit anderen Worten, sie müssen *den* Leuten überlassen werden, die dafür den (inneren) Sinn haben, wie man die Farben den Sehenden und nicht den Blinden zeigen muss.
[22] GW 13, § 285

Nicht Stürme, nicht Donner und Blitz und nicht Regen und Wolken bleiben als Bilder in der Seele haften, sondern die durch den Affekt verursachten Fantasien. Ich habe einmal ein sehr starkes Erdbeben erlebt, und mein erstes, unmittelbarstes Gefühl war, dass ich nicht auf der wohlbekannten festen Erde stünde, sondern auf der Haut eines riesenhaften Tieres, das sich schüttle. Dieses Bild prägt sich ein, nicht die physische Tatsache. Die Flüche des Menschen gegen verheerende Gewitterstürme, seine Angst vor den entfesselten Elementen vermenschlichen die Leidenschaft der Natur, und das rein physische Element wird zum zürnenden Gott.
[71] GW 8, § 331

Man hat sich in der Mythenforschung bisher immer mit solaren, lunaren, meteorologischen, Vegetations- und anderen Hilfsvorstellungen begnügt. Dass die Mythen aber in erster Linie psychische Manifestationen sind, welche das Wesen der Seele darstellen, darauf hat man sich so gut

wie gar nicht eingelassen. An einer objektiven Erklärung der offenkundigen Dinge liegt dem Primitiven zunächst wenig, dagegen hat er ein unabweisbares Bedürfnis, oder besser gesagt, hat seine unbewusste Seele einen unüberwindlichen Drang, alle äußere Sinneserfahrung an seelisches Geschehen zu assimilieren. Es genügt dem Primitiven nicht, die Sonne auf- und untergehen zu sehen, sondern diese äußere Beobachtung muss *zugleich auch ein seelisches Geschehen sein,* das heißt, die Sonne muss in ihrer Wandlung das Schicksal eines Gottes oder Helden darstellen, der im Grunde genommen nirgends anders wohnt als in der Seele des Menschen. Alle mythisierten Naturvorgänge wie Sommer und Winter, Mondwechsel, Regenzeiten usw. sind nichts weniger als Allegorien ebendieser objektiven Erfahrungen, sondern vielmehr symbolische Ausdrücke für das innere und unbewusste Drama der Seele, welches auf dem Wege der Projektion, das heißt gespiegelt in den Naturereignissen, dem menschlichen Bewusstsein fassbar wird.
[78 B] GW 9/I, § 7

Die Entgeistung der Natur war der modernen Naturwissenschaft mit ihrer sogenannten objektiven Erkenntnis des Stoffes vorbehalten. Alle anthropomorphen Projektionen wurden eine um die andere aus dem Objekt zurückgezogen, wodurch einerseits die mystische Identität des Menschen mit der Natur in bisher unerhörtem Maße beschränkt wurde, andererseits aber erfolgte, durch die Zurückziehung der Projektionen in die Seele, eine solche Belebung des Unbewussten, dass die neuere Zeit nicht mehr umhinkonnte, die Existenz einer unbewussten Psyche zu postulieren. Anstelle des Verlustes olympbewohnender Götter erschloss sich dafür der innere Reichtum der Seele, der jedem im Herzen liegt.
[92 A] S. 268/269

In einem gewissen Sinne standen die alten Alchemisten der seelischen Wahrheit näher, als sie den feurigen Geist aus chemischen Elementen erlösen wollten und das Mysterium behandelten, als ob es im Schoße der dunkeln und stummen Natur läge. Es war noch außer ihnen. Die aufwärtsdrängende Entwicklung des Bewusstseins aber musste einmal diese Projektion aufheben und der Seele zurückgeben, was von Anfang an seelischer Natur war. Was war aber die Seele seit den Zeiten der Aufklärung und in den Zeiten des wissenschaftlichen Rationalismus? Sie war identisch mit dem Bewusstsein geworden. Seele wurde das, was ich weiß. Seele war nirgends außerhalb des Ich. Dadurch wurde die Identifikation

mit den aus der Projektion zurückgezogenen Inhalten unvermeidlich. Jene Zeiten, wo die Seele noch zum großem Teil »außerhalb des Körpers« war und die »maiora« imaginierte, welche der Körper nicht zu fassen vermochte, waren gründlichst vergangen. So mussten die vordem projizierten Inhalte nunmehr als Besitztümer, das heißt als schemenhafte Fantasiebilder eines Ichbewusstseins erscheinen. Das Feuer erkaltete zu Luft, und die Luft wurde zum Winde des Zarathustra und verursachte eine Inflation des Bewusstseins, welche offenbar nur durch die furchtbarsten Kulturkatastrophen, ebenjene Sintflut, welche die Götter der ungastlichen Menschheit sandten, gedämpft werden konnte.
[53] GW 12, § 562

Ich bin überzeugt, dass die Erforschung der Seele die Wissenschaft der Zukunft ist. Psychologie ist sozusagen die jüngste der Naturwissenschaften und steht erst am Anfang ihrer Entwicklung. Sie ist aber jene Wissenschaft, die uns am nötigsten ist, denn es stellt sich allmählich immer deutlicher heraus, dass weder Hungersnot noch Erdbeben noch Mikroben noch Karzinom, sondern der Mensch dem Menschen die größte Gefahr ist, und zwar darum, weil es keinen genügenden Schutz gibt gegen psychische Epidemien, die unendlich viel verheerender wirken als die größten Naturkatastrophen.
[15] GW 18/II, § 1358

Die Welt hängt – ganz besonders heute – an einem dünnen Faden, und dieser Faden ist die Menschenseele.
[33] S. 76

Die archaische Psychologie ist nicht nur die Psychologie der Primitiven, sondern auch die des modernen, zivilisierten Menschen; nicht etwa diejenige einzelner Rückschlagerscheinungen in der modernen Gesellschaft, sondern vielmehr jedes zivilisierten Menschen, der, ungeachtet seiner Bewusstseinshöhe, in den tieferen Schichten seiner Psyche noch archaischer Mensch ist. So gut als unser Körper noch ein Säugetierkörper ist, der eine ganze Reihe von Relikten noch viel früherer, kaltblüterähnlicher Zustände in sich aufweist, so ist auch unsere Seele ein Entwicklungsprodukt, das, in seine Ursprünge zurückverfolgt, immer noch unzählige Archaismen zur Schau trägt.
[7] GW 10, § 105

So gut nämlich der Mensch einen Körper hat, der sich im Prinzip vom Tierleib nicht unterscheidet, so hat auch seine Psychologie gewissermaßen untere Stockwerke, in denen noch die Geister vergangener Menschheitsepochen hausen, sowie die Tierseelen aus der Zeit des Anthropopithecus, ferner die »Psyche« des kaltblütigen Sauriers und zu allertiefst die transzendente Unbegreiflichkeit und Paradoxie der sympathischen und parasympathischen psychoiden Vorgänge.
[41] GW 14/I, § 271

Die Psychologie des Einzelnen ist niemals erschöpfend aus ihm selber zu erklären, sondern es muss auch klar erkannt sein, dass und wie seine individuelle Psychologie durch die zeitgeschichtlichen Umstände bedingt ist. Sie ist nicht bloß ein physiologisches, biologisches oder persönliches, sondern auch ein zeitgeschichtliches Problem.
[58] GW 6, § 787

Irgendein psychologischer Tatbestand lässt sich niemals erschöpfend aus seiner Kausalität allein erklären, indem er als lebendiges Phänomen immer in die Kontinuität des Lebensprozesses unauflöslich verknüpft ist, sodass er zwar einerseits stets ein Gewordenes, andererseits aber auch stets ein Werdendes, Schöpferisches ist.

Der psychologische Moment hat ein Janusgesicht: Er blickt rückwärts und vorwärts. Indem er wird, bereitet er auch das Zukünftige vor. Wenn dem nicht so wäre, so wären die Absicht, der Zweck, das Setzen von Zielen, die Vorausberechnung oder Vorausahnung psychologische Unmöglichkeiten.
[58] GW 6, §§ 787 f.

★

Beseeltes Leben ist ein lebendiges Wesen. Seele ist das Lebendige im Menschen, das aus sich selbst Lebende und Lebenverursachende; darum blies Gott dem Adam einen lebendigen Odem ein, damit er lebe. Die Seele verführt die nicht leben wollende Tätigkeit des Stoffes mit List und spielerischer Täuschung zum Leben. Sie überzeugt von unglaubwürdigen Dingen, damit das Leben gelebt werde. Sie ist voll von Fallstricken und Fußangeln, damit der Mensch zu Fall komme, die Erde erreiche, sich dort verwickle und daran hängen bleibe, damit das Leben gelebt werde; wie schon Eva im Paradies es nicht lassen konnte, Adam von der

Güte des verbotenen Apfels zu überzeugen. Wäre die Bewegtheit und das Schillern der Seele nicht, der Mensch würde in seiner größten Leidenschaft, der Trägheit, zum Stillstand kommen.
[78 B] GW 9/I, § 56

Das Wesen der Psyche reicht wohl in Dunkelheiten weit jenseits unserer Verstandeskategorien. Die Seele enthält so viele Rätsel wie die Welt mit ihren galaktischen Systemen, vor deren erhabenem Anblick nur ein fantasieloser Geist sein Ungenügen sich nicht zugestehen kann. Bei dieser äußersten Unsicherheit menschlicher Auffassung ist aufklärerisches Getue nicht nur lächerlich, sondern auch betrüblich geistlos.
[67] GW 8, § 815

Zwar spricht unsere religiöse Lehre von einer unsterblichen Seele; aber sie hat sehr wenige freundliche Worte für die wirkliche menschliche Psyche, welche geradewegs in die ewige Verdammnis gelangen würde, hätte nicht ein besonderer Akt göttlicher Gnade gewaltet.
[55] GW 11, § 28

Die dogmatisch festgestellte Unsterblichkeit der Seele erhöht diese über die Vergänglichkeit des körperlichen Menschen und macht sie zum Teilhaber einer übernatürlichen Eigenschaft. Sie überragt damit den sterblichen Bewusstseinsmenschen um ein Vielfaches an Bedeutung, sodass es dem Christen eigentlich verboten wäre, die Seele als ein Nur zu betrachten. Wie das Auge der Sonne, so entspricht die Seele Gott. Unser Bewusstsein umfasst die Seele nicht, und es ist daher lächerlich, wenn wir in gönnerhaftem oder verkleinerndem Ton über die Dinge der Seele sprechen. Selbst der gläubige Christ kennt Gottes verborgene Wege nicht und muss es ihm anheimstellen, ob er von außen oder von innen durch die Seele auf den Menschen wirken will.
[53] GW 12, § 11

Damit, dass eine sogenannte metaphysische Aussage als ein psychischer Vorgang betrachtet wird, ist keineswegs gesagt, dass er »bloß psychisch« sei, wie meine Kritiker sich auszudrücken belieben. Wie wenn mit »psychisch« etwas allgemein Bekanntes festgestellt wäre! Hat es noch niemand gedämmert, dass, wenn wir »Psyche« sagen, damit symbolisch das dichteste Dunkel, das man sich ersinnen kann, angedeutet ist?
[92 B] GW 11, § 448

Metaphysische Behauptungen sind *Aussagen der Seele,* und darum sind sie psychologisch. Dem abendländischen Geiste aber erscheint diese selbstverständliche Wahrheit entweder als zu selbstverständlich, indem er aus bekannten Ressentiments heraus der Aufklärung frönt, oder als unzulässige Negation der metaphysischen »Wahrheit«. Ihm klingt das Wort »psychologisch« immer, wie wenn man gesagt hätte: »nur psychologisch«. Die »Seele« erscheint ihm irgendwie als etwas sehr Kleines, Minderwertiges, Persönliches, Subjektives und dergleichen mehr. Man braucht darum lieber das Wort »Geist«, indem man sich dabei stets den Anschein gibt, dass eine vielleicht wirklich sehr subjektive Aussage vom »Geist« gemacht sei, natürlich stets vom »allgemeinen«, sogar – wenn irgend möglich – vom »absoluten« Geist. Diese etwas lächerliche Anmaßlichkeit ist wohl eine Kompensation für die beklagenswerte Kleinheit der Seele. Es scheint fast, als ob Anatole France, indem er in seiner *»Ile des Pinguins«* Catherine d'Alexandrie dem lieben Gott den Rat geben lässt: »Donnez-leur une âme, mais une petite!«, eine für das ganze Abendland verbindliche Wahrheit ausgesprochen hätte.
[17] GW 11, § 835

Dadurch, dass wir die psychische Natur ursprünglich metaphysisch gemeinter Anschauungen feststellen, sind diese durchaus nicht entwertet, sondern geradezu in ihrer Tatsächlichkeit bestätigt. Dadurch aber, dass wir sie mit guten Gründen als psychische Phänomene auffassen, entziehen wir sie dem unzugänglichen metaphysischen Gebiete, über welches sich bekanntlich vom menschlichen Verstande überhaupt nichts Beweisbares aussagen lässt, und damit erledigen wir auch die unmögliche Frage nach dem Wahrheitsbeweis. Wir stellen uns einfach auf den Boden der Tatsachen, indem wir erkennen, dass die archetypische Struktur des Unbewussten, jenseits aller Tradition, jene Figuren, von denen die Geschichte aller Zeiten und Völker Kunde gibt, immer wieder erzeugt und mit jener Numinosität und Bedeutsamkeit auszeichnet, die ihnen von jeher eignete.
[42] GW 14/II, § 223

★

Es wäre eine Blasphemie zu behaupten, dass Gott sich überall offenbaren könne, nur gerade nicht in der menschlichen Seele. Ja, die Innigkeit der Beziehung zwischen Gott und Seele schließt jede Minderbewertung der

Seele von vornherein aus. Es ist vielleicht zu weit gegangen, von einem Verwandtschaftsverhältnis zu sprechen; aber auf alle Fälle muss die Seele eine Beziehungsmöglichkeit, das heißt eine Entsprechung zum Wesen Gottes in sich haben, sonst könnte ein Zusammenhang nie zustande kommen.
[53] GW 12, § 11

Nicht ich habe der Seele eine religiöse Funktion angedichtet, sondern ich habe die Tatsachen vorgelegt, welche beweisen, dass die Seele »naturaliter religiosa« ist, das heißt eine religiöse Funktion besitzt: eine Funktion, die ich nicht hineingelegt oder gedeutet habe, sondern die sie selber von sich aus produziert, ohne durch irgendwelche Meinungen oder Suggestionen dazu veranlasst zu sein. In einer geradezu tragischen Verblendung sehen manche Theologen nicht ein, dass es sich nicht darum handelt, die Existenz des Lichtes zu beweisen, sondern darum, dass es Blinde gibt, die nicht wissen, dass ihre Augen etwas sehen könnten. Man sollte nachgerade einmal merken, dass es nichts nützt, das Licht zu preisen und zu predigen, wenn es niemand sehen kann. Vielmehr wäre es notwendig, dem Menschen die Kunst des Sehens beizubringen. Es ist ja offenkundig, dass allzu viele unfähig sind, einen Zusammenhang zwischen den heiligen Figuren und ihrer eigenen Seele herzustellen; das heißt, sie können nicht sehen, dass und inwiefern entsprechende Bilder in ihrem eigenen Unbewussten schlummern. Um diese innere Schau möglich zu machen, muss der Weg zum Sehenkönnen frei gemacht werden. Wie dies ohne Psychologie, das heißt ohne Berührung der Seele, erreicht werden soll, ist mir, offen gestanden, unerfindlich!
[53] GW 12, § 14

Die Lehre, dass aus dem Herzen alle bösen Gedanken kommen und dass die menschliche Seele das Gefäß aller Bosheit sei, muss manchen Leuten zutiefst in den Knochen sitzen. Wenn dem so wäre, so hätte ja ein Gott himmeltraurige Schöpferarbeit geleistet, und dann wäre es wirklich höchste Zeit, zu Markion, dem Gnostiker, abzuschwenken und dem unfähigen Demiurgen den Laufpass zu geben. Allerdings ist es ethisch über alle Maßen bequem, Gott die alleinige Fürsorge für ein solches idiotisches Kinderheim zu überlassen, wo keiner imstande ist, sich selber den Löffel in den Mund zu stecken. Der Mensch ist es wert, dass er sich um sich selbst bekümmere, und er hat in der eigenen Seele, woraus etwas werden kann. Es lohnt sich, geduldig zu beobachten, was in der Seele im

Stillen geschieht, und es geschieht das meiste und Beste, wenn es nicht von außen und oben hineinreglementiert wird.
[53] GW 12, § 126

Man tut ja alles, auch das Absurdeste, um der eigenen Seele zu entgehen. Man betreibt indischen Yoga jeglicher Observanz, beobachtet Speisegebote, lernt Theosophie auswendig, betet mystische Texte der ganzen Weltliteratur nach – alles, weil man mit sich selbst nicht auskommt und weil einem jeglicher Glaube fehlt, dass aus der eigenen Seele irgendetwas Nützliches kommen könnte. So ist allmählich die Seele zu jenem Nazareth geworden, von dem nichts Gutes kommen kann, und darum holt man es aus allen vier Winden: je weiter her und je ausgefallener, desto besser.
[53] GW 12, § 126

Wer von Wirklichkeit der Seele spricht, dem wird »Psychologismus« vorgeworfen. Von Psychologie wird nur im »Nur«-Ton gesprochen. Die Auffassung, dass es psychische Faktoren gebe, welche göttlichen Figuren entsprechen, gilt als Entwertung dieser. Es streift an Blasphemie, zu denken, dass ein religiöses Erlebnis ein psychischer Vorgang sei; denn es ist – argumentiert man – »nicht *nur* psychologisch«. Das Psychische ist *nur* Natur, und darum kann aus ihm nichts Religiöses hervorgehen, wie man meint. Dabei zögern solche Kritiker keinen Augenblick, alle Religionen – mit Ausnahme der eigenen – aus der Natur der Seele hervorgehen zu lassen.
[53] GW 12, § 9

Ich unterschätze die Seele in keinerlei Hinsicht und bilde mir vor allem nicht ein, dass das psychische Geschehen durch Erklärung in eitel Dunst aufgelöst sei. Der Psychologismus stellt noch primitives magisches Denken dar, mit dem man hofft, die Wirklichkeit der Psyche wegzaubern zu können, etwa in der Art des Proktophantasmisten im *Faust:*

»Ihr seid noch immer da! Nein, das ist unerhört.
Verschwindet doch! Wir haben ja aufgeklärt.«

[6] GW 11, § 750

Wenn in der Seele nicht erfahrungsgemäß höchste Werte lägen, so würde mich die Psychologie nicht im Geringsten interessieren, da die Seele dann nichts als ein armseliger Dunst wäre. Ich weiß aber aus hundertfa-

cher Erfahrung, dass sie das nicht ist, sondern dass sie vielmehr die Entsprechung aller jener Dinge enthält, welche das Dogma formuliert hat, und einiges darüber hinaus, was eben die Seele befähigt, jenes Auge zu sein, dem es bestimmt ist, das Licht zu schauen. Dazu bedarf es unermesslichen Umfangs und unauslotbarer Tiefe. Man hat mir »Vergottung der Seele« vorgeworfen. *Nicht ich – Gott selbst hat sie vergottet!*
[53] GW 12, § 14

Seele zu haben, ist das Wagnis des Lebens, denn die Seele ist ein lebenspendender Dämon, der sein elfisches Spiel unterhalb und oberhalb der menschlichen Existenz spielt, deshalb ist er innerhalb des Dogmas auch mit einseitigen Strafen und Segnungen bedroht und propitiiert, welche weit über menschenmögliches Verdienst hinausgehen. Himmel und Hölle sind Schicksale der Seele und nicht des zivilen Menschen, der in seiner Blöße und Blödigkeit in einem himmlischen Jerusalem gar nichts mit sich anzufangen wüsste.
[78 B] GW 9/I, § 56

Die sinnenfällige Wahrheit mag der Vernunft genügen, sie ergibt aber nie einen Sinn des menschlichen Lebens, der auch das Gemüt ergreift und ausdrückt. Die Kräfte des Gemütes aber sind sehr oft die Faktoren, die hauptsächlich und in letzter Linie entscheiden, im Guten wie im Bösen. Wenn jene Kräfte aber unserer Vernunft nicht zu Hilfe eilen, so erweist sich diese meistens als ohnmächtig. Hat uns die Vernunft und die gute Absicht vielleicht vor dem Weltkrieg oder vor irgendeinem anderen katastrophalen Unsinn bewahrt?
[26] GW 8, § 683

Sollte es diese überindividuelle Seele geben, so wäre wohl alles, was in ihre Bildersprache übersetzt ist, dem Persönlichen entrückt, und wenn dies bewusst wird, so erschiene es uns wohl sub specie aeternitatis nicht mehr als *mein* Leid, sondern als *das* Leid der Welt, nicht mehr als ein persönlich isolierender Schmerz, sondern als ein Schmerz ohne Bitterkeit, der uns allen Menschen verbindet. Dass dies heilen kann, dafür brauchen wir wohl keine Beweise zu suchen.
[71] GW 8, § 316

Bewusstsein und Unbewusstes

Unser Bewusstsein schafft sich nicht selber, sondern es quillt auf aus unbekannter Tiefe. Es erwacht allmählich im Kinde, und es erwacht jeden Morgen aus der Tiefe des Schlafes aus einem unbewussten Zustande. Es ist wie ein Kind, das täglich aus dem mütterlichen Urgrunde des Unbewussten geboren wird.

[108] GW 11, § 935

Ebenso wie bewusste Inhalte im Unbewussten verschwinden können, so können auch neue Inhalte, die nie zuvor bewusst waren, aus dem Unbewussten *aufsteigen*. [...] Zusätzlich zu Erinnerungen aus weit entfernter bewusster Vergangenheit können gänzlich neue Gedanken und schöpferische Ideen aus dem Unbewussten hervorkommen – Gedanken und Ideen, die nie zuvor bewusst gewesen sind. Sie wachsen aus den dunklen Tiefen des Geistes wie Lotosblumen.

[102] S. 37

Die Welt entsteht, wenn der Mensch sie entdeckt. Er entdeckt sie aber, wenn er sein Verhülltsein in der Urmutter, nämlich den anfänglichen, unbewussten Zustand, opfert.

[73] GW 5, § 652

Wenn man darüber nachdenkt, was das Bewusstsein eigentlich sei, so ist man tief beeindruckt von der höchst wunderbaren Tatsache, dass von einer Begebenheit, die im Kosmos stattfindet, zugleich innerlich ein Bild erzeugt wird, dass sie sozusagen innerlich ebenfalls stattfindet, das heißt eben: bewusst wird.

[8] S. 1

Wie anders wäre der Mensch wohl auf den Gedanken gekommen, Tag und Nacht, Sommer und winterliche Regenzeit zum Gleichnis nehmend, den Kosmos in eine helle Tagwelt und eine von Fabelwesen erfüllte Dunkelwelt zu teilen, wenn er nicht eben in sich selber das Vorbild dazu im Bewusstsein und im wirksamen, aber unsichtbaren, das heißt unfassbaren Unbewussten gefunden hätte? Ursprüngliche Objekterfassung geht

ja nur zum Teil vom objektiven Verhalten der Dinge aus, zum anderen, oft zum größeren Teil aber, von intrapsychischen Tatbeständen, welche nur vermöge der Projektion mit den Dingen überhaupt zu tun haben. Dies rührt ganz einfach daher, dass der Primitive die Askese des Geistes, die Kritik der Erkenntnis noch nicht erfahren hat, sondern die Welt als allgemeine Erscheinung nur dämmerhaft innerhalb des ihn erfüllenden Fantasiestromes erfährt, wo Subjektives und Objektives, ununterschieden, sich gegenseitig durchdringen.
[56] GW 9/I, § 187

Der Primitive kann nicht behaupten, er denke, sondern »es denkt in ihm«. Die Spontaneität des Denkaktes liegt nicht kausal bei seinem Bewusstsein, sondern bei seinem Unbewussten. Er ist auch keiner bewussten Willensanstrengung fähig, sondern er muss sich zuvor in die »Stimmung des Wollens« versetzen oder versetzen lassen: daher seine »rites d'entrée et de sortie«. Sein Bewusstsein ist bedroht von einem übermächtigen Unbewussten, daher die Furcht vor magischen Einflüssen, welche jederzeit seine Absicht durchkreuzen können, und darum ist er auch umgeben von unbekannten Mächten, denen er sich auf irgendeine Weise anzupassen hat. Bei dem chronischen Dämmerzustand seines Bewusstseins ist des Öfteren fast unmöglich herauszufinden, ob er etwas bloß geträumt oder in Wirklichkeit erlebt hat. Die Selbstmanifestation des Unbewussten mit seinen Archetypen greift überall in das Bewusstsein über, und die mythische Welt der Ahnen, zum Beispiel das aljira oder bugari der Australier, ist eine der materiellen Natur ebenbürtige, wenn nicht überlegene Existenz. Nicht die Welt, wie wir sie kennen, spricht aus seinem Unbewussten, sondern die unbekannte Welt der Psyche, von der wir wissen, dass sie nur zum Teil unsere empirische Welt abbildet und dass sie, zum anderen Teil, ebendiese auch entsprechend der psychischen Voraussetzung formt. Der Archetypus geht nicht etwa aus physischen Tatsachen hervor, sondern er schildert vielmehr, wie die Seele die physische Tatsache erlebt, wobei sie (die Seele) des Öfteren dermaßen selbstherrlich verfährt, dass sie die tastbare Wirklichkeit leugnet und Behauptungen aufstellt, die der Wirklichkeit ins Gesicht schlagen.
[107] GW 9/I, § 260

Die Welt ist, wie sie immer war, aber unser Bewusstsein unterliegt eigentümlichen Veränderungen. Zuerst, in fernen Zeiten (was jedoch noch an heute lebenden Primitiven beobachtet werden kann), lag der Hauptteil des psychischen Lebens anscheinend außen in menschlichen und nichtmenschlichen Objekten: Er war projiziert, wie wir jetzt sagen würden. In einem Zustand mehr oder weniger vollkommener Projektion kann es kaum ein Bewusstsein geben. Durch das Zurückziehen der Projektionen entwickelte sich langsam die bewusste Erkenntnis. Die Wissenschaft begann merkwürdigerweise mit der Entdeckung astronomischer Gesetze, also mit der Zurückziehung der quasi fernsten Projektion. Das war eine erste Phase in der Entseelung der Welt. Ein Schritt folgte dem anderen: schon in der Antike wurden die Götter aus den Bergen und Flüssen, aus den Bäumen und Tieren entrückt. Unsere moderne Wissenschaft hat ihre Projektionen zwar bis zu einem fast unerkennbaren Grade verfeinert, aber unser tagtägliches Leben wimmelt noch von Projektionen. Sie machen sich breit in Zeitungen, Büchern, Gerüchten und gewöhnlichem gesellschaftlichem Klatsch. Alle Lücken, wo wirkliches Wissen fehlt, werden immer noch mit Projektionen ausgefüllt. Wir sind immer noch beinahe sicher, dass wir wissen, was andere Leute denken oder was ihr wahrer Charakter ist.

[55] GW 11, § 140

Wie man immer den Seelengrund bezeichnen mag, Tatsache bleibt, dass Dasein und Wesen des Bewusstseins in unerhörtem Maße davon beeinflusst werden, und zwar in umso höherem Maße, je weniger man sich dessen bewusst ist. Der Laie kann sich allerdings schlecht einen Begriff davon machen, wie sehr er in allen seinen Neigungen, Stimmungen und Entschlüssen von den dunkeln Tatsachen seiner Seele beeinflusst ist, und wie gefährlich oder wie hilfreich deren schicksalschaffende Mächte sind. Unser Kopfbewusstsein ist ein Schauspieler, der vergessen hat, dass er eine Rolle spielt. Wenn aber die Vorstellung zu Ende ist, so muss er sich seiner subjektiven Wirklichkeit wieder erinnern können, denn er vermag weder als Julius Caesar noch als Othello weiterzuleben, sondern nur mit seinem, ihm eigenen Wesen, welchem eine momentane Bewusstseinstäuschung ihn entfremdet hat. Er muss wieder wissen, dass er eine bloße Figur auf der Bühne war, dass ein Stück von Shakespeare gespielt wurde und dass es einen Regisseur sowohl wie einen Theaterdirektor gibt, die vorher sowohl wie nachher ganz Wesentliches über sein Spiel zu sagen haben.

[9] GW 10, § 323

Seit die Sterne vom Himmel gefallen und unsere höchsten Symbole verblasst sind, herrscht geheimes Leben im Unbewussten. Deshalb haben wir heutzutage eine Psychologie, und deshalb reden wir vom Unbewussten. All dies wäre und ist auch in der Tat ganz überflüssig in einer Zeit und in einer Kulturform, welche Symbole hat. Denn diese sind Geist von oben, und dann ist auch der Geist oben. Darum wäre es für solche Menschen ein törichtes und sinnloses Unterfangen, ein Unbewusstes erleben oder erforschen zu wollen, das nichts enthält als das stille, ungestörte Walten der Natur. Unser Unbewusstes aber birgt belebtes Wasser, das heißt naturhaft gewordenen Geist, um dessentwillen es aufgestört ist. Der Himmel ist uns physikalischer Weltraum geworden, und das göttliche Empyreum eine schöne Erinnerung, wie es einstmals war. Unser »Herz aber glüht«, und geheime Unruhe benagt die Wurzeln unseres Seins.

[78 B] GW 9/I, § 50

Der psychologische Empirismus liebte es, bis vor Kurzem das »Unbewusste« – wie auch dieser Terminus selber anzeigt – als eine bloße Abwesenheit von Bewusstsein zu erklären, etwa wie den Schatten als Abwesenheit des Lichtes. Nicht nur alle Zeiten vor uns, sondern auch die heutige genaue Beobachtung der unbewussten Vorgänge anerkennt, dass das Unbewusste eine gewisse schöpferische Autonomie besitzt, welche einer bloßen Schattennatur niemals zukäme.

[55] GW 11, § 141

Der Rationalismus verhält sich komplementär zum Aberglauben. Nach psychologischer Regel verstärkt sich mit dem Licht der Schatten, das heißt, je rationalistischer sich das Bewusstsein gebärdet, desto lebendiger wird die spukhafte Welt des Unbewussten.

[40] GW 18/I, § 759

Wer mit biologischer Voraussetzung ins Unbewusste eindringt, bleibt in der Triebsphäre stecken und kann nicht darüber hinaus, sondern nur immer wieder in die physische Existenz zurück.

[17] GW 11, § 843

Wie die Seele sich nach unten in die organisch-stoffliche Basis verliert, so geht sie nach oben in eine sogenannte geistige Form über, die uns in ihrem Wesen genauso wenig bekannt ist wie die organische Grundlage des Triebes.
[74] GW 8, § 380

Die psychischen Vorgänge verhalten sich daher wie eine Skala, welche das Bewusstsein entlanggleitet. Bald befindet es sich in der Nähe der Triebvorgänge und gerät dann unter deren Einfluss; bald nähert es sich dem anderen Ende, wo der Geist überwiegt und sogar die ihm entgegengesetzten Triebvorgänge assimiliert.
[74] GW 8, § 408

Die Maske des Unbewussten ist bekanntlich nicht starr, sondern spiegelt jenes Gesicht, das man ihm zeigt. Feindseligkeit gibt ihm drohende Gestalt, Entgegenkommen mildert seine Züge.
[53] GW 12, § 29

Niemals und nirgends hat der Mensch die Materie beherrscht, es sei denn, er habe ihr Verhalten genau beobachtet und ihre Gesetze mit größter Aufmerksamkeit erlauscht. Und nur insofern er dies tat, konnte er in ebendiesem Maße sie beherrschen. So verhält es sich auch mit diesem Geiste, den wir heute das Unbewusste nennen: Er ist widerspenstig wie die Materie, geheimnisvoll und evasiv wie diese und gehorcht »Gesetzen«, die uns in ihrer Un- und Übermenschlichkeit meist wie ein »crimen laesae majestatis humanae« vorkommen. Wenn der Mensch Hand an das Opus legt, so wiederholt er, wie die Alchemisten sagen, das Schöpfungswerk Gottes. Dem ungeformten, dem Chaos der Tiâmatwelt entgegenzutreten, ist in der Tat das Urerlebnis.
[22] GW 13, § 286

Das Unbewusste ist kein dämonisches Ungeheuer, sondern ein moralisch, ästhetisch und intellektuell indifferentes Naturwesen, das nur dann wirklich gefährlich wird, wenn unsere bewusste Einstellung dazu hoffnungslos unrichtig ist. In dem Maße, wie wir verdrängen, steigt die Gefährlichkeit des Unbewussten.
[50] GW 16, § 329

Der unbewusste Geist des Menschen sieht richtig, auch wenn der bewusste Verstand geblendet und ohnmächtig ist.
[6] GW 11, § 608

Im Unbewussten aber ist alles vorhanden, was im Bewusstsein verworfen wird, und je christlicher das Bewusstsein ist, desto heidnischer gebärdet sich das Unbewusste, wenn nämlich im verworfenen Heidentum noch lebenswichtige Werte stecken.
[6] GW 11, § 713

Das Bewusstsein lässt sich wie ein Papagei dressieren, nicht aber das Unbewusste. Deshalb hat auch St. Augustin Gott gedankt, dass er ihn nicht verantwortlich gemacht hat für seine Träume. Das Unbewusste ist ein Psychisches, das nur anscheinend und dann sehr zum Nachteil des Bewusstseins einexerziert werden kann. Es ist und bleibt jeder subjektiven Willkür entzogen, ein Bereich nicht zu verbessernder und nicht zu verderbender Natur und ihres Geheimnisses, das wir nur belauschen, aber nicht befingern können.
[53] GW 12, § 51

Das Unbewusste ist die ungeschriebene Geschichte des Menschen seit unvordenklichen Zeiten.
[88] GW 11, § 280

Der Versuch einer Feststellung des unbewussten Zustandes begegnet einer ähnlichen Schwierigkeit wie die Atomphysik: der Akt der Beobachtung verändert das Objekt derselben.
[41] GW 14/I, § 85

Niemand kann sagen, wo die Grenze des Menschen liegt. Das ist das Schöne daran. Das Unbewusste des Menschen reicht Gott weiß wie weit. Hier werden wir noch Entdeckungen machen können.
[33] S. 71

Es entspricht moderner Bewusstseinshypertrophie, ebenjener Hybris, der gefährlichen Autonomie des Unbewussten uneingedenk zu sein und sie nur negativ als Abwesenheit von Bewusstsein zu erklären. Die Annahme unsichtbarer Götter oder Dämonen wäre eine psychologisch viel passendere Formulierung des Unbewussten, obschon dies eine anthropomor-

phistische Projektion wäre. Da nun die Entwicklung des Bewusstseins die Zurückziehung aller erreichbaren Projektionen verlangt, so kann auch keine Götterlehre im Sinne nicht psychologischer Existenz aufrechterhalten werden.
[53] GW 12, § 387

Da nun die Götter unzweifelhaft Personifikationen seelischer Gewalten sind, so ist die Behauptung ihres metapsychischen An-sich-Seins ein ebensolcher Übergriff des Verstandes wie die Meinung, sie könnten erfunden werden. »Seelische Gewalten« haben allerdings mit dem Bewusstsein nichts zu tun, obschon man es liebt, mit dem Gedanken zu spielen, Bewusstsein und Seele seien identisch, was aber nichts ist als eine Anmaßung des Intellektes. Der Aufklärerwahn hat natürlich in der Metaphysikfurcht einen hinlänglichen Existenzgrund, denn die beiden waren von jeher feindliche Brüder. »Seelische Gewalt« hat vielmehr mit der unbewussten Seele zu tun, weshalb alles, was dem Menschen aus jenem dunklen Gebiete unerwartet entgegentritt, entweder als von außen kommend und daher als wirklich gilt, oder dann eine Halluzination ist, und darum nicht wahr. Dass aber etwas nicht von außen kommt und doch wahr ist, hat der Menschheit bis jetzt kaum gedämmert.
[99] GW 10, § 387

Wie der Staat das Individuum zu »erfassen« versucht, so bildet sich auch der Einzelne ein, er hätte seine Seele »erfasst«; ja er macht sogar eine Wissenschaft aus ihr in der absurden Annahme, dass der Intellekt, der ja nur Teil und Funktion der Psyche ist, genüge, das viel größere Ganze der Seele zu erfassen. In Wirklichkeit ist die Psyche die Mutter, das Subjekt und sogar die Möglichkeit des Bewusstseins selbst. Sie reicht so weit über die Grenzen des Bewusstseins hinaus, dass dieses leicht mit einer Insel im Ozean verglichen werden kann. Während die Insel klein und eng ist, ist der Ozean unendlich weit und tief und enthält ein Leben, welches dasjenige der Insel an Art und Umfang in jeglicher Hinsicht überragt. Man kann dieser Auffassung zum Vorwurf machen, dass sie den Beweis dafür, dass das Bewusstsein nicht mehr bedeute als eine kleine Insel im Ozean, nicht erbracht hätte. Dieser Beweis ist an sich allerdings unmöglich, denn gegenüber dem bekannten Umfang des Bewusstseins steht die unbekannte »Ausdehnung« des Unbewussten, von dem wir eigentlich bloß

wissen, dass es existiert und vermöge seiner Existenz das Bewusstsein und dessen Freiheit in einschränkendem Sinne beeinflusst.
[53] GW 12, § 412

Dass der Mensch Bewusstseinsfähigkeit besitzt, macht ihn überhaupt erst zum Menschen.
[74] GW 8, § 412

Der Grund, warum ein Bewusstsein vorhanden ist und warum Letzteres danach drängt, sich zu erweitern und zu vertiefen, ist ein sehr einfacher: *Es geht ohne Bewusstsein weniger gut.* Darum offenbar hat sich die Mutter Natur herbeigelassen, diese merkwürdigste Schöpfung unter all den unerhörten Naturkuriosa, das Bewusstsein, hervorzubringen. Auch der fast unbewusste Primitive kann sich anpassen und sich behaupten, aber nur in seiner primitiven Welt, und darum fällt er unter anderen Umständen unzähligen Gefahren zum Opfer, die wir auf höherer Bewusstseinsstufe spielend vermeiden. Gewiss erwachsen dem höheren Bewusstsein Gefahren, von denen der Primitive nicht einmal träumt, aber Tatsache bleibt, dass der bewusste Mensch die Erde erobert hat und nicht der unbewusste. Ob dies nun in letzter und übermenschlicher Absicht günstig oder ungünstig sei, das zu entscheiden ist nicht unsere Angelegenheit.
[4] GW 8, § 695

Die Genesis stellt die Bewusstwerdung als eine Tabuverletzung dar, wie wenn durch Erkenntnis eine sakrosankte Grenze frevelhaft überschritten würde. Ich glaube, die Genesis hat recht, insofern jeder Schritt zu einem großem Bewusstsein eine Art *prometheischer Schuld* ist: Durch die Erkenntnis wird gewissermaßen ein Feuerraub an den Göttern begangen, d. h. es wird etwas, das Eigentum der unbewussten Mächte war, aus diesem naturhaften Zusammenhang herausgerissen und der Willkür des Bewusstseins unterstellt. Der Mensch, der die neue Erkenntnis usurpiert hat, erleidet aber eine Veränderung oder Erweiterung des Bewusstseins, wodurch dieses dem seiner Mitmenschen unähnlich wird. Er hat sich zwar über das derzeit Menschliche erhoben (»ihr werdet sein wie Gott«), aber sich damit auch vom Menschen entfernt. Die Qual dieser Einsamkeit ist die Rache der Götter: Er kann nicht mehr zu den Menschen zurück. Er ist, wie der Mythus sagt, an die einsamen Felshöhen des Kaukasus geschmiedet, verlassen von Göttern und Menschen.
[110] GW 7, § 243 (Anm. 1)

Und doch war die Erringung des Bewusstseins die köstlichste Frucht am Lebensbaume, die magische Waffe, welche dem Menschen den Sieg über die Erde gab und von der wir hoffen, dass sie ihm noch den größeren Sieg über sich selber ermöglichen werde.
[9] GW 10, § 289

Wer Gegenwartsbewusstsein erlangt, ist notwendigerweise *einsam*. Der »moderne« Mensch ist zu allen Zeiten einsam, denn jeder Schritt zu höherer und weiterer Bewusstheit entfernt ihn von der ursprünglichen, rein animalischen »participation mystique« mit der Herde, dem Eingetauchtsein in ein gemeinsames Unbewusstes. Jeder Schritt vorwärts bedeutet ein Sich-Losringen von diesem allumfassenden mütterlichen Schoße der anfänglichen Unbewusstheit, in welchem die Masse des Volkes zum großen Teil verharrt.
[68] GW 10, § 150

Unbewusstheit gilt vor dem Richterstuhl der Natur und des Schicksals nie als Entschuldigung; im Gegenteil stehen hohe Strafen auf ihr.
[6] GW 11, § 745

Jeder Kulturfortschritt ist psychologisch eine Erweiterung des Bewusstseins, eine *Bewusstwerdung*, welche gar nicht anders als durch *Unterscheidung* zustande kommen kann. Ein Fortschritt beginnt daher immer mit *Individuation,* das heißt damit, dass ein Einzelner, seiner Vereinzelung bewusst, einen neuen Weg durchs bisher Unbetretene bahnt. Dazu muss er sich zuerst auf seine Grundtatsachen – ganz abgesehen von aller Autorität und Überlieferung – besinnen und sich seiner Unterschiedenheit bewusst werden lassen. Insofern es ihm gelingt, seine erweiterte Bewusstheit zu kollektiver Geltung zu bringen, gibt er durch Gegensatzspannung jene Anregung, welcher die Kultur zu ihren weiteren Fortschritten bedarf.
[80] GW 8, § 111

Das Abweichen vom und das Sich-in-Gegensatz-Setzen zum Instinkt schafft Bewusstsein. Instinkt ist Natur und will Natur. Bewusstsein hingegen kann nur Kultur oder deren Negation wollen, und wo immer es, beflügelt von Rousseau'scher Sehnsucht, zurück zur Natur strebt, »kultiviert« es die Natur. Insofern wir noch Natur sind, sind wir unbewusst und leben in der Sicherheit des problemlosen Instinktes. Alles in uns, das noch Natur ist, scheut sich vor dem Problem, denn sein Name ist *Zweifel,* und wo immer Zweifel herrscht, da ist Unsicherheit und die Möglichkeit verschiedener Wege. Wo aber verschiedene Wege möglich scheinen, da sind wir von der sicheren Führung des Instinktes abgewichen und der *Furcht* ausgeliefert. Denn hier sollte nun unser Bewusstsein das tun, was die Natur stets für ihre Kinder getan hat, nämlich sicher, unzweifelhaft und eindeutig entscheiden. Und da befällt uns allzumenschliche Furcht, dass das Bewusstsein, unsere prometheische Errungenschaft, es am Ende der Natur doch nicht gleichtun könnte.

[38] GW 8, § 750

Wo es sich um Probleme handelt, da weigern wir uns instinktiv, durch Dunkelheiten und Unklarheiten hindurchzugehen. Wir wünschen nur von eindeutigen Resultaten zu hören und vergessen dabei völlig, dass diese Resultate überhaupt nur dann existieren können, wenn wir die Dunkelheit durchschritten haben. Um aber die Dunkelheit durchdringen zu können, müssen wir alles aufbieten, was unser Bewusstsein an Erleuchtungsmöglichkeiten besitzt.

[38] GW 8, § 752

Wenn das seelische Leben nur aus Tatsächlichkeiten bestünde – was übrigens auf primitiver Stufe noch der Fall ist –, dann könnten wir uns mit fester Empirie begnügen. Das seelische Leben des Kulturmenschen aber ist voll Problematik, ja es lässt sich ohne Problematik überhaupt nicht denken. Unsere seelischen Vorgänge sind zum großen Teil Überlegungen, Zweifel, Experimente – lauter Dinge, welche die unbewusste, instinktive Seele des Primitiven so gut wie gar nicht kennt. Die Existenz der Problematik verdanken wir dem Wachstum des Bewusstseins; sie ist das Danaergeschenk der Kultur.

[38] GW 8, § 750

Wir können nicht anders, sondern müssen bewusste Entscheidung und Lösung anstelle des naturhaften Geschehens setzen. So bedeutet jedes Problem die Möglichkeit zu einer Erweiterung des Bewusstseins, zugleich aber auch die Nötigung, von aller unbewussten Kindhaftigkeit und Naturhaftigkeit Abschied zu nehmen. Diese Nötigung ist eine so unendlich wichtige seelische Tatsache, dass sie auch einen der wesentlichsten symbolischen Lehrgegenstände der christlichen Religion bildet. *Es ist das Opfer des bloß natürlichen Menschen,* des unbewussten, natur-

haften Lebewesens, dessen Tragik schon mit dem Apfelessen im Paradies begann. Jener biblische Sündenfall lässt das Bewusstwerden als einen Fluch erscheinen. Und als solcher erscheint uns in der Tat jedes Problem, das uns zu größerer Bewusstheit nötigt und uns dadurch das Paradies kindhafter Unbewusstheit in noch größere Entfernung rückt.
[38] GW 8, § 751

Reflexion ist ein Vorbehalt menschlicher Freiheit gegenüber dem Zwang der Naturgesetzlichkeit. Wie das Wort »reflexio«, nämlich »Zurückbeugung«, besagt, handelt es sich bei der Reflexion um einen geistigen Akt im Gegensinn des Naturablaufs, nämlich um ein Anhalten, Sich-Besinnen, ein Bild-Entwerfen und eine innere Bezugnahme auf und eine Auseinandersetzung mit dem Geschauten. Reflexion ist somit als ein Akt der *Bewusstwerdung* zu verstehen.
[88] GW 11, § 235

Das Unbewusste ist die uns zunächst fassbare Quelle religiöser Erfahrung. Damit ist keineswegs gesagt, dass das, was als Unbewusstes bezeichnet wird, sozusagen mit Gott identisch oder anstelle Gottes gesetzt sei. Es ist das Medium, aus welchem für uns die religiöse Erfahrung zu entspringen scheint. Welches die fernere Ursache solcher Erfahrung ist, dies zu beantworten liegt jenseits der menschlichen Erkenntnismöglichkeit. Die Erkenntnis Gottes ist ein transzendentales Problem.
[21] GW 10, § 565

Noch immer können aufdämmernde Inseln, wenn nicht ganze Kontinente, auch dem modernen Bewusstsein hinzugefügt werden.
[74] GW 8, § 387

Da man sich tatsächlich nicht vorstellen kann – es sei denn, man habe die kritische Urteilskraft gänzlich eingebüßt –, dass die gegenwärtige Menschheit den höchstmöglichen Bewusstseinsgrad erreicht habe, so muss noch ein »Rest« von entwicklungsfähiger, unbewusster Psyche vorhanden sein, dessen Entfaltung eine größere Extension sowohl als auch eine höhere Differenzierung des Bewusstseins zur Folge hat. Wie groß oder wie klein dieser »Rest« ist, kann niemand sagen, da alle Maßstäbe für die mögliche Erstreckung der Bewusstseinsentwicklung und erst recht für die Reichweite des Unbewussten fehlen.
[52] GW 16, § 387

Es gibt viele Menschen, die nur partiell bewusst sind. Auch unter absolut zivilisierten Europäern findet sich eine unverhältnismäßig große Anzahl von abnorm unbewussten, bei denen ein großer Teil des Lebens im unbewussten Zustande verläuft. Sie wissen, was mit ihnen geschieht, aber sie wissen nicht, was sie tun oder sagen. Sie können über die Tragweite ihres Handelns keine Rechenschaft geben. Das sind Menschen, die abnorm unbewusst, also in einem primitiven Zustande sind. Was macht sie aber schließlich bewusst?

Wenn ihnen ein Bengel ins Gesicht geschlagen wird, dann werden sie bewusst; es passiert dann einmal etwas, und das macht sie bewusst. Sie stoßen irgendwo fatal mit etwas zusammen, und dann geht ihnen ein Licht auf über das, was sie tun.

[8] S. 6

Ein aufgeblasenes Bewusstsein ist immer egozentrisch und nur seiner eigenen Gegenwart bewusst. Es ist unfähig, aus der Vergangenheit zu lernen, unfähig, das gegenwärtige Geschehen zu begreifen, und unfähig, richtige Schlüsse auf die Zukunft zu ziehen. Es ist von sich selber hypnotisiert und lässt darum auch nicht mit sich reden. Es ist daher auf Katastrophen angewiesen, die es nötigenfalls totschlagen.

[53] GW 12, § 563

Alles, was der Mensch sollte, in positivem oder negativem Sinne, und was er noch nicht kann, das lebt als mythologische Gestalt und Antizipation neben seinem Bewusstsein, entweder als religiöse Projektion oder – was gefährlicher ist – als Inhalte des Unbewussten, die sich dann spontan auf inkongruente Gegenstände projizieren, wie zum Beispiel auf hygienische und sonstige »heilversprechende« Lehren und Verfahren. All das ist rationalistischer Mythologieersatz, welcher durch seine Unnatürlichkeit den Menschen mehr gefährdet als fördert.

[107] GW 9/I, § 287

Die Erregung von Konflikt ist eine luziferische Tugend im eigentlichen Sinne des Wortes. Konflikt erzeugt das Feuer der Affekte und Emotionen, und wie jedes Feuer, so hat auch dieses zwei Aspekte, nämlich den der Verbrennung und den der Lichterzeugung. Die Emotion ist einerseits das alchemische Feuer, dessen Wärme alles zur Erscheinung bringt und dessen Hitze omnes superfluitates comburit – alle Überflüssigkeiten verbrennt –, andererseits ist die Emotion jener Moment, wo der

Stahl auf den Stein trifft und ein Funke herausgeschlagen wird: Emotion ist nämlich die Hauptquelle aller Bewusstwerdung. Es gibt keine Wandlung von Finsternis in Licht und von Trägheit in Bewegung ohne Emotion.

[56] GW 9/I, § 179

Da dem differenzierten Bewusstsein des zivilisierten Menschen mit der Dynamik des Willens ein wirksames Instrument zur praktischen Ausführung seiner Inhalte in die Hand gegeben ist, so besteht mit zunehmender Ausbildung des Willens eine umso größere Gefahr der Verirrung ins Einseitige und der Abschweifung ins Gesetz- und Wurzellose. Dieses ist zwar einerseits die Möglichkeit menschlicher Freiheit, aber andererseits auch die Quelle endloser Instinktwidrigkeiten.

[107] GW 9/I, § 276

Wenn sich beim Einzelmenschen der Bewusstseinszustand erheblich ändert, so wandeln sich auch die dadurch konstellierten Inhalte des Unbewussten. Und je weiter die Bewusstseinslage sich von einem gewissen Gleichgewichtspunkt entfernt, desto bedeutender und, je nachdem, gefährlicher werden die nach Ausgleich strebenden, unbewussten Inhalte. Daraus entsteht schließlich eine Dissoziation: Einerseits versucht das Selbstbewusstsein krampfhaft, einen unsichtbaren Gegner abzuschütteln, andererseits unterliegt es in zunehmendem Maße dem tyrannischen Willen einer inneren Gegenregierung, die alle Züge dämonischer Unter- und Übermenschlichkeit zeigt.

Wenn ein paar Millionen Menschen in diesen Zustand geraten, so entsteht eine Gesamtlage, zu deren Erkenntnis wir seit einem Jahrzehnt einen täglichen Anschauungsunterricht genießen. Diese zeitgenössischen Ereignisse in ihrer ganzen Einzigartigkeit schildern ihre psychologischen Hintergründe. Die wahnwitzige Zerstörung und Verwüstung ist die Reaktion auf die Entfernung des Bewusstseins aus der Gleichgewichtslage. Es gibt nämlich ein Gleichgewicht zwischen seelischem Ich und Nicht-Ich, eine *religio,* das heißt eine *sorgfältige Berücksichtigung* der präsenten unbewussten Mächte, die man nicht ohne Gefahr vernachlässigt.

[52] GW 16, §§ 394f.

Nichts ist so geeignet, Bewusstheit und Wachheit herauszufordern, wie eine Entzweiung mit sich selbst. Man könnte sich schlechterdings kein anderes und wirkungsvolleres Mittel denken, um eine ganze Menschheit

aus dem unverantwortlichen und unschuldsvollen Halbschlafzustand ursprünglicher Geistesverfassung aufzuwecken und in einen Zustand bewusster Verantwortlichkeit überzuführen.
[59] GW 6, § 964

Die Haupttat des Helden ist die Überwindung des Dunkelheitsungeheuers: es ist der erhoffte und erwartete Sieg des Bewusstseins über das Unbewusste. Tag und Licht sind Synonyme des Bewusstseins, Nacht und Dunkel die des Unbewussten. Die Bewusstwerdung ist wohl das stärkste urzeitliche Erlebnis, denn damit ist die Welt geworden, von deren Existenz vorher niemand etwas wusste. »Und Gott sprach: Es werde Licht!« ist die Projektion jenes vorzeitlichen Erlebnisses der vom Unbewussten sich trennenden Bewusstheit.
[107] GW 9/I, § 284

Ohne das Phänomen des Bewusstseins gibt es nämlich praktisch keine Welt, da diese nur existiert, insofern sie von einer Psyche bewusst reflektiert und ausgesprochen wird. *Das Bewusstsein ist eine Bedingung des Seins*. Damit kommt der Psyche die Würde eines kosmischen Prinzips zu, welches ihr – philosophisch und de facto – neben dem Prinzip des physischen Seins eine ebenbürtige Stellung anweist. Träger dieses Bewusstseins ist das Individuum, welches die Psyche nicht willkürlich erzeugt, sondern umgekehrt von Letzterer vorgebildet und dem in der Kindheit allmählich erwachenden Bewusstsein zugeführt wird. Hat so die Psyche eine alles überragende empirische Bedeutung, so hat sie auch das Individuum, welches die alleinige unmittelbare Erscheinung der Psyche ist.
[21] GW 10, § 528

★

»Warum zum Teufel aber«, so werden Sie gewiss fragen, »soll der Mensch à tort et à travers zu höherer Bewusstheit gelangen?« Mit dieser Frage haben Sie ins Schwarze des Problems getroffen, und die Antwort wird mir nicht leicht. Es ist ein Glaubensbekenntnis: Ich glaube, dass endlich jemand wissen musste, dass diese wunderbare Welt der Berge, der Meere, der Sonnen und Monde, der Milchstraße und der Fixsternnebel existiert. Als ich auf den Athi Plains in Ostafrika auf einem kleinen Hügel stehend die vieltausendköpfigen Wildherden in lautloser Stille, nur überweht vom Hauche der Urwelt, weiden sah, wie sie es immer taten seit unvorstellbaren Zeiträumen, da hatte ich das Gefühl, der erste Mensch zu sein, das erste Wesen, das ganz allein wusste, dass dies alles ist. Diese ganze Welt um mich war noch in der Anfangsstille und wusste nicht, dass sie war. Und eben in diesem Moment, da ich wusste, war die Welt geworden, und ohne diesen Moment wäre sie nie gewesen. Diesen Zweck sucht alle Natur und findet ihn erfüllt im Menschen, und zwar immer nur im be*wussten Menschen.*

[56] GW 9/I, § 177

Die Urbilder

Es ist ein großer Irrtum, anzunehmen, die Seele des neugeborenen Kindes sei tabula rasa in dem Sinne, als ob überhaupt nichts drin sei. Insofern das Kind mit einem differenzierten, durch Heredität prädeterminierten und darum auch individualisierten Gehirn zur Welt kommt, so setzt es auch den von außen kommenden Sinnesreizen nicht *irgendwelche* Bereitschaften, sondern *spezifische* gegenüber, was ohne Weiteres eine eigentümliche (individuelle) Auswahl und Gestaltung der Apperzeption bedingt. Diese Bereitschaften sind nachweisbar vererbte Instinkte und sogar familiär bedingte Präformationen. Letztere sind die auf Instinkte gegründeten, apriorischen und formalen Bedingungen der Apperzeption. Ihr Vorhandensein drückt der Welt des Kindes und des Träumers den anthropomorphen Stempel auf. Sie sind die *Archetypen,* welche jeder Fantasietätigkeit ihre bestimmten Bahnen anweisen und auf diese Weise in den Fantasiegebilden kindlicher Träume sowohl wie in den Wahngespinsten der Schizophrenie erstaunliche mythologische Parallelen hervorbringen, wie man sie schließlich auch, aber in vermindertem Maße, in den Träumen Normaler und Neurotischer findet. Es handelt sich also nicht um vererbte *Vorstellungen,* sondern um vererbte *Möglichkeiten* von Vorstellungen.

[77] GW 9/I, § 136

Die ursprünglichen Strukturverhältnisse der Psyche sind von der gleichen überraschenden Uniformität wie diejenigen des sichtbaren Körpers. Die Archetypen sind etwas wie Organe der prärationalen Psyche. Es sind ewig vererbte, charakteristische Grundstrukturen ohne spezifischen Inhalt zunächst. Der spezifische Inhalt ergibt sich erst im individuellen Leben, wo die persönliche Erfahrung in ebendiesen Formen aufgefangen wird.

[17] GW 11, § 845

Archetypen sind wie Flussbetten, die das Wasser verlassen hat, die es aber nach unbestimmt langer Zeit wieder auffinden kann. Ein Archetypus ist etwas wie ein alter Stromlauf, in welchem die Wasser des Lebens lange flossen und sich tief eingegraben haben. Und je länger sie diese Richtung

behielten, desto wahrscheinlicher ist es, dass sie früher oder später wieder dorthin zurückkehren.
[99] GW 10, § 395

Archetypen waren und sind seelische Lebensmächte, welche ernst genommen sein wollen und auf die seltsamste Art auch dafür sorgen, dass sie zur Geltung kommen. Sie waren immer die Schutz- und Heilbringer, und ihre Verletzung hat die aus der Psychologie der Primitiven wohlbekannten »perils of the soul« zur Folge. Sie sind nämlich auch die unfehlbaren Erreger neurotischer und sogar psychotischer Störungen, indem sie sich genauso verhalten wie vernachlässigte oder misshandelte Körperorgane oder organische Funktionssysteme.
[107] GW 9/I, § 266

★

Unsere persönliche Psychologie ist nur eine dünne Haut, ein leichtes Kräuseln auf dem Ozean der kollektiven Psychologie. Der machtvolle Faktor, der Faktor, der unser Leben verändert, der die Oberfläche unserer bekannten Welt verändert und der Geschichte macht, ist die kollektive Psychologie, und die kollektive Psychologie bewegt sich nach Gesetzen, die von denen unseres Bewusstseins von Grund auf verschieden sind. Die Archetypen sind die großen entscheidenden Mächte, *sie* bringen die echten Ereignisse hervor, und nicht unser persönlicher Verstand und praktischer Intellekt. [...] Es sind ohne Zweifel die archetypischen Bilder, die das Schicksal des Menschen bestimmen.
[81] GW 18/I, § 371

Alle stärksten Ideen und Vorstellungen der Menschheit gehen auf Archetypen zurück. Besonders ist dies bei religiösen Vorstellungen der Fall. Aber auch wissenschaftliche, philosophische und moralische Zentralbegriffe machen davon keine Ausnahme. Sie sind in ihrer gegenwärtigen Form durch bewusste Anwendung und Anpassung entstandene Varianten der Urvorstellungen, denn es ist die Funktion des Bewusstseins, nicht nur die Welt des Äußeren durch die Sinnespforten aufzunehmen und zu erkennen, sondern auch die Welt des Inneren schöpferisch in das Außen zu übersetzen.
[71] GW 8, § 342

Ich bin schon des Öfteren gefragt worden, woher der Archetypus komme, ob er erworben sei oder nicht. Diese Frage lässt sich nicht direkt beantworten. Die Archetypen sind, ihrer Definition entsprechend, Faktoren und Motive, welche psychische Elemente zu gewissen (als archetypisch zu bezeichnenden) Bildern anordnen, und zwar in einer Art und Weise, die immer erst aus dem Effekt erkannt werden kann. Sie sind vorbewusst vorhanden und bilden vermutlich die Strukturdominanten der Psyche überhaupt, vergleichbar dem unanschaulichen, potenziellen Vorhandensein des Kristallgitters in der Mutterlauge. Als Bedingungen a priori stellen die Archetypen den psychischen Spezialfall des dem Biologen vertrauten »pattern of behaviour« dar, welches allen Lebewesen ihre spezifische Art verleiht. Wie die Manifestationen dieses biologischen Grundplanes sich im Laufe der Entwicklung ändern können, so auch die des Archetypus. Empirisch gesehen ist aber der Archetypus innerhalb der Reichweite organischen Lebens überhaupt nie entstanden. Er tritt mit dem Leben auf den Plan.

[88] GW 11, § 222

Insofern nun die Archetypen regulierend, modifizierend und motivierend in die Gestaltung der Bewusstseinsinhalte eingreifen, verhalten sie sich so wie Instinkte. Die Annahme liegt daher auf der Hand, diese Faktoren mit den Trieben in Beziehung zu setzen und die Frage aufzuwerfen, ob die typischen Situationsbilder, welche diese kollektiven Formprinzipien anscheinend darstellen, nicht am Ende mit den Triebgestalten, nämlich den patterns of behaviour, überhaupt identisch seien.

[74] GW 8, § 404

Man könnte das Urbild passend als *Anschauung des Instinktes von sich selbst* oder als *Selbstabbildung des Instinktes* bezeichnen, nach Analogie des Bewusstseins, welches auch nichts anderes ist als eine innere Anschauung des objektiven Lebensprozesses.

[32] GW 8, § 277

Man muss sich stets bewusst bleiben, dass das, was wir mit »Archetypus« meinen, an sich unanschaulich ist, aber Wirkungen hat, welche Veranschaulichungen, nämlich die archetypischen Vorstellungen, ermöglichen. Einer ganz ähnlichen Situation begegnen wir in der Physik. Es gibt dort kleinste Teile, die an sich unanschaulich sind, aber Effekte haben, aus deren Natur man ein gewisses Modell ableiten kann. Einer derarti-

gen Konstruktion entspricht die archetypische Vorstellung, das sogenannte Motiv oder Mythologem.
[74] GW 8, § 417

Früher oder später werden sich Atomphysik und Psychologie des Unbewussten in bedeutender Weise annähern, da beide, unabhängig voneinander und von entgegengesetzter Seite, in transzendentales Gebiet vorstoßen, Erstere mit der Vorstellung des Atoms, Letztere mit der des Archetypus.
[1] GW 9/II, § 412

Wie das »Psychisch-Infrarote«, das heißt die biologische Triebseele, allmählich in die physiologischen Lebensvorgänge und damit in das System chemischer und physikalischer Bedingungen übergeht, so bedeutet das »Psychisch-Ultraviolette«, der Archetypus, ein Gebiet, das einerseits keine Eigentümlichkeiten des Physiologischen aufweist, andererseits und in letzter Linie auch nicht mehr als psychisch angesprochen werden kann, obschon es sich psychisch manifestiert.
[74] GW 8, § 420

★

Die archetypischen Vorstellungen, die uns das Unbewusste vermittelt, darf man nicht mit dem *Archetypus an sich* verwechseln. Sie sind vielfach variierte Gebilde, welche auf eine an sich *unanschauliche* Grundform zurückweisen. Letztere zeichnet sich durch gewisse Formelemente und durch gewisse prinzipielle Bedeutung aus, die sich aber nur annähernd erfassen lassen. Der Archetypus an sich ist ein psychoider Faktor, der sozusagen zu dem unsichtbaren, ultravioletten Teil des psychischen Spektrums gehört. […] Es erscheint mir wahrscheinlich, dass das eigentliche Wesen des Archetypus bewusstseinsunfähig, das heißt transzendent ist, weshalb ich es als psychoid bezeichne.
[74] GW 8, § 417

Dass die Welt außen und innen auf transzendentalen Hintergründen ruht, ist so sicher wie unser eigenes Vorhandensein, aber ebenso sicher ist, dass die unmittelbare Anschauung der archetypischen Innenwelt mindestens ebenso zweifelhaft richtig ist wie die der physischen Außenwelt.
[42] GW 14/II, § 442

Trotz oder vielleicht gerade wegen der Verwandtschaft mit dem Instinkte stellt der Archetypus das eigentliche Element des Geistes dar; aber eines Geistes, welcher nicht mit dem Verstande des Menschen identisch ist, sondern eher dessen spiritus rector darstellt. Der wesentliche Inhalt aller Mythologien und aller Religionen und aller -ismen ist archetypischer Natur. Der Archetypus ist Geist oder Ungeist, und es hängt meist von der Einstellung des menschlichen Bewusstseins ab, als was er sich endgültig herausstellen wird. Archetypus und Instinkt bilden die denkbar größten Gegensätze, wie man unschwer erkennen kann, wenn man einen Menschen, der unter der Herrschaft des Triebes steht, mit einem vergleicht, welcher vom Geiste ergriffen ist. Aber wie zwischen allen Gegensätzen eine so enge Beziehung besteht, dass eine Position ohne entsprechende Negation weder gefunden noch gedacht werden kann, so gilt auch hier der Satz: »Les extrêmes se touchent.«
[74] GW 8, § 406

Der Archetypus aber als das Bild des Triebes ist psychologisch ein geistiges Ziel, zu dem die Natur des Menschen drängt; das Meer, zu dem alle Flüsse ihre gewundenen Wege bahnen; der Preis, welchen der Held dem Kampfe mit dem Drachen abringt.
[74] GW 8, § 415

Ich kann nur in tiefster Bewunderung und Ehrfurcht anschauend stillestehen vor den Abgründen und Höhen seelischer Natur, deren unräumliche Welt eine unermessliche Fülle von Bildern birgt, welche Jahrmillionen lebendiger Entwicklung aufgehäuft und organisch verdichtet haben. Mein Bewusstsein ist wie ein Auge, das fernste Räume in sich fasst, das psychische Nicht-Ich aber ist das, was diesen Raum unräumlich erfüllt. Und diese Bilder sind nicht blasse Schatten, sondern mächtig wirkende seelische Bedingungen, die wir nur missverstehen, aber niemals durch Leugnung ihrer Macht berauben können. Neben diesem Eindruck vermöchte ich nur noch den Anblick des gestirnten nächtlichen Himmels stellen; denn das Äquivalent der Welt innen ist nur die Welt außen, und wie ich diese Welt durch das Medium des Körpers erreiche, so erreiche ich jene Welt durch das Medium der Seele.
[37] GW 4, § 764

Dem Licht setzt der Organismus ein neues Gebilde, das Auge, entgegen, und dem Naturvorgang setzt der Geist ein symbolisches Bild entgegen,

das den Naturvorgang ebenso erfasst wie das Auge das Licht. Und ebenso wie das Auge ein Zeugnis ist für die eigentümliche und selbstständige schöpferische Tätigkeit des lebenden Stoffes, so ist auch das urtümliche Bild ein Ausdruck der eigenen und unbedingten erschaffenden Kraft des Geistes. Das urtümliche Bild ist ein zusammenfassender Ausdruck des lebendigen Prozesses.
[58] GW 6, § 693

Die sogenannten »Mächte des Unbewussten« sind keine willkürlich zu manipulierenden, intellektuellen *Begriffe,* sondern gefährliche Gegner, die in der Ökonomie der Persönlichkeit mitunter furchtbare Verwüstungen anrichten können. Sie sind alles, was man als ein seelisches »Gegenüber« je nachdem wünschen oder fürchten kann. Der Laie allerdings vermeint es mit einer dunkeln Organkrankheit zu tun zu haben. Der Theologe, der dahinter den Teufel vermutet, steht aber der psychischen Wahrheit bedeutend näher.
[5] GW 18/II, § 1504

Seelische Dinge sind Erlebnisvorgänge, das heißt Wandlungen, welche niemals eindeutig bezeichnet werden dürfen, will man nicht das lebendig Bewegte in ein Statisches verwandeln. Das unbestimmt-bestimmte Mythologem und das schillernde Symbol drücken den seelischen Prozess treffender, vollkommener und damit unendlich viel klarer aus als der klarste Begriff; denn das Symbol vermittelt nicht nur eine Anschauung des Vorganges, sondern auch – was vielleicht ebenso wichtig ist – ein Mit- oder Nacherleben des Vorganges, dessen Zwielicht nur durch ein inoffensives Mitfühlen und niemals durch den groben Zugriff der Deutlichkeit verstanden werden kann.
[48] GW 13, § 199

Die großen Lebensprobleme, zu denen unter anderem auch die Sexualität gehört, stehen immer in Beziehung zu den urtümlichen Bildern des kollektiven Unbewussten. Diese Bilder sind sogar die je nachdem balancierenden oder kompensierenden Faktoren gegenüber den Problemen, die das Leben an der Wirklichkeit aufwirft.

Das ist insofern nicht erstaunlich, als die Bilder die Niederschläge der vieltausendjährigen Erfahrungen des Anpassungs- und Daseinskampfes sind. Alle großen Erlebnisse des Lebens, alle höchsten Spannungen rühren deshalb an den Schatz dieser Bilder und bringen sie zur inneren Erscheinung, die als solche bewusst wird, wenn so viel Selbstbesinnung und Fassungskraft vorhanden ist, dass das Individuum auch denkt, was es erlebt, und es nicht bloß tut, das heißt – ohne es zu wissen – den Mythos und das Symbol konkret lebt.

[58] GW 6, §§ 373 f.

Was die Seele gebiert, sind, psychologisch genommen, Bilder, von denen die allgemeine rationale Voraussetzung annimmt, dass sie wertlos seien. Solche Bilder sind auch in dem Sinne wertlos, als sie sich nicht unmittelbar mit Erfolg in der objektiven Welt verwerten lassen. Die nächste Verwendungsmöglichkeit ist die *künstlerische,* insofern einer über künstlerische Ausdrucksfähigkeit verfügt, eine zweite Verwendungsmöglichkeit ist die *philosophische Spekulation,* eine dritte die quasi *religiöse,* welche zur Häresie und Sektengründung führt, eine vierte Möglichkeit ist die Verwendung der in den Bildern liegenden Kräfte zur Ausschweifung in jeglicher Form.

[58] GW 6, § 426

★

Das Symbol ist lebender Körper, corpus et anima; darum ist das »Kind« eine so treffliche Formel für das Symbol. Die Einzigartigkeit der Psyche ist eine zwar nie ganz, doch stets annähernd zu verwirklichende Größe, welche zugleich die unerlässliche Grundlage alles Bewusstseins ist. Die tieferen »Schichten« der Psyche verlieren mit zunehmender Tiefe und Dunkelheit die individuelle Einzigartigkeit. Sie werden nach »unten«, das heißt mit Annäherung der autonomen Funktionssysteme zunehmend kollektiver, um in der Stofflichkeit des Körpers, nämlich in den chemischen Körpern universal zu werden und zugleich zu erlöschen. Der Kohlenstoff des Körpers ist überhaupt Kohlenstoff. »Zuunterst« ist daher Psyche überhaupt »Welt«. In diesem Sinne kann ich Kerényi durchaus recht geben, wenn er sagt, dass im Symbol die *Welt selber* spreche. Je archaischer und je »tiefer«, das heißt je physiologischer das Symbol, desto kollektiver und universaler, desto »stofflicher« ist es. Je abstrakter, differenzierter und spezifischer es ist, desto mehr nähert es sich der Natur bewusster Einzigartigkeit und Einmaligkeit und desto mehr hat es sein universales Wesen abgestreift. Im Bewusstsein vollends läuft es Gefahr, zur bloßen Allegorie, die den Rahmen bewusster Auffassung nirgends überschreitet, zu werden, wo es dann auch allen möglichen rationalistischen Erklärungsversuchen ausgesetzt ist.

[107] GW 9/I, § 291

Man darf sich keinen Augenblick der Illusion hingeben, ein Archetypus könne schließlich erklärt und damit erledigt werden. Auch der beste Erklärungsversuch ist nichts anderes als eine mehr oder weniger geglückte Übersetzung in eine andere Bildsprache. (Sprache ist ja nichts anderes als Bild!) Man *träumt* bestenfalls den Mythos weiter und gibt ihm moderne Gestalt. Und was immer ihm eine Erklärung oder Deutung antut, das hat man der eigenen Seele getan, und daraus entstehen entsprechende Folgen für das eigene Wohlbefinden. Der Archetypus nämlich – was man nie vergessen sollte – ist ein seelisches Organ, das sich bei jedem findet.
[107] GW 9/I, § 271

In Wirklichkeit kommt man von der archetypischen Grundlage legitimerweise nie los, wenn man nicht gewillt ist, eine Neurose in Kauf zu nehmen, so wenig als man sich ohne Selbstmord des Körpers und seiner Organe entledigen kann. Wenn man nun die Archetypen nicht wegleugnen oder sonst wie unschädlich machen kann, so ist jede neu errungene Stufe von kultürlicher Bewusstseinsdifferenzierung mit der Aufgabe konfrontiert, eine neue und der Stufe entsprechende *Deutung* zu finden, um nämlich das in uns noch existierende Vergangenheitsleben mit dem Gegenwartsleben, das jenem zu entlaufen droht, zu verknüpfen. Geschieht dies nicht, so entsteht ein wurzelloses, an der Vergangenheit nicht mehr orientiertes Bewusstsein, welches hilflos allen Suggestionen erliegt, das heißt praktisch für psychische Epidemien anfällig wird. Mit der verlorenen Vergangenheit, welche eben das »Unansehnliche«, Entwertete und nicht mehr Aufzuwertende geworden ist, ist auch der Heilbringer verloren gegangen, denn der Heilbringer ist entweder das Unansehnliche selber, oder es geht aus diesem hervor. Er entsteht im »Gestaltwandel der Götter« sozusagen immer wieder als Verkünder oder Erstling einer neuen Generation und tritt unerwartet am unwahrscheinlichen Orte (Stein- und Baumgeburt, Ackerfurche, Wasser usw.) und in zweideutiger Gestalt hervor (Däumling, Zwerg, Kind, Tier usw.).
[107] GW 9/I, § 267

Im Grunde genommen ist alles seelische Geschehen dermaßen auf den Archetypus gegründet und mit diesem verwoben, dass es in jedem Falle bedeutender kritischer Anstrengung bedarf, um das Einmalige mit Sicherheit vom Typus zu sondern. Schließlich ist eben jedes individuelle Leben zugleich auch das Leben des Aeons der Spezies. Das Individuelle

ist stets »historisch«, weil strengstens an die Zeit gebunden; die Beziehung des Typus zur Zeit hingegen ist indifferent. Insofern nun das Christusleben in hohem Maße archetypisch ist, stellt es in ebensolchem Maße das Leben des Archetypus dar. Da aber Letzterer die unbewusste Voraussetzung jedes menschlichen Lebens ist, so wird durch sein geoffenbartes Leben auch das geheime, unbewusste Grundleben jedes Einzelnen offenbar, das heißt, was im Christusleben geschieht, ereignet sich immer und überall. Im christlichen Archetypus ist mit anderen Worten alles Leben dieser Art vorgebildet und immer wieder oder ein für alle Male ausgedrückt.
[55] GW 11, § 146

Ein Symbol verliert seine sozusagen magische oder, wenn man will, erlösende Kraft, sobald seine Auflösbarkeit erkannt ist. Daher muss ein wirkendes Symbol eine unangreifbare Beschaffenheit haben. Es muss der bestmögliche Ausdruck der jeweiligen Weltanschauung sein, der schlechterdings dem Sinne nach nicht überboten werden kann, sodann muss es dem Begreifen so ferne stehen, dass dem kritischen Intellekt alle Mittel fehlen, um es gültig auflösen zu können, und schließlich muss seine ästhetische Form dem Gefühl überzeugend entgegenkommen, sodass auch keine gefühlsmäßigen Argumente sich dagegen erheben.
[58] GW 6, § 401

Verstehen wir überhaupt je, was wir denken? Wir verstehen bloß jenes Denken, das nichts ist als eine Gleichung, aus der nie mehr herauskommt, als wir hineingesteckt haben. Das ist der Intellekt. Über ihn hinaus aber gibt es ein Denken in urtümlichen Bildern, in Symbolen, die älter sind als der historische Mensch, ihm seit Urzeiten angeboren und alle Generationen überdauernd, ewig lebendig die Untergründe unserer Seele erfüllend. Volles Leben ist nur in Übereinstimmung mit ihnen möglich, Weisheit ist Rückkehr zu ihnen.
[38] GW 8, § 794

Die Vision des Symbols bedeutet einen Hinweis auf den weiteren Weg des Lebens, eine Anlockung der Libido zu einem noch fernen Ziel, das aber von da an unauslöschlich in ihm wirkt, sodass sein Leben, entfacht wie eine Flamme, stetig weiterschreitet zu fernen Zielen. Das ist auch die spezifisch lebenfördernde Bedeutung des Symbols. Das ist auch der Wert und Sinn des religiösen Symbols. Ich meine damit natürlich nicht dogmatisch erstarrte, tote Symbole, sondern Symbole, die dem schaffenden Unbewussten des lebendigen Menschen entsteigen.

Die ungeheure Bedeutung solcher Symbole kann eigentlich nur der leugnen, der die Weltgeschichte mit dem heutigen Tage beginnen lässt.

[58] GW 6, §§ 202f.

Warum ist Psychologie wohl die allerjüngste der Erfahrungswissenschaften? Warum hat man das Unbewusste nicht schon längst entdeckt und seinen Schatz an ewigen Bildern gehoben? Ganz einfach darum nicht, weil wir eine religiöse Formel für alle Dinge der Seele hatten, die weit schöner und umfassender ist als unmittelbare Erfahrung. Wenn für viele auch die christliche Anschauungswelt verblasst ist, so sind dafür die symbolischen Schatzkammern des Ostens noch voll von Wundern, welche die Lust am Schauen und an neuen Kleidern auf lange Zeit hinaus ernähren können. Und überdies sind diese Bilder – seien sie nun christlich oder buddhistisch oder irgendetwas anderes – schön, geheimnisvoll und ahnungsreich. Allerdings, je gewohnter sie uns sind, desto mehr hat der häufige Gebrauch sie abgeschliffen, sodass nur ihre banale Äußerlichkeit in ihrer fast sinnlosen Paradoxie übrig geblieben ist.

[78 B] GW 9/I, § 11

Das kollektive Unbewusste, so wie wir es heute kennen, war überhaupt nie psychologisch, denn vor der christlichen Kirche gab es antike Mysterien, welche sich bis in die graue Vorzeit des Neolithikums hinauf erstreckten. Nie gebrach es der Menschheit an kräftigen Bildern, welche magischen Schutz verliehen gegen das unheimlich Lebendige der Seelentiefe. Immer waren die Gestalten des Unbewussten durch schützende und heilende Bilder ausgedrückt und damit hinausgewiesen in den kosmischen, außerseelischen Raum.

[78 B] GW 9/I, § 21

Die Götter von Hellas und Rom gingen an der gleichen Krankheit zugrunde wie unsere christlichen Symbole: Damals wie heute entdeckten die Menschen, dass sie sich nichts darunter gedacht hatten. Die Götter der Fremden hingegen hatten noch unverbrauchtes Mana. Ihre Namen waren seltsam und unverständlich und ihre Taten ahnungsvoll dunkel, ganz anders als die ausgeleierte chronique scandaleuse des Olymps. Die asiatischen Symbole verstand man wenigstens nicht, und deshalb waren sie nicht banal wie die altgewohnten Götter. Dass man das Neue aber ebenso unbesehen übernahm, wie man das Alte weggelegt hatte, wurde damals nicht Problem.

Wird es heute Problem? Werden wir fertige Symbole, gewachsen auf exotischem Boden, durchtränkt mit fremdem Blut, gesprochen in fremden Zungen, genährt von fremder Kultur, gewandelt in fremder Geschichte, anziehen können wie ein neues Kleid? Ein Bettler, der sich in königliches Gewand hüllt; ein König, der sich als Bettler verkleidet? Ohne Zweifel, es ist möglich. Oder gibt es in uns irgendwo einen Befehl, keinen Mummenschanz zu treiben, sondern vielleicht sogar unser Gewand selber zu nähen?

[78 B] GW 9/I, §§ 26f.

Wer die historischen Symbole verloren hat und sich mit »Ersatz« nicht begnügen kann, ist heute allerdings in einer schwierigen Lage: Vor ihm gähnt das Nichts, vor dem man sich mit Angst abwendet. Schlimmer noch: Das Vakuum füllt sich mit absurden politischen und sozialen Ideen, die sich allesamt durch geistige Öde auszeichnen. Wer sich aber mit dieser schulmeisterlichen Besserwisserei nicht abfinden kann, sieht sich gezwungen, von seinem sogenannten Gottvertrauen ernstlich Gebrauch zu machen, wobei es sich dann allerdings meist herausstellt, dass die Angst noch überzeugender ist.

[78 B] GW 9/I, § 28

★

Zum *Verständnis* der religiösen Dinge gibt es heute wohl nur noch den psychologischen Zugang, weshalb ich mich bemühe, historisch fest gewordene Denkformen wieder einzuschmelzen und umzugießen in Anschauungen der unmittelbaren Erfahrung. Es ist gewiss ein schwieriges Unterfangen, jene Brücke wieder aufzufinden, welche die Anschauung des Dogmas mit der unmittelbaren Erfahrung der psychologischen Archetypen verbindet, aber die Erforschung der natürlichen Symbole des Unbewussten gibt uns das hierzu nötige Baumaterial.

[55] GW 11, § 148

Die Ehrfurcht vor den großen natürlichen Geheimnissen, welche die religiöse Sprache in durch Alter, Bedeutungsschwere und Schönheit geheiligten Symbolen auszudrücken sich bemüht, wird nicht gekränkt durch die Ausdehnung der Psychologie auf diese Gebiete, zu denen bisherige

Wissenschaft keinen Zugang fand. Wir schieben die Symbole nur etwas weiter zurück und ziehen ein Stück ihrer Domäne ans Tageslicht, ohne aber dem Irrtum zu verfallen, wir hätten damit mehr geschaffen als bloß ein neues Symbol für dasselbe Rätsel, das allen Zeiten vor uns Rätsel war.
[58] GW 6, § 428

Die ewige Wahrheit bedarf der menschlichen Sprache, die sich mit dem Zeitgeist ändert. Die Urbilder sind unendlicher Wandlung fähig und bleiben doch stets dieselben, aber nur in neuer Gestalt können sie aufs Neue begriffen werden. Immer erfordern sie neue Deutung, sollen sie nicht wegen zunehmender Altertümlichkeit ihres Begriffes ihre Bannkraft gegenüber der steten Fluchtbereitschaft des »fugax ille Mercurius« einbüßen und den so nützlichen und doch gefährlichen Feind entwischen lassen. Was ist es mit dem »neuen Wein in alten Schläuchen«? Wo sind die Antworten auf die seelischen Nöte und Bedrängnisse einer neuen Zeit? Wo überhaupt das Wissen um die seelische Problematik, welche die Entwicklung des modernen Bewusstseins aufgeworfen hat? Nie zuvor stand solche Hybris des Wollens und Könnens der »ewigen« Wahrheit herausfordernder gegenüber.
[52] GW 16, § 396

Es scheint, dass alles Wahre sich wandelt und dass nur das Sich-Wandelnde wahr bleibt.
[42] GW 14/II, § 168

Alle Zeiten vor uns glaubten noch an Götter in irgendeiner Form. Es bedurfte schon einer beispiellosen Verarmung an Symbolik, um die Götter als psychische Faktoren, nämlich als Archetypen des Unbewussten, wiederzuentdecken. Diese Entdeckung ist wohl vorderhand noch unglaubwürdig.
[78 B] GW 9/I, § 50

Dass die Gottheit auf uns wirkt, können wir nur mittels der Psyche feststellen, wobei wir aber nicht zu unterscheiden vermögen, ob diese Wirkungen von Gott oder vom Unbewussten kommen, das heißt, es kann nicht ausgemacht werden, ob die Gottheit und das Unbewusste zwei verschiedene Größen seien. [...] Das Gottesbild koinzidiert, genau gesprochen, nicht mit dem Unbewussten schlechthin, sondern mit einem besonderen Inhalt desselben, nämlich mit dem Archetypus des Selbst.

Dieser ist es, von dem wir empirisch das Gottesbild nicht mehr zu trennen vermögen. Man kann zwar arbiträr eine Verschiedenheit dieser beiden Größen postulieren. Das nützt uns aber gar nichts, im Gegenteil hilft es nur dazu, Mensch und Gott zu trennen, wodurch die Menschwerdung Gottes verhindert wird. Gewiss hat der Glaube recht, wenn er dem Menschen die Unermesslichkeit und Unerreichbarkeit Gottes vor Augen und zu Gemüte führt; aber er lehrt auch die Nähe, ja Unmittelbarkeit Gottes, und es ist gerade die Nähe, die empirisch sein muss, soll sie nicht völlig bedeutungslos sein. Nur das, was auf mich wirkt, erkenne ich als wirklich. Was aber nicht auf mich wirkt, kann ebenso gut nicht existieren. Das religiöse Bedürfnis verlangt nach Ganzheit und ergreift darum die vom Unbewussten dargebotenen Ganzheitsbilder, die, unabhängig vom Bewusstsein, aus den Tiefen der seelischen Natur aufsteigen.
[6] GW 11, § 757

Gott hat allerdings, ohne Mithilfe des Menschen, ein unbegreiflich herrliches und zugleich unheimlich widerspruchsvolles Bild von sich selber gemacht und es dem Menschen als einen Archetypus ins Unbewusste gelegt, nicht damit die Theologen aller Zeiten und Zonen sich darüber in die Haare geraten, sondern damit der nicht anmaßliche Mensch in der Stille seiner Seele auf ein ihm verwandtes, aus seiner eigenen seelischen Substanz erbautes Bild blicken mag, welches alles in sich hat, was er sich je über seine Götter oder über seinen Seelengrund ausdenken wird.
[5] GW 18/II, § 1508

Es ist auch ohne Weiteres begreiflich, wenn man sich klarmacht, dass das Unbewusste, als die Gesamtheit aller Archetypen, der Niederschlag alles menschlichen Erlebens ist, bis zurück zu seinen dunkelsten Anfängen, kein toter Niederschlag – gewissermaßen ein verlassenes Trümmerfeld –, sondern lebendige Reaktions- und Bereitschaftssysteme, welche auf unsichtbarem und daher umso wirkungsvollerem Wege das individuelle Leben bestimmen. Es ist aber gewissermaßen nicht bloß ein gigantisches historisches Vorurteil, sondern zugleich auch die Instinktquelle, indem die Archetypen nichts sind als die Manifestationsformen der Instinkte. Aus der Lebensquelle des Instinktes aber fließt auch alles Schöpferische, sodass das Unbewusste nicht nur historische Bedingtheit ist, sondern zugleich den schöpferischen Impuls hervorbringt – ähnlich wie die Natur, die ungeheuer konservativ ist und in ihren Schöpfungsakten ihre eigene historische Bedingtheit wiederaufhebt. Kein Wunder daher, wenn es für die Menschen aller Zeiten und Regionen eine brennende Frage war, wie man sich zu dieser unsichtbaren Bedingung am besten zu verhalten hätte – ein als Engelssturz und als Ungehorsam der ersten Eltern symbolisiertes und ewig wiederholtes Ereignis –, so wäre dieses Problem nicht entstanden.

[71] GW 8, § 393

Der Traum

Der Traum ist die kleine verborgene Türe im Innersten und Intimsten der Seele, welche sich in jene kosmische Urnacht öffnet, die Seele war, als es noch längst kein Ichbewusstsein gab, und welche Seele sein wird, weit über das hinaus, was ein Ichbewusstsein je wird erreichen können. Denn alles Ichbewusstsein ist vereinzelt, erkennt Einzelnes, indem es trennt und unterscheidet, und gesehen wird nur, was sich auf dieses Ich beziehen kann. Das Ichbewusstsein besteht aus lauter Einschränkungen, auch wenn es an die fernsten Sternnebel reicht. Alles Bewusstsein trennt; im Traume aber treten wir in den tieferen, allgemeineren, wahreren, ewigeren Menschen ein, der noch im Dämmer der anfänglichen Nacht steht, wo er noch das Ganze und das Ganze *in ihm* war, in der unterschiedslosen, aller Ichhaftigkeit baren Natur.

Aus dieser allverbindenden Tiefe stammt der Traum, und sei er noch so kindisch, noch so grotesk, noch so unmoralisch.

[9] GW 10, §§ 304f.

Ich habe es mit aller Skepsis und Kritik nie dazu gebracht, die Träume für quantité négligeable zu halten. Erscheinen sie uns unsinnig, so sind bloß wir unsinnig und besitzen offenbar den Witz nicht, die rätselhafte Botschaft unserer Nachtseite richtig zu lesen. Umso mehr aber sollte sich die ärztliche Psychologie durch systematische Arbeit an Träumen die Sinne schärfen, denn zum Mindesten die Hälfte unseres seelischen Lebens spielt sich auf jener Nachtseite ab, und ebenso sehr, wie das Bewusstsein in die Nacht hinüberspielt, ragt auch das Unbewusste in unser Tagleben. Niemand zweifelt an der Wichtigkeit des bewussten Erlebens, warum sollte man dann an der Bedeutung des unbewussten Geschehens zweifeln? Es ist *auch* unser Leben, manchmal sogar mehr und gefährlicher oder hilfreicher als das Tagleben.

[50] GW 16, § 325

Für den Primitiven haben gewisse Träume bekanntlich einen unvergleichlich viel höheren Wert als für den Kulturmenschen. Er spricht nicht nur sehr viel von seinen Träumen, sondern sie sind ihm auch so bedeutungsvoll, dass es oft scheint, als könne er sie von der Wirklichkeit

kaum unterscheiden. Den Kulturmenschen im Allgemeinen erscheinen zwar die Träume als unwichtig, aber es gibt doch auch unter ihnen sehr viele Menschen, welche gewissen Träumen eine große Bedeutung beilegen, und zwar gerade um ihres oft fremden und eindrucksvollen Charakters willen. Diese Eigentümlichkeit gewisser Träume lässt die Annahme, dass sie Eingebungen seien, verständlich erscheinen.
[57] GW 8, § 574

Die Psychologie des Traumes eröffnet uns den Weg zu einer allgemeinen *vergleichenden Psychologie,* von der wir ein gleiches Verständnis für die Entwicklung und Struktur der menschlichen Seele erwarten, wie es die vergleichende Anatomie uns hinsichtlich des menschlichen Körpers beschert hat.
[2] GW 8, § 476

Der Traum ist, wie jedes Stück des psychischen Zusammenhanges, eine Resultante des Ganzen der Psyche. Daher dürfen wir erwarten, im Traume auch alles zu finden, was im Leben der Menschheit seit uralters Bedeutung hatte. Sowenig sich das menschliche Leben an sich auf diesen oder jenen Grundtrieb beschränkt, sondern sich auf eine Vielheit von Trieben, Bedürfnissen, Notwendigkeiten, physischen und psychischen Bedingtheiten aufbaut, ebenso wenig ist der Traum aus diesem oder jenem Element zu erklären, so bestechend einfach eine derartige Erklärung auch ausfallen mag. Wir können sicher sein, dass sie unrichtig ist, denn keine einfache Triebtheorie wird jemals imstande sein, die menschliche Seele, dieses gewaltige und geheimnisvolle Ding, zu erfassen und daher auch nicht ihren Ausdruck, den Traum. Um dem Traum auch nur einigermaßen gerecht zu werden, bedürfen wir eines Rüstzeuges, das wir uns aus allen Gebieten der Geisteswissenschaften mühsam zusammenstellen müssen.
[2] GW 8, § 527

Der Traum beschäftigt sich oft mit anscheinend läppischen Details, wodurch er einen lächerlichen Eindruck macht, oder er ist äußerlich dermaßen unverständlich, dass wir uns höchstens über ihn wundern können, weshalb wir immer einen gewissen Widerstand zu überwinden haben, ehe wir uns ernsthaft dahintersetzen, das verworrene Gefüge durch geduldige Arbeit aufzulösen. Treten wir endlich in den wirklichen Sinn eines Traumes ein, so befinden wir uns aber auch schon mitten in den

Geheimnissen des Träumers und sehen mit Erstaunen, dass auch ein anscheinend unsinniger Traum höchst sinnreich ist und eigentlich nur von wichtigen und ernsthaften Dingen spricht. Diese Erkenntnis nötigt uns etwas mehr Ehrfurcht ab vor dem sogenannten Aberglauben von der Bedeutung der Träume, für die unsere rationalistische Zeitströmung bis jetzt nichts übrighatte.

[109 B] GW 7, § 24

Logisch, moralisch und ästhetisch befriedigend kombinierte Träume gehören ja zu den Ausnahmen. In der Regel ist der Traum ein sonderbares und fremdartiges Gebilde, das sich durch viele »schlechte Eigenschaften«, wie Mangel an Logik, zweifelhafte Moral, unschöne Gestaltung und offensichtliche Widersinnigkeit oder Sinnlosigkeit auszeichnet. Man tut ihn deshalb gerne als dumm, sinn- und wertlos ab.

[91] GW 8, § 532

Träume sind unparteiisch, der Willkür des Bewusstseins entzogene, spontane Produkte der unbewussten Seele. Sie sind reine Natur und deshalb von unverfälschter, natürlicher Wahrheit, daher wie nichts anderes geeignet, uns dann eine dem menschlichen Grundwesen entsprechende Haltung wiederzugeben, wenn sich unser Bewusstsein zu weit von seiner Grundlage entfernt und in einer Unmöglichkeit festgefahren hat.

[9] GW 10, § 317

Wie die realen Menschen und Dinge in unser Blickfeld treten, so treten auch die Traumbilder wie eine andere Art von Realität in das Bewusstseinsfeld des Traum-Ich. Wir haben nicht das Gefühl, dass wir die Träume machen, sondern sie kommen zu uns. Sie unterliegen nicht unserer Willkür, sondern gehorchen eigenen Gesetzen. Sie stellen offenbar autonome psychische Komplexe dar, welche aus sich selber sich zu gestalten vermögen. Ihre Motivquelle ist uns unbewusst. Wir sagen darum, dass die Träume aus dem Unbewussten kommen. Wir müssen daher annehmen, dass es selbstständige psychische Komplexe gibt, die unserer Bewusstseinskontrolle entgehen und nach ihren eigenen Gesetzen auftreten und verschwinden.

[57] GW 8, § 580

Im Schlaf erscheint die Fantasie als Traum. Aber auch im Wachen träumen wir unter der Bewusstseinsschwelle weiter, und dies ganz besonders vermöge verdrängter oder sonst wie unbewusster Komplexe.
[51] GW 16, § 125

Die spezifische Bewusstseinsäußerung des Unbewussten ist das Träumen. Wie die Seele eine Tagesseite, das Bewusstsein, hat, so hat sie auch eine Nachtseite, das unbewusste psychische Funktionieren, das man als traumhaftes Fantasieren auffassen könnte.
[50] GW 16, § 317

Die Träume enthalten Bilder und gedankliche Zusammenhänge, die wir nicht mit bewusster Absicht erzeugen. Sie entstehen spontan, ohne unser Zutun, und stellen somit eine der Willkürlichkeit entzogene, psychische Tätigkeit dar. Der Traum ist daher eigentlich ein höchst objektives, sozusagen ein Naturprodukt der Psyche, weshalb man von ihm zum Mindesten Hinweise und Anspielungen auf gewisse Grundtendenzen des seelischen Prozesses erwarten darf. Da nun der psychische Lebensprozess – wie jeder Lebensprozess – nicht bloß ein kausaler Ablauf, sondern auch ein final orientierter, zweckmäßiger Vorgang ist, so darf man vom Traum, der nichts anderes als eine Selbstabbildung des psychischen Lebensprozesses darstellt, Indizien über eine objektive Ursächlichkeit sowohl wie über objektive Tendenzen erwarten.
[110] GW 7, § 210

★

Der Traum rektifiziert die Situation. Er bringt das bei, was auch noch dazugehört und verbessert dadurch die Einstellung. Dies ist der Grund, warum wir bei unserer Therapie der Traumanalyse bedürfen.
[2] GW 8, § 482

Der Traum als die Äußerung eines unwillkürlichen, dem Einfluss des Bewusstseins entzogenen, unbewussten seelischen Prozesses, stellt die innere Wahrheit und Wirklichkeit so dar, wie sie ist; nicht, weil ich sie so vermute, und nicht, wie der Träumer sie haben möchte, sondern *wie sie ist.*
[50] GW 16, § 304

Das Unbewusste ist das jeweils nicht Gewusste, weshalb es nicht erstaunlich ist, dass der Traum zu der jeweiligen bewussten psychologischen Situation alle diejenigen Aspekte beibringt, die für einen total verschiedenen Standpunkt der Betrachtung wesentlich wären. Es ist ersichtlich, dass diese Funktion des Traumes eine psychologische Balancierung bedeutet, eine Ausgleichung, die zum geordneten Handeln unbedingt erforderlich ist. Wie es im bewussten Überlegungsprozess unerlässlich ist, dass wir uns möglichst alle Seiten und Konsequenzen eines Problems klarmachen, um die richtige Lösung zu finden, so setzt sich dieser Prozess auch automatisch in dem mehr oder weniger bewusstlosen Schlafzustand fort, wo, wie es nach den bisherigen Erfahrungen scheint, alle diejenigen Gesichtspunkte, wenigstens andeutungsweise, dem Träumenden einfallen, welche am Tage ungenügend oder gar nicht gewürdigt wurden, das heißt relativ unbewusst waren.

[2] GW 8, § 469

Die Seele als ein sich selbst regulierendes System ist balanciert wie das Leben des Körpers. Für alle exzessiven Vorgänge treten sofort und zwangsläufig Kompensationen ein, ohne sie gäbe es weder einen normalen Stoffwechsel noch eine normale Psyche. In diesem Sinne kann man die *Kompensationslehre* als eine Grundregel für das psychische Verhalten überhaupt erklären. Das Zuwenig hier erzeugt ein Zuviel dort.

[50] GW 16, § 330

Dass Träume bloß verdrängte Wunscherfüllungen sind, ist ein längst überholter Standpunkt. Gewiss gibt es auch Träume, die erfüllte Wünsche oder Befürchtungen manifest darstellen. Aber was gibt es nicht alles sonst noch? Träume können unerbittliche Wahrheiten, philosophische Sentenzen, Illusionen, wilde Fantasien, Erinnerungen, Pläne, Antizipationen, ja sogar telepathische Visionen, irrationale Erlebnisse und Gott weiß was sonst noch sein.

[50] GW 16, § 317

Gegenüber der bekannten Freud'schen Ansicht vom Wesen des Traumes, dass er eine »Wunscherfüllung« sei, habe ich [...] den Standpunkt eingenommen, der Traum sei eine *spontane Selbstdarstellung der aktuellen Lage des Unbewussten in symbolischer Ausdrucksform.*

[2] GW 8, § 505

Je einseitiger und je weiter wegführend vom Optimum der Lebensmöglichkeit die bewusste Einstellung ist, desto eher ist die Möglichkeit vorhanden, dass lebhafte Träume von stark kontrastierendem, aber zweckmäßig kompensierendem Inhalt als Ausdruck der psychologischen Selbststeuerung des Individuums auftreten.
[2] GW 8, § 488

Die Primitiven in Ostafrika, die ich beobachtete, nahmen an, dass »große« Träume auch nur von »großen« Menschen, nämlich von Zauberern und Häuptlingen, geträumt werden. Das mag auf primitiver Stufe wahr sein. Bei uns kommen solche Träume aber auch bei einfachen Menschen vor, nämlich dann, wenn sie in einer zu großen geistigen Enge stecken.
[9] GW 10, § 324

Gehen Sie nie mit einer Theorie an einen Traum heran, sondern fragen Sie den Patienten immer, was die Traumbilder für *ihn* bedeuten. Träume beziehen sich immer auf ein bestimmtes Problem des Träumers, das dieser vom Bewusstsein aus falsch beurteilt. Träume sind Reaktionen auf unsere bewusste Einstellung, so wie der Körper reagiert, wenn wir zu viel oder zu wenig essen oder ihn sonst wie schlecht behandeln. *Träume sind die natürliche Reaktion des sich selbst regulierenden psychischen Systems.*
[81] GW 18/I, § 248

Es ist nicht leicht, irgendwelche spezielle Regeln für die Art der Traumkompensation aufzustellen. Der Charakter der Kompensation hängt jeweils innigst zusammen mit dem ganzen Wesen des Individuums. Die Möglichkeiten der Kompensation sind zahllos und unerschöpflich.
[2] GW 8, § 490

Obschon der Traum mit beiträgt zur psychologischen Selbststeuerung, indem er automatisch alles Verdrängte und nicht Beachtete oder nicht Gewusste herbeibringt, so ist seine kompensatorische Bedeutung doch oft nicht ohne Weiteres klar, weil wir noch über eine sehr unvollkommene Erkenntnis vom Wesen und von den Bedürfnissen der menschlichen Seele verfügen. Es gibt psychologische Kompensationen, die anscheinend weit weg liegen. In diesen Fällen muss man sich immer daran erinnern, dass jeder Mensch in gewissem Sinne die ganze Menschheit und ihre Geschichte repräsentiert. Und was in der Geschichte der

Menschheit im Großen möglich war, ist im Kleinen auch in jedem Einzelnen möglich. Wessen die Menschheit bedurfte, dessen bedarf gegebenenfalls auch der Einzelne. Es ist daher nicht erstaunlich, dass in den Träumen religiöse Kompensationen eine große Rolle spielen. Dass dies gerade in unserer Zeit vielleicht in vermehrtem Maße der Fall ist, ist eine natürliche Folge des vorherrschenden Materialismus unserer Weltanschauung.
[2] GW 8, § 483

Ich bestreite keineswegs die Möglichkeit »paralleler« Träume, das heißt solcher, deren Sinn mit der Einstellung des Bewusstseins zusammenfällt beziehungsweise Letztere unterstützt. Aber sie sind, nach meiner Erfahrung wenigstens, relativ selten.
[53] GW 12, § 48

Die Auffassung des Traumprozesses als eines kompensatorischen Vorganges dürfte meines Erachtens dem Wesen des biologischen Prozesses überhaupt entsprechen. Freuds Auffassung bewegt sich in derselben Richtung, indem sie dem Traume ebenfalls eine kompensatorische Rolle zuschreibt, nämlich hinsichtlich der Erhaltung des Schlafes. [...]

Demgegenüber darf aber die Tatsache nicht übersehen werden, dass es *eben gerade die Träume sind, welche den Schlaf am meisten stören,* dass es sogar Träume gibt – und zwar nicht wenige –, deren dramatisches Gefüge sozusagen logisch auf eine höchst affektvolle Situation hinzielt und sie auch dermaßen vollständig erzeugt, dass der Affekt den Träumer unbedingt weckt. Die Freud'sche Auffassung erklärt solche Träume damit, dass es der Zensur nicht mehr gelungen sei, den peinlichen Affekt zu unterdrücken. Es scheint mir, dass diese Erklärung den Tatsachen nicht gerecht wird. Jene Fälle, wo die Träume sich manifest mit den peinlichen Erlebnissen oder Vorstellungsinhalten des Taglebens in der unangenehmsten Weise beschäftigen und gerade die am meisten störenden Gedanken in peinlichster Deutlichkeit zur Darstellung bringen, sind allbekannt. Es wäre meines Erachtens ungerechtfertigt, hier von einer schlafbewahrenden, affektverhüllenden Funktion des Traumes zu reden. Man müsste in diesen Fällen die Wirklichkeit geradezu umkehren, um darin eine Bestätigung der vorhin erwähnten Auffassung herauszulesen.
[2] GW 8, §§ 485 f.

★

In Hinsicht einer naturwissenschaftlichen Erklärung der Traumpsychologie dürfte daher die Freud'sche kausale Betrachtungsweise außerordentlich viel für sich haben. Aber ich muss ihre Vollständigkeit bestreiten, denn die Psyche ist nicht bloß kausal zu erfassen, sondern erfordert auch eine finale Betrachtung. Erst eine Vereinigung beider Gesichtspunkte, die heutzutage wegen vorhandener enormer Schwierigkeiten theoretischer wie praktischer Natur in wissenschaftlich befriedigender Weise noch nicht vollzogen ist, vermag uns eine vollkommenere Auffassung vom Wesen des Traumes zu geben.
[2] GW 8, § 473

Träume sind sehr oft Antizipationen, welche bei rein kausalistischer Betrachtung ihren eigentlichen Sinn gänzlich verlieren. Diese Träume geben eine unmissverständliche Information über die analytische Lage, deren richtige Erkenntnis therapeutisch von größtem Belang ist.
[50] GW 16, § 312

Die kausale Betrachtungsweise tendiert, ihrer Natur entsprechend, zur Eindeutigkeit, das heißt zu festen Symbolbedeutungen. Die finale Betrachtungsweise dagegen sieht im veränderten Traumbild den Ausdruck einer veränderten psychologischen Situation. Sie kennt keine festen Symbolbedeutungen. Von ihrem Standpunkt aus sind Traumbilder an sich wichtig, indem sie nämlich in sich selber die Bedeutung tragen, um derentwillen sie im Traum überhaupt auftreten ... Vom finalen Standpunkt aus hat das Symbol im Traume mehr den Wert einer Parabel, es verhüllt nicht, sondern es lehrt.
[2] GW 8, § 471

Nach meiner Ansicht haben die somatischen Reize nur ausnahmsweise eine determinative Bedeutung. Gewöhnlich gehen sie ganz ein in den symbolischen Ausdruck des unbewussten Trauminhaltes, das heißt, sie werden mit als Ausdrucksmittel benützt. Nicht selten ergeben die Träume eine merkwürdige innere symbolische Verbindung zwischen einer zweifellos körperlichen Krankheit und einem bestimmten seelischen Problem, wobei die physische Störung geradezu als mimischer Ausdruck der psychischen Lage erscheint.
[2] GW 8, § 502

Die finale Betrachtungsweise des Traumes, welche ich der Freud'schen Anschauung gegenüberstelle, bedeutet, wie ich ausdrücklich feststellen möchte, nicht eine Leugnung der causae des Traumes, wohl aber eine andere Interpretation der zum Traum gesammelten Materialien. Die Tatsachen, nämlich eben die Materialien, bleiben dieselben, aber der Maßstab, mit dem sie gemessen werden, ist ein anderer. Die Frage lässt sich einfach folgendermaßen formulieren: Wozu dient der Traum? Diese Fragestellung ist insofern nicht willkürlich, als man sie auf alle psychischen Tätigkeiten anwenden kann. Man kann überall nach dem Warum und dem Wozu fragen, weil jedes organische Gebilde aus einem komplizierten Aufbau zweckmäßiger Funktionen besteht und jede Funktion auch in eine Reihe von zweckmäßig orientierten Einzeltatsachen aufzulösen ist.

[2] GW 8, § 462

Die prospektive Funktion dagegen ist eine im Unbewussten auftretende Antizipation zukünftiger bewusster Leistungen, etwa wie eine Vorübung oder eine Vorausskizzierung, ein im Voraus entworfener Plan … Die Tatsächlichkeit solcher prospektiver Träume ist nicht zu leugnen. Es wäre ungerechtfertigt, sie prophetisch zu nennen, indem sie im Grunde genommen ebenso wenig prophetisch sind wie eine Krankheits- oder Wetterprognose. Es handelt sich bloß um eine Vorauskombinierung der Wahrscheinlichkeiten, die gegebenenfalls allerdings mit dem wirklichen Verhalten der Dinge auch zusammentreffen kann, aber nicht notwendigerweise zusammentreffen und in allen Einzelheiten übereinstimmen muss. Nur in diesem letzteren Falle dürfte man von Prophetie sprechen. Dass die prospektive Funktion des Traumes der bewussten Vorauskombinierung gelegentlich bedeutend überlegen ist, ist insofern nicht erstaunlich, als der Traum aus der Verschmelzung unterschwelliger Elemente hervorgeht, also eine Kombination aller derjenigen Wahrnehmungen, Gedanken und Gefühle ist, welche dem Bewusstsein, um ihrer schwachen Betonung willen, entgangen sind. Außerdem kommen dem Traum noch die unterschwelligen Erinnerungsspuren zu Hilfe, welche das Bewusstsein nicht mehr wirksam zu beeinflussen vermögen. Hinsichtlich der Prognosenstellung ist daher der Traum gelegentlich in einer viel günstigeren Lage als das Bewusstsein.

[2] GW 8, § 493

Als eine weitere Traumdeterminante muss ich das *telepathische Phänomen* anerkennen. Die allgemeine Tatsächlichkeit dieses Phänomens ist heutzutage nicht mehr zu bezweifeln. Selbstverständlich ist es sehr einfach, ohne Prüfung der vorhandenen Beweismaterialien die Existenz des Phänomens zu leugnen; aber das ist ein unwissenschaftliches Verhalten, das keinerlei Beachtung verdient. Ich habe die Erfahrung gemacht, dass das telepathische Phänomen auch die Träume beeinflusst, wie das übrigens schon seit den ältesten Zeiten behauptet wird. Gewisse Personen sind in dieser Hinsicht besonders empfindsam und haben öfters telepathisch beeinflusste Träume. Mit dieser Anerkennung des telepathischen Phänomens meine ich nicht auch zugleich eine bedingungslose Anerkennung der landläufigen theoretischen Auffassung vom Wesen der actio in distans. Das Phänomen existiert zweifellos, jedoch scheint mir seine Theorie nicht so einfach zu sein.

[2] GW 8, § 503

★

Das Problem der Traumanalyse steht und fällt mit der Hypothese des Unbewussten. Ohne diese ist der Traum bloß ein lusus naturae, ein sinnloses Konglomerat zerbröckelter Tagesreste.

[50] GW 16, § 294

Wer einen Traum deuten will, der muss selber ungefähr auf der Höhe des Traumes sein, denn man kann schlechterdings in nichts *mehr* sehen, als was man selber ist.

[9] GW 10, § 324

Nach meiner Erfahrung sind die Träume so einfach oder so kompliziert wie der Träumer, nur sind sie seinem Bewusstsein immer ein wenig voraus. Ich verstehe meine eigenen Träume nicht besser als irgendjemand von Ihnen, denn sie liegen immer ein wenig jenseits meiner Reichweite, und ich habe mit ihnen die gleiche Mühe wie jemand, der überhaupt nichts von Traumdeutung weiß. Wissen nützt einem gar nichts, wenn es um die eigenen Träume geht.

[81] GW 18/I, § 244

Eine Traumdeutung auf dem Papier sieht vielleicht willkürlich, unklar und gekünstelt aus; aber dieselbe kann in der Wirklichkeit ein kleines

Drama von unübertrefflicher Realistik sein. Einen Traum und dessen Deutung zu *erleben,* ist etwas ganz anderes, als einen lauwarmen Aufguss auf Papier vorgesetzt zu bekommen. Alles an dieser Psychologie ist, im Grunde genommen, Erlebnis; selbst die Theorie – auch da, wo sie sich am abstraktesten gebärdet – geht unmittelbar aus dem Erlebten hervor.

[109 B] GW 7, § 199

Die Kunst des Träume-deuten-Könnens kann man nicht aus Büchern lernen. Methoden und Regeln sind nur gut, wenn man ohne sie gehen kann. Wirkliches Können hat nur der, der's kann, und wirkliches Verständnis nur der Verständige.

[9] GW 10, § 325

Es ist ohne Weiteres klar, dass zur Behandlung der sogenannten großen Träume ein bloß intuitives Daranherumraten nicht zum Ziele führt. Hier braucht es ausgedehnte Kenntnisse, wie sie der Spezialist haben sollte. Aber auch mit Kenntnissen allein kann man noch keinen Traum deuten. Diese Kenntnisse dürfen nämlich kein totes Gedächtnismaterial sein, sondern sie müssen die Qualität des Erlebnisses in dem, der sie handhabt, besitzen. Was bedeuten zum Beispiel philosophische Kenntnisse im Kopfe eines Menschen, der nicht auch im Herzen ein Philosoph ist?

[9] GW 10, § 324

Man tut am besten, einen Traum so zu behandeln wie einen gänzlich unbekannten Gegenstand: Man besieht ihn von allen Seiten, man nimmt ihn in die Hand, trägt ihn mit sich herum, hat allerhand Fantasien über ihn und spricht von ihm zu anderen Leuten. Primitive erzählen darum immer ihre eindrucksvollen Träume, womöglich in öffentlicher Versammlung, welcher Gebrauch auch noch im späten Altertum beglaubigt ist; denn alle alten Völker maßen dem Traum hohe Bedeutung bei. Bei dieser Behandlung fällt einem dann allerhand zum Traume ein, was bereits in die Nähe des Traumsinnes führt. Die Feststellung des Sinnes ist natürlich – wenn man so sagen darf – eine durchaus willkürliche Angelegenheit, denn hier, bei der Ausdeutung, beginnt das Wagnis. Je nach Erfahrung, Temperament und Geschmack wird man dem Sinne engere oder weitere Grenzen setzen. Manche werden sich mit wenigem begnügen, anderen ist viel noch nicht genug. Auch wird der Sinn, das heißt die Auslegung des Traumes in hohem Maße abhängen von der Absicht des Deutenden oder von seiner Erwartung oder seinem Anspruch an Sinn.

Die herausgefundene *Be-Deutung* – man achte auf dieses Wort – wird sich unwillkürlich nach gewissen Voraussetzungen richten, und es wird viel von der Gewissenhaftigkeit und Ehrlichkeit des Suchenden abhängen, ob er durch die Auslegung des Traumes etwas gewinnt oder vielleicht nur noch tiefer in seine Irrtümer verstrickt wird.
[9] GW 10, § 320

Das Verstehen der Träume ist nämlich eine so schwierige Sache, dass ich es mir schon längst zur Regel gemacht habe, wenn mir jemand einen Traum erzählt und nach meiner Meinung fragt, vor allem einmal zu mir selber zu sagen: »Ich habe keine Ahnung, was dieser Traum bedeutet.« Nach dieser Feststellung kann ich dann darangehen, den Traum zu untersuchen.
[91] GW 8, § 533

Jeder, der Träume bei anderen analysiert, sollte sich stets bewusst halten, dass es keine einfache und allgemein bekannte Theorie der psychischen Phänomene gibt, weder über ihr Wesen noch über ihre Ursachen noch über ihren Zweck. Wir besitzen daher keinen allgemeinen Maßstab des Urteils. Wir wissen, dass es vielerlei psychische Phänomene gibt. Was aber deren Wesen ist, darüber wissen wir nichts Gewisses. Wir wissen nur, dass die Betrachtung der Psyche von irgendeinem abgesonderten Standpunkt aus zwar ganz wertvolle Einzelheiten ergeben kann, aber nie eine zureichende Theorie, nach der man auch deduzieren könnte. Die Sexual- und Wunschtheorie, ebenso die Machttheorie sind schätzenswerte Gesichtspunkte, ohne jedoch der Tiefe und dem Reichtum der menschlichen Seele irgendwie gerecht werden zu können. Hätten wir eine solche Theorie, dann könnte man sich mit der handwerksmäßigen Erlernung der Methode begnügen. Dann wären nur noch gewisse Zeichen, die für bereits feststehende Inhalte gesetzt sind, zu lesen, wozu einige semiotische Regeln auswendig zu lernen wären. Die Kenntnis und richtige Beurteilung der Bewusstseinslage wären dann so überflüssig wie bei einer Lumbalpunktion.
[2] GW 8, § 498

Der psychologische Kontext von Trauminhalten besteht aus jenem Assoziationsgewebe, in welches der Traumausdruck natürlicherweise eingebettet ist. Theoretisch kann man dieses nie vorauswissen; praktisch ist es gelegentlich möglich, große Erfahrung und Übung vorausgesetzt. Aber eine sorgfältige Analyse wird sich nie zu viel auf Handwerksregeln verlassen, denn die Gefahr der Täuschung und der Suggestion ist zu groß. Namentlich bei der Analyse isolierter Träume ist dieses Vorauswissen und Voraussetzen aufgrund praktischer Erwartungen und einer allgemeinen Wahrscheinlichkeit geradezu verwerflich. Es soll darum unbedingt als Regel gelten, dass man jeden Traum und jeden Teil des Traumes zunächst als unbekannt voraussetzt und erst nach Aufnahme des Kontextes einen Versuch der Deutung macht, indem man den durch die Feststellung des Kontextes gefundenen Sinn in den Traumtext einsetzt und versucht, ob dadurch eine flüssige Lesung ermöglicht wird bzw. ob dadurch ein befriedigender Sinn entsteht.

[53] GW 12, § 48

Man darf nie vergessen, dass man in allererster Linie und sozusagen ausschließlich von und aus sich selber träumt.

[9] GW 10, § 321

Ich nenne jede Deutung, in der die Traumausdrücke als mit realen Objekten identisch gesetzt werden können, eine *Deutung auf der Objektstufe.* Dieser Deutung gegenüber steht diejenige, welche jedes Traumstück, zum Beispiel alle handelnden Personen, auf den Träumer selbst bezieht. Dieses Verfahren bezeichne ich als *Deutung auf der Subjektstufe.* Die Deutung auf der Objektstufe ist *analytisch;* denn sie *zerlegt* den Trauminhalt in Reminiszenzkomplexe, welche auf äußere Situationen bezogen sind. Die Deutung auf der Subjektstufe dagegen ist *synthetisch,* indem sie die zugrunde liegenden Reminiszenzkomplexe von den äußeren Anlässen loslöst und als Tendenzen oder Anteile des Subjektes auffasst und dem Subjekt wiederum angliedert. In diesem Fall sind also alle Trauminhalte als Symbole für subjektive Inhalte aufgefasst.

[109 B] GW 7, § 130

Wenn unser Traum irgendwelche Vorstellungen reproduziert, so sind dies in erster Linie *unsere* Vorstellungen, in deren Bildung die Gesamtheit unseres Wesens verwoben ist; es sind subjektive Faktoren, die im Traume nicht aus äußeren Gründen, sondern aus den intimsten Regungen unserer Seele heraus sich so oder so gruppieren und damit den oder jenen Sinn ausdrücken. Die ganze Traumschöpfung ist im Wesentlichen subjektiv, und der Traum ist jenes Theater, wo der Träumer Szene, Spieler, Souffleur, Regisseur, Autor, Publikum und Kritiker ist.

[2] GW 8, § 509

Das Verhältnis zwischen bewusst und unbewusst ist ein kompensatorisches. Dies ist eine der am besten bestätigten Handwerksregeln der Traumdeutung. Immer können wir mit Nutzen in der praktischen Traumdeutung die Frage aufwerfen: Welche bewusste Einstellung wird durch den Traum kompensiert?
[50] GW 16, § 330

Wenn wir einen Traum richtig deuten wollen, so bedürfen wir einer gründlichen Kenntnis der momentanen Bewusstseinslage, denn der Traum enthält deren unbewusste Ergänzung, nämlich das Material, das durch die momentane Bewusstseinslage im Unbewussten konstelliert ist. Ohne diese Kenntnis ist es unmöglich, einen Traum hinlänglich richtig zu deuten – von Zufallstreffern natürlich abgesehen.
[2] GW 8, § 477

Die wirkliche Schwierigkeit beginnt erst, wenn die Träume auf keine Handgreiflichkeiten hinweisen, und das tun sie häufig, besonders dann, wenn sie etwas Zukünftiges vorauszuerfassen versuchen. Ich meine mit solchen Träumen nicht notwendigerweise prophetische Träume, sondern bloß vorfühlende oder »rekognoszierende« Träume. Solche Träume enthalten Witterungen von Möglichkeiten und sind daher dem Unbeteiligten gegenüber nie plausibel zu machen.
[101] GW 16, § 89

Es wird wohl keinem, der dem Traumproblem ein lebhafteres Interesse widmet, entgangen sein, dass der Traum auch eine Kontinuität *nach vorwärts* besitzt, wenn dieser Ausdruck gestattet ist, indem gelegentlich Träume bemerkenswerte Wirkungen auf das bewusste Geistesleben hinterlassen, auch bei Personen, die nicht als abergläubisch oder besonders abnorm betrachtet werden dürfen.
[2] GW 8, § 444

In mittelalterlichen kirchlichen Schriften wird nicht geleugnet, dass gegebenenfalls ein göttlicher Einfluss in Träumen stattfinden kann, aber es wird auf diesem Gesichtspunkt nicht insistiert, und die Kirche behält sich das Recht vor, im einzelnen Falle zu entscheiden, ob eine Traumoffenbarung echt sei oder nicht … Trotz der Tatsache, dass die Kirche die Herkunft gewisser Träume von Gott anerkennt, ist sie jeder ernsthaften Beschäftigung mit Träumen abgeneigt, ja sie wendet sich positiv da-

gegen, obwohl sie zugesteht, dass einige eine unmittelbare Offenbarung enthalten könnten. So ist die Veränderung der geistigen Haltung, die sich in den letzten Jahrhunderten vollzogen hat, wenigstens von diesem Gesichtspunkt aus, der Kirche nicht ganz unwillkommen, weil dadurch die frühere introspektive Einstellung, welche einer ernsten Beachtung der Träume und inneren Erfahrungen günstig war, wirksam entmutigt wurde.
[55] GW 11, § 32

Wir sind auch als Subjekt und Individuum nicht völlig einzigartig, sondern wie alle anderen Menschen. Ein Traum mit Kollektivsinn ist daher in erster Linie für den Träumer gültig, drückt aber zu gleicher Zeit aus, dass sein momentanes Problem auch das anderer Menschen sei. Solche Feststellungen sind oft von großer praktischer Bedeutung, denn es gibt zahllose Menschen, die innerlich gegen die Menschheit isoliert und in der Meinung befangen sind, dass andere Leute solche Probleme wie sie nicht hätten. Oder es handelt sich um allzu Bescheidene, die in »ihres Nichts durchbohrendem Gefühle« ihren Anspruch auf kollektive Leistung zu tief gehalten haben. Überdies hängt jedes Einzelproblem irgendwie mit dem Zeitproblem zusammen, weshalb auch sozusagen jede subjektive Schwierigkeit unter dem Gesichtswinkel der menschlichen Gesamtlage betrachtet werden kann. Dies ist praktisch aber nur dann statthaft, wenn der Traum auch tatsächlich eine mythologische, das heißt eine kollektive Symbolik benützt.
[9] GW 10, § 323

Wenn wir uns vergegenwärtigen, dass im Unbewussten all das im Übermaß vorhanden ist, was im Bewussten fehlt, dass das Unbewusste mithin eine kompensatorische Tendenz hat, dann kann man bereits Schlüsse ziehen, vorausgesetzt, dass der Traum aus nicht allzu großen seelischen Tiefen stammt. Handelt es sich aber um einen Traum letzterer Art, so enthält er in der Regel das, was man als *mythologische Motive* bezeichnet, das heißt Vorstellungsverbindungen oder Bilder, wie man sie in der Mythologie des eigenen Volkes und jener von fremden Völkern antrifft. In diesem Falle enthält der Traum einen sogenannten *Kollektivsinn,* das heißt einen Sinn, der allgemein menschlich ist.
[9] GW 10, § 322

★

Charakteristischerweise drückt sich der Traum fast nie in logisch abstrakter Weise aus, sondern immer in parabolischer oder Gleichnissprache. Diese Eigentümlichkeit ist zugleich ein Charakteristikum primitiver Sprachen, deren blumenreiche Wendungen uns immer auffallen. Wenn man sich an die Denkmäler alter Literatur erinnert, zum Beispiel an die Gleichnissprache der Bibel, so findet man, dass das, was heute durch die Abstraktion besorgt wird, damals auf dem Wege des Gleichnisses erreicht wurde. Selbst ein Philosoph wie Platon hat es nicht verschmäht, gewisse grundlegende Ideen auf dem Gleichniswege auszudrücken.
[2] GW 8, § 474

Wie unser Körper die Spuren seiner phylogenetischen Entwicklung an sich trägt, so auch der menschliche Geist. Die Möglichkeit, dass die Gleichnissprache unserer Träume ein archaisches Relikt ist, hat darum nichts Überraschendes.
[2] GW 8, § 475

Was nun den viel diskutierten *Symbolismus* der Träume betrifft, so ist seine Bewertung eine sehr verschiedene, je nachdem er von dem kausalen oder finalen Standpunkt aus betrachtet wird. Freuds kausale Betrachtungsweise geht vom Begehren aus, vom *verdrängten Traumwunsch.* Dieses Begehren ist immer ein relativ einfaches und elementares, das sich hinter mannigfaltigen Hüllen verbergen kann. [...] Auf diesem Wege ist die *engere* Freud'sche Schule dazu gelangt, um ein krasses Beispiel zu geben, so ziemlich alle länglichen Gegenstände im Traum als phallische und alle runden oder hohlen Gegenstände als weibliche Symbole zu erklären.
[2] GW 8, § 470

Weitere Forschungen haben klar gezeigt, dass die Sexualsprache der Träume keineswegs immer in konkretistischer Weise zu verstehen sei, das heißt, dass es sich um eine archaische Sprache handelt, welche natürlich von allen nächsten Analogien erfüllt ist, ohne dass sich mit diesen Inhalten auch jeweils ein wirklicher Sexualgehalt zu decken braucht. Es ist daher nicht zu rechtfertigen, dass die Sexualsprache des Traumes ganz konkret genommen wird, während andere Inhalte als symbolisch erklärt werden. Sobald man die Sexualformen der Traumsprache als Symbole für unbekannte Dinge auffasst, dann vertieft sich sofort die ganze Anschauung vom Wesen des Traumes.
[2] GW 8, § 506

Die Natur irrt nicht.
[81] GW 18/I, § 168

Die Natur ist zwar oft dunkel und undurchsichtig, aber nicht listig wie der Mensch. Man muss darum annehmen, dass der Traum gerade das ist, was er sein soll, nicht mehr und nicht weniger. Wenn er etwas im negativen Aspekt darstellt, so besteht kein Grund zur Annahme, dass damit der positive gemeint sei, und Ähnliches mehr.
[109 B] GW 7, § 162

Ich nehme den Traum als das, was er ist. Der Traum ist ein derartig schwieriger und verwickelter Stoff, dass ich nicht wage, irgendwelche Annahmen über eine ihm möglicherweise innewohnende Täuschungstendenz zu machen. Der Traum ist ein Naturereignis, und es gibt keinen ersichtlichen Grund zur Annahme, dass er eine schlaue Erfindung sei, bestimmt, uns irrezuführen. Der Traum geschieht, wenn Bewusstsein und Wille größtenteils ausgelöscht sind. Er scheint ein Naturprodukt zu sein, das sich auch bei Leuten findet, die nicht neurotisch sind. Überdies wissen wir so wenig über die Psychologie des Traumprozesses, dass wir mehr als vorsichtig sein müssen, wenn wir in seine Erklärung Elemente einführen, die dem Traum selber fremd sind.
[55] GW 11, § 41

Wenn der Traum anscheinend verhüllt, das heißt, wenn eine gewisse Person angedeutet zu sein scheint, dann besteht offenbar eine Tendenz, diese *nicht* hervortreten zu lassen, weil sie im Sinne des Traumes einen Abweg oder Irrtum bedeutet. Wenn zum Beispiel, wie dies nicht selten in weiblichen Träumen vorkommt, der Arzt als Coiffeur dargestellt wird (weil er einem »den Kopf wäscht«), so soll der Arzt damit nicht verhüllt, sondern entwertet werden. Die Patientin zieht es nämlich vor, alle Autorität anzuerkennen, weil sie nämlich ihren eigenen Kopf nicht gebrauchen will oder kann. Der Arzt soll nicht mehr Bedeutung haben als der Coiffeur, der ihr den Kopf wiederherstellt, den sie dann selber gebrauchen wird.
[49] GW 13, § 479

Ich sehe bei der Traumanalyse so viel wie möglich ab von Theorie, nicht ganz allerdings, denn etwas Theorie brauchen wir immer, um die Dinge klar erfassen zu können. So ist es eine theoretische Erwartung, dass ein Traum überhaupt einen Sinn habe. Das lässt sich nämlich keineswegs in

allen Fällen strikte beweisen, denn es gibt Träume, die man schlechterdings nicht versteht, weder Arzt noch Patient. Ich muss jedoch eine solche Hypothese machen, um den Mut zu haben, überhaupt mit Träumen umgehen zu können.
[50] GW 16, § 318

Man darf unter keinen Umständen erwarten, dass der gefundene Sinn irgendeiner subjektiven Erwartung entspreche; denn möglicherweise, ja sogar sehr oft, sagt der Traum etwas verblüffend anderes, als was man erwartet hätte. Entspricht der gefundene Traumsinn der Erwartung, so ist dies sogar ein Grund zu Misstrauen; denn in der Regel ist der Standpunkt des Unbewussten komplementär oder kompensatorisch zum Bewusstsein und daher unerwartet »anders«.
[53] GW 12, § 48

Jede Deutung ist eine Hypothese, ein bloßer Versuch der Lesung eines unbekanntes Textes. Selten ist ein isolierter undurchsichtiger Traum auch nur mit annähernder Sicherheit zu deuten. Deshalb messe ich auch der Deutung eines einzelnen Traumes wenig Gewicht bei. Eine relative Sicherheit erreicht die Deutung erst in der *Traumserie*, wobei die nachfolgenden Träume die Irrtümer in der Deutung der vorausgehenden berichtigen. Auch lassen sich in der Traumserie die zugrunde liegenden Inhalte und Motive viel besser erkennen.
[50] GW 16, § 322

Rein theoretisch betrachtet kann ja ein Traumbild alles oder nichts bedeuten. Bedeutet ein Ding oder eine Tatsache an sich überhaupt je etwas?

Sicher ist nur, dass es stets der Mensch ist, der deutet, das heißt Bedeutung gibt. Und das ist für die Psychologie zunächst das Wesentliche.
[101] GW 16, § 93

Im Grunde genommen kommt es sehr wenig darauf an, ob der Arzt versteht; alles aber hängt davon ab, ob der Patient versteht. Das Verständnis sollte daher vielmehr ein *Einverständnis* sein, ein Einverständnis, das die Frucht gemeinsamer Überlegung ist. Die Gefahr bei einseitigem Verstehen besteht nämlich darin, dass der Arzt aus vorgefasster Meinung sich ein Urteil über den Traum bildet, das zwar orthodox mit irgendeiner Lehre übereinstimmt oder sogar in letzter Linie fundamental richtig ist. Es erreicht aber nicht das freiwillige Einverständnis des Patienten und ist

darum praktisch unrichtig; unrichtig auch deshalb, weil es die Entwicklung des Patienten antizipiert und dadurch lähmt. Der Patient muss nämlich nicht von einer Wahrheit belehrt werden – so wendet man sich nämlich nur an seinen Kopf –, sondern er muss sich vielmehr zu dieser Wahrheit entwickeln – und so erreicht man sein Herz, was tiefer ergreift und stärker wirkt.
[50] GW 16, § 314

★

Ein unverstandener Traum bleibt bloßes Ereignis, aber das Verstehen macht ihn zum Erlebnis.
[25] GW 16, § 252

Aber wann, wird man mit Recht fragen, ist man der Deutung sicher? Gibt es ein auch nur annähernd zuverlässiges Kriterium für die Richtigkeit einer Interpretation? Diese Frage kann glücklicherweise bejaht werden. Haben wir mit einer Deutung danebengegriffen oder ist sie sonst wie unvollständig, so können wir es eventuell schon dem nächstfolgenden Traum anmerken. So wird zum Beispiel das frühere Motiv in deutlicherer Fassung nochmals wiederholt, oder unsere Deutung wird durch eine ironisierende Paraphrase entwertet, oder es tritt eine direkte, heftige Opposition dagegen auf. Nehmen wir nun an, dass auch diese Deutungen danebengehen, so wird die allgemeine Ergebnislosigkeit und Futilität unseres Prozederes sich bald genug in der Verödung, Unfruchtbarkeit und Sinnlosigkeit der Unternehmung fühlbar machen, sodass sowohl Patient wie Arzt entweder in der Langeweile oder im Zweifel ersticken. Wie die richtige Deutung sich durch Belebung belohnt, so verurteilt sich die unrichtige durch Stockung, Widerstand, Zweifel und vor allem durch beiderseitige Versandung.
[109 B] GW 7, § 189

Wenn man, wie dies in längeren und schwierigen Behandlungen der Fall ist, über viele Hunderte sich erstreckende Serien von Träumen vor die Augen bekommt, dann drängt sich dem Beobachter allmählich ein Phänomen auf, das beim einzelnen Traum hinter der jeweiligen Kompensation verborgen ist. Es ist dies eine Art von *Entwicklungsvorgang* in der Persönlichkeit. Zunächst erscheinen einem die Kompensationen als jeweilige Ausgleichungen von Einseitigkeiten oder Ausbalancierungen ge-

störter Gleichgewichtslagen. Bei tieferer Einsicht und Erfahrung dagegen ordnen sich diese anscheinend einmaligen Kompensationsakte einer Art von *Plan* ein. Sie scheinen unter sich zusammenzuhängen und in tieferem Sinne einem gemeinsamen Ziel untergeordnet zu sein, sodass eine lange Traumserie nicht mehr als ein sinnloses Aneinanderreihen inkohärenter und einmaliger Geschehnisse erscheint, sondern als ein wie in planvollen Stufen verlaufener Entwicklungs- oder Ordnungsprozess. Ich habe diesen in der Symbolik langer Traumserien sich spontan ausdrückenden unbewussten Vorgang als *Individuationsprozess* bezeichnet.
[91] GW 8, § 550

Solange ich dem Patienten helfe, die wirksamen Momente seiner Träume herauszufinden, und solange ich mich bestrebe, ihn den allgemeinen Sinn seiner Symbole sehen zu lassen, ist er noch in einem psychologischen Kindheitszustand. Er hängt zunächst von seinen Träumen ab und von der Frage, ob ihm der nächste Traum ein neues Licht gebe oder nicht. Sodann hängt er davon ab, ob ich Einfälle habe und ihm durch mein Wissen weitere Einsichten vermitteln könne. Er ist also noch in einem wenig wünschenswerten passiven Zustande, in welchem alles etwas unsicher und fragwürdig ist. Denn weder er noch ich weiß, wohin die Reise geht. Oft ist es nicht viel mehr als ein Herumtappen in ägyptischer Finsternis. In diesem Zustand dürfen wir auch keine zu starken Wirkungen erwarten, denn dazu ist die Unsicherheit zu groß. Und überdies besteht die oftmals eintretende Gefahr, dass das Gewebe, das wir am Tage gesponnen, immer wieder von der Nacht zerrissen wird. Die Gefahr ist, dass nichts zustande kommt – in des Wortes vollster Bedeutung –, dass nichts stehen bleibt.
[101] GW 16, § 101

Ich habe keine Traumtheorie, ich weiß nicht, wie Träume zustande kommen. Ich bin auch durchaus nicht sicher, ob meine Art, mit den Träumen umzugehen, überhaupt den Namen *Methode* verdient. Ich teile alle Vorurteile gegen die Traumdeutung als der Quintessenz aller Unsicherheit und Willkür. Aber auf der anderen Seite weiß ich, dass fast in der Regel etwas dabei herauskommt, wenn man lange und gründlich genug einen Traum recht eigentlich meditiert, das heißt mit sich herumträgt. Dieses Etwas ist natürlich kein wissenschaftliches Resultat, mit dem man prunken könnte oder das sich rationalisieren ließe, sondern es ist ein praktisch wichtiger Wink, welcher dem Patienten zeigt, wohin der unbewusste

Weg zielt. Mir darf es nicht daran liegen, dass das Resultat der Traumüberlegung wissenschaftlich beleg- oder haltbar sei, sonst verfolge ich ein autoerotisches Nebenziel. Ich muss mich ganz damit begnügen, dass es dem Patienten etwas sagt und seinem Leben Strömung verleiht. Das einzige Kriterium, das ich anerkennen darf, ist also die Tatsache, dass das Resultat meiner Bemühung *wirkt.* Meine wissenschaftliche Liebhaberei, nämlich immer wissen zu wollen, warum es wirkt, muss ich für meine freie Zeit aufsparen.
[101] GW 16, § 86

Es ist schwer zu denken, dass es jemals eine Methode, das heißt einen technisch geregelten Weg, der zu einem untrüglichen Resultat führt, geben könnte, wenn man versucht, von der unendlichen Variabilität der Träume sich eine Vorstellung zu machen. Es ist auch gut, dass es keine gültige Methode gibt, denn sonst wäre der Traumsinn schon im Voraus beschränkt und würde deshalb gerade jene Tugend einbüßen, welche ihn für psychologische Zwecke so besonders wertvoll macht, nämlich seine Fähigkeit, einen neuen Gesichtspunkt zu geben.
[9] GW 10, § 319

★

Die therapeutische Verwendbarkeit der Traumanalyse ist ein noch sehr umstrittenes Thema. Viele halten die Traumanalyse in der praktischen Neurosenbehandlung für unerlässlich und erheben damit den Traum zu einer an seelischer Wichtigkeit dem Bewusstsein gleichwertigen Funktion. Andere hingegen bestreiten die Gültigkeit der Traumanalyse und machen damit den Traum zu einem unerheblichen psychischen Nebenprodukt. Es ist selbstverständlich, dass jede Ansicht, die dem Unbewussten in der Ätiologie der Neurose eine ausschlaggebende Rolle zumisst, auch dem Traum, als der unmittelbaren Äußerung dieses Unbewussten, eine wesentliche praktische Bedeutung zuerkennt. Ebenso ist es selbstverständlich, dass eine Anschauung, welche das Unbewusste entweder leugnet oder wenigstens für ätiologisch belanglos hält, auch die Traumanalyse als entbehrlich erklärt.
[50] GW 16, § 294

Mehr noch als in unserem Bewusstsein offenbart sich im Traum das entwicklungsgeschichtlich aufgebaute Wesen der Psyche. Im Traum kom-

men ihre aus primitivster Natur abstammenden Bilder und Triebe zu Wort. Durch die Assimilation unbewusster Inhalte gleichen wir daher das augenblickliche und vom Naturgesetz nur allzu leicht abweichende Bewusstseinsleben diesem wieder an und bringen so den Patienten wieder zu seiner natürlichen Eigengesetzlichkeit.
[50] GW 16, § 351

Traumsymbole sind die wichtigsten Mitteilungsträger von den instinktiven zu den rationalen Teilen des menschlichen Geistes, und ihre Deutung bereichert das Bewusstsein, das dadurch die vergessene Sprache der Instinkte wieder verstehen lernt.
[102] S. 52

Bei vielen Leuten, die etwas, aber nicht genug von Träumen und deren Bedeutung wissen, entsteht unter dem Eindruck einer raffinierten und wie absichtlich erscheinenden Kompensation gerne das Vorurteil, der Traum habe tatsächlich eine moralische Absicht, er warne, tadle, tröste, sage voraus usw. Man lässt sich dadurch, dass man meint, das Unbewusste wisse ja alles besser, leicht verleiten, nötige Entscheidungen und Entschlüsse den Träumen zuzuschieben, und ist dann entsprechend enttäuscht, wenn die Träume immer nichtssagender werden. Die Erfahrung hat mir gezeigt, dass sich bei einiger Kenntnis der Traumpsychologie leicht eine Überschätzung des Unbewussten einstellt, welche die bewusste Entschlusskraft beeinträchtigt. Das Unbewusste funktioniert aber nur befriedigend, wenn das Bewusstsein seine Aufgaben bis zum Rande der Möglichkeit erfüllt. Was dann noch fehlt, vermag vielleicht ein Traum zu ergänzen, oder er kann einem da weiterhelfen, wo auch das beste Bemühen versagt hat.
[91] GW 8, § 568

In jedem von uns ist auch ein anderer, den wir nicht kennen. Er spricht zu uns durch den Traum und teilt uns mit, wie anders *er* uns sieht, als *wir* uns sehen. Wenn wir uns daher in einer unlösbar schwierigen Lage befinden, so kann der fremde andere uns unter Umständen ein Licht aufstecken, welches wie nichts anderes geeignet ist, unsere Einstellung von Grund auf zu verändern, nämlich ebenjene Einstellung, die uns in die schwierige Lage hineingeführt hat.
[9] GW 10, § 325

Die Beschäftigung mit den Träumen ist eine Art von *Selbstbesinnung.* Wobei aber nicht das Ichbewusstsein sich auf sich selbst besinnt, sondern es beschäftigt sich mit der objektiven Gegebenheit des Traumes als einer Mitteilung oder Botschaft der unbewussten, all-einen Menschenseele. Man besinnt sich wohl auf das *Selbst,* aber nicht auf das *Ich,* sondern auf jenes fremde Selbst, das uns ureigen, ja unser Stamm ist, aus dem das Ich einst wuchs. Es ist uns fremd, weil wir durch die Verirrung des Bewusstseins uns ihm entfremdeten.
[9] GW 10, § 318

Der Traum ist nichts anderes als ein Einfall der allverbindenden, dunklen Seele. Was wäre darum natürlicher, wenn wir uns in die endlosen Einzelheiten und Vereinzelungen der Weltoberfläche verirrt haben, als dass wir beim Traume anklopften, um bei ihm jene Gesichtspunkte zu erfragen, welche uns den Grundtatsachen des Menschseins wieder näher rücken könnten?

Aber da stoßen wir an die hartnäckigsten Vorurteile: »Träume sind Schäume«, keine Realitäten, sie lügen, es sind bloße Wunscherfüllungen; lauter Ausflüchte, um den Traum nicht ernst nehmen zu müssen, denn das wäre unbequem. Die geistige Hybris des Bewusstseins liebt eben die Vereinzelung trotz aller Unzuträglichkeiten, darum ist man abgeneigt, der Wahrheit des Traumes Wirklichkeit zuzugestehen. Es gibt Heilige, die sehr wüste Träume haben. Wie stünde es mit ihrer Heiligkeit, die sie so weit über den Menschenpöbel emporhebt, wenn die Obszönität des Traumes eine wahre Wirklichkeit wäre? Aber eben gerade die unangenehmsten Träume könnten uns am meisten der blutsverwandten Menschheit annähern und aufs Wirksamste den Hochmut der Instinktlosigkeit dämpfen. Wenn auch eine ganze Welt aus den Fugen geht, so kann doch jene Allverbundenheit der dunklen Seele nie in Stücke brechen. Und je weiter und zahlreicher die Spaltungen der Oberfläche werden, desto mehr wächst in der Tiefe die Kraft des Einen.
[9] GW 10, §§ 305f.

Bei der Erforschung der Traumpsychologie stoßen wir auf weit hinausführende philosophische und sogar auf religiöse Probleme, zu deren Verständnis gerade das Phänomen der Träume schon entscheidende Beiträge geliefert hat. Aber wir könnten uns nicht rühmen, heute schon im Besitze einer allgemein befriedigenden Theorie oder Erklärung dieser schwer zu fassenden Erscheinung zu sein. Dazu ist uns das Wesen der unbewussten Psyche doch noch zu unbekannt. Auf diesem Gebiet ist noch unendlich viel geduldige und vorurteilslose Arbeit zu leisten, die sich niemand wird verdrießen lassen. Die Absicht der Forschung besteht ja nicht darin, sich im Besitz der allein richtigen Theorie zu wähnen, sondern durch Bezweiflung aller Theorien der Wahrheit allmählich näher zu kommen.

[91] GW 8, § 569

Teil 2
Der Mensch in seinen Beziehungen

Gar manches Herz
verschwebt
im Allgemeinen,
doch widmet sich das edelste
dem Einen.
GOETHE

Arzt und Kranker

Wer die menschliche Seele kennenlernen will, der wird von der experimentellen Psychologie so viel wie nichts darüber erfahren. Ihm wäre zu raten, lieber die exakte Wissenschaft an den Nagel zu hängen, den Gelehrtenrock auszuziehen, der Studierstube Valet zu sagen und mit menschlichem Herzen durch die Welt zu wandern, durch die Schrecken der Gefängnisse, Irrenhäuser und Spitäler, durch trübe Vorstadtkneipen, Bordelle und Spielhöllen, durch die Salons der eleganten Gesellschaft, die Börsen, die sozialistischen Meetings, die Kirchen, die Revivals und Ekstasen der Sekten zu gehen, Liebe und Hass, Leidenschaft in jeder Form am eigenen Leibe zu erleben, und er käme zurück mit reicherem Wissen beladen, als ihm fußdicke Lehrbücher je gegeben hätten, und er wird seinen Kranken ein Arzt sein können, ein wirklicher Kenner der menschlichen Seele.
[109 A] GW 7, § 409

Es ist eine Sache zum Verzweifeln, dass es in der wirklichen Psychologie keine allgemeingültigen Rezepte oder Normen gibt. Es gibt nur individuelle Fälle mit den allerverschiedensten Bedürfnissen und Ansprüchen, dermaßen verschieden, dass man im Grunde genommen nie vorher wissen kann, welchen Weg ein Fall einschlagen wird, weshalb der Arzt am besten tut, auf alle vorgefassten Meinungen zu verzichten. Das heißt aber nicht, sie über Bord werfen, sondern sie sind als Hypothesen möglicher Erklärung auf den Fall anzuwenden.
[51] GW 16, § 163

Wenn wir es mit der menschlichen Seele zu tun haben, können wir ihr nur auf ihrem eigenen Grund und Boden begegnen, und das haben wir zu tun, wenn wir den wirklichen und überwältigenden Problemen des Lebens gegenübergestellt sind.
[94] GW 17, § 81

Wir geben es besser von vornherein auf, uns um vorgewusste Lösungen zu bemühen und Allgemeinwahrheiten aufzutischen, von denen der Patient ebenso viel weiß wie der Arzt. Lange Erfahrung hat mich belehrt,

in solchen Fällen auf alles Vorher- und Besserwissen zu verzichten und dem Unbewussten den Vortritt zu lassen. Das instinktive Leben ist ja so unendlich viele Male ungefährdet über die Problematik des Alters hinweggeschritten, dass wir mit Sicherheit annehmen dürfen, jene Wandlungsprozesse, die diesen Übergang ermöglichen, seien schon längstens im Unbewussten vorbereitet und warten nur auf ihre Auslösung.
[104 B] GW 9/I, § 528

Die bedeutende Kraft der unbewussten Inhalte beweist immer eine entsprechende Schwäche des Bewusstseins und dessen Funktionen. Das Bewusstsein ist gewissermaßen von Ohnmacht bedroht. Dessen Gefährdung ist für den Primitiven einer der am meisten gefürchteten »magischen« Zufälle. Es ist daher begreiflich, dass diese geheime Angst auch beim Kulturmenschen zu finden ist. In schlimmen Fällen ist es die geheime Angst vor Geisteskrankheit, in weniger schlimmen die Furcht vor dem Unbewussten, die auch der Normale verrät in seinem Widerstand gegen psychologische Gesichtspunkte. Geradezu grotesk wird dieser Widerstand in der Art, wie man den psychologischen Erklärungsversuch in künstlerischen, philosophischen und religiösen Dingen abwehrt, wie wenn die menschliche Seele ausgerechnet mit diesen Dingen nichts zu tun hätte oder nichts zu tun haben dürfte. Der Arzt kennt diese wohlbewehrten Zonen aus seiner Sprechstunde: sie erinnern an die insulären Standpunkte, von denen aus der Neurotiker sich gegen den Oktopus verteidigt. (»Happy neurosis island«, wie einer meiner Patienten seinen Bewusstseinszustand kennzeichnete!) Der Arzt weiß aber sehr wohl, dass der Kranke eine Insel braucht und dass er verloren wäre ohne sie. Sie dient seinem Bewusstsein als Refugium und als letzte Sicherheit gegen die bedrohliche Umklammerung des Unbewussten. Das Gleiche gilt von den Tabubezirken des Normalen, die von der Psychologie nicht berührt werden dürfen. Da man aber mit Verteidigung allein keinen Krieg gewinnt, so muss man, um aus dem Kriegszustand herauszukommen, mit dem Feinde Verhandlungen anknüpfen, um einmal zu sehen, was er eigentlich für Bedingungen stellt. Das ist die Absicht des Arztes, der seine Vermittlung anbietet. Er hat keineswegs die Tendenz, das etwas fragliche Inselidyll zu stören oder gar die schützenden Wälle niederzureißen. Im Gegenteil ist er darauf angewiesen, dass irgendwo ein verlässlicher Fixpunkt existiert, der nicht zuvor erst aus dem Chaos aufgefischt werden muss, was immer eine verzweifelt schwierige Aufgabe bedeutet. Er weiß, dass die Insel etwas zu eng ist und das Dasein darauf etwas zu mager und erst

noch gequält von allerlei imaginären Nöten, weil zu viel Leben draußen gelassen wurde, wodurch ein angsterregendes Monstrum nicht entstanden ist, sondern vielmehr aus dem Schlaf geweckt wurde. Er weiß auch, dass das anscheinend gefährliche Tier in einem geheimen kompensatorischen Verhältnis zur Insel steht und all das geben könnte, was dort fehlt.
[52] GW 16, § 374

Die praktische Medizin ist und war immer eine Kunst. Das Gleiche gilt von der Analyse. Wirkliche Kunst ist etwas Schöpferisches, und das Schöpferische ist jenseits aller Theorien. Darum sage ich zu jedem Anfänger: »Lernen Sie Ihre Theorien so gut Sie nur können, aber lassen Sie sie beiseite, wenn sie das Wunder der lebendigen Seele berühren. Nicht Theorien, sondern allein Ihre schöpferische Persönlichkeit ist das Entscheidende.«
[3 A] S. 60

Der Patient ist nämlich dazu da, um behandelt zu werden, und nicht, um eine Theorie zu verifizieren. Es gibt keine Theorie im weiten Felde der praktischen Psychologie, die nicht gegebenenfalls grundfalsch sein kann. Namentlich ist die Ansicht, die Widerstände des Patienten seien unter allen Umständen unberechtigt, durchaus zu verwerfen. Der Widerstand kann nämlich auch beweisen, dass die therapeutische Prozedur auf unrichtigen Voraussetzungen beruht.
[25] GW 16, § 237

Es kommt mehr darauf an, dass der Patient etwas wirklich versteht, als darauf, dass der Analytiker gewisse theoretische Erwartungen erfüllt sieht. Der Widerstand des Patienten gegen eine Interpretation des Analytikers muss nicht unbedingt falsch sein; er ist sogar ein sicheres Zeichen dafür, dass dem Patienten etwas nicht »einleuchtet«. Entweder hat der Patient dann den Punkt noch nicht erreicht, wo er etwas verstehen kann, oder die Deutung war nicht richtig.
[102] S. 61

Unsere moderne Schulmedizin sowohl wie die akademische Psychologie und Philosophie geben dem Arzte weder die nötige Bildung noch die nötigen Mittel in die Hand, um den oft sehr dringenden Anforderungen der psychotherapeutischen Praxis wirksam und verständnisvoll zu begegnen. Wir sind deshalb darauf angewiesen, ohne Scheu vor der Unzuläng-

lichkeit unseres historischen Dilettantismus, bei den ärztlichen Philosophen einer fernen Vergangenheit, in der Körper und Seele noch nicht in verschiedene Fakultäten auseinandergerissen waren, noch etwas in die Schule zu gehen. Obschon wir die Spezialisten par excellence sind, so zwingt uns unser Spezialgebiet merkwürdigerweise zum Universalismus und zur gründlichen Überwindung des Spezialistentums, wenn anders die Ganzheit von Körper und Seele nicht leeres Gerede bleiben soll.
[62] GW 16, § 190

Auch die sogenannte hochwissenschaftliche Suggestionstherapie arbeitet mit den Mitteln des Medizinmannes und des beschwörenden Schamanen. Warum sollte sie auch nicht? Das Publikum ist ja auch nicht viel weiter und erwartet vom Arzt stets noch Wunderwirkungen. Auch sind diejenigen Ärzte als klug zu preisen – als weltklug in jeder Hinsicht –, die sich den Nimbus des Medizinmannes zu geben wissen. Sie haben nicht nur die beste Praxis, sondern auch die besten Heilerfolge. Das kommt einfach daher, dass – abgesehen von den Neurosen – unzählige körperliche Krankheiten in kaum geahntem Maße mit psychischem Material belastet und kompliziert sind. Der medizinische Beschwörer verrät es schon durch seine ganze Geste, dass er jenen typischen Anteil völlig würdigt, indem er dem Glauben des Kranken Gelegenheit gibt, sich an die geheimnisvolle Persönlichkeit des Arztes anzuklammern. Damit hat der Arzt auch die Seele des Kranken gewonnen, die ihm von jetzt an hilft, auch den Körper zur Gesundung zu bringen. Am besten ist, wenn der Arzt an seine Formeln selber glaubt, sonst befällt ihn wissenschaftliche Unsicherheit, infolge deren er den richtigen und überzeugenden Ton verliert.
[60] GW 4, § 578

Als Arzt ist es meine Aufgabe, dem Patienten zur Lebensfähigkeit zu verhelfen. Über seine letzten Entscheidungen kann ich mir darum kein Urteil anmaßen, weil ich aus Erfahrung weiß, dass jeder Zwang, seien es leise Suggestion oder Zureden oder sonstige Alterierungsmethoden, letzten Endes nichts bewirken als eine Verhinderung des höchsten und entscheidenden Erlebnisses, nämlich des Alleinseins mit seinem Selbst oder was für einen Namen man immer der Objektivität der Seele beilegen mag. Er muss schon allein sein, um zu erfahren, was ihn trägt, wenn er sich nicht mehr tragen kann. Einzig diese Erfahrung gibt ihm eine unzerstörbare Grundlage.
[53] GW 12, § 32

Naturwissenschaft ist keine Wissenschaft von Wörtern und Begriffen, sondern von Tatsachen. Ich versteife mich auf keine Terminologie; ob man die vorkommenden Symbole als »Ganzheit«, »Selbst«, »Bewusstsein«, »höheres Ich« oder etwas dergleichen bezeichnet, tut wenig zur Sache. Ich bestrebe mich nur, keine falschen oder irreführenden Namen zu geben. Aber all diese Termini sind und bleiben nichts anderes als Namen für die Tatsachen, die einzig Gewicht haben. Meine Namengebungen bedeuten keine Philosophie, obschon ich niemand daran hindern kann, diese terminologischen Schemen anzubellen, wie wenn sie Satzungen wären.
[52] GW 16, § 537

★

Es ist unglaublich, wie sich die Menschen in Wörtern fangen können. Immer meinen sie, mit einem Namen sei auch eine Sache gesetzt, wie wenn man dem Teufel einen seriösen Tort angetan hätte, dass man ihn jetzt Neurose nennt!
[9] GW 10, § 311

Die Neurose ist innigst mit dem Problem der Zeit verknüpft und stellt eigentlich einen missglückten Versuch des Individuums dar, in sich selber das allgemeine Problem zu lösen. Neurose ist *Entzweiung mit sich selbst.*
[109 B] GW 7, § 430

Problematische Naturen sind sehr oft neurotisch, aber es wäre ein schweres Missverständnis, Problematik mit Neurose zu verwechseln, denn der entscheidende Unterschied zwischen den beiden ist, dass der Neurotische krank ist, weil er sich seiner Problematik unbewusst ist, und dass der Problematische an seinem bewussten Problem leidet, ohne krank zu sein.
[38] GW 8, § 763

Der größte Fehler, den ein Therapeut machen kann, ist der, dass er beim Analysanden eine der seinigen ähnliche Psychologie voraussetzt.
[2] GW 8, § 498

Die Medizin in der Hand eines Toren war von jeher Gift und Tod. Wie wir vom Chirurgen außer Fachkenntnis eine geschickte Hand, Mut, Geistesgegenwart und Entschlusskraft verlangen müssen, so müssen wir noch viel mehr beim Psychoanalytiker eine überaus ernsthafte psychoanalytische Durchbildung der eigenen Persönlichkeit erwarten, wenn wir ihm einen Kranken anvertrauen wollen. Ich möchte geradezu sagen, dass die Erwerbung und Handhabung der Psychoanalyse nicht nur psychologische Begabung, *sondern in allererster Linie ein ernsthaftes Bemühen um die eigene Charakterbildung beim Arzt voraussetzt.*

[87] GW 4, § 450

Jeder neue Fall, der gründliche Behandlung erfordert, bedeutet Pionierarbeit, und jede Spur von Routine entpuppt sich als Irrweg. Die höheren Formen der Psychotherapie sind daher eine sehr anspruchsvolle Beschäftigung und teilen gelegentlich Aufgaben, welche nicht nur den Verstand oder das Mitgefühl, sondern den ganzen Menschen in die Schranken fordern. Der Arzt wird geneigt sein, vom Patienten diesen totalen Einsatz zu fordern. Er muss sich nur bewusst sein, dass diese Forderung nur dann wirkt, wenn er zugleich weiß, dass sie auch ihm selber gilt.

[50] GW 16, § 367

Es gibt Ärzte, welche glauben, sie kämen mit *Selbstanalyse* aus. Das ist Münchhausen-Psychologie, mit der sie sicher stecken bleiben. Sie vergessen, dass eine der wichtigsten therapeutisch wirksamen Bedingungen eben gerade die Unterwerfung unter das objektive Urteil eines anderen ist. Gegen sich selber ist man bekanntlich trotz allem und allem blind.

[87] GW 4, § 449

Nicht die Neurose ist das Objekt der Therapie, sondern der, der eine Neurose hat. Eine Herzneurose zum Beispiel entsteht, wie wir schon geraume Zeit wissen, nicht aus dem Herzen, wie es die alte ärztliche Mythologie haben wollte, sondern aus der Seele des Leidenden. Sie entsteht auch nicht aus irgendeiner dunklen Ecke des Unbewussten, wie viele Psychotherapeuten auch heutzutage noch zu glauben sich bemühen, sondern aus dem jahre- und jahrzehntelangen Leben und Erleben eines ganzen Menschen, und schließlich nicht nur aus diesem Einzelleben, sondern sogar aus dem seelischen Erleben innerhalb einer familiären oder sogar sozialen Gruppe.

[105] GW 10, § 337

Die Persönlichkeit des Kranken fordert die Persönlichkeit des Arztes auf den Plan und nicht technische Kunstgriffe.

[105] GW 10, § 338

★

Wenn ich mich als Psychotherapeut dem Patienten gegenüber als ärztliche Autorität fühle und demgemäß den Anspruch erhebe, etwas über seine Individualität zu wissen und gültige Aussagen über diese machen zu können, so bezeuge ich damit meine Kritiklosigkeit, denn ich bin ja keineswegs in der Lage, das Ganze der mir gegenüberstehenden Persönlichkeit zu beurteilen. Ich kann über sie nur gültig aussagen, insofern sie allgemeiner oder wenigstens relativ allgemeiner Mensch ist. Da aber alles Lebendige immer nur in individueller Form vorkommt und ich über das Individuelle des anderen immer nur das aussagen kann, was ich in meinem eigenen Individuellen vorfinde, so stehe ich in der Gefahr, entweder den anderen zu vergewaltigen oder selber dessen Suggestion zu unterliegen. Ich muss daher wohl oder übel, insofern ich überhaupt einen individuellen Menschen psychisch behandeln will, auf alles Besserwissen, auf alle Autorität und alles Einwirkenwollen verzichten.

[27] GW 16, § 2

Die Psychotherapie ist, im Grunde genommen, eine dialektische Beziehung zwischen Arzt und Patient. Es ist eine Auseinandersetzung zwischen zwei seelischen Ganzheiten, in welcher alles Wissen nur Werkzeug ist. Das Ziel ist die Wandlung, und zwar eine nicht vorausbestimmte, sondern vielmehr unbestimmbare Veränderung, deren einziges Kriterium das Verschwinden der Ichhaftigkeit ist. Kein Bemühen des Arztes erzwingt das Erlebnis. Er kann dem Patienten höchstens den Weg ebnen zur Erreichung einer Haltung, welche dem entscheidenden Erlebnis den geringsten Widerstand entgegensetzt.

[72] GW 11, § 904

Es braucht bei den meisten Menschen ein Gegenüber, sonst ist die Erlebnisgrundlage zu wenig real; der Mensch »hört« sich sonst nicht, kann sich von nichts Fremdem abheben und damit kontrollieren. Alles verfließt innen und wird immer nur von einem selber und nicht von einem anderen, Verschiedenen, beantwortet. Es macht unendlich viel aus, ob ich meine Schuld mir selber oder einem anderen eingestehe.

[75] GW 18/II, § 1811

Eine allgemeine, akademische »Einsicht in seine Fehler« ist wirkungslos, denn dabei treten die Fehler gar nicht wirklich auf, sondern nur deren Vorstellung. Sie werden aber akut, wo sie in der Beziehung zum Mitmenschen wirklich hervortreten und einem selbst sowohl wie dem anderen merkbar werden. Da erst können sie wirklich empfunden und in ihrer wahren Natur erkannt werden.

[52] GW 16, § 503

Niemand rührt Feuer oder Gift an, ohne an gewissen undichten Stellen wenigstens etwas davon abzubekommen; denn der wahre Arzt steht nirgends daneben, sondern überall drin.

[53] GW 12, § 5

★

Will der Arzt die Seele eines anderen führen oder sie auch nur begleiten, so muss er mit ihr Fühlung haben. Diese Fühlung kommt nie zustande, wenn der Arzt verurteilt. Ob er das nun mit so viel Worten laut tut oder unausgesprochen im Stillen, ändert nichts an der Wirkung.

[12] GW 11, § 519

Leider gibt es viel zu viele, die immer nur vom Menschen reden, wie er wünschenswerterweise sein sollte, aber nie vom Menschen, wie er wirklich ist. Der Arzt hat es aber immer mit dem wirklichen Menschen zu tun, der auch so lange hartnäckig derselbe bleibt, bis seine Wirklichkeit allseits anerkannt ist. Eine Erziehung kann nur von der nackten Wirklichkeit ausgehen und nicht von einem idealen Trugbild.

[109 B] GW 7, § 93

Man kann nichts ändern, das man nicht annimmt. Verurteilung befreit nicht, sie unterdrückt. Ich bin nicht der Freund und der erleidende Mitmensch des *Verurteilten*, sondern sein Unterdrücker. Das heißt beileibe nicht, man dürfe nie verurteilen. Man darf aber nicht da verurteilen, wo man helfen und bessern will und kann. Will der Arzt einem Menschen helfen, so muss er ihn in seinem Sosein annehmen können. Er kann dies aber nur dann wirklich tun, wenn er zuvor sich selber in seinem Sosein angenommen hat.

[12] GW 11, § 519

Solange man den menschlichen Kontakt, die Atmosphäre natürlichen Vertrauens fühlt, ist keine Gefahr; und sogar wenn man dem Schrecken des Wahnsinns oder dem Schatten des Todes ins Gesicht zu blicken hat, besteht doch noch jene Sphäre menschlichen Glaubens, jene Gewissheit, zu verstehen und verstanden zu werden, wie schwarz die Nacht auch sei.
[3 B] GW 17, § 181

Wenn ein Patient die Unausweichlichkeit seiner inneren Entwicklung zu empfinden beginnt, so kann ihn leicht die Panik überfallen, dass er rettungslos einem Abgleiten in nicht mehr verstehbare Tollheit ausgeliefert sei. Es ist mir mehr als einmal vorgekommen, dass ich in einem solchen Fall nach dem Bücherschaft gegriffen, einen alten Alchimisten heruntergeholt und dem Patienten sein erschreckendes Fantasiebild in jener Form gezeigt habe, in welcher es schon vor 400 Jahren gedruckt wurde. Das wirkt beruhigend, denn der Patient sieht, dass er sich keineswegs allein in einer fremden Welt, von der niemand etwas versteht, befindet, sondern dass er zum großen Strom der historischen Menschheit gehört, welche schon lange und unzählige Male erlebt hat, was er als seine nur persönliche, pathologische Ausgefallenheit betrachtet.
[49] GW 13, § 325

Schon das Wörtchen »sollte« beweist immer die Ohnmacht des Therapeuten und zugleich das Eingeständnis, dass er am Ende seiner Weisheit steht.
[62] GW 16, § 178

Man mag sich über die notorische Ungeistigkeit der Menschen entrüsten. Wenn man aber Arzt ist, so denkt man nicht unter allen Umständen, die Krankheit oder der Patient sei schlechten Willens oder sonst wie moralisch minderwertig, sondern vermutet, der negative Erfolg liege vielleicht am verwendeten Heilmittel.
[52] GW 16, § 393

Der Arzt kann es sich nicht leisten, mit einer ebenso billigen wie moralisch erhabenen Geste auf die Gesetzestafeln mit dem »Du sollst nicht« hinzuweisen. Er hat objektiv zu prüfen und Möglichkeiten abzuwägen; denn er weiß es, weniger aus religiöser Erziehung und Bildung als vielmehr von Natur und Erfahrung wegen, dass es etwas gibt wie eine felix culpa. Er weiß, dass man nicht nur sein Glück, sondern auch seine ent-

scheidende Schuld versäumen kann, ohne welche ein Mensch seine Ganzheit nicht erreichen wird. Letztere ist nämlich ein Charisma, das man weder mit Kunst noch mit List verfertigen, in das man nur hineinwachsen und dessen Geschehen und Werden man nur erleiden kann.
[53] GW 12, § 36

Moderne Menschen wollen nichts mehr von Schuld und Sühne hören. Sie haben an ihrem eigenen bösen Gewissen genug und wollen vielmehr wissen, wie man sich mit seinen eigenen Tatsachen *aussöhnen*, wie man den Feind im eigenen Herzen lieben und zum Wolf »Bruder« sagen kann.
[12] GW 11, § 523

Es ist eine Anmaßung von uns, zu meinen, wir könnten immer sagen, was für den Patienten gut oder böse sei. Vielleicht ist etwas für ihn wirklich böse, und er tut es trotzdem und erlebt dafür das entsprechend schlechte Gewissen. Das kann – therapeutisch gesehen, also empirisch – für den betreffenden Menschen sehr gut sein. Er *muss* vielleicht das Böse und seine Macht erleben und erdulden, weil er nur so sein Pharisäertum anderen Menschen gegenüber endlich aufgeben kann. Vielleicht muss ihn das Schicksal oder das Unbewusste oder Gott – oder wie immer man es nennen mag – ganz gehörig auf die Nase und »in den Dreck« fallen lassen, weil nur ein massives Erleben »anschlägt« und ihn ein Stück weit aus seinem Infantilismus herausreißt und reifer macht. Wie soll ein Mensch erfahren, wie nötig er eine Erlösung hat, wenn er selbstsicher meint, er brauche von nichts erlöst zu werden?
[28] GW 10, § 867

Ein gewissenhafter Arzt muss an allen seinen Künsten und Theorien zweifeln können, sonst verfällt er dem Schema. Schema aber bedeutet Borniertheit und Unmenschlichkeit. Neurose – darüber darf kein Zweifel mehr herrschen – ist alles andere, nur nicht »nichts als«. Neurose ist das Leiden einer menschlichen Seele mit ihrer ganzen, weltweiten Kompliziertheit, die so ungeheuerlich ist, dass man jede Neurosentheorie schon von vornherein ruhig als beinahe wertloses Aperçu bezeichnen kann, sie sei denn ein gigantisches Bild der Seele, welches zu ermessen auch ein hundertfacher Faust nicht genügte.
[105] GW 10, § 357

Es gibt keine Ermahnung zur Reue, insofern es der Patient nicht selber schon tut, keine Buße, insofern er sich nicht schon selber – wie das allerdings fast regelmäßig der Fall ist – in eine gründliche Patsche gesetzt hat, und keine Absolution, wenn Gott kein Einsehen mit ihm hat.

[75] GW 18/II, § 1811

★

Nicht weil der Neurotische seinen alten Glauben verloren hat, ist er krank, sondern weil er die neue Form seines besten Strebens noch nicht gefunden hat.

[60] GW 4, § 669

Wir können von unseren Patienten keinen Glauben verlangen, den sie ablehnen, weil sie ihn nicht verstehen oder weil er ihnen nicht zusagt, auch wenn wir ihn selber hätten. Wir sind auf die Heilungsmöglichkeiten angewiesen, welche in der Natur des Kranken vorhanden sind, gleichgültig ob die daraus hervorgehenden Anschauungen mit irgendwelchen bekannten Konfessionen oder Philosophien übereinstimmen oder nicht.

[5] GW 18/II, § 1512

Es gibt keine Krankheit, die nicht zugleich ein missglückter Heilungsversuch wäre. Anstatt den Kranken als den heimlichen Täter oder Komplizen moralisch unzulässiger Wünsche erscheinen zu lassen, könnte er ebenso gut als das unwissentliche Opfer unverstandener Triebprobleme, zu deren Lösung ihm auch niemand in seiner Umgebung geholfen hat, erklärt werden. Seine Träume vollends könnte man auch als Wahr-Sagungen der Natur verstehen, jenseits aller menschlich-allzu-menschlichen Selbsttäuschungsoperation.

[70] GW 15, § 68

Nicht, wie man eine Neurose loswird, hat der Kranke zu lernen, sondern wie man sie trägt. Denn die Krankheit ist keine überflüssige und darum sinnlose Last, sondern *sie ist er selber*; er selber ist der »andere«, den man immer auszuschließen versuchte, aus infantiler Bequemlichkeit zum Beispiel oder aus Angst oder aus irgendwelchen anderen Gründen. Auf diese Weise macht man das Ich, wie Freud richtig sagt, zur »Angststätte«, die es ja nie wäre, wenn wir uns nicht neurotisch gegen uns selber verteidigten.

[105] GW 10, § 360

Wo das Ich eine »Angststätte« ist, da läuft noch jemand vor sich selbst davon und will's nicht dafür haben.

[105] GW 10, § 360

Es ist sehr wichtig in der Psychologie, dass der Arzt nicht eine Heilung um jeden Preis anstrebt. Wir müssen außerordentlich vorsichtig sein, um dem Patienten nicht unseren eigenen Willen und unsere Überzeugungen aufzuzwingen. Wir müssen ihm ein gewisses Maß an Freiheit zugestehen. Man kann Menschen nicht ihrem Schicksal entwinden, so wie man in der Medizin einen Patienten nicht heilen kann, wenn die Natur ihn zum Sterben bestimmt hat. Manchmal steht man wirklich vor der Frage, ob es einem erlaubt sei, jemanden vor einem Schicksal zu retten, das er im Interesse seiner späteren Entwicklung auf sich nehmen muss.

[81] GW 18/I, § 291

Wir täten unseren neurotischen Patienten ein schweres Unrecht, wenn wir sie alle in die Kategorie der Unfreien pressen wollten. Es gibt unter den Neurotischen nicht allzu wenige, die es nicht bedürfen, an ihre sozialen Pflichten und Gebundenheiten erinnert zu werden, sondern die vielmehr geboren und bestimmt sind, zu Trägern neuer Kulturideale zu werden. Sie sind neurotisch, solange sie sich unter die Autorität beugen und die ihnen bestimmte Freiheit verleugnen. Solange wir das Leben nur von rückwärts betrachten, werden wir solchen Fällen nie gerecht werden und ihnen die erhoffte Rettung bringen. Denn wir werden sie auf diese Weise nur zu gehorsamen Kindern erziehen und dadurch geradezu dem Vorschub leisten, was sie krank macht.

[60] GW 4, § 658

Die kleine Welt des Kindes, das familiäre Milieu, ist Modell der großen Welt. Je intensiver die Familie ein Kind geprägt hat, desto mehr wird es, wenn einmal erwachsen, geneigt sein, gefühlsmäßig in der großen Welt wiederum seine frühere kleine Welt zu sehen. Natürlich ist dies nicht als ein bewusster intellektueller Prozess zu verstehen. Im Gegenteil empfindet und sieht der Kranke den Gegensatz zwischen einst und jetzt und sucht sich, so gut es eben geht, anzupassen. Er glaubt vielleicht ganz angepasst zu sein, indem er intellektuell wohl die Situationen überblickt, aber das hindert nicht, dass das Gefühl noch weit hinter der intellektuellen Einsicht nachhinkt.

[87] GW 4, § 312

In der Neurose steckt in Wirklichkeit ein Stück noch unentwickelter Persönlichkeit, ein kostbares Stück Seele, ohne welches der Mensch zur Resignation, zur Bitterkeit und sonstigen Lebensfeindlichkeiten verdammt ist. Die Neurosenpsychologie, die nur das Negative sieht, schüttet das Kind mit dem Bade aus, indem sie den Sinn und Wert der »infantilen«, das heißt schöpferischen Fantasie vernachlässigt.

[105] GW 10, § 355

Das »Infantile« ist etwas, das nicht eindeutig ist. Erstens kann es genuin oder bloß symptomatisch sein, und zweitens kann es bloß rückständig oder keimhaft sein. Es ist nämlich ein gewaltiger Unterschied zwischen etwas, das infantil geblieben, und etwas, das im Entstehen begriffen ist. Beides kann infantile oder embryonale Form haben, und es ist oft, sogar in der Regel, unmöglich, auf den ersten Blick zu erkennen, ob es sich um ein bedauerlicherweise noch vorhandenes Stück Kinderleben oder um einen wichtigen schöpferischen Ansatz handelt. Diese Möglichkeiten zu belächeln, steht nur einem Dummkopf an, der nicht weiß, dass die Zukunft noch wichtiger ist als die Vergangenheit.

[105] GW 10, § 345

Die Neurose ist keineswegs nur ein Negatives, sondern auch ein Positives. Nur ein seelenloser Rationalismus kann und hat diese Tatsache übersehen, unterstützt durch die Beschränktheit einer bloß materialistischen Weltanschauung. In Wirklichkeit enthält die Neurose die Seele des Kranken, oder zum Mindesten einen ganz wesentlichen Teil derselben, und wenn ihm, der rationalistischen Absicht entsprechend, die Neurose wie ein kranker Zahn ausgezogen werden könnte, so hätte er damit nichts gewonnen, sondern etwas sehr Wesentliches verloren, nämlich so viel wie ein Denker, dem der Zweifel an der Wahrheit seiner Schlüsse, oder wie ein moralischer Mensch, dem die Versuchung, oder wie ein Mutiger, dem die Angst abhandengekommen wäre. Eine Neurose verlieren, bedeutet so viel wie gegenstandslos werden, ja das Leben verliert seine Spitze und damit den Sinn. Es war keine Heilung, sondern eine Amputation.

[105] GW 10, § 355

★

Was sind Religionen? Religionen sind psychotherapeutische Systeme. Was tun wir denn, wir Psychotherapeuten? Wir versuchen, das Leiden des menschlichen Geistes, der menschlichen Psyche oder der menschlichen Seele zu heilen, und die Religionen befassen sich mit dem gleichen Problem. Deshalb ist Gott selbst ein Heiler; er ist Arzt, er heilt die Kranken, und er befasst sich mit den Störungen der Seele; und das ist genau, was wir Psychotherapie nennen.
[81] GW 18/I, § 370

Das, was eine Neurose heilt, muss so überzeugend sein wie die Neurose selber; und da die Letztere nur allzu real ist, muss die hilfreiche Erfahrung von gleichwertiger Realität sein. Es muss eine sehr reale Illusion sein, wenn man es pessimistisch formulieren will. Aber was ist der Unterschied zwischen einer realen Illusion und einer heilenden religiösen Erfahrung? Es ist bloß ein Unterschied in Worten.
[55] GW 11, § 167

Nur das, was den Patienten über sich und seine Ichbefangenheit hinaushebt, bringt Heilung.
[49] GW 13, § 397

Eine Neurose ist dann wirklich »erledigt«, wenn sie das falsch eingestellte Ich erledigt hat. *Nicht sie wird geheilt, sondern sie heilt uns.* Der Mensch ist krank, die Krankheit aber ist der Versuch der Natur, ihn zu heilen. Wir können also aus der Krankheit selber sehr viel für unsere Gesundung lernen, und was dem Neurotiker als absolut verwerflich erscheint, darin liegt das wahre Gold, das wir sonst nirgends gefunden haben.
[105] GW 10, § 361

Die Bemühung des Arztes sowohl wie das Suchen des Patienten zielt auf jenen verborgenen, noch nicht manifestierten »ganzen« Menschen, welcher zugleich der größere und zukünftige ist. Der richtige Weg zur Ganzheit aber besteht – leider – aus schicksalsmäßigen Um- und Irrwegen. Es ist eine »longissima via«, nicht eine gerade, sondern eine gegensatzverbindende Schlangenlinie, an den wegeweisenden Caduceus erinnernd, ein Pfad, dessen labyrinthische Verschlungenheit des Schreckens nicht entbehrt. Auf diesem Wege kommen jene Erfahrungen zustande, die man als »schwer zugänglich« zu bezeichnen beliebt. Ihre Unzugänglichkeit beruht darauf, dass sie kostspielig sind: Sie fordern das, was man am meisten fürchtet, nämlich *die Ganzheit,* die man zwar beständig im Munde führt und mit der sich endlos theoretisieren lässt, die man aber in der Wirklichkeit des Lebens im größten Bogen umgeht. Unendlich viel beliebter ist die Gepflogenheit »Kompartimentspsychologie«, wo die eine Schublade nicht weiß, was in der anderen ist.

[53] GW 12, § 6

Wenn dieses Ziel der Erreichung der Ganzheit und der Verwirklichung der ursprünglich gemeinten Persönlichkeit in natürlicher Weise im Patienten wachsen soll, so mögen wir zu diesem Ziele verständnisvoll mithelfen. Wächst es aber nicht aus sich, so kann es auch nicht gepflanzt werden, ohne dauernder Fremdkörper zu bleiben. Darum verzichten wir auf solche Kunststücke, wenn die Natur nicht selber deutlich zu diesem Ende hinwirkt. Als ärztliche Kunst, mit den Mitteln menschlichen Könnens ausgestattet, unterfängt sich meine Psychologie nicht, ein Heil zu predigen oder einen Heilspfad anzupreisen, denn solches liegt nicht in ihrer Hand.

[75] GW 18/II, § 1817

Was der Arzt tut, ist nicht sein Werk (sagt Paracelsus); der Arzt ist »das Mittel, dadurch die Natur in das Werk gebracht wird ... Nicht dass er mit dem verzweifelten Sathan sag, es ist unmöglich.« Man soll darum Gott vertrauen.

[47] GW 15, § 42

Der Arzt muss sich mit dem konkreten Leiden auf Gedeih und Verderb auseinandersetzen und weiß nichts mehr hinter sich als das Mysterium der Weltregierung.

[45] GW 18/II, § 1578

Die passio Christi geht weiter, denn das Leben Christi in corpus mysticum oder das christliche Leben hüben und drüben ist mit sich selber entzweit, und keiner, der es ehrlich meint, kann diesen Zwiespalt leugnen. Wir sind daher ganz in der Lage eines Neurotischen, der sich der peinlichen Einsicht bequemen muss, dass er in einem Konflikt steht. Er hat mit dem oft wiederholten Versuche, die Gegenseite einfach zu verdrängen, nur eine Verschlimmerung seiner Neurose erreicht. Der Arzt muss ihm deshalb empfehlen, den Konflikt zunächst einmal anzunehmen, zusammen mit dem Leiden, das Letzterer unvermeidlicherweise verursacht, sonst kann der Konflikt ja gar nie gelöst werden.

[52] GW 16, § 392

Mann und Frau

Wo die Liebe herrscht, da gibt es keinen Machtwillen, und wo die Macht den Vorrang hat, da fehlt die Liebe. Das eine ist der Schatten des anderen.
[109 B] GW 7, § 78

Es ist nun allerdings schwer zu denken, dass diese reiche Welt zu arm sein sollte, um dem Lieben eines Menschen ein Objekt bieten zu können. Sie bietet unendlichen Raum für jeden. Es ist vielmehr die Unfähigkeit zu lieben, welche den Menschen seiner Möglichkeiten beraubt. Leer ist diese Welt nur dem, der es nicht versteht, seine Libido auf Dinge und Menschen zu lenken und sie für sich lebendig und schön zu machen. Was uns also zwingt, einen Ersatz aus uns selber zu schaffen, ist nicht der äußere Mangel an Objekten, sondern unsere Unfähigkeit, ein Ding außer uns liebend zu umfassen. Gewiss werden uns die Schwierigkeiten der Lebenslage und die Widrigkeiten des Daseinskampfes bedrücken, aber auch schlimme äußere Situationen werden die Liebe nicht hindern, im Gegenteil, sie können uns zu den größten Anstrengungen anspornen.
[73] GW 5, § 253

Unglücklicherweise ist es beinahe ein kollektives Ideal, in den heiklen Angelegenheiten der Liebe so unbewusst wie möglich zu sein. Hinter der Maske der Respektabilität und Anhänglichkeit vergiftet die vernachlässigte Macht der Liebe die Kinder. Natürlich kann man dem Einzelnen keinen Vorwurf machen, da man von ihm nicht erwarten kann, dass er wisse, welche Einstellung er haben und wie er das Problem der Liebe im Rahmen unserer gegenwärtigen Ideale und Überzeugungen lösen sollte. Man kennt meistens nur die negativen Maßnahmen der Vernachlässigung, Hinausschiebung, Verdrängung und Unterdrückung.
[3 B] GW 17, § 218

Je ferner und unwirklicher die persönliche Mutter, desto tiefer greift die Sehnsucht des Sohnes in die Tiefen der Seele und erweckt jenes urtümliche und ewige Bild der Mutter, um dessentwillen alles Umfassende, Hegende, Nährende und Hilfreiche uns Muttergestalt annimmt, von der

alma mater der Universität bis zur Personifikation von Städten, Ländern, Wissenschaften und Idealen.
[48] GW 13, § 147

Man löst keinen Mutterkomplex dadurch, dass man die Mutter einseitig auf menschliches Maß reduziert, gewissermaßen »berichtigt«. Dabei läuft man Gefahr, auch das Erlebnis »Mutter« in Atome aufzulösen und damit einen höchsten Wert zu zerstören und den goldenen Schlüssel wegzuwerfen, den uns eine gütige Fee in die Wiege gelegt hat. Darum hat der Mensch instinktiv dem Elternpaar immer das präexistente Götterpaar zugesellt als »godfather« und »godmother« des Neugeborenen, damit dieses nie sich dahin vergesse, aus Unbewusstheit oder kurzsichtigem Rationalismus die Eltern mit Göttlichkeit zu behaften.
[56] GW 9/I, § 172

Die Übersteigerung des Mutterinstinktes ist jenes Bild der Mutter, welches zu allen Zeiten und in allen Zungen besungen und gepriesen worden ist. Es ist jene Mutterliebe, die zu den rührendsten und unvergesslichsten Erinnerungen des erwachsenen Alters gehört, die die geheime Wurzel alles Werdens und aller Wandlung, die Heimkehr und Einkehr und jeglichen Anfangs und Endes schweigenden Urgrund bedeutet. Innigst bekannt und fremd wie die Natur, liebevoll zärtlich und schicksalhaft grausam – eine lustvolle, nimmermüde Spenderin des Lebens, eine Schmerzensmutter und die dunkle, antwortlose Pforte, die sich hinter dem Toten schließt. Mutter ist Mutterliebe, ist *mein* Erlebnis und *mein* Geheimnis. Was soll man dazu allzu vieles, allzu Unrichtiges, allzu Ungenügendes, ja allzu Verlogenes sagen von jenem Menschen, der Mutter hieß und – man möchte sagen – zufälligerweise Trägerin jenes Erlebnisses war, das sie und mich und die ganze Menschheit, ja alle lebende Kreatur, die wird und vergeht, in sich schließt, das Erlebnis des Lebens, dessen Kinder wir sind? Man hat es zwar immer getan, und man wird es immer wieder tun, aber ein Wissender kann jenes ungeheure Gewicht an Bedeutung, an Verantwortung und Aufgabe, an Himmel und Hölle nicht mehr auf jenen schwachen und fehlbaren, der Liebe, der Nachsicht, des Verständnisses und der Verzeihung würdigen Menschen, der uns Mutter war, überwälzen. Er weiß, dass die Mutter Trägerin jenes uns eingeborenen Bildes der mater natura und mater spiritualis ist, des Ge-

samtumfanges von Leben, dem wir als hilflose Kinder anvertraut und zugleich preisgegeben sind.
[56] GW 9/I, § 172

Dass Mütter Kinder austragen, ist nicht heilig, sondern natürlich. Sagt man, es sei heilig, so besteht der dringende Verdacht, dass damit etwas sehr Unheiliges zugedeckt werden soll – Freud hat es laut gesagt, was »dahintersteckt«, nur hat er unglücklicherweise den Säugling angeschwärzt statt die Mutter.
[69] GW 15, § 50

Es ist trotz allen gegenteiligen entrüsteten Versicherungen doch so, dass die Liebe (in dem ihr von Natur wegen zukommenden weiten Sinne, der nicht nur die Sexualität in sich fasst), ihre Probleme und ihre Konflikte von fundamentalster Bedeutung für das menschliche Leben sind, und, wie es sich bei sorgfältiger Nachforschung stets herausstellt, von einer weit größeren Wichtigkeit, als das Individuum ahnt.
[109 B] GW 7, § 14

Das Problem der Liebe gehört zu den großen Leiden der Menschheit, und niemand sollte sich der Tatsache schämen, dass er seinen Tribut daran zu zahlen hat.
[3 B] GW 17, § 219

Es ist schwer, die eigene Zeit zu beurteilen. Aber wenn wir sehen, wie die Künste, das Stilgefühl und der öffentliche Geschmack sich entwickeln, was die Menschen lesen, schreiben, was sie für Vereine gründen, was für »Fragen« an der Tagesordnung sind, wogegen sich die Philister wehren: So finden wir im langen Register unserer gegenwärtigen sozialen Fragen nicht zuletzt die sogenannte »sexuelle Frage«, die getragen ist von Menschen, welche an der bestehenden Sexualmoral rütteln und die Last moralischer Schuld, welche vergangene Jahrhunderte auf den Eros gehäuft haben, abwerfen möchten. Man kann die Existenz dieser Bestrebungen nicht einfach negieren oder ihnen Mangel an Berechtigung vorwerfen; sie existieren und haben darum wohl zureichenden Grund dazu. Es ist interessanter und nützlicher, aufmerksam die Grundlagen dieser Bewegungen unserer Zeit zu durchforschen, als in den Jammerlaut der moralischen Klageweiber einzustimmen, welche den moralischen Untergang der Menschheit prophezeien.
[109 A] GW 7, § 427

Während wir alle darin übereinstimmen, dass es ganz selbstverständlich ist, dass Morden, Stehlen und andere Affektrücksichtslosigkeiten jeder Art unzulässig seien, so gibt es doch eine sogenannte *sexuelle Frage*. Man spricht von keiner Mordfrage oder Jähzornsfrage. Man ruft nicht nach sozialen Maßnahmen gegen diejenigen, die ihre schlechten Launen an den Mitmenschen auslassen. Und doch sind das alles Triebhaftigkeiten, aber ihre Unterdrückung erscheint uns als selbstverständlich. Einzig zur Sexualität setzt man ein Fragezeichen. Dieses Zeichen deutet auf einen Zweifel, nämlich auf den Zweifel, ob unsere bisherigen moralischen Begriffe und die darauf gegründeten, gesetzlichen Institutionen genügen oder zweckentsprechend seien. Kein Einsichtiger wird bestreiten, dass in Bezug auf dieses Gebiet sehr geteilte Meinungen herrschen. Es wäre ja gar kein Problem dieser Art vorhanden, wenn nicht eine Uneinigkeit der öffentlichen Meinung in dieser Hinsicht bestünde. Es ist offenkundig eine Reaktion gegen eine zu rigorose Sittlichkeit am Werke. Es handelt sich dabei nicht etwa um einen bloßen Ausbruch einer primitiven Triebhaftigkeit. Dergleichen Ausbrüche haben sich bekanntlich noch nie um Sittengesetze und moralische Problematik bekümmert. Sondern es handelt sich um das ernsthafte Bedenken, ob unsere bisherige sittliche Auffassung der Natur der Sexualität gerecht werde oder nicht. Aus diesem Zweifel entsteht naturgemäß ein legitimes Interesse, die Natur der Sexualität besser und tiefer zu verstehen.

[80] GW 8, § 105

Wir haben heutzutage bloß eine legale Bewertung der Sexualität, nicht aber eine eigentliche Sexualmoral, genauso wie das frühere Mittelalter keine eigentliche Moralität des Geldgeschäftes kannte, sondern nur Vorurteile und legale Bewertungen. Wir sind noch nicht so weit, innerhalb des freien sexuellen Handelns ein moralisches und ein unmoralisches Verhalten zu unterscheiden. Dies kommt deutlich zum Ausdruck in der öffentlichen Behandlung oder vielmehr Misshandlung der unehelichen Mutterschaft. All die widerwärtige Heuchelei, die Hochflut der Prostitution und der Geschlechtskrankheiten verdanken wir dem barbarischen legalen Pauschalurteil über das sexuelle Handeln und unserer Unfähigkeit, ein feineres moralisches Empfinden für die ungeheuren psychologischen Unterschiede innerhalb des freien sexuellen Handelns zu entwickeln.

[60] GW 4, § 666

Es ist ein beliebtes neurotisches Missverständnis, dass die rechte Anpassung an die Welt im Ausleben der Sexualität zu finden sei.
[87] GW 4, § 440

Es ist zweifellos richtig, dass die Triebhaftigkeit auf dem Gebiet der Sexualität am allermeisten und eindrücklichsten mit den moralischen Ansichten kollidiert. Der Zusammenstoß von infantiler Triebhaftigkeit und Ethos kann nie vermieden werden. Er ist sogar, wie mir scheint, die conditio sine qua non der psychischen Energie.
[80] GW 8, § 105

Der Konflikt zwischen Ethos und Sexualität ist heutzutage nicht bloß direkte Kollision von Triebhaftigkeit und Moral, sondern ein Kampf um die Daseinsberechtigung eines Triebes oder um die Anerkennung einer in diesem Triebe sich ausdrückenden Macht, die anscheinend nicht mit sich spaßen lässt und darum sich unseren wohlmeinenden Sittengesetzen auch nicht fügen will. Die Sexualität ist nicht bloß eine Triebhaftigkeit, sondern auch eine unzweifelhaft schöpferische Macht, die nicht nur Grundursache unseres individuellen Lebens, sondern auch ein sehr ernst zu nehmender Faktor in unserem psychischen Leben ist. Wir wissen heutzutage zur Genüge, was für bedenkliche Folgen Störungen der Sexualität nach sich ziehen können.
[80] GW 8, § 107

Wer die Instinkte übersieht, der wird von ihnen aus dem Hinterhalt überwältigt.
[104 B] GW 9/I, § 620

Die Erotik ist ein im Grunde genommen Übermächtiges, das sich, wie die Natur, überwältigen und ausnützen lässt, wie wenn es ohnmächtig wäre. Der Triumph über die Natur aber macht sich teuer bezahlt. Die Natur braucht keine prinzipiellen Erklärungen, sondern begnügt sich mit Duldung und weisem Maß.

»Der Eros ist ein großer Dämon«, wie die weise Diotima zu Sokrates sagt. Man wird mit ihm nie ganz fertig, oder man wird nur zum eigenen Schaden mit ihm fertig. Er ist nicht die ganze Natur in uns, aber wenigstens einer ihrer Hauptaspekte.
[109 B] GW 7, §§ 32 f.

Die Erotik ist eine Fragwürdigkeit und wird es immer sein, was auch irgendeine zukünftige Gesetzgebung dazu zu sagen haben wird. Sie gehört einerseits zu der ursprünglichen Tiernatur des Menschen, welche so lange bestehen wird, als der Mensch einen animalischen Körper hat. Andererseits aber ist sie den höchsten Formen des Geistes verwandt. Sie blüht aber nur, wenn Geist und Trieb im richtigen Einklang stehen. Fehlt ihr der eine oder andere Aspekt, so ist ein Schaden entstanden oder doch wenigstens eine unbalancierte Einseitigkeit, welche leicht ins Krankhafte abgleitet. Zu viel Tier entstellt den Kulturmenschen, zu viel Kultur schafft kranke Tiere.

[109 B] GW 7, §§ 32

Die normale Sexualität als ein gemeinsames und anscheinend gleichgerichtetes Erleben bestärkt das Gefühl der Einheit und der Identität. Dieser Zustand wird als völlige *Harmonie* bezeichnet und als ein großes Glück gepriesen. »Ein Herz und eine Seele«, wohl mit Recht, denn die Rückkehr zu jenem anfänglichen Zustand der Unbewusstheit und der bewusstlosen Einheit ist wie eine Rückkehr in die Kindheit (daher die kindische Geste aller Verliebten), ja noch mehr, wie eine Rückkehr in den Mutterschoß, in die ahnungsschweren Meere einer noch unbewussten schöpferischen Fülle. Ja, es ist ein echtes und nicht zu leugnendes Erleben der Gottheit, deren Übergewalt alles Individuelle auslöscht und verschlingt. Es ist eine eigentliche Kommunion mit dem Leben und dem unpersönlichen Schicksal. Der sich selber behaltende Eigenwille wird gebrochen, die Frau wird Mutter, der Mann wird Vater, und so werden beide der Freiheit beraubt und zu Werkzeugen des weiterschreitenden Lebens gemacht.

[16] GW 17, § 330

★

Bewusstsein ist, soweit unsere Auffassung reicht, immer Ichbewusstsein. Um meiner selbst bewusst zu sein, muss ich mich vom anderen unterscheiden können. Nur wo diese Unterscheidung existiert, kann Beziehung stattfinden.

[16] GW 17, § 326

Obschon sich Mann und Frau vereinigen, repräsentieren sie dennoch unvereinbare Gegensätze, welche, wenn aktiviert, in tödlicher Feindschaft ausarten. So stellt dieser Urgegensatz symbolisch alle erdenklichen, sonst noch vorkommenden Gegensätze dar wie: warm – kalt, hell – dunkel, Süd – Nord, trocken – feucht, gut – böse usw.; so auch bewusst – unbewusst.
[53] GW 12, § 192

Das Zusammentreffen von zwei Persönlichkeiten ist wie die Mischung zweier verschiedener chemischer Körper: Tritt eine Verbindung überhaupt ein, so sind beide gewandelt.
[51] GW 16, § 163

Das Gegengeschlechtliche hat einen geheimnisvollen Reiz, der mit Scheu, ja vielleicht mit etwas Ekel verbunden ist, und eben darum ist dieser Reiz ganz besonders anziehend und faszinierend, auch wenn er uns nicht von außen als Weib, sondern von innen als seelische Wirkung entgegentritt, zum Beispiel in der Form der Versuchung, sich in einer Stimmung oder einem Affekt gehen zu lassen.
[19] GW 10, § 244

Es ist zuzugeben, dass ein Wutanfall oder eine Trauer ihre heimlichen Reize haben. Wenn dem nicht so wäre, so hätten sogar die meisten Menschen schon einige Weisheit erlangt.
[6] GW 11, § 619

Der junge Mensch in heiratsfähigem Alter besitzt zwar Ichbewusstsein (das Mädchen in der Regel mehr als der junge Mann), aber es ist nicht allzu lange her, seitdem er aus den Nebeln der anfänglichen Unbewusstheit aufgetaucht ist. Er besitzt daher weite Gebiete, die noch im Schatten der Unbewusstheit liegen und die, so weit sie reichen, die Herstellung einer psychologischen Beziehung nicht ermöglichen. Dem jungen Menschen ist nur eine unvollständige Erkenntnis des anderen sowohl wie seiner selbst gegeben, daher kann er über die Motive des anderen sowohl wie seiner selbst nur ungenügend unterrichtet sein. Er handelt in der Regel aus größtenteils unbewussten Motiven.

Natürlich erscheint es ihm subjektiv, als ob er sehr bewusst sei, denn man überschätzt stets die jeweils bewussten Inhalte, und es ist und bleibt eine große und überraschende Entdeckung, dass, was wir für einen end-

lich erreichten Gipfel halten, in Wirklichkeit bloß die unterste Stufe einer sehr langen Treppe ist.
[16] GW 17, § 327

Wir leben in einer Zeit, wo uns die Erkenntnis dämmert, dass das Volk, das auf der anderen Seite des Berges lebt, nicht schlechthin aus rothaarigen Teufeln besteht, die für alles Unheil auf dieser Seite des Berges verantwortlich sind. Etwas von dieser dunklen Ahnung ist auch in das Verhältnis der Geschlechter eingedrungen: Nicht mehr alle Leute sind restlos davon überzeugt, dass alles Gute im Ich und alles Schlechte im Du angesiedelt ist. Es gibt heutzutage schon Übermoderne, die sich allen Ernstes fragen, ob nicht am Ende irgendetwas nicht stimme, ob man nicht vielleicht etwas zu unbewusst, etwas antiquiert sei und darum in der Frage der Beziehungsschwierigkeiten der beiden Geschlechter mittelalterliche, um nicht zu sagen, Höhlenbewohnermethoden zu Unrecht immer noch verwende.
[29] GW 18/II, § 1799

Indem die seelische Beziehung zur Frau sich durch die kollektive Marienverehrung ausdrückte, ging dem Bilde der Frau ein Wert verloren, auf den aber das menschliche Wesen einen gewissen natürlichen Anspruch hat. Dieser Wert, der nur in der individuellen Wahl seinen natürlichen Ausdruck findet, verfällt, wenn der individuelle durch einen kollektiven Ausdruck ersetzt wird, dem Unbewussten. Im Unbewussten erhält nun das Bild der Frau eine Besetzung, welche infantil-archaische Dominanten belebt. Die relative Entwertung der realen Frau kompensiert sich damit durch dämonische Züge.
[58] GW 6, § 399

Die relative Entwertung der Frau bedeutet: Der Mann liebt sie in einem gewissen Sinne weniger, dafür aber tritt die Frau als Verfolgerin auf, das heißt als Hexe. Auf diese Weise entwickelte sich mit und infolge der gesteigerten Marienverehrung der Hexenwahn, dieser unauslöschliche Schandfleck des späten Mittelalters.
[58] GW 6, § 399

Obgleich die prähistorische Mentalität noch längstens nicht überwunden ist und gerade im Gebiete der Sexualität, wo der Mensch seiner Säugetiernatur am allerdeutlichsten innewird, ihre erheblichsten Triumphe erlebt, so sind doch andererseits gewisse ethische Verfeinerungen eingetreten, welche es erlauben, den Menschen, der eine Erziehung von 10 bis 15 christlichen Jahrhunderten hinter sich hat, auf eine etwas höhere Stufe zu rücken.

Auf dieser Stufe spielt der Geist – ein für die biologische Auffassung unbegreifliches psychisches Phänomen – eine psychologisch nicht unwesentliche Rolle. Er hatte schon bei der Idee der christlichen Ehe ein gewichtiges Wort mitzureden, und bei der modernen Bezweiflung und Entwertung der Ehe mischt er sich negativ als Anwalt des Triebes und positiv als Verteidiger der Menschenwürde bedeutsam in die Diskussion. Dass dabei ein wilder und verwirrender Konflikt zwischen dem Menschen als triebhaftem Naturwesen und als geistesbestimmtem Kulturwesen entsteht, ist weiter kein Wunder. Das Schlimme daran ist aber, dass immer das eine das andere gewalttätig unterdrücken möchte, um eine sogenannte harmonische und einheitliche Lösung des Konfliktes zustande zu bringen. Leider glauben noch allzu viele an diese in der Politik allmächtige Methode, und es sind nur wenige, welche sie hier wie dort als barbarisch verdammen und an ihre Stelle lieber einen gerechten Vergleich, bei dem beide Teile gehört werden, setzen möchten.

[29] GW 18/II, §§ 1799 f.

Kann ein Mann über die Frau schreiben, über sein eigenes Gegenteil schlechthin? Ich meine etwas Richtiges, etwas jenseits von Sexualprogrammatik und Ressentiment, von Illusion und Theorie? Ich wüsste nicht, wer sich diese Überlegenheit zutrauen könnte, denn die Frau steht immer dort, wo der Mann seinen Schatten hat, weshalb er sie nur allzu leicht mit Letzterem verwechselt, und, wenn er dieses Missverständnis wiedergutmachen will, so überschätzt er die Frau und traut ihr seine Wunschbilder zu.

[19] GW 10, § 236

Überhaupt wirkt die Nähe sowohl wie die Ferne der Frau spezifisch konstellierend auf das Unbewusste des Mannes. Was zu viel oder zu wenig ist, wird durch das Unbewusste kompensatorisch ergänzt. Wo die Frau ferne oder unerreichbar ist, schafft das Unbewusste eine Weiblichkeit im Manne, die sich überall und in allen erdenklichen Formen durchdrängt, woraus dann entsprechende Konflikte entstehen. Je einseitiger die bewusste geistig-männliche Haltung ist, desto niedriger, banaler, vulgärer und biologischer wird die kompensatorische Weiblichkeit

des Unbewussten sein. Diese dunkle Erscheinung wird vielleicht als solche gar nicht bewusst, weil sie längst zuvor mit Sentimentalität und Süßlichkeit zum Schutze des Bewusstseins und der Selbstachtung so überdeckt wurde, dass man den Schwindel nicht nur selber glaubt, sondern auch andere mit Vergnügen darauf hereinfallen lässt. Eine zugestandenermaßen biologische oder sogar vulgäre Einstellung zum Weiblichen erzeugt eine übermäßig erhöhte Bewertung der Weiblichkeit im Unbewussten, wo sie gerne die Form der Sophia (Sapientia) oder der Gottesmutter annimmt.
[41] GW 14/I, § 215

Die ganz ursprüngliche Tatsache, dass ein Mensch seine eigene Psychologie auch immer beim anderen voraussetzt, erschwert oder verhindert das richtige Verständnis der weiblichen Psyche.
[19] GW 10, § 240

★

Psychologie garantiert ein wirkliches *Wissen* um das andere Geschlecht und ersetzt das willkürliche *Meinen*, die Quelle unheilbarer Missverständnisse, wie sie die Ehen unserer Zeit verheerend unterhöhlen.
[29] GW 18/II, § 1801

Die Diskussion des Sexualproblems ist bloß ein etwas roher Anfang einer weit tieferen Frage, vor der deren Wichtigkeit verblasst, und das ist die *Frage der seelischen Beziehung zwischen den Geschlechtern.* Mit dieser Frage betreten wir die eigentliche Domäne der Frau.

Ihre Psychologie gründet sich auf das Prinzip des Eros, des großen Binders und Lösers, während dem Manne seit alters der Logos als oberstes Prinzip zugedacht ist.
[19] GW 10, §§ 254f.

Wie beim Mann im Allgemeinen in der äußeren Einstellung Logik und Sachlichkeit überwiegen oder wenigstens als Ideale betrachtet werden, so bei der Frau das Gefühl. In der Seele aber kehrt sich das Verhältnis um, der Mann fühlt nach innen, die Frau aber überlegt. Deshalb ist der Mann leichter total verzweifelt, wo die Frau immer noch trösten und hoffen kann, darum bringt er sich eher um als die Frau. Sosehr die Frau den sozialen Umständen, zum Beispiel als Prostituierte, zum Opfer fallen

kann, so sehr verfällt der Mann den Impulsen des Unbewussten, dem Alkoholismus und anderen Lastern.
[58] GW 6, § 807

Die Frau weiß in zunehmendem Maße, dass nur die Liebe ihr völligere Gestalt gibt, so wie der Mann zu ahnen beginnt, dass nur der Geist seinem Leben höchsten Sinn verleiht, und beide suchen im Grunde die seelische Beziehung zueinander, weil die Liebe des Geistes und der Geist der Liebe zur Vollendung bedürfen.
[19] GW 10, § 269

Die Liebe der Frau ist nämlich kein Sentiment – das kommt nur beim Manne vor –, sondern ein Lebenswille, der bisweilen erschreckend unsentimental ist und der sogar ihr Selbstopfer erzwingen kann. Ein Mann, der so geliebt wird, kann seiner minderwertigen Seite nicht entgehen, denn auf diese Wirklichkeit kann er nur mit seiner Wirklichkeit antworten.
[19] GW 10, § 261

Solange eine Frau sich damit begnügt, femme à homme zu sein, hat sie keine weibliche Individualität. Sie ist hohl und schillert bloß, ein willkommenes Gefäß für männliche Projektionen. Die Frau als Persönlichkeit aber ist eine andere Frage: Hier taugen Illusionen nichts mehr. Wenn also die Frage der Persönlichkeit gestellt wird, was in der Regel die peinliche Angelegenheit der zweiten Lebenshälfte ist, dann fällt auch die kindliche Form des Selbst dahin.
[103] GW 9/I, § 355

Die Frau, die den Vater bekämpft, hat zwar immer noch die Möglichkeit des triebhaft-weiblichen Lebens, denn sie weist bloß das ab, was ihr fremd ist. Wenn sie aber die Mutter bekämpft, so kann sie mit dem Risiko der Instinktschädigung zu höherer Bewusstheit gelangen, denn in der Mutter verneint sie auch alle Dunkelheit, Triebhaftigkeit, Zweideutigkeit und Unbewusstheit ihres eigenen Wesens.
[56] GW 9/I, § 186

Ein Vater hat daher in jeder Hinsicht Gelegenheit, am Wesen der Tochter nicht weniges zu verderben, was dann der Erzieher, der Ehemann und im Neurosenfall der Arzt auszubaden hat. Denn »das vom Vater Verdor-

bene« kann nur wieder durch einen Vater und »das von der Mutter Verdorbene« nur wieder durch eine Mutter hergestellt werden. Was wir auf diesem Gebiet beobachten, könnte man als psychologische Erbsünde oder als Atridenfluch, der durch Generationen wirkt, bezeichnen.
[41] GW 14/I, § 226

Es ist ein Kennzeichen der Frau, dass sie alles aus Liebe zu einem *Menschen* tun kann. Diejenigen Frauen aber, die aus Liebe zu einer *Sache* Bedeutendes leisten, sind die größten Ausnahmen, weil das ihrer Natur nicht entspricht. Die Liebe zur Sache ist eine männliche Prärogative. Da aber der Mensch Männliches und Weibliches in seiner Natur vereinigt, so kann ein Mann Weibliches und eine Frau Männliches leben. Jedoch steht dem Manne das Weibliche im Hintergrund sowie der Frau das Männliche. Lebt man nun das Gegengeschlechtliche, so lebt man in seinem eigenen Hintergrund, wobei das Eigentliche zu kurz kommt. Ein Mann sollte als Mann leben und eine Frau als Frau.
[19] GW 10, § 243

Die emotionale Natur des Mannes entspricht dem bewussten Wesen der Frau und nicht der »Geist«. Der Geist vielmehr ist die »Seele«, besser der Animus der Frau. Und wie die Anima des Mannes zunächst aus minderwertiger affektiver Bezogenheit besteht, so besteht der Animus der Frau aus minderwertigem Urteil oder besser: Meinen.
[96] GW 13, § 60

Die für die Frau typische Gefahr vonseiten des Unbewussten kommt von oben, aus der »geistigen« Sphäre, welche eben durch den Animus personifiziert ist, beim Manne aber aus dem chthonischen Bereich der »Frau Welt«, das heißt der auf die Welt projizierten Anima.
[104 B] GW 9/I, § 595

Die unbewusste Voraussetzung oder Meinung ist der schlimmste Feind des weiblichen Wesens, gelegentlich eine geradezu dämonische Leidenschaft, welche die Männer irritiert und verstimmt und der Frau den größten Schaden zufügt, indem sie den Charme und den Sinn des weiblichen Wesens allmählich überwuchert und in den Hintergrund drängt. Eine solche Entwicklung endet schließlich mit einer tiefen Entzweiung mit sich selbst, das heißt mit einer Neurose.
[19] GW 10, § 245

Da der Animus mit Vorliebe argumentiert, so kann man ihn bei rechthaberischen Diskussionen am leichtesten am Werke sehen. Gewiss können auch Männer sehr weiblich argumentieren, nämlich dann, wenn sie animabesessen sind und dadurch in den Animus ihrer Anima verwandelt werden.
[1] GW 9/II, § 29

Kein Mann kann sich mit einem Animus auch nur die kürzeste Zeit unterhalten, ohne sofort seiner Anima zu verfallen. Wer dann den Humor noch besäße, objektiv dem Gespräch zuzuhören, der wäre wohl maßlos erstaunt ob der überwältigenden Menge von Gemeinplätzen, schief angewendeten Binsenwahrheiten, von Zeitungs- und Romanphrasen, abgetragenen Ladenhütern jeglicher Art bis zu ordinären Beschimpfungen und erschütternder Unlogik. Es ist ein Gespräch, das sich, unbekümmert um seine jeweiligen Teilnehmer, millionenfach in allen Sprachen der Welt wiederholt und substanziell stets dasselbe ist.
[1] GW 9/II, § 29

Es scheint eine sehr natürliche Tatsache zu sein, dass Männer irrationale Launen und Frauen ebensolche Meinungen haben. Diese Situation beruht wohl auf instinktiver Grundlage und muss daher sein, wie sie ist, weil eben so das empedokleische Spiel von neikos (Hass) und philia (Liebe) der Elemente auf alle Ewigkeit hinaus gesichert ist. Die Natur ist konservativ und lässt sich ihre Kreise nicht leicht stören. Animus und Anima gehören zu einem natürlichen Schongebiet, das seine Unverletzlichkeit aufs Hartnäckigste verteidigt. Darum hält es so viel schwerer, sich seiner Animus-Anima-Projektionen bewusst zu werden, als seine Schattenseiten anzuerkennen. In letzterem Fall muss man zwar einen gewissen moralischen Widerstand, wie Eitelkeit, Ehrgeiz, Einbildung, Ressentiments usw. überwinden; in ersterem Fall aber kommen noch rein verstandesmäßige Schwierigkeiten dazu, ganz abgesehen von den Inhalten der Projektion, die man schon gar nicht einzuordnen weiß. Schließlich erhebt sich auch noch ein profunder Zweifel, ob man der Natur damit nicht zu viel ins Handwerk pfusche, dass man Dinge bewusst macht, die man am Ende besser hätte schlafen lassen.
[1] GW 9/II, § 35

Wenn Animus und Anima sich begegnen, so zückt der Animus das Schwert seiner Macht, und die Anima spritzt das Gift ihrer Täuschung

und Verführung. Der Erfolg braucht aber nicht immer negativ zu sein, denn es besteht die ebenso große Wahrscheinlichkeit, dass sich die beiden ineinander verlieben (ein Spezialfall von Liebe auf den ersten Blick!).
[1] GW 9/II, § 30

Kein Mann ist so ganz nur männlich, dass er nichts Weibliches in sich besäße. Tatsache ist vielmehr, dass gerade sehr männliche Männer – allerdings wohlbehütet und versteckt – ein sehr weiches (oft zu Unrecht als »weiblich« bezeichnetes) Gemütsleben besitzen. Es gilt dem Mann als Tugend, weibliche Züge möglichst zu verdrängen, wie es der Frau, bisher wenigstens, für unbekömmlich galt, ein Mannweib zu sein. Die Verdrängung weiblicher Züge und Neigungen führt natürlich zu einer Anhäufung dieser Ansprüche im Unbewussten. Die Imago der Frau (die Seele) wird ebenso natürlich zum Receptakulum dieser Ansprüche, weshalb der Mann in seiner Liebeswahl öfters der Versuchung unterliegt, jene Frau zu gewinnen, die der besonderen Art seiner eigenen unbewussten Weiblichkeit am besten entspricht, eine Frau also, welche die Projektion seiner Seele möglichst anstandslos aufnehmen kann. Obschon eine solche Wahl des Öfteren als ein Idealfall angesehen und empfunden wird, so kann es auch ebenso gut seine eigene schlimmste Schwäche sein, die der Mann auf diese Weise sichtbar heiratet.
[110] GW 7, § 297

Jeder Mann trägt das Bild der Frau von jeher in sich, nicht das Bild *dieser* bestimmten Frau, sondern *einer* bestimmten Frau. Dieses Bild ist im Grunde genommen eine unbewusste, von Urzeiten herkommende und dem lebenden System eingegrabene Erbmasse, ein »Typus« (»Archetypus«) von allen Erfahrungen der Ahnenreihe am weiblichen Wesen, ein Niederschlag aller Eindrücke vom Weibe, ein vererbtes psychisches Anpassungssystem. Wenn es keine Frauen gäbe, so ließe sich aus diesem unbewussten Bilde jederzeit angeben, wie eine Frau in seelischer Hinsicht beschaffen sein müsste. Dasselbe gilt auch von der Frau, auch sie hat ein ihr angeborenes Bild vom Manne.
[16] GW 17, § 338

In dem seelischen Bereich des Sohnes gibt es eine Imago der Mutter und nicht nur dieser, sondern auch der Tochter, der Schwester und der Geliebten, der himmlischen Göttin und der chthonischen Baubo, überall gegenwärtig als alterloses Bild. Jede Mutter und jede Geliebte ist die Trägerin und Verwirklicherin dieser gefährlichen Spiegelung, welche dem Wesen des Mannes zutiefst eignet. Sie gehört zu ihm, sie ist die Treue, die er gegebenenfalls um des Lebens willen nicht immer haben darf; sie ist die unumgänglich nötige Kompensation für Wagnisse, Anstrengungen, Opfer, die alle mit Enttäuschung enden; sie ist die Tröstung gegenüber all der Bitternis des Lebens und zugleich mit alldem ist sie die große illusionserregende Verführerin zu ebendiesem Leben, und zwar nicht etwa nur zu dessen vernünftigen und nützlichen Aspekten, sondern auch zu dessen furchtbaren Paradoxien und Zweideutigkeiten, in denen sich Gut und Böse, Erfolg und Verderben, Hoffnung und Verzweiflung die Waage halten. Als seine größte Gefahr fordert sie Größtes vom Manne, und, wenn er ein solcher ist, erhält sie es auch.

[1] GW 9/II, § 24

Die Persona, das Idealbild des Mannes, wie er sein sollte, wird innerlich kompensiert durch weibliche Schwäche, und wie das Individuum außen den starken Mann spielt, wird es innerlich zum Weibe, zur Anima, denn es ist die Anima, die der Persona gegenübertritt. Weil aber das Innen für das extravertierte Bewusstsein dunkel und unsichtbar ist und man sich überdies seine Schwächen desto weniger denken kann, je mehr man mit der Person identisch ist, so bleibt auch das Gegenstück der Persona, die Anima, völlig im Dunkeln und wird daher zunächst projiziert, wodurch der Held unter den Pantoffel seiner Frau kommt. Ist ihr Machtzuwachs beträchtlich, so erträgt sie ihn schlecht. Sie wird minderwertig, und damit ist dem Mann der willkommene Beweis erbracht, dass nicht er, der Held, im »Privatleben« minderwertig ist, sondern seine Frau. Die Frau hat dafür jene für viele so anziehende Illusion, wenigstens einen Helden geheiratet zu haben, unbekümmert um ihre eigene Nichtsnutzigkeit. Dieses Illusionsspiel nennt man öfters »Lebensinhalt«.

[110] GW 7, § 309

Wie sehr jeder Einzelne das hilflose, aber nicht bedauernswerte Opfer seiner Sentimente ist, davon hätte der Psychiater wohl das meiste zu sagen. Sentimentalität ist ein der Brutalität aufgesetzter Überbau.

[86] GW 15, § 184

Archetypen sind Erlebniskomplexe, die schicksalsmäßig eintreten, und zwar beginnt ihr Wirken in unserem persönlichsten Leben. Die Anima tritt uns nicht mehr als Göttin entgegen, sondern unter Umständen als unser allerpersönlichstes Missverständnis oder unser bestes Wagnis. Wenn zum Beispiel ein alter, hochverdienter Gelehrter noch mit siebzig Jahren seine Familie stehen lässt und eine zwanzigjährige, rothaarige Schauspielerin heiratet, dann – wissen wir – haben sich die Götter wieder ein Opfer geholt.

[78 B] GW 9/I, § 62

Wenn Sie sehen, wie sehr ein typischer Intellektueller Angst davor hat, sich zu verlieben, so werden Sie diese Angst zunächst sehr töricht finden. Aber er hat vermutlich gute Gründe für seine Angst, denn höchst wahrscheinlich wird er sich in einem solchen Fall wirklich unsinnig benehmen. Er wird von seinen Gefühlen überwältigt werden, da diese nur auf einen archaischen oder gefährlichen Frauentyp reagieren. Deshalb neigen manche Intellektuelle dazu, unter ihrem Niveau zu heiraten. Sie werden vielleicht von der Vermieterin oder von der Köchin eingefangen; in Wirklichkeit gehen sie ihren eigenen archaischen Gefühlen in die Falle, über die sie sich keine Rechenschaft geben. Sie fürchten sich daher mit Recht, denn ihre Gefühle können sie ins Verderben führen. Im Denken sind sie unangreifbar. Darin sind sie stark und unabhängig; aber über ihr Gefühl können sie beeinflusst, überwältigt, betrogen und ausgenützt werden, und sie wissen das sehr gut. Man sollte daher nie einen Intellektuellen in sein Gefühl hineinzwingen wollen. Er unterdrückt es mit eiserner Faust, weil er weiß, wie gefährlich es ist.

[81] GW 18/I, § 35

Das meiste, was die Männer über weibliche Erotik und überhaupt über weibliches Gefühlsleben zu sagen wissen, beruht auf der Projektion ihrer eigenen Anima und ist darum schief.

[16] GW 17, § 338

Die *Vollkommenheit* ist ein männliches Desideratum, während die Frau von Natur aus zur *Vollständigkeit* neigt. Und in der Tat kann auch heute noch der Mann besser und auf längere Zeit eine relative Vollkommenheit aushalten, während sie der Frau in der Regel nicht gut bekommt und ihr sogar gefährlich werden kann. Wenn die Frau nach Vollkommenheit strebt, so vergisst sie ihre diese ergänzende Rolle, nämlich die der Vollständigkeit, die zwar an sich unvollkommen ist, aber dafür das der Vollkommenheit so notwendige Gegenstück bildet.

[6] GW 11, § 620

Das weibliche Bewusstsein hat in einem gewissen Sinne eher Mond- als Sonnencharakter. Sein »Licht« ist das mildere des Mondes, das eher verbindet als unterscheidet. Es lässt nicht wie das harte, grelle Tageslicht die nicht miteinander zu verwechselnden Objekte der Welt in ihrer unerbittlichen Verschiedenartigkeit und Getrenntheit hervortreten, sondern verbindet in täuschendem Scheine Nahes und Fernes, verwandelt mit Zauberkunst Kleines in Großes und Hohes in Niederes, löscht in bläulichem Dämmer die Farben aus und fasst die nächtliche Landschaft in ungeahnter Einheit zusammen.
[41] GW 14/I, § 217

Es braucht wahrhaftig ein mondhaftes Bewusstsein, um über alles Trennende hinweg zum Beispiel eine große Familie zu einen und so zu reden und zu handeln, dass die harmonische Beziehung der Teile zum Ganzen nicht nur nicht gestört, sondern sogar gefördert wird. Und wo ein Graben zu tief ist, da täuscht ein Mondstrahl drüber weg.
[41] GW 14/I, § 221

Die Mondnatur ist ihr eigener bester Schutz, was dort sofort deutlich wird, wo die unbewusste Männlichkeit in ein weibliches Bewusstsein durchbricht und den Eros beiseite schiebt. Da ist es häufig mit dem Charme und dem versöhnlichen Halbdunkel vorbei; stattdessen wird ein Standpunkt bezogen und mit Rechthaberei verteidigt, wobei jeder Hieb das eigene Fleisch trifft, und all das mit brutaler Kurzsichtigkeit aufs Spiel gesetzt wird, was der Weiblichkeit teuerstes Ziel wäre.
[41] GW 14/I, § 222

Eine große weibliche Unbestimmtheit ist das ersehnte Gegenstück zu einer männlichen Bestimmtheit und Eindeutigkeit, die nur dann einigermaßen befriedigend hergestellt werden kann, wenn man alles Zweifelhafte, Zweideutige, Unbestimmte, Unklare in sich selber in die Projektion auf eine entzückende weibliche Unschuld abzuschieben imstande ist. Wegen der charakteristischen inneren Teilnahmslosigkeit und wegen der Minderwertigkeitsgefühle, die ständig eine gekränkte Unschuld vortäuschen, fällt dem Mann die vorteilhafte Rolle zu, in überlegener und doch nachsichtiger Weise, so quasi ritterlich, die bekannten weiblichen Unzulänglichkeiten ertragen zu dürfen.
[56] GW 9/I, § 169

Die Leere ist ein großes weibliches Geheimnis. Sie ist das dem Manne Urfremde, das Hohle, das abgrundtief Andere, das Yin. Die mitleiderregende Erbärmlichkeit dieser Nullität (ich rede hier als Mann) ist leider – möchte ich fast sagen – das machtvolle Mysterium der Unfassbarkeit des Weiblichen. Ein solches Weib ist Schicksal schlechthin. Ein Mann kann darüber, dagegen und dafür alles sagen oder nichts oder beides und fällt am Ende unvernünftig beseeligt doch in dieses Loch oder hat die einzige Chance, seiner Männlichkeit empirisch habhaft zu werden, verpasst und verpatzt. Ersterem kann man sein blödes Glück nicht wegbeweisen, Letzterem sein Unglück nicht plausibel machen. »Die Mütter, Mütter, 's klingt so wunderlich!«

[56] GW 9/I, § 183

Besonders anziehend wirkt die notorische Hilflosigkeit des Mädchens. Sie ist so sehr ein Anhängsel der Mutter, dass sie schon gar nicht weiß, wie ihr geschieht, wenn ein Mann in ihre Nähe kommt. Sie ist dann so hilfsbedürftig und weiß so rein von gar nichts, dass selbst der sanfteste Schäfer zum kühnen Frauenräuber wird und einer liebenden Mutter die Tochter meuchlings stiehlt. Diese immense Chance, auch einmal ein Tausendsassa sein zu können, passiert nicht alle Tage und entwickelt deshalb keine geringe Motivkraft. So hat auch Pluto die Persephone der untröstlichen Demeter entführt, hatte dafür aber auf Ratschluss der Götter seine Frau jeweils für die Sommersaison an die Schwiegermutter abtreten müssen.

[56] GW 9/I, § 169

Menschliche Beziehung geht, im Gegensatz zu sachlichen Auseinandersetzungen und Übereinkünften, gerade über das Seelische, jenes Zwischenreich, das sich von der Sinnes- und Affektwelt bis zum Geist erstreckt und etwas von beiden enthält, ohne damit seine merkwürdige Eigenart einzubüßen.

Auf dieses Gebiet muss sich der Mann wagen, wenn er der Frau entgegenkommen will. Wie sie durch die Umstände gedrängt wurde, ein Stück Männlichkeit zu erwerben und damit zu verhindern, in einer antiquierten, rein instinktmäßigen Weiblichkeit stecken zu bleiben, fremd und verloren in der Welt des Mannes, als ein geistiges Baby, so wird sich der Mann gezwungen sehen, ein Stück Weiblichkeit zu entwickeln, das heißt psychologisch und erotisch sehend zu werden, um nicht hoffnungslos und knabenhaft bewundernd der vorausgehenden Frau nach-

laufen zu müssen, auf die Gefahr hin, von ihr in die Tasche gesteckt zu werden.
[19] GW 10, §§ 258 f.

Die Männlichkeit der Frau und die Weiblichkeit des Mannes sind minderwertig, und es ist bedauerlich, wenn dem vollen Wert noch etwas Minderwertiges angehängt wird. Auf der anderen Seite jedoch gehören zur Ganzheit der Persönlichkeit auch die Schatten; der Starke muss irgendwo schwach sein können, der Gescheite irgendwo dumm, sonst wird er unglaubwürdig und entartet zur Pose und zum Bluff. Ist es nicht eine alte Wahrheit, dass die Frau die Schwäche des Starken mehr liebt als seine Stärke und die Dummheit des Gescheiten mehr als seine Gescheitheit?
[19] GW 10, § 261

Dies ist eine fast regelmäßige Erscheinung: eine Frau, die geistig ganz in ihrem Mann, ein Mann, der gefühlsmäßig ganz in seiner Frau enthalten ist. Man könnte dies als *das Problem des Enthaltenen und des Enthaltenden* bezeichnen.
[16] GW 17, § 331c

Die Beziehungsfrage betrifft ein Gebiet, das dem Mann dunkel und peinlich ist. Er liebt es nur dann, wenn die Frau die Leidtragende ist, das heißt, wenn er der »Enthaltene« ist, oder mit anderen Worten, wenn sie sich Beziehungen auch zu einem anderen Mann vorstellen kann und infolgedessen uneins mit sich selbst geworden ist. Dann ist es sie, die das peinliche Problem hat, und dann braucht er das seinige nicht zu sehen, was ihm eine große Erleichterung bedeutet. Er ist nämlich in dieser Situation unverdienterweise in der vorteilhaften Lage des Diebes, dem ein anderer Dieb zuvorgekommen und dabei von der Polizei ertappt worden ist. Er ist plötzlich ein ehrenhafter, unbeteiligter Zuschauer geworden. Ein Mann in anderer Lage aber findet die Diskussion der persönlichen Beziehung immer peinlich und langweilig, genau so, wie die Frau es empfinden würde, wenn ihr Gatte sie über die *»Kritik der reinen Vernunft«* examinieren wollte. Der Eros gehört für den Mann zum Schattenland und verwickelt ihn in weibliches Unbewusstes, in »Seelisches«, während der Logos für die Frau eine tödlich langweilige Vernünftelei ist, wenn sie ihn nicht geradezu fürchtet und verabscheut.
[9] GW 10, § 256

Während für die Auffassung des gewöhnlichen Mannes die Liebe im eigentlichen Sinne mit der Institution der Ehe zusammenfällt, und es jenseits der Ehe nur noch die Ehebrüche oder die korrekte Freundschaft gibt, ist für die Frau die Ehe keine Institution, sondern eine menschliche, erotische Beziehung.
[19] GW 10, § 255

Beziehung ist nur möglich bei seelischer Distanz, wie Moralität auch immer Freiheit voraussetzt. Deshalb steht die unbewusste Tendenz der Frau nach Lockerung der Ehe, nicht aber nach ihrer Zerstörung.
[19] GW 10, § 271

Man täuscht sich sehr, wenn man glaubt, dass viele verheiratete Frauen bloß darum neurotisch sind, weil sie sexuell unbefriedigt seien oder weil sie den passenden Mann nicht gefunden hätten oder weil sie noch an infantile Sexualität fixiert seien. Der wirkliche Grund zur Neurose ist in vielen Fällen der, dass sie die ihnen zukommende Kulturaufgabe nicht zu erkennen vermögen. Man ist allgemein viel zu sehr auf dem Standpunkt der Nothing-but-Psychologie, das heißt, wir glauben immer noch, das Neue und Zukünftige, das drängend an der Tür steht, in den Rahmen des bereits Bekannten pressen zu können.
[60] GW 4, § 668

Die meisten Männer sind erotisch blind, indem sie das unverzeihliche Missverständnis begehen, den Eros mit der Sexualität zu verwechseln. Der Mann meint, eine Frau zu besitzen, wenn er sie sexuell hat. Er hat sie nie weniger. Denn für die Frau ist nur die erotische Beziehung wirklich maßgebend. Für sie ist die Ehe eine Beziehung mit der Beigabe der Sexualität.
[19] GW 10, § 255

Traditionell gilt der Mann als der Ehefriedensstörer. Diese Sage stammt aus alten, längst vergangenen Zeiten, wo die Männer noch Zeit hatten, allerlei Kurzweil zu treiben. Heutzutage aber stellt das Leben solche Anforderungen an den Mann, dass man den edlen Hidalgo Don Juan höchstens noch im Theater sehen kann. Mehr als je liebt der Mann seine Bequemlichkeit, denn wir leben im Zeitalter der Neurasthenie, der Impotenz und der »easy chairs«. Er hat für Fensterkletterei und Duelle keine Energie mehr übrig. Wenn etwas auf der Linie des Ehebruchs pas-

sieren soll, so muss es leicht sein. Es darf in keiner Hinsicht zu viel kosten und deshalb soll das Abenteuer nur vorübergehend sein. Der Mann von heute scheut sich gründlich davor, die Ehe als Institution zu gefährden.
[19] GW 10, § 248

Die Frau fühlt, dass die Ehe keine wirkliche Sicherheit mehr ist, denn was gilt ihr die Treue des Gatten, wenn sie weiß, dass seine Gefühle und Gedanken daneben laufen und dass er bloß zu vernünftig und zu feige ist, ihnen nachzulaufen! Was gilt ihr ihre eigene Treue, wenn sie weiß, dass sie damit bloß ihrer legalen Besitzmacht frönt und dabei ihre Seele verkümmern lässt? Sie ahnt eine höhere Treue, eine Treue im Geist und in der Liebe, jenseits der menschlichen Schwäche und Unvollkommenheit.
[19] GW 10, § 270

Weiß der Gesetzesparagraf, was »Ehebruch« ist? Ist seine Definition die nunmehr entdeckte ewige Wahrheit? Er ist in Wirklichkeit, vom psychologischen Standpunkt, dem für die Frau einzig wahrhaft gültigen, ein recht armseliges Machwerk, wie alles, was der Mann ersinnt, um die Liebe auf einen fassbaren Ausdruck zu bringen. Es handelt sich aber für die Frau weder um die wenig geschmackvollen Gesetzesformeln, welche der erotisch blinde männliche Verstand ersinnt und der Meinungsteufel der Frau nachbetet, noch um »Eheirrungen«, »außerehelichen Geschlechtsverkehr« und »Hintergehen des Gatten«, sondern es handelt sich um die Liebe. Nur wer unverbrüchlich an die traditionelle Ehe glaubt, kann dergleichen Geschmacklosigkeiten begehen, so wie nur der, der an Gott glaubt, richtig blasphemieren kann. Wer aber an der Ehe zweifelt, kann die Ehe nicht brechen, und für den gilt der Paragraf nicht, denn er fühlt sich, wie Paulus, jenseits des Gesetzes im höheren Zustand der Liebe. Weil aber alle Gesetzesgläubigen so häufig neben ihr eigenes Gesetz treten, aus Dummheit, aus Verführung, aus Lasterhaftigkeit, so zweifelt die Frau der Gegenwart, ob sie am Ende nicht auch in dieselbe Kategorie gehöre.
[19] GW 10, § 265

Die Sekretärin, die Stenotypistin, die Modistin, sie alle wirken, und durch Millionen unterirdischer Kanäle geht der Einfluss, der die *Ehe* untergräbt, denn der Wunsch aller dieser Frauen geht nicht auf Sexualabenteuer – was nur ein Dummer glauben kann –, sondern auf Geheiratetwerden. Die »beatae possidentes«, die Ehefrauen, sollen hinausgedrängt werden, in der Regel nicht laut und gewaltsam, sondern durch stillen

hartnäckigen Wunsch, der bekanntlich, wie der starre Schlangenblick, zauberisch wirkt. Das war von jeher der Weg der Frau.
[19] GW 10, § 251

Es handelt sich nicht um einige Dutzend hier und dort verteilte, freiwillige oder unfreiwillige alte Jungfern, sondern um Millionen. Unsere Gesetzgebung und unsere soziale Moral geben auf die Frage dieser Millionen keine Antwort. Oder kann etwa die Kirche eine befriedigende Antwort geben? Soll man riesige Frauenklöster bauen, um alle diese Frauen passend unterzubringen? Oder soll die polizeilich geduldete Prostitution bereichert werden? Das ist offenbar unmöglich, denn es handelt sich weder um Heilige noch um Huren, sondern um normale Frauen, die ihren seelischen Anspruch nicht bei der Polizei anmelden können. Es sind anständige Frauen, die auch heiraten wollen, und wenn dies nicht möglich ist, so doch wenigstens annähernd.
[19] GW 10, § 248

Es ist ein böses Zeichen, wenn die Ärzte anfangen, Bücher zu schreiben mit Ratschlägen zur Erziehung einer »vollkommenen Ehe«. Gesunde bedürfen des Arztes nicht. Aber die Ehe der Gegenwart ist tatsächlich etwas unsicher geworden. (In Amerika wird im Durchschnitt ein Viertel der Ehen wieder geschieden!) Und das Bemerkenswerte dabei ist, dass der Sündenbock diesmal nicht der Mann ist, sondern die *Frau.* Von ihr gehen der Zweifel und die Unsicherheit aus. Es ist kein Wunder, dass dem so ist, denn es gibt im Nachkriegseuropa eine solch bedenkliche Anzahl unverheirateter Frauen, dass es geradezu unerhört wäre, wenn von jener Seite keine Reaktion käme.
[19] GW 10, § 248

Da die Ziele der zweiten Lebenshälfte andere sind als die der ersten, so entsteht durch zu langes Verharren in der jugendlichen Einstellung eine Uneinigkeit des Willens. Das Bewusstsein drängt nach vorwärts, gewissermaßen seiner eigenen Tätigkeit gehorchend; das Unbewusste aber hält zurück, da Kraft und innerer Wille für weitere Ausdehnung erschöpft sind. Diese Uneinigkeit mit sich selbst erzeugt Unzufriedenheit, und da man sich seines Zustandes nicht bewusst ist, so projiziert man die Gründe in der Regel auf den Gatten. Dadurch entsteht eine kritische Atmosphäre, die unerlässliche Vorbedingung für Bewusstwerdung.
[16] GW 17, § 331b

Selten oder sozusagen nie entwickelt sich eine Ehe glatt und ohne Krisen zu einer individuellen Beziehung. Es gibt keine Bewusstwerdung ohne Schmerzen.

[16] GW 17, § 331

Jugend und Alter

Morgen und Frühling und Abend und Herbst des Lebens sind nicht bloß sentimentales Gerede, sondern psychologische Wahrheiten, ja noch mehr, es sind sogar physiologische Tatsachen.
[38] GW 8, § 780

Unser Leben ist wie der Sonnenlauf. Am Morgen gewinnt die Sonne stetig an Kraft, bis sie zuletzt strahlend und heiß die Mittagshöhe erreicht. Dann kommt die Enantiodromie. Ihre stetige Vorwärtsbewegung bedeutet nicht mehr Zu-, sondern Abnehmen der Kraft. So ist unsere Aufgabe beim jugendlichen Menschen eine andere als beim alternden Menschen. Bei Ersterem genügt es, alle Hindernisse, die die Ausdehnung und den Aufstieg erschweren, wegzuräumen; bei Letzterem aber müssen wir alles fördern, was den Abstieg unterstützt.
[109 B] GW 7, § 114

Das hohe Ideal der Erziehung zur Persönlichkeit verwende man besser nicht auf die Kinder. Denn was man so gemeinhin unter »Persönlichkeit« versteht, nämlich eine *bestimmte, widerstandsfähige und kraftbegabte seelische Ganzheit, ist ein erwachsenes Ideal,* das man nur in einem Zeitalter, wo der Einzelne des Problems seiner sogenannten Erwachsenheit noch unbewusst ist oder wo er sich – schlimmer noch – bewusst darum herumdrückt, der Kindheit zuschieben möchte.
[90] GW 17, § 286

Alles, was wir an den Kindern ändern wollen, sollten wir zunächst wohl aufmerksam prüfen, ob es nicht etwas sei, das besser an uns zu ändern wäre, so zum Beispiel unser pädagogischer Enthusiasmus. Vielleicht wäre er auf uns gemünzt. Vielleicht verkennen wir das pädagogische Bedürfnis, weil es uns unbequemerweise daran erinnern würde, dass wir selber noch irgendwie Kinder sind und der Erziehung in hohem Maße bedürfen.
[90] GW 17, § 287

Unser Erziehungsproblem leidet allgemein am einseitigen Hinweis auf das zu erziehende Kind und an der ebenso einseitigen Nichtbetonung der Unerzogenheit der erwachsenen Erzieher.
[90] GW 17, § 284

Ich hege den Verdacht, dass der furor paedagogicus ein willkommener Seitenweg sei, welcher um das von Schiller berührte Kernproblem, nämlich die *Erziehung des Erziehers*, herumführt. Kinder werden durch das erzogen, was der Erwachsene *ist*, und nicht durch das, was er schwatzt.
[107] GW 9/I, § 293

Ein Kind lässt sich gewiss imponieren durch die großen Worte der Eltern, und man scheint sogar zu glauben, dass das Kind damit erzogen werde. In Wirklichkeit erzieht das, was die Eltern leben, das Kind, und was die Eltern noch an Wortgesten dazufügen, verwirrt das Kind höchstens. Das Gleiche gilt vom Lehrer. Aber man glaubt so sehr an die Methoden, dass, wenn nur die Methode gut ist, auch der Lehrer, der sie ausübt, dadurch geheiligt erscheint.
[58] GW 6, § 665

Ein minderwertiger Mensch ist niemals ein guter Lehrer. Er verbirgt aber seine schädliche Minderwertigkeit, welche den Schüler heimlich vergiftet, hinter einer ausgezeichneten Methodik und einer ebenso glänzenden intellektuellen Ausdrucksfähigkeit. Natürlich verlangt der Schüler von reiferem Alter nichts Besseres als die Kenntnis der nützlichen Methoden, weil er der allgemeinen Einstellung, welche an die siegreiche Methode glaubt, schon erlegen ist. Er hat bereits erfahren, dass der leerste Kopf, der eine Methode gut nachbeten kann, der beste Schüler ist. Seine ganze Umgebung redet und lebt es ihm vor, dass aller Erfolg und alles Glück außen ist und dass man nur der richtigen Methoden bedürfe, um das Gewünschte zu erreichen. Oder demonstriert ihm etwa das Leben seines Religionslehrers jenes Glück, das vom Reichtum der inneren Anschauung ausstrahlt?
[58] GW 6, § 665

Man erinnert sich zwar mit Anerkennung der trefflichen Lehrer, aber mit Dankbarkeit jener, die zum Menschen sprachen. Lehrstoff ist zwar das unerlässliche Mineral, Wärme aber das Lebenselement der wachsenden Pflanze sowohl wie der kindlichen Seele.
[11] GW 17, § 249

Wenn man unter Erziehung ein Mittel versteht, mit dem ein schön zu künstlicher Form zugestutzter Baum erzeugt wird, dann ist die Psychoanalyse keine Erziehungsmethode. Wer aber den höheren Begriff der Erziehung hat, der wird diejenige Erziehungsmethode als die beste preisen, welche einen Baum aufzuziehen versteht, der alle von der Natur in ihn gelegten Wachstumsbestimmungen am vollkommensten erfüllt.
[87] GW 4, § 442

Der Ästhetismus (ich verwende das Wort »Ästhetismus« als einen abgekürzten Ausdruck für »ästhetische Weltanschauung«; ich meine daher nicht jenen Ästhetismus mit dem üblen Beiklang des Ästhetisch-Tuns und der Anempfindelei, was man vielleicht als Ästhetizismus bezeichnen könnte) ist ungeeignet, die überaus ernste und schwere Aufgabe der Erziehung des Menschen zu lösen, indem er immer das schon voraussetzt, was er eben erzeugen sollte, nämlich die Fähigkeit der Liebe zur Schönheit. Er verhindert geradezu eine Vertiefung des Problems, indem er immer vom Übeln, Hässlichen und Schweren wegblickt und nach dem Genuss zielt, wenn auch nach einem edeln. Darum mangelt auch dem Ästhetismus jede sittlich motivierende Kraft, da er im tiefsten Wesen doch nur verfeinerter Hedonismus ist.
[58] GW 6, § 194

Kinder haben einen fast unheimlichen Instinkt für die persönlichen Unzulänglichkeiten des Erziehers. Sie merken besser, als man es oft wahrhaben möchte, ob etwas echt oder falsch sind. Deshalb sollte der Pädagoge gut achthaben auf seinen eigenen seelischen Zustand, damit er sehen kann, woher es kommt, wenn es mit den ihm anvertrauten Kindern irgendwie schiefgeht. Er kann sehr leicht selber die unbewusste Quelle des Übels sein. Natürlich dürfen wir uns darüber keiner Naivität hingeben: Es gibt Leute, Ärzte so gut wie Pädagogen, die im Geheimen denken (natürlich nicht offen), eine Person in autoritativer Stellung könne sich gerade so verhalten, wie es ihr beliebe, und das Kind habe sich einfach wohl oder übel anzupassen, weil das wirkliche Leben später mit dem jungen Menschen ebenso verfahren werde. Solche Leute sind im Geheimen (nicht offen) davon überzeugt, das Einzige, worauf es ankomme, sei ein greifbarer Erfolg, und die einzig wirklich überzeugende moralische Begrenzung sei der Polizist hinter den Paragrafen des Strafgesetzbuches. Wo unbedingte Anpassung an die Mächte der Welt das höchste Glaubensprinzip darstellt, da wäre es natürlich unangebracht, von der Autoritätsperson psychologische Introspektion zu erwarten und daraus sogar eine moralische Verpflichtung zu machen. Wer aber einer demokratischen Weltanschauung huldigt, kann eine solche Einstellung nicht billigen, denn er glaubt an eine gerechte Verteilung der Lasten und der Vorteile. Es ist nun nicht so, dass der Erzieher stets derjenige ist, der andere erzieht, und das Kind nur das zu Erziehende. Denn auch der Erzieher ist ein fehlbarer Mensch, und das von ihm erzogene Kind spiegelt seine Fehler. Daher ist es eine empfehlenswerte Auffassung, dass sich der Erzieher so klar wie möglich sei über seine eigenen Anschauungen und insbesondere über seine Fehler. So wie der Mensch ist, so wird seine letzte Wahrheit und so auch seine stärkste Wirkung sein.

[3 B] GW 17, § 211

Gewiss ist es richtig, wenn wir der Jugend Augen und Ohren für die Weite der Welt öffnen, aber dass wir meinen, die jungen Leute seien damit fürs Leben wirklich erzogen, ist ein unerhörter Wahn. Diese Erzogenheit reicht gerade so weit, um jungen Menschen eine äußere Anpassung an die Weltwirklichkeit zu ermöglichen, aber an die Anpassung an das Selbst, an die Mächte der Seele, die doch alles, was es an Großmächten in der Welt gibt, um ein Vielfaches übersteigen, denkt kein Mensch. Wohl gibt es noch ein Erziehungssystem, aber es entstammt zum Teil der Antike, zum Teil dem frühen Mittelalter. Es ist die christliche Kirche. Aber die Tatsache lässt sich nicht leugnen, dass das Christentum im Laufe der zwei letzten Jahrhunderte, so gut wie der Konfuzianismus und der Buddhismus in China, einen großen Teil seiner erzieherischen Wirksamkeit eingebüßt hat. Daran ist nicht die Schlechtigkeit der Menschen schuld, sondern die allmähliche und allgemeine geistige Veränderung, deren erstes Symptom bei uns die *Reformation* war. Damit war die erzieherische Autorität erschüttert und der Abbröckelungsprozess des Autoritätsprinzips überhaupt eingeleitet. Die unausweichliche Folge davon war die Steigerung der Wichtigkeit des Individuums, die sich in den modernen Idealen der Humanität, der sozialen Wohlfahrt und der demokratischen Gleichberechtigung am stärksten ausdrückt.

[9] GW 10, § 326

Die Tatsache, dass weitaus der größte Teil der Menschheit nicht nur der Führung bedürftig ist, sondern auch gar nichts Besseres sich wünscht, als geführt und bevormundet zu werden, rechtfertigt in gewisser Weise den moralischen Wert, den die Kirche der Beichte zuschreibt. Der Priester, ausgestattet mit allen Attributen väterlicher Gewalt, ist der verantwortliche Führer und Hirte seiner Herde. Er ist der *Beichtvater*, und die Gemeindeglieder sind die *Beichtkinder*.

Insofern ersetzen der Priester und die Kirche die Eltern, und insofern befreien sie den Menschen aus der Enge familiärer Bande. Insofern nun der Priester eine moralische hochstehende Persönlichkeit von natürlichem Seelenadel und entsprechender Geisteskultur ist, so ist die Institution der Beichte als eine glänzende Methode sozialer Führung und Erziehung zu preisen, welche auch tatsächlich im Laufe von mehr als anderthalb Jahrtausenden eine gewaltige erzieherische Aufgabe erledigt hat. Solange die christliche Kirche des Mittelalters es verstand, Hüterin von Kunst und Wissenschaft zu sein – was ihr dank ihrer zeitweise weitgehenden Toleranz des weltlichen Elementes wohl gelang –, solange konnte die Beichte als ein bewundernswertes Erziehungsmittel gelten. Aber die Beichte verlor ihren erzieherischen Wert, wenigstens für geistig höherstehende Menschen, sobald sich die Kirche als unfähig erwies, ihre Führerschaft auf geistigem Gebiet zu behaupten, was die unvermeidliche Folge der geistigen Erstarrung ist.

[87] GW 4, §§ 433 f.

★

Neben dem Biologischen hat auch das Geistige seine unverletzlichen Rechte. Es ist gewiss kein Zufall, dass primitive Völker auch im erwachsenen Alter über wohlbekannte Sexualvorgänge durchaus fantastische Behauptungen aufstellen, wie zum Beispiel, dass der Koitus mit der Schwangerschaft nichts zu tun habe. Man wollte daraus schließen, dass diese Menschen noch nicht einmal um diesen Zusammenhang wüssten. Aber genauere Nachforschungen haben ergeben, dass sie sehr genau wissen, dass bei *Tieren* die Begattung Schwangerschaft zur Folge hat. Nur für den *Menschen* wird es geleugnet, nicht nicht gewusst, sondern *geleugnet,* weil eben eine mythologische Erklärung, die sich vom Konkretismus befreit hat, vorgezogen wird. Man sieht unschwer, dass in diesen bei Primitiven vielfach zu beobachtenden Tatsachen die Anfänge der für die Kultur so wichtigen *Abstraktion* liegen. Wir haben allen Grund anzunehmen, dass dies auch für die kindliche Psychologie gelte.

[83] GW 17, § 79

Die Kindheit ist nicht nur darum von Bedeutung, weil dort einige Instinktverkrüppelungen ihren Anfang genommen haben, sondern auch darum, weil dort jene weit ausschauenden Träume und Bilder, welche ein ganzes Schicksal vorbereiten, erschreckend oder ermutigend vor die kindliche Seele treten, zugleich mit jenen rückblickenden *Ahnungen*, die weit über den Umfang der kindlichen Erfahrung in das Leben der *Ahnen* hinausgreifen. So steht in der Seele des Kindes der »natürlichen« Bedingung eine geistige gegenüber.
[80] GW 8, § 98

Ein Individuum ist darum infantil, weil es sich nur ungenügend oder gar nicht aus der Kindheitsumgebung, das heißt von seiner Elternanpassung befreit hat, weshalb es fälschlicherweise der Welt gegenüber einerseits so reagiert, wie ein Kind den Eltern gegenüber, immer Liebe und sofortige Gefühlsbelohnung heischend; andererseits durch die enge Bindung an die Eltern mit diesen identifiziert, benimmt sich der Infantile wie der Vater und wie die Mutter. Er ist nicht imstande, sich selbst zu leben und seinen ihm zugehörigen Typus zu finden.
[73] GW 5, § 431

Die Märchen sind, wie es scheint, die Mythen der Kinder und enthalten darum unter anderem auch die Mythologie, die sich das Kind über die sexuellen Vorgänge spinnt. Der auch auf den Erwachsenen wirkende Zauber der Märchenpoesie beruht vielleicht nicht zum geringsten Teil darauf, dass in unserem Unbewussten noch einige der alten Theorien lebendig sind. Man hat nämlich eben gerade dann ein besonders eigenartiges und heimliches Gefühl, wenn ein Stück unserer fernsten Jugendzeit wieder angeregt wird, ohne dabei Bewusstheit zu erlangen, sondern bloß einen Abglanz seiner Gefühlsstärke ins Bewusstsein sendet.
[83] GW 17, § 44

Nichts wirkt seelisch stärker auf die menschliche Umgebung, besonders auf die Kinder, als das ungelebte Leben der Eltern.
[46] GW 15, § 4

In der Regel wird all das aus künstlichen Motiven verhinderte Leben, welches die Eltern leben könnten, in umgekehrter Form auf die Kinder vererbt, das heißt, Letztere werden unbewusst in eine Lebensrichtung gezwungen, welche das Unerfüllte im Leben der Eltern kompensieren soll. Daher

kommt es, dass übermoralische Eltern sogenannte unmoralische Kinder haben, dass ein unverantwortlicher und verbummelter Vater einen mit krankhaftem Ehrgeiz behafteten Sohn hat usw.
[16] GW 17, § 328

Kindisch ist nicht nur, wer zu lange Kind bleibt, sondern auch wer sich von der Kindheit trennt und meint, dass das, was er nicht sieht, nicht mehr existiere. Wer aber ins »Kinderland« zurückkehrt, verfällt der Angst, kindisch zu werden, weil er nicht weiß, dass alles ursprünglich Seelische ein doppeltes Gesicht hat. Das eine schaut vorwärts, das andere zurück. Es ist zweideutig und darum symbolisch, wie alle lebendige Wirklichkeit.
[53] GW 12, § 74

Man lebt ohne eine gewisse Gefährdung seiner geistigen Gesundheit nicht zu lange in der infantilen Umgebung respektive im Schoße der Familie. Das Leben ruft den Menschen hinaus zur Selbstständigkeit, und wer diesem Ruf aus kindlicher Bequemlichkeit und Ängstlichkeit keine Folge leistet, wird durch die Neurose bedroht. Und ist diese einmal ausgebrochen, dann wird sie auch immer mehr zu einem vollgültigen Grunde, den Kampf mit dem Leben zu fliehen und für immer in der moralisch vergiftenden Infantilatmosphäre stecken zu bleiben.
[73] GW 5, § 461

Es ist für das Wohlbefinden des Einzelnen erforderlich, dass er, nachdem er in seiner Kindheit bloß mitdrehendes Partikel in einem rotierenden System gewesen war, nunmehr erwachsen, selber Zentrum eines neuen Systems werde.
[73] GW 5, § 644

Es gehört zum Erwachsensein, dass man die furchtbaren Misstöne, welche das wirkliche Leben erzeugt, auch hört und den Bildern der Wirklichkeit einfügt. Die Wahrheit und die Wirklichkeit sind wahrlich keine Sphärenmusik, sondern Schönheit und Schrecken der Natur.
[14] GW 18/II, § 1281

★

Wenn man versucht, aus der fast unerschöpflichen Mannigfaltigkeit der individuellen Probleme des Jugendalters das Gemeinsame und Essenzielle herauszuziehen, so stößt man auf ein bestimmtes Charakteristikum, das allen Problemen dieser Stufe anzuhaften scheint: Es ist ein mehr oder weniger deutliches Festhalten an der Bewusstseinsstufe der Kindheit, ein Sträuben gegen die Schicksalsmächte in uns und um uns, die uns in die Welt verwickeln wollen. Etwas möchte Kind bleiben, ganz unbewusst, oder doch wenigstens nur seines Ich bewusst sein, alles Fremde ablehnen oder es dann wenigstens seinem eigenen Willen unterjochen, nichts tun oder dann doch wenigstens seine eigene Lust oder Macht durchsetzen. Darin liegt etwas von der Trägheit des Stoffes, es ist ein Beharren im bisherigen Zustand, dessen Bewusstheit kleiner, enger, egoistischer ist als die Bewusstheit der dualistischen Phase, in welcher das Individuum vor die Notwendigkeit gestellt ist, das andere, das Fremde ebenfalls als sein Leben und als ein Auch-Ich zu erkennen und anzunehmen.
[38] GW 8, § 764

Es ist natürlich, dass der Jugendabschnitt des Lebens durch die weitgehende Anerkennung der Triebnatur gewinnen kann, zum Beispiel gerade durch die Anerkennung der Sexualität, deren neurotische Verdrängung den Menschen in ungebührlichem Maße vom Leben fernhält oder auf unglückliche Weise gerade in ein höchst unpassendes Leben, mit dem er uneins werden *muss,* hineinzwingt. Die gerechte Anerkennung und Würdigung der normalen Triebe führt den jungen Menschen zum Leben und verflicht ihn mit Schicksalen, die ihn weiterführen zu Notwendigkeiten und dadurch bedingten notwendigen Opfern und Leistungen, welche seinen Charakter festigen und seine Erfahrung reifen. Für den erwachsenen Menschen der zweiten Lebenshälfte dagegen ist die beständige Erweiterung des Lebens offenkundig nicht mehr das richtige Prinzip, denn der Abstieg am Nachmittag des Lebens verlangt Vereinfachung, Einschränkung und Verinnerlichung, das heißt also individuelle Kultur.
[80] GW 8, § 113

Es scheint, als ob diejenigen jungen Menschen, die mit dem äußeren Leben schwer zu ringen haben, von inneren Problemen verschont seien, während diejenigen, denen Anpassung aus irgendwelchen Gründen leichtfällt, entweder Sexualprobleme oder Minderwertigkeitskonflikte entwickeln.
[38] GW 8, § 762

Die Lösung der Probleme des Jugendalters ist durch die Beschränkung auf das Erreichbare nur temporär gültig und, im Grunde genommen, nicht von Dauer. Es ist unter allen Umständen eine ganz erhebliche Leistung, sich eine soziale Existenz zu erkämpfen und seine ursprüngliche Natur so umzuformen, dass sie in diese Existenzform mehr oder weniger hineinpasst. Es ist ein Kampf nach innen und außen, vergleichbar dem Kampfe des Kindesalters um die Existenz des Ich. Jener Kampf verläuft allerdings für uns meistens im Dunkeln, aber wenn wir sehen, mit welcher Hartnäckigkeit kindliche Illusionen, Voraussetzungen, egoistische Gewohnheiten usw. später noch festgehalten werden, so können wir daraus ermessen, welche Intensitäten früher darauf verwendet worden sind, um sie zu erzeugen. Und so geschieht es nun auch mit den Idealen, Überzeugungen, leitenden Ideen, Einstellungen usw., die uns im Jugendalter ins Leben hineinführen, für die wir kämpfen, leiden und siegen: Sie verwachsen mit unserem Wesen, wir verwandeln uns anscheinend in sie, und deshalb setzen wir sie ad libitum fort mit jener Selbstverständlichkeit, mit der der junge Mensch sein Ich nolens volens der Welt oder sich selbst gegenüber zur Geltung bringt.
[38] GW 8, § 771

Leistung, Nützlichkeit usw. sind die Ideale, welche den Weg aus dem Wirrsal der Probleme zu weisen scheinen. Sie sind die Leitsterne für die Erweiterung und Verfestigung unseres physischen Daseins, für unsere Verwurzelung in der Welt, nicht aber für die weitere Entwicklung des menschlichen Bewusstseins, nämlich dessen, was man Kultur nennt. Für das Jugendalter allerdings ist diese Entscheidung die normale und unter allen Umständen besser als das Verharren im bloß Problematischen.
[38] GW 8, § 769

Die Entdeckung der Persönlichkeitswerte gehört dem reiferen Alter zu. Für junge Leute ist das Suchen nach der wertvollen Persönlichkeit sehr oft ein bloßer Deckmantel für ein Ausweichen vor der biologischen Pflicht. Umgekehrt ist das übertriebene Zurücksehnen des reiferen Alters nach den sexuellen Werten der Jugend ein kurzsichtiges und öfters feiges und bequemes Ausweichen vor der Kulturpflicht der Anerkennung der Persönlichkeitswerte und vor der von ihr geforderten Unterwerfung unter die Hierarchie der Kulturwerte. Der junge Neurotiker hat Angst vor der Erweiterung seiner Lebenspflichten, der alte vor der Verengerung und Einschränkung der gewonnenen Lebensgüter.
[60] GW 4, § 664

Je mehr man sich der Lebensmitte nähert und je mehr es einem gelungen ist, sich in seiner persönlichen Einstellung und sozialen Lage zu festigen, desto mehr will es einem scheinen, dass man den richtigen Lauf des Lebens und die richtigen Ideale und Prinzipien des Verhaltens entdeckt habe. Darum setzt man dann ihre ewige Gültigkeit voraus und macht sich eine Tugend daraus, an ihnen auf immer hängen zu bleiben. Man übersieht dabei die eine wesentliche Tatsache, dass die Erreichung des sozialen Zieles auf Kosten der Totalität der Persönlichkeit erfolgt. Viel, allzu viel Leben, das auch hätte gelebt werden können, blieb vielleicht in den Rumpelkammern verstaubter Erinnerung liegen, manchmal sind es auch glühende Kohlen unter grauer Asche.

[38] GW 8, § 772

Die Psyche reagiert nicht bloß, sondern gibt den auf sie einwirkenden Einflüssen die ihr eigentümliche Antwort, deren besondere Gestaltung mindestens zur Hälfte ganz ihr und den in sie gelegten Bestimmungen zugehört. Kultur ist nie und nimmer als Reaktion auf Umstände zu verstehen. Diese seichte Erklärungsweise dürfen wir ruhig dem vergangenen Jahrhundert lassen. Ebendiese Bestimmungen aber treten psychologisch als Imperative auf, von deren zwingender Gewalt man sich leicht täglich überzeugen kann. Mit diesen Bestimmungen ist das, was ich »biologische Pflicht« nenne, identisch.

[60] GW 4, § 665

Für den jugendlichen, noch unangepassten, erfolglosen Menschen ist es von größter Wichtigkeit, sein bewusstes Ich so wirkungsvoll wie möglich zu gestalten, das heißt, seinen Willen zu erziehen. Wenn er nicht gerade ein Genie ist, so darf er gar nicht an etwas in ihm Wirkendes, das nicht mit seinem Willen identisch wäre, glauben. Er muss sich als Willenswesen fühlen und darf alles andere in sich entwerten oder als seinem Willen unterworfen wähnen, denn ohne diese Illusion gelänge ihm wohl die soziale Anpassung nicht.

Anders aber beim Menschen der zweiten Lebenshälfte, der es nicht mehr nötig hat, seinen bewussten Willen zu erziehen, der vielmehr, um den Sinn seines individuellen Lebens zu verstehen, der Erfahrung seines eigenen Wesens bedarf. Ihm ist seine soziale Nützlichkeit kein Ziel mehr, obschon er deren Wünschbarkeit nicht leugnet. Er empfindet seine schöpferische Tätigkeit, deren soziale Unnützlichkeit ihm völlig klar ist, als Arbeit und als Wohltat an ihm selbst. In steigendem Maße auch befreit ihn seine Tätigkeit von krankhafter Abhängigkeit, und er gewinnt damit eine innere Festigkeit und ein neues Vertrauen zu sich selber.

[101] GW 16, §§ 109f.

Die Mitte des Lebens ist eine Zeit höchster psychologischer Wichtigkeit. Das Kind beginnt sein psychologisches Leben im Engsten, im Bannkreis der Mutter und der Familie. Mit fortschreitender Reifung erweitern sich der Horizont und die eigene Einflusssphäre. Hoffnung und Absicht zielen auf Erweiterung der persönlichen Macht- und Besitzsphäre, das Begehren greift nach der Welt in immer weiterem Umfang. Der Wille des Individuums wird immer mehr identisch mit den Naturzwecken der unbewussten Motivationen. So haucht der Mensch den Dingen gewissermaßen sein Leben ein, bis sie schließlich anfangen, von selbst zu leben und sich zu vermehren, und unmerklich wird er von ihnen überwachsen. Mütter werden von ihren Kindern überholt, Männer von ihren Schöpfungen, und was erst mühsam, vielleicht mit größter Anstrengung ins Dasein gebracht wurde, kann nicht mehr angehalten werden. Erst war es Leidenschaft, dann wurde es Verpflichtung, und schließlich wird es unerträgliche Last, ein Vampir, der das Leben seines Schöpfers in sich gesogen hat.

[16] GW 17, § 331a

Die Mitte des Lebens ist der Moment größter Entfaltung, wo der Mensch noch mit seiner ganzen Kraft und seinem ganzen Wollen in seinem Werke steht. Aber in diesem Augenblicke auch wird der Abend geboren, die zweite Lebenshälfte beginnt. Die Leidenschaft ändert ihr Gesicht und heißt jetzt Pflicht, das Wollen wird unerbittlich zum Muss, und die Wendungen des Weges, die früher Überraschung und Entdeckung waren, werden zur Gewohnheit. Der Wein hat gegoren und beginnt sich zu klären. Man entwickelt konservative Neigungen, wenn alles wohl steht. Statt vorwärts blickt man häufig unwillkürlich rückwärts und beginnt sich Rechenschaft zu geben über die Art und Weise, wie sich das Leben bisher entwickelt hat. Man sucht nach seinen wirklichen Motivationen und macht Entdeckungen. Die kritische Betrachtung seiner selbst und seines Schicksals lässt den Menschen seine Eigenart erkennen. Aber diese Erkenntnisse fließen ihm nicht ohne Weiteres zu. Nur durch gewaltsame Erschütterungen werden solche Erkenntnisse gemacht.

[16] GW 17, § 331a

Denken Sie sich eine Sonne, von menschlichem Gefühl und menschlichem Augenblicksbewusstsein beseelt. Am Morgen entsteht sie aus dem nächtlichen Meere der Unbewusstheit und erblickt nun die weite, bunte Welt in immer weiterer Erstreckung, je höher sie sich am Firmament erhebt. In dieser Erweiterung ihres Wirkungskreises, die durch das Aufsteigen verursacht ist, wird die Sonne ihre Bedeutung erkennen und ihr höchstes Ziel in größtmöglicher Höhe und damit auch in größtmöglicher Erstreckung ihres Segens erblicken. Mit dieser Überzeugung erreicht die Sonne die unvorhergesehene Mittagshöhe – unvorhergesehen, weil ihre einmalige individuelle Existenz ihren Kulminationspunkt nicht vorher wissen konnte. Um zwölf Uhr mittags beginnt der Untergang. Und der Untergang ist die Umkehrung aller Werte und Ideale des Morgens.

[38] GW 8, § 778

Nicht immer klärt sich im erwachsenen Alter der Wein der Jugend, manchmal trübt er sich auch.

[38] GW 8, § 774

Gänzlich unvorbereitet treten die Menschen die zweite Lebenshälfte an. Oder gibt es irgendwo Schulen, nicht bloß Hoch-, sondern höhere Schulen für Vierzigjährige, die sie ebenso auf ihr kommendes Leben und seine Anforderungen vorbereiten, wie die Volks- und Hochschulen unsere jungen Leute in die Kenntnis von Welt und Leben einführen? Nein, aufs Tiefste unvorbereitet treten wir in den Lebensnachmittag, schlimmer noch, wir tun es unter der falschen Voraussetzung unserer bisherigen Wahrheiten und Ideale. Wir können den Nachmittag des Lebens nicht nach demselben Programm leben wie den Morgen, denn was am Morgen viel ist, wird am Abend wenig sein, und was am Morgen wahr ist, wird am Abend unwahr sein.

[38] GW 8, § 784

Ich sagte vorhin, dass wir keine Schulen für Vierzigjährige hätten. Das ist nicht ganz wahr. Unsere Religionen sind seit alters her solche Schulen oder waren es einmal. Aber für wie viele sind sie es noch? Wie viele von uns älteren Leuten sind in einer solchen Schule wirklich für das Geheimnis der zweiten Lebenshälfte, für das Greisenalter, den Tod und die Ewigkeit erzogen worden?

[38] GW 8, § 786

Ein jugendlich Unerfahrener denkt wohl, man könne die Alten gehen lassen, mit denen sei sowieso nichts mehr los, die hätten ihr Leben hinter sich und taugten nur noch als petrifizierte Stützen der Vergangenheit. Es ist aber ein großer Irrtum, anzunehmen, dass der Sinn des Lebens mit der Jugend- und Ausdehnungsphase erschöpft, dass zum Beispiel eine Frau mit der Menopause »erledigt« sei. Der Nachmittag des menschlichen Lebens ist ebenso sinnreich wie der Vormittag; nur sind sein Sinn und seine Absicht ganz andere.

[109 B] GW 7, § 114

Der alternde Mensch sollte wissen, dass sein Leben nicht ansteigt und sich erweitert, sondern dass ein unerbittlicher innerer Prozess die Verengerung des Lebens erzwingt. Für den jugendlichen Menschen ist es beinahe Sünde oder wenigstens eine Gefahr, zu viel mit sich selber beschäftigt zu sein, für den alternden Menschen ist es eine Pflicht und eine Notwendigkeit, seinem Selbst ernsthafte Betrachtung zu widmen. Die Sonne zieht ihre Strahlen ein, um sich selber zu erleuchten, nachdem sie ihr Licht auf eine Welt verschwendet hat. Stattdessen ziehen es viele Alte vor, Hypochonder, Geizhälse, Prinzipienreiter und laudatores temporis acti oder gar ewig Junge zu werden, ein kläglicher Ersatz für die Erleuchtung des Selbst, aber eine unausbleibliche Folge des Wahnes, dass die zweite Lebenshälfte von den Prinzipien der ersten regiert werden müsse.

[38] GW 8, § 785

Soll man sich auf der erreichten Höhe behaupten, so muss man sich dauernd um die Erhaltung seines Bewusstseins und dessen Einstellung bemühen. Man wird aber die Erfahrung machen, dass dieser lobenswerte und anscheinend unerlässliche Kampf mit zunehmenden Jahren zur inneren Vertrocknung und Verholzung führt. Die Überzeugungen werden zu abgeleierten Platten, die Ideale zu starren Gewohnheiten und der Enthusiasmus zur automatischen Geste. Die Quelle lebendigen Wassers versickert. Merkt man es nicht selber, dann tut es wohl die Umgebung, und das ist peinlich. Wagt man es einmal, nach innen zu blicken, verbunden vielleicht mit einem energischen Anlauf zu seltener Ehrlichkeit wenigstens sich selber gegenüber, so kann einen wohl eine Ahnung befallen von Bedürfnissen, Sehnsüchten, Ängstlichkeiten, von Widerwärtigem und Finsterem. Der Sinn strebt davon weg, das Leben aber möchte darein hinunterfließen. Unser Schicksal bewahrt uns vielleicht davor, weil man

die Bestimmung hat, zur unverrückbaren, tragenden Säule eines Gebäudes zu werden.
[73] GW 5, § 553

Die sehr häufigen neurotischen Störungen des erwachsenen Alters haben alle das eine gemeinsam, dass sie nämlich die Psychologie der Jugendphase über die Schwelle des berühmten Schwabenalters hinüberretten wollen. Wer kennt nicht jene rührenden alten Herren, die die Studentenzeit immer wieder aufwärmen müssen und nur im Rückblick auf ihre homerische Heldenzeit ihre Lebensflamme anfachen können, im Übrigen aber in einem hoffnungslosen Philistertum verholzt sind? Sie haben allerdings in der Regel den einen, nicht zu unterschätzenden Vorteil, dass sie nämlich nicht neurotisch sind, sondern für gewöhnlich bloß langweilig und stereotyp.

Der Neurotische ist vielmehr der, dem es in der Gegenwart nie, wie er es möchte, gelingen will und der sich deshalb auch nicht am Vergangenen freuen kann.
[38] GW 8, §§ 776 f.

Von der Lebensmitte an bleibt nur der lebendig, der mit dem Leben sterben will.
[67] GW 8, § 800

Nach meiner natürlich beschränkten Erfahrung gibt es unter den Menschen reiferen Alters sehr viele, denen gerade die Entwicklung der Individualität unerlässliches Erfordernis wäre, sodass ich mir die private und unverbindliche Ansicht gebildet habe, dass es gerade der Mensch reiferen Alters in unserer Zeit dringend nötig hätte, noch ein Stück weiter in individueller Kultur erzogen zu werden, nachdem er durch seine Jugenderziehung in der Schule und eventuell auf der Universität ausschließlich kollektiv ausgebildet und mit Kollektivmentalität förmlich durchtränkt wurde.
[80] GW 8, § 112

★

Altsein ist äußerst unpopulär. Man scheint nicht zu berücksichtigen, dass Nicht-altern-Können genauso blödsinnig ist wie den Kinderschuhen Nicht-entwachsen-Können. Ein Mann von dreißig, der noch infantil ist,

ist wohl bedauernswert, aber ein jugendlicher Siebzigjähriger, ist das nicht entzückend? Und doch sind beide pervers, stillos, psychologische Naturwidrigkeiten. Ein Junger, der nicht kämpft und siegt, hat das Beste seiner Jugend verpasst, und ein Alter, welcher auf das Geheimnis der Bäche, die von Gipfeln in Täler rauschen, nicht zu lauschen versteht, ist sinnlos, eine geistige Mumie, welche nichts ist als erstarrte Vergangenheit. Er steht abseits von seinem Leben, maschinengleich sich wiederholend bis zur äußersten Abgedroschenheit.
[67] GW 8, § 801

Dem Seelenarzt erscheint der Alte, der sich vom Leben nicht trennen kann, ebenso schwächlich und krankhaft wie der Junge, der es nicht aufzubauen vermag. Und tatsächlich handelt es sich in vielen Fällen um dieselbe kindliche Begehrlichkeit, dieselbe Furcht, denselben Trotz und Eigensinn im einen wie im anderen Falle.
[38] GW 8, § 792

Der Mensch würde gewiss keine siebzig oder achtzig Jahre alt, wenn diese Langlebigkeit dem Sinn seiner Spezies nicht entspräche. Deshalb muss auch sein Lebensnachmittag eigenen Sinn und Zweck besitzen und kann nicht bloß ein klägliches Anhängsel des Vormittags sein. Der Sinn des Morgens ist unzweifelhaft die Entwicklung des Individuums, seine Festsetzung und Fortpflanzung in der äußeren Welt und die Sorge für die Nachkommenschaft. Das ist der offensichtliche Naturzweck. Aber wenn dieser Zweck erfüllt, ja reichlich erfüllt ist, soll der Gelderwerb, die Weitereroberung und die Existenzausdehnung über jeden vernünftigen Sinn hinaus beständig weitergehen? Wer solchermaßen das Gesetz des Morgens, also den Naturzweck, in den Lebensnachmittag ohne Not hinüberschleppt, muss es mit seelischen Einbußen bezahlen, genau wie ein Junger, der seinen kindischen Egoismus ins erwachsene Alter hinüberretten will, seinen Irrtum mit sozialen Misserfolgen begleichen muss.
[38] GW 8, § 787

Wir dürfen nicht vergessen, dass die wenigsten Menschen Lebenskünstler sind und dass zudem die Lebenskunst die vornehmste und seltenste aller Künste ist – den ganzen Becher in Schönheit zu leeren, wem gelänge das?
[38] GW 8, § 789

Wie der kindhafte Mensch vor der Unbekanntheit der Welt und des Lebens furchtsam zurückschreckt, so weicht auch der Erwachsene vor der zweiten Lebenshälfte zurück, wie wenn dort unbekannte, gefährliche Aufgaben seiner harrten oder wie wenn er dort von Opfern und Verlusten bedroht wäre, die er nicht auf sich nehmen könnte, oder wie wenn ihm das bisherige Leben so schön und so teuer vorkäme, dass er es nicht missen könnte.

Ist es vielleicht in letzter Linie die Angst vor dem Tode? Das scheint mir nicht sehr wahrscheinlich, weil in der Regel der Tod noch weit weg und darum etwas abstrakt ist. Die Erfahrung zeigt vielmehr, dass Grund und Ursache aller Schwierigkeiten dieses Überganges eine tief liegende, merkwürdige Veränderung der Seele ist.

[38] GW 8, §§ 777 f.

Die Persönlichkeit entwickelt sich im Laufe des Lebens aus schwer oder gar undeutbaren Keimanlagen, und erst durch unsere Tat wird es offenbar, wer wir sind. Wir sind wie die Sonne, welche das Leben der Erde nährt und allerhand Schönes, Seltsames und Übles hervorbringt, wir sind wie die Mütter, die unbekanntes Glück und Leiden im Schoße tragen. Wir wissen zunächst nicht, welche Taten oder Untaten, welches Schicksal, welches Gute und welches Böse wir enthalten, und erst der Herbst wird zeigen, was der Frühling gezeugt hat, und erst am Abend wird es deutlich sein, was der Morgen begann.

[90] GW 17, § 290

Alles Junge wird einmal alt, alle Schönheit verwelkt, alle Wärme erkaltet, jeder Glanz erlischt, und jede Wahrheit wird schal und flach. Denn alle diese Dinge haben einmal Gestalt gewonnen, und alle Gestalten unterliegen der Einwirkung der Zeit; sie altern, kranken, zerfallen – wenn sie sich nicht wandeln. Sie können sich wandeln, denn der unsichtbare Funke, der sie einstmals zeugte, ist aus ewiger Kraft unendlicher Zeugung fähig. Niemand soll die Gefahr des Abstieges leugnen, aber er *kann* gewagt werden. Man *soll* ihn nicht wagen, aber es ist sicher, dass jemand ihn wagen wird. Wer hinuntersteigen muss, der tue es mit offenen Augen. Dann ist es ein *Opfer*, welches selbst den Sinn der Götter beugt. Auf jeden Abstieg folgt ein Aufstieg. Die schwindenden Gestalten werden wiedergestaltet, und gültig ist eine Wahrheit auf die große Dauer nur dann, wenn sie sich wandelt und wiederum Zeugnis ablegt in neuen

Bildern, in neuen Zungen, als ein neuer Wein, der in neue Schläuche gefasst wird.
[73] GW 5, § 553

★

Der Mensch hat zweierlei Zwecke; der erste ist der *Naturzweck*, die Erzeugung von Nachkommenschaft und alle Geschäfte des Brutschutzes, wozu Gelderwerb und soziale Stellung gehören. Wenn dieser Zweck erschöpft ist, beginnt eine andere Phase: der *Kulturzweck*. Zur Erreichung des ersten Zieles hilft die Natur und überdies die Erziehung; zur Erreichung des letzteren Zieles hilft uns wenig oder nichts. Es herrscht sogar vielfach ein falscher Ehrgeiz, dass ein Alter sein sollte wie ein Junger, oder wenigstens sollte er dergleichen tun, obschon er innerlich nicht mehr daran glauben kann. Deshalb ist so vielen der Übergang von der natürlichen zur kultürlichen Phase unendlich schwierig und bitter; sie klammern sich an die Illusion der Jugend oder an ihre Kinder, um auf diese Weise noch ein Stückchen Jugend zu retten. Man sieht dies namentlich bei Müttern, die ihren einzigen Sinn in ihren Kindern sehen und in ein bodenloses Nichts zu fallen glauben, wenn sie ihre Kinder aufzugeben haben. Kein Wunder daher, dass viele schwere Neurosen zu Beginn des Lebensnachmittags auftreten. Es ist eine Art zweiter Pubertätszeit oder zweiter Sturm- und Drangperiode, nicht selten begleitet von Stürmen der Leidenschaft. Aber die Probleme, die sich in diesem Alter stellen, sind nicht mehr nach den alten Rezepten zu lösen: Der Zeiger der Uhr lässt sich nicht zurückdrehen. *Was die Jugend außen fand und finden musste, soll der Mensch des Nachmittags innen finden.*
[109 B] GW 7, § 114

Es gibt keine menschliche Scheußlichkeit und Abnormität, die nicht einer liebenden Mutter im Schoße gelegen hätte. Wie die Sonne über Gerechte und Ungerechte strahlt und wie tragende und nährende Mütter Kinder Gottes und des Teufels mit der gleichen Liebe betreuen, unbekümmert um die möglichen Folgen, so sind auch wir Teile dieser sonderbaren Natur, welche, wie sie, Unabsehbares in sich tragen.
[90] GW 17, § 289

Es ist ein Vorrecht der Moralisten, dem lieben Gott am wenigsten Zutrauen zu schenken, indem sie glauben, dass der schöne Baum der

Menschheit nur dank dem Herumstutzen, Anbinden und An-Spalier-Ziehen gedeihe, während doch der Vater Sonne und die Mutter Erde ihn nach tiefen, sinnreichen Gesetzen zu ihrer Freude haben wachsen lassen.
[109 A] GW 7, § 427

Man weiß, dass die rapide Entwicklung der Städte mit ihrer durch außerordentliche Arbeitsteilung begünstigten Arbeitsweise, die zunehmende Industrialisierung des flachen Landes und die Zunahme der Existenzsicherheit die Menschheit vieler Gelegenheiten berauben, ihre affektiven Energien loszuwerden. Der Bauer mit seiner abwechslungsreichen Tätigkeit, die durch ihren symbolischen Gehalt unbewusste Befriedigungen gewährt, die der Fabrikarbeiter und Büroangestellte nicht kennt und nie haben kann, das Leben mit der Natur, die schönen Momente, wo der Bauer als Herr und Befruchter der Erde den Pflug durch den Boden treibt, wo er mit königlicher Geste den Samen der zukünftigen Ernte streut, seine berechtigte Angst vor den zerstörenden Gewalten der Elemente, die Freude an der Fruchtbarkeit seines Weibes, die ihm Töchter und Söhne schenkt, welche vermehrte Arbeitskraft und erhöhten Wohlstand bedeuten – davon sind wir Stadtmenschen, wir modernen Arbeitsmaschinen, weit entfernt. Fehlt uns nicht schon die natürlichste und schönste aller Genugtuungen, dass wir die Ankunft unserer eigenen Saat, den »Segen« der Kinder, nicht mehr mit ungemischter Freude betrachten können? Jene Ehen, wo nicht alle Künste des Alkovens blühen, sind zu zählen. Ist dies nicht ein allererster Abschied an die Freuden, welche Mutter Natur ihrem erstgeborenen Sohne gab?
[109 A] GW 7, § 428

Man soll nicht mit »geistigen« Intuitionen sich über die »Erde«, das heißt über die harte Wirklichkeit, erheben und ihr damit davonlaufen, wie das so häufig geschieht, wenn man glänzende Intuitionen hat. Man ist ja nie auf der Höhe seiner Ahnung und soll sich daher auch nie mit dieser identifizieren. Nur Götter gehen über die Regenbogenbrücke; die Sterblichen aber wandeln auf der Erde und sind deren Gesetzen unterworfen.
[53] GW 12, § 148

Die Reduktion auf den natürlichen Zustand ist für den Menschen weder ein Idealzustand noch ein Allheilmittel. Wenn der natürliche Zustand das wirklich wäre, so müsste der Primitive ein beneidenswertes Dasein führen. Dem ist aber keinesweg so, denn der Primitive ist von Supersti-

tionen und Ängsten und Zwängen, neben allen anderen Schmerzen und Mühseligkeiten des menschlichen Lebens, dermaßen gequält, dass er, wenn er in unserer Zivilisation lebte, nicht anders denn als schwer neurotisch bezeichnet werden könnte, wenn nicht gar als verrückt.
[80] GW 8, § 94

Gewiss ist die Irdischkeit des Menschen in Ansehung seiner Ahnungsmöglichkeiten eine beklagenswerte Unvollkommenheit. Aber ebendiese Unvollkommenheit gehört zu seinem angeborenen Wesen, zu seiner Wirklichkeit. Er besteht ja nicht nur aus seinen besten Ahnungen, höchsten Ideen und Strebungen, sondern auch aus seinen odiosen Gegebenheiten wie Heredität und jener unauslöschlichen Reihe von Erinnerungen, welche ihm zurufen: »Das hast du getan, und so bist du auch!« Den altertümlichen Saurierschwanz hat der Mensch zwar verloren; dafür hängt seiner Seele eine Kette an, die ihn an die Erde bindet. Die Erdverbundenheit bedeutet ja nicht, dass man nicht wachsen kann; im Gegenteil, sie ist in diesem Sinne sogar eine »conditio sine qua non«. Kein hochgewachsener, edler Baum hat je auf seine dunkeln Wurzeln verzichtet. Er wächst sogar nicht nur nach oben, sondern auch nach unten.
[53] GW 12, § 148

★

In uns sind beide Notwendigkeiten: Natur und Kultur. Wir können nicht nur uns selber sein, sondern wir müssen auch auf anderes bezogen sein. Es muss daher auch einen Weg geben, der nicht bloß ein rationaler Kompromiss ist, sondern auch einen dem lebenden Wesen durchaus entsprechenden Zustand oder Prozess, etwa wie der Prophet sagt: eine »semita et via sancta«, eine »via directa ita ut stulti non errent per eam«.
[58] GW 6, § 135

Man hat die Gegenwart nicht von vornherein, sondern man wächst erst langsam in sie hinein, denn ohne Vergangenheit gibt es keine Gegenwart. Der junge Mensch hat noch keine Vergangenheit und darum auch keine Gegenwart. Darum schafft er noch keine Kultur, sondern bloß Existenz. Es ist der Vorzug und die Aufgabe des reiferen Alters, das die Mittagshöhe des Lebens überschritten hat, Kultur zu erzeugen.
[19] GW 10, § 272

In der sich selbst überlassenen Natur verwandelt sich die Energie ihrem natürlichen Gefälle entsprechend, wobei sie Naturphänomene, aber keine »Arbeitsleistung« erzeugt. So lebt auch der Mensch, sich selbst überlassen, sozusagen als Naturphänomen und erzeugt keine Arbeit im eigentlichen Sinne des Wortes. Die Kultur aber stellt die Maschine dar, durch welche das natürliche Gefälle zur Arbeitsleistung ausgenützt wird. Dass der Mensch überhaupt zur Erfindung dieser Maschine kam, muss tief in seiner Natur begründet liegen, ja sogar in der Natur der lebenden Wesen überhaupt, indem der lebende Stoff selber ein Energietransformator ist, wobei das Leben irgendwie, auf noch unbekannte Weise, am Umwandlungsprozess teilnimmt. Das Leben findet statt dadurch, dass es die natürlichen physikalischen und chemischen Bedingungen sozusagen als Mittel zu seiner Existenz benützt.
[80] GW 8, § 80

Die bewusste Fähigkeit zur Einseitigkeit ist ein Zeichen höchster Kultur. Die unwillkürliche Einseitigkeit aber, das heißt das Nichtanderskönnen als Einseitigsein, ist ein Zeichen von Barbarei. Für den Barbaren besteht immer die große Gefahr, dass er irgendeiner Einseitigkeit zum Opfer fällt und dadurch das Ganze seiner Persönlichkeit aus den Augen verliert.
[58] GW 6, § 346

Je größer der Gegensatz, desto größer ist auch das Potenzial. Eine große Energie geht nur aus einer entsprechend großen Gegensatzspannung hervor.
[48] GW 13, § 154

Eigentlich ist keine Kultur je vollständig, insofern sie immer entweder mehr auf dieser oder mehr auf jener Seite steht, das heißt, das eine Mal ist das Ideal der Kultur ein extravertiertes, und der Hauptwert liegt beim *Objekte* und der Beziehung zu ihm; das andere Mal ist das Ideal ein introvertiertes, und die Hauptbedeutung liegt beim Individuum oder *Subjekte* und den Beziehungen zur Idee. In der ersteren Form nimmt die Kultur eine kollektive Art an, in der letzteren aber eine individuale.
[58] GW 6, § 110

Niemand macht Geschichte, der nicht wagt, seine Haut zu Markte zu tragen, indem er das Experiment, das eben sein Leben selber ist, bis zum Ende durchführt und damit sein Leben nicht als eine Fortsetzung, son-

dern als einen Anfang erklärt. Das Fortsetzen ist ein Geschäft, das schon vom Tier besorgt wird, das Anfangen aber ist die Prärogative des Menschen.
[19] GW 10, § 268

Gelderwerb, soziale Existenz, Familie, Nachkommenschaft sind noch bloße Natur, keine Kultur. Kultur liegt jenseits des Naturzweckes. Könnte also Kultur der Sinn und Zweck der zweiten Lebenshälfte sein?
[38] GW 8, § 787

Wir kannten nur seelische Unterwerfung und Bändigung, aber keine methodische Entwicklung der Seele und ihrer Funktionen. Unsere Kultur ist ja noch jung, und junge Kulturen bedürfen aller Tierbändigerkünste, um das widerstrebende Barbarische und Wilde wenigstens einigermaßen in Form zu bringen. Auf höherer Kulturstufe aber muss und wird Entwicklung den Zwang ersetzen.
[51] GW 16, § 174

Und jetzt? Wenn man dazu überhaupt eine Meinung äußern darf, so müssten wir sagen: Wir benötigen offenbar beides, Zivilisation *und* Kultur, Verkürzung der Sekundärfunktion bei den einen und Verlängerung bei den anderen. Denn wir schaffen nicht das eine ohne das andere, und – leider müssen wir es uns gestehen – es fehlt der heutigen Menschheit an beidem. Was beim einen zu viel ist, ist beim anderen zu wenig, so wollen wir uns vorsichtigerweise ausdrücken. Denn das beständige Gerede vom Fortschritt ist unglaubwürdig und verdächtig geworden.
[58] GW 6, § 477

Kultur besteht nicht etwa im Fortschritt als solchem und in verständnisloser Zerstörung des Alten, sondern in der Entwicklung und Verfeinerung einmal gewonnener Güter.
[8] S. 210

Was den Griechen mit Schauder ergriff, ist immer noch wahr, aber für uns nur dann, wenn wir eine eitle Illusion unserer späten Tage aufgeben, nämlich die, dass wir anders, zum Beispiel sittlicher seien als die Alten. Es ist uns bloß gelungen zu *vergessen,* dass uns eine unauflösbare Gemeinschaft mit dem Menschen der Antike verbindet. Damit eröffnet sich ein Weg zum Verständnis des antiken Geistes, wie er zuvor nicht existiert

hat, der Weg eines innerlichen Mitfühlens einerseits und eines intellektuellen Verstehens andererseits. Auf dem Umwege durch die verschütteten Substrukturen der eigenen Seele bemächtigen wir uns des lebendigen Sinnes antiker Kultur, und eben dadurch gewinnen wir jenen festen Punkt außerhalb der eigenen Kultur, von wo aus erst ein objektives Verstehen ihrer Strömungen möglich wird. Das wenigstens ist die Hoffnung, die wir aus der Wiederentdeckung der Unsterblichkeit des Ödipusproblems schöpfen.
[73] GW 5, § 1

Der Zweifel an unserer Kultur und ihren Werten ist eine Zeitneurose. Wären unsere Überzeugungen unzweifelhaft, so könnten sie auch nicht angezweifelt werden.
[70] GW 15, § 69

Es ist eine der fundamentalsten Eigenschaften jeder Kultur, dass sie Dauer hat und ein vom Menschen geschaffenes Stillstehendes ist, erzwungen gegenüber den sinnlosen Umwälzungen der Natur. Jedes Haus, jede Brücke, jede Straße bedeutet der Natur abgerungene Dauer.
[10] GW 10, § 923

Wer bei seiner Erde bleibt, hat *Dauer.* Entfernung vom Unbewussten und damit von historischer Bedingtheit bedeutet *Wurzellosigkeit.* Das ist die Gefahr für den Eroberer fremden Bodens; das ist aber auch die Gefahr für den Einzelnen, wenn er durch Einseitigkeit in irgendeinem -ismus den Zusammenhang mit dem dunklen, mütterlichen, erdhaften Urgrund seines Wesens verliert.
[66] GW 10, § 103

Kultur ist wesentlich Kontinuität und eine weitgehende Bewahrung des Alten; Neuerungssucht aber erzeugt Unkultur und endet in bloßer Barbarei.
[64] GW 18/II, § 1344

Die Idee will Unveränderlichkeit und Ewigkeit. Wer unter dem Primat der Idee steht, strebt nach Beharrung, daher alles, was nach Veränderung strebt, auf ihrer Gegenseite liegen muss.
[58] GW 6, § 153

Man wird nach einiger Zeit entdecken, dass in der Weltgeschichte nichts wirklich »Neues« passiert. Von einem wirklich Neuen könnte man erst dann sprechen, wenn einmal der unvorstellbare Fall einträte, dass Vernunft, Menschlichkeit und Liebe einen dauernden Sieg erringen würden.
[64] GW 18/II, § 1356

In confinio mortis und am Abend eines langen, inhaltsreichen Lebens eröffnet sich der Blick oft in ungeahnte Fernen. Ein solcher Mann lebt nicht mehr in den Interessen des Alltags und den Peripetien persönlicher Beziehungen, sondern in der Schau über weite Zeiträume und in der säkularen Bewegung der Ideen.
[6] GW 11, § 717

Der Einzelne und die Gemeinschaft

Vom heutigen, zivilisierten Menschen etwas Gründliches zu sagen, gehört zu den schwierigsten und undankbarsten Aufgaben, die man sich denken kann, weil einer spricht, der durch dieselben Voraussetzungen beschränkt und durch dieselben Vorurteile geblendet ist wie die, über die er Überlegenes aussagen sollte.
[7] GW 10, § 104

Der modernen oder, besser gesagt, der unmittelbar gegenwärtigen Menschen sind wenige, denn ihre Existenz erfordert höchstmögliche Bewusstheit, intensivste und ausgebreitetste Bewusstheit, mit einem Minimum von Unbewusstheit, denn nur der ist ganz gegenwärtig, der sich seiner Existenz als Mensch völlig bewusst ist. Wohlverstanden, nicht der gegenwärtig lebende Mensch ist modern, sonst wäre alles gegenwärtig Lebende modern, sondern bloß der, der sich der Gegenwart am meisten bewusst ist.
[68] GW 10, § 149

Wir finden im Kranken immer einen Konflikt, der an einem gewissen Punkte mit den großen Problemen der Sozietät zusammenhängt, sodass, wenn man zu diesem Punkt vorgedrungen ist, der anscheinend individuelle Konflikt des Kranken sich als ein allgemeiner Konflikt seiner Umgebung und seiner Zeit enthüllt. Die Neurose ist somit eigentlich nichts anderes als ein individueller (zwar missglückter) Lösungsversuch eines allgemeinen Problems; es muss ja auch so sein, denn ein allgemeines Problem, eine »Frage«, ist nicht ein ens per se, sondern existiert nur in den Herzen der einzelnen Menschen.
[109 A] GW 7, § 438

Im Falle eines psychologischen Leidens – das ja den Betroffenen immer von den sogenannten normalen Menschen isoliert – ist es von größter Wichtigkeit, einsehen zu können, dass der Konflikt nicht nur ein persönliches Versagen ist, sondern gleichzeitig ein Leiden, das jedermann angeht, und ein Problem, das der ganzen Epoche aufgebürdet ist. Dieser

allgemeine Gesichtspunkt hebt den Einzelnen aus sich heraus und verbindet ihn mit der Menschheit.
[81] GW 18/I, § 232

Der Mensch kann immer nur Befriedigung und Erfüllung in dem finden, was er noch nicht hat, wie man sich auch nicht an dem sättigen kann, von dem man bereits übergenug hat. Ein soziales und angepasstes Wesen zu sein, hat keinen Reiz für den, dem ein solches Streben leicht wie ein Kinderspiel fällt. Das Rechttun wird dem Rechttuer auf die Dauer immer langweilig, während dem ewig Unrichtigen das Richtigsein fernes Ziel geheimer Sehnsucht ist.

Die Bedürfnisse und Notwendigkeiten der Menschen sind verschieden. Was für den einen erlösend ist, ist dem anderen Gefängnis. So geht es auch mit der Normalität und der Anpassung. Wenn schon ein biologischer Lehrsatz sagt: Der Mensch ist ein Herdentier und erreicht darum seine völligste Gesundung nur in seinem sozialen Wesen, so stellt schon vielleicht der nächste Fall diesen Satz auf den Kopf und beweist uns, dass er völlig gesund nur dann ist, wenn er abnorm und unsozial lebt.
[51] GW 16, §§ 162f.

Der Mensch ist keine Maschine in dem Sinn, dass er anhaltend dieselbe Arbeitsleistung vollziehen könnte, sondern er kann der Forderung der äußeren Not in idealer Weise nur dann völlig entsprechen, wenn er auch an seine eigene Innenwelt angepasst, das heißt, wenn er in Übereinstimmung mit sich selber ist. Und umgekehrt kann er auch nur dann sich an seine eigene Innenwelt anpassen und die Übereinstimmung mit sich selber erreichen, wenn er auch den Umweltbedingungen angepasst ist.
[80] GW 8, § 75

Die alten Religionen mit ihren erhabenen und lächerlichen, mit ihren gütigen und grausamen Symbolen sind nicht aus der blauen Luft, sondern aus der menschlichen Seele entstanden, wie sie auch in diesem Moment in uns lebt. Alle jene Dinge, ihre Urformen, leben in uns und können jederzeit mit vernichtender Gewalt auf uns hereinbrechen, nämlich in Form der Massensuggestion, gegen die der Einzelne wehrlos ist. Unsere furchtbaren Götter haben nur den Namen gewechselt, sie reimen jetzt auf »-ismus«. Oder hat vielleicht jemand die Stirne zu behaupten, der Weltkrieg oder der Bolschewismus sei eine geistreiche Erfindung gewesen? So, wie wir äußerlich in einer Welt leben, wo jederzeit sich ein

Kontinent senken, die Pole sich verschieben, eine neue Pestilenz ausbrechen kann, so leben wir innerlich in einer Welt, wo jederzeit etwas Ähnliches entstehen kann, allerdings nur in der Form der Idee, aber nicht minder gefährlich und unzuverlässig. Nichtanpassung an diese innere Welt ist eine ebenso folgenschwere Unterlassung wie Ignoranz und Unfähigkeit in der äußeren Welt.

[110] GW 7, § 326

Seit unvordenklichen Zeiten war die Natur immer beseelt gewesen. Jetzt leben wir zum ersten Mal in einer entseelten und entgötterten Natur. Niemand wird die bedeutende Rolle, welche die als »Götter« bezeichneten Potenzen der menschlichen Seele in der Vergangenheit gespielt haben, leugnen. Mit einem bloßen Aufklärungsakt sind zwar die Naturgeister ungültig geworden, nicht aber die entsprechenden psychischen Faktoren, wie zum Beispiel die Suggestibilität, die Kritiklosigkeit, die Ängstlichkeit, die Neigung zu Aberglauben und Vorurteil, kurz alle jene bekannten Eigenschaften, welche die Besessenheit ermöglichen. Wenn schon die Natur entseelt ist, so sind die psychischen Bedingungen, welche Dämonen erzeugen, so aktiv wie nur je am Werke. Die Dämonen sind eben nicht wirklich verschwunden, sondern haben nur die Gestalt geändert. Sie sind jetzt unbewusste psychische Potenzen geworden.

[43] GW 10, § 431

Nein, die Dämonen sind nicht gebannt, das ist erst noch eine schwere Aufgabe. Jetzt, nachdem der Engel der Geschichte die Deutschen verlassen hat, werden sich die Teufel ein neues Opfer suchen. Und es wird ihnen nicht schwerfallen. Jeder Mensch, der seinen Schatten verliert, jedes Volk, das in Selbstgerechtigkeit verfällt, gibt sich ihnen preis ... Vergessen wir nicht, dass bei den Siegernationen genau dieselben fatalen Anlagen der Kollektivität vorhanden sind wie bei den Deutschen, dass sie ebenso plötzlich eine Beute der Dämonen werden können wie diese.

[34]

Ebenso wie man geneigt ist anzunehmen, dass die Welt so ist, wie wir sie sehen, so nimmt man auch naiverweise an, dass die Menschen so seien, wie wir sie uns vorstellen. Leider existiert in diesem letzteren Fall noch keine Physik, welche das Missverhältnis zwischen Wahrnehmung und Wirklichkeit nachweist. Obgleich die Möglichkeit grober Täuschung um ein Vielfaches größer ist als bei der Sinneswahrnehmung, so projizieren wir doch ungescheut und naiv unsere eigene Psychologie in den Mitmenschen. Jedermann schafft sich auf diese Weise eine Reihe von mehr oder weniger imaginären Beziehungen, die wesentlich auf solchen Projektionen beruhen.

[2] GW 8, § 507

Die erdrückende Mehrzahl der Menschen ist gänzlich unfähig, sich individuell in die Seele eines anderen zu versetzen. Dies ist sogar eine ganz seltene Kunst, die nicht einmal allzu weit reicht. Auch der Mensch, den wir am besten zu kennen vermeinen und der uns selber bestätigt, dass wir ihn restlos verstehen, ist uns im Grunde genommen *fremd.* Er ist *anders.* Und das Äußerste und Beste, was wir zu tun vermögen, ist, dieses Andere wenigstens zu ahnen, zu achten und uns vor der gewalttätigen Stupidität, es deuten zu wollen, zu hüten.

[109 A] GW 7, § 363

Bekanntlich heißt es beim Primitiven: Fremd ist feindlich und böse. Bei uns waren noch im späten Mittelalter »Fremde« und »Elend« identisch. Diese Verteilung ist zweckmäßig, weshalb der Normale auch keine Nötigung verspürt, sich diese Projektionen bewusst zu machen, obschon der Zustand gefährlich illusionär ist. Die Psychologie des Krieges hat diesen Umstand deutlich hervorgehoben: Alles, was die eigene Nation tut, ist gut, alles, was die anderen tun, ist schlecht. Das Zentrum aller Gemeinheit befindet sich stets in einer Distanz von einigen Kilometern hinter den feindlichen Linien. Diese selbe primitive Psychologie hat auch der Einzelne, weshalb jeder Versuch, der diese – durch Ewigkeiten unbewussten – Projektionen bewusst machen könnte, als irritierend empfunden wird. Man möchte gewiss bessere Beziehungen zu den Mitmenschen, aber natürlich unter der Bedingung, dass diese unseren Erwartungen entsprechen, das heißt, dass sie willige Träger unserer Projektionen sind. Wenn man sich diese Projektion aber bewusst macht, so tritt dadurch leicht eine Erschwerung der Beziehung zum anderen Menschen ein, denn die Illusionsbrücke fehlt, über die Liebe und Hass befreiend abströmen können, über die auch alle jene angeblichen Tugenden, welche andere »heben« und »bessern« wollen, so leicht und befriedigend an den Mann zu bringen sind.

[2] GW 8, § 517

Es ist so viel bequemer, den zehntausend anderen das Allheilmittel zu verkünden, das man dann bei sich selber nicht mehr anzuwenden braucht, und alles Leid hat ja bekanntlich ein Ende, wenn nur recht viele beisammen sind. In der Herde gibt es keinen Zweifel, und die größere Masse hat stets die bessere Wahrheit – aber auch die größeren Katastrophen.

[53] GW 12, § 563

Das, worüber sich draußen die Menschen streiten, ist auch ein Kampf in unserem eigenen Inneren. Denn man muss sich doch endlich die Erkenntnis zu eigen machen, dass die Menschheit nicht eine Anhäufung getrenntester Individualitäten ist, sondern einen so hohen Grad von psychologischer Gemeinschaftlichkeit besitzt, dass das Individuelle daneben bloß wie eine Variation erscheint. Wie sollen wir aber gerecht über eine Sache urteilen, wenn wir uns nicht eingestehen können, dass sie auch unsere Frage ist? Wer dies sich selber bekennen kann, der wird auch bei sich zuerst die Lösung versuchen, und so bahnen sich überhaupt die großen Lösungen an.

[98] GW 18/I, § 927

★

Was von der Menschheit im Allgemeinen gesagt werden muss, das gilt auch für jeden Einzelnen; denn aus lauter Einzelnen besteht die ganze Menschheit. Und was die Psychologie der Menschheit ist, das ist auch die Psychologie des Einzelnen. Wir erlebten im Weltkrieg eine furchtbare Abrechnung mit der rationalen Absichtlichkeit der Zivilisation. Was man »Willen« heißt beim Einzelnen, heißt »Imperialismus« bei den Nationen; denn der Wille ist Bekundung der Macht über das Schicksal, das heißt Ausschließung des Zufälligen. Zivilisation ist rationale, mit Wille und Absicht herbeigeführte »zweckmäßige« Sublimierung freier Energien. Beim Einzelnen ist es dasselbe. Und wie der Gedanke einer allgemeinen Kulturorganisation durch diesen Krieg eine grausame Richtigstellung erfahren hat, so muss es auch der Einzelne in seinem Leben öfters erfahren, dass sogenannte »disponible« Energien nicht über sich disponieren lassen.

[109 B] GW 7, § 74

Man wird wohl der Wahrheit am nächsten kommen, wenn man sich vorstellt, dass unsere bewusste und persönliche Psyche auf dem brei-

ten Fundament einer vererbten und allgemeinen Geistesdisposition ruht, die als solche unbewusst ist, und dass sich unsere persönliche Psyche zu der Kollektivpsyche etwa verhält wie das Individuum zur Gesellschaft.
[110] GW 7, § 234

Wo nicht der Einzelne, sondern die Masse sich bewegt, da hört menschliche Regulierung auf, und die Archetypen fangen an zu wirken, wie es auch im Leben des Individuums geschieht, wenn es sich Situationen gegenübersieht, welche mit den ihm bekannten Kategorien nicht mehr zu bewältigen sind.
[99] GW 10, § 395

Dieser Krieg hat es dem Kulturmenschen unerbittlich gezeigt, dass er noch ein Barbar ist, und zugleich, was für eine eiserne Zuchtrute für ihn bereitliegt, wenn es ihm etwa noch einmal einfallen sollte, seinen Nachbarn für seine eigenen schlechten Eigenschaften verantwortlich zu machen. *Die Psychologie des Einzelnen aber entspricht der Psychologie der Nationen.* Was die Nationen tun, tut auch jeder Einzelne, und *solange es der Einzelne tut, tut es auch die Nation.* Nur die Veränderung der Einstellung des Einzelnen ist der Beginn zur Veränderung der Psychologie der Nation.
[109 B) GW 7, S. 14 (Vorwort)

Als das Schicksal Europa einen Krieg von grandioser Scheußlichkeit vorspielte, einen Krieg, den niemand wollte, da fragte sich sozusagen keiner, wer denn eigentlich den Krieg und dessen Fortsetzung verursache. Niemand gab sich Rechenschaft darüber, dass der europäische Mensch von etwas besessen war, das ihm jede freie Willensentscheidung raubte. Dieser besessene und unbewusste Zustand geht unentwegt weiter, bis es dem Europäer einmal »vor seiner Gottähnlichkeit bange« wird. Diese Wandlung kann aber nur beim Einzelnen anfangen; denn Massen sind blinde Tiere, was man zur Genüge weiß.
[53] GW 12, § 563

Nicht die Natur, sondern der »Genius der Menschheit« hat sich den fatalen Strick geknüpft, mit dem er sich jederzeit exekutieren kann.
[6] GW 11, § 734

Es geschieht oftmals, dass ein im Grunde persönliches und darum anscheinend subjektives Problem mit einem Male zu einer allgemeinen, die ganze Sozietät umfassenden Frage emporwächst, wenn es auf äußere Ereignisse stößt, deren Psychologie dieselben Elemente enthält wie der persönliche Konflikt. Dadurch fällt auch dem persönlichen Problem eine Würde zu, die es vorher nicht besaß, indem nämlich das Uneinssein mit sich selber immer etwas Beschämendes und Heruntersetzendes an sich hat, wodurch man in eine nach außen und innen erniedrigte Lage gerät, wie ein Staat, der durch einen Bürgerkrieg entehrt ist. Darum scheut man sich auch, einen rein persönlichen Konflikt vor einem größeren Publikum auszubreiten – vorausgesetzt, dass man nicht an einer allzu kühnen Selbstüberschätzung leidet. Gelingt es aber, den Zusammenhang des persönlichen Problems mit großem zeitgenössischen Ereignissen aufzufinden und einzusehen, so bedeutet ein solches Zusammentreffen so viel als eine Erlösung aus der Einsamkeit des rein Persönlichen, und das subjektive Problem erweitert sich zu einer allgemeinen Frage unserer Sozietät.

[58] GW 6, § 119

Die großen Ereignisse der Weltgeschichte sind, im Grunde genommen, von tiefster Belanglosigkeit. Wesentlich ist in letzter Linie nur das subjektive Leben des Einzelnen. Dieses allein macht Geschichte, in ihm allein finden alle großen Wandlungen zuerst statt, und alle Zukunft und alle Weltgeschichte stammen als ungeheure Summation doch zuletzt aus diesen verborgenen Quellen des Einzelnen. Wir sind in unserem privatesten und subjektivsten Leben nicht nur die Erleider, sondern auch die Macher einer Zeit. Unsere Zeit – das sind wir!

[9] GW 10, § 315

Wir sind zwar gewohnt, tief greifende historische Veränderungen ausschließlich auf äußere Ursachen zurückzuführen. Ich glaube aber, dass die äußeren Umstände öfters mehr oder weniger bloße Gelegenheiten sind, bei welchen die unbewusst vorbereitete, neue Einstellung zu Welt und Leben manifest wird. Durch allgemeine soziale, politische und religiöse Bedingungen wird das kollektive Unbewusste affiziert, und zwar in dem Sinne, dass alle diejenigen Faktoren, welche durch die herrschende Weltanschauung respektive Einstellung im Leben eines Volkes unterdrückt werden, sich allmählich im kollektiven Unbewussten ansammeln und dadurch seine Inhalte beleben. Meistens ist es dann ein Individuum oder mehrere von besonders kräftiger Intuition, welche diese Veränderungen im kollektiven Unbewussten wahrnehmen und sie in mitteilbare Ideen übersetzen. Diese Ideen breiten sich dann rasch aus, weil auch bei den anderen Menschen parallele Veränderungen im Unbewussten stattgefunden haben. Es herrscht eine allgemeine Bereitschaft, die neuen Ideen aufzunehmen, obschon andererseits auch ein heftiger Widerstand dagegen besteht. Neue Ideen sind nicht bloß Gegner der alten, sondern sie treten auch meistens in einer Form auf, welche der alten Einstellung als mehr oder weniger unannehmbar erscheint.

[57] GW 8, § 594

Das Ich lebt in Raum und Zeit und muss deren Gesetzen angepasst sein, soll es überhaupt existieren. Wird es aber ans Unbewusste dermaßen assimiliert, dass alle Entscheidung bei Letzterem liegt, dann ist es erstickt und es ist nichts mehr da, worin das Unbewusste integriert oder worin es realisiert werden könnte. Die Unterscheidung des empirischen Ich vom »ewigen« und universalen Menschen ist daher von schlechthin vitaler Bedeutung, namentlich in unseren Tagen, wo die Vermassung der Persönlichkeit bedrohliche Fortschritte macht. Vermassung kommt nämlich nicht nur von außen, sondern auch von innen, vom kollektiven Unbewussten. Nach außen war ein Schutz durch die »droits de l'homme« gewährleistet, welche gegenwärtig der größere Teil Europas verloren hat, und wo sie noch nicht verloren wurden, da sind ebenso mächtige als naive politische Parteien am Werke, welche ihr bestes Bemühen darauf richten, die ewigen Menschenrechte zu unterhöhlen und zugunsten des Ergastulum-(Sklavenstall-)Daseins zu eliminieren mittels des Lockvogels der sozialen Sicherheit. Gegen die Dämonie des Inneren schützt die Form der Kirche, solange sie die Autorität besitzt. Schutz und Sicherheit sind aber nur so lange wertvoll, als sie ihrerseits das Leben nicht übermäßig beengen, und ebenso ist die Überlegenheit des Bewusstseins nur so lange wünschenswert, als nicht zu viel Leben dadurch unterdrückt und ausgeschlossen wird. Immer ist das Leben eine Fahrt zwischen Skylla und Charybdis.

[52] GW 16, § 502

Dionysos bedeutet den Abgrund der leidenschaftlichen Auflösung aller menschlichen Besonderung in die tierhafte Göttlichkeit der uranfänglichen Seele – ein segensreiches und furchtbares Erlebnis, dem eine wohlumhegte Kulturmenschheit entronnen zu sein glaubt, bis es ihr wieder gelingt, einen neuen Blutrausch zu entfesseln, worüber sich dann alle

Wohlgesinnten verwundern und das Großkapital, die Rüstungsindustrie, die Juden und die Freimaurer dafür anklagen.
[53] GW 12, § 118

Es ist ja leider nur zu klar, dass, wenn der Einzelmensch nicht wahrhaft im Geiste erneuert ist, es auch die Sozietät nicht sein kann, denn sie besteht aus der Summe der erlösungsbedürftigen Individuen. Ich kann es daher nur als Verblendung auffassen, wenn die Kirchen – wie es den Anschein hat – versuchen, den Einzelmenschen in eine soziale Organisation einzufangen und ihn damit in einen Zustand verminderter Zurechnungsfähigkeit zu versetzen, wo er doch eben gerade aus der dumpfen, sozusagen bewusstlosen Masse als derjenige herausgehoben werden sollte, um den es sich in Wirklichkeit handelt. Es sollte ihm bewusst gemacht werden, dass die Rettung der Welt in der Rettung seiner eigenen Seele besteht.
[21] GW 10, § 536

Widerstand gegen die organisierte Masse kann nur der leisten, der in seiner Individualität ebenso organisiert ist wie die Masse.
[21] GW 10, § 540

Die Katastrophe des Krieges von 1914 und die darauffolgenden außerordentlichen Manifestationen einer tief greifenden geistigen Störung waren nötig, um Zweifel daran zu erwecken, ob mit dem Geist des weißen Mannes wirklich alles in Ordnung sei. Vor dem Kriegsausbruch 1914 waren wir ganz davon überzeugt gewesen, dass die Welt mit rationalen Mitteln richtiggestellt werden könnte. Jetzt erleben wir das erstaunliche Schauspiel, dass *Staaten* den uralten Anspruch der Theokratie erheben, das heißt den der *Totalität*, der unvermeidlich begleitet ist von der Unterdrückung der freien Meinung. Wir sehen wieder, dass Leute sich gegenseitig die Hälse abschneiden um kindischer Theorien willen, wie das Paradies auf Erden herzustellen sei. Es ist nicht schwer zu sehen, dass die Mächte der Unterwelt – um nicht zu sagen der Hölle –, die früher in einem gigantischen geistigen Gebäude mehr oder weniger erfolgreich angekettet und dienstbar gemacht waren, jetzt eine Staatssklaverei und ein Staatsgefängnis schaffen oder wenigstens zu schaffen versuchen, das jeglichen seelischen oder geistigen Reizes entbehrt. Es gibt nicht wenige Menschen heutzutage, die davon überzeugt sind, dass bloße menschliche

Vernunft der enormen Aufgabe, den ausgebrochenen Vulkan zu fesseln, nicht völlig gewachsen ist.
[55] GW 11, § 83

Statt wilden Tieren, stürzenden Felsen, überflutenden Gewässern ausgesetzt zu sein, ist der Mensch jetzt seinen seelischen Elementargewalten ausgesetzt. Das Psychische ist eine Großmacht, die alle Mächte der Erde um ein Vielfaches übersteigt. Die Aufklärung, welche die Natur und die menschlichen Institutionen entgöttert hat, hat den *einen Gott des Schreckens,* der in der Seele wohnt, übersehen.
[90] GW 17, § 302

★

Der Mensch hat tatsächlich Grund genug, jene nicht persönlichen Kräfte zu fürchten, die im Unbewussten wohnen. Wir befinden uns in seliger Unbewusstheit über jene Kräfte, weil sie niemals oder wenigstens fast niemals in unserem persönlichen Handeln und unter gewöhnlichen Umständen in Erscheinung treten. Wenn aber andererseits Menschen sich anhäufen und einen Mob bilden, dann werden die Dynamismen des Kollektivmenschen entfesselt – Bestien oder Dämonen, welche in jedem Einzelnen schlafend liegen, bis er zum Partikel einer Masse wird. Der Mensch in der Masse sinkt unbewusst auf ein niedrigeres moralisches und intellektuelles Niveau; auf das Niveau, das immer da ist unter der Schwelle des Bewusstseins. Hier ist das Unbewusste immer bereit loszubrechen, sobald es durch die Bildung einer Masse unterstützt und hervorgelockt wird.
[55] GW 11, § 23

Die Veränderung des Charakters, welche durch den Einbruch kollektiver Kräfte zustande kommt, ist erstaunlich. Ein sanftes und vernünftiges Wesen kann in einen Tobsüchtigen oder in ein wildes Tier verwandelt werden. Man ist immer geneigt, äußeren Umständen die Schuld zu geben, aber es könnte nichts in uns explodieren, wenn es nicht vorhanden gewesen wäre. Tatsächlich leben wir beständig auf einem Vulkan, und soviel wir wissen, gibt es keine menschlichen Schutzmittel gegen einen möglichen Ausbruch, der jedermann in seiner Reichweite vernichten wird. Es ist sicherlich eine gute Sache, Vernunft und gesunden Menschenverstand zu predigen, aber was will man ma-

chen, wenn man ein Irrenhaus oder eine kollektiv ergriffene Masse zum Zuhörer hat? Zwischen beiden ist nicht viel Unterschied, denn der Irre ebenso wie der Mob wird durch nicht persönliche, überwältigende Kräfte bewegt.
[55] GW 11, § 25

Es ist ganz natürlich, dass mit dem Sieg der Déesse Raison eine allgemeine Neurotisierung des modernen Menschen einsetzt, das heißt eine *Dissoziation der Persönlichkeit* analog der heutigen Spaltung der Welt. Die stacheldrahtbewehrte Grenzlinie durchzieht die Seele des modernen Menschen, ob er nun diesseits oder jenseits derselben lebt.
[21] GW 10, § 544

Wenn ein allgemeines Bewusstsein, dass alles Trennende auf der Spaltung der Gegensätze in der Seele beruht, entstehen könnte, so wüsste man, wo man wirklich angreifen könnte.
[21] GW 10, § 575

Dem westlichen Menschen grinst von der anderen Seite des Eisernen Vorhangs sein eigener böser Schatten entgegen.
[102] S. 85

Niemand könnte sich rühmen, dem Geist der eigenen Epoche gegenüber immun zu sein oder gar eine völlige Erkenntnis desselben zu besitzen. Unbekümmert um unsere bewusste Überzeugung ist jeder, ohne Ausnahme, insofern er Massenpartikel ist, irgendwo angenagt, gefärbt oder gar unterminiert durch den Geist, der durch die Massen geht. Die Freiheit reicht ja nur so weit, als sich die Grenzen unseres Bewusstseins erstrecken.
[48] GW 13, § 153

Die Zeitgenossen sind jeweils in der großen Mehrzahl dazu berufen, die unmittelbare Gegenwart aufrechtzuerhalten und zu preisen und auf diese Weise jenen fatalen Ausgang herbeizuführen, dessen Verwicklung der vorausahnende schöpferische Geist schon zu lösen versucht hat.
[58] GW 6, § 434

Die Tatsache, dass individuelles Bewusstsein Trennung und Feindschaft bedeutet, hat die Menschheit unzählige Male im Einzelnen sowohl wie

im Ganzen erlebt. Und wie beim Individuum die Zeit der Spaltung eine Zeit der Krankheit ist, so ist sie es auch im Leben der Völker. Wir werden es kaum noch leugnen können, dass auch unsere Gegenwart eine solche Zeit der Spaltung und Krankheit ist. Die politischen und sozialen Zustände, die religiöse und philosophische Zersplitterung, die moderne Kunst und die moderne Psychologie, alle künden in dieser Hinsicht einerlei Meinung. Und ist es irgendeinem, der auch nur mit einer Spur menschlichen Verantwortungsgefühls begabt ist, irgendwie wohl dabei? Wenn wir ehrlich sind, so müssen wir gestehen, dass es in dieser Gegenwartswelt keinem mehr ganz behaglich ist; es wird sogar zunehmend unbehaglich. *Krisis* ist nämlich auch ein *ärztlicher* Ausdruck, der stets einen gefährlichen Krankheitsgipfel bezeichnet.
[9] GW 10, § 290

Die Entwurzelung und Abschneidung von der Tradition neurotisiert die Massen und präpariert sie zur Kollektivhysterie. Letztere aber verlangt Kollektivtherapie, welche in Freiheitsberaubung und Terrorisierung besteht. Wo der rationalistische Materialismus vorherrscht, entwickeln sich deshalb die Staaten weniger zu Gefängnissen als zu Irrenanstalten.
[1] GW 9/II, § 282

Wann immer Inhalte des kollektiven Unbewussten belebt werden, so wirkt dieses Ereignis übermächtig auf das Bewusstsein. Es tritt immer eine gewisse Verwirrung ein. Tritt die Belebung des kollektiven Unbewussten ein infolge des Zusammenbruches der Lebenshoffnungen und -erwartungen, so entsteht dadurch die Gefahr, dass sich das Unbewusste anstelle der Wirklichkeit setzt. Dieser Zustand wäre krankhaft. Tritt dagegen die Belebung ein durch psychologische Vorgänge im Unbewussten des Volkes, so fühlt sich zwar der Einzelne bedroht oder mindestens desorientiert, aber der daraus hervorgehende Zustand ist kein krankhafter, wenigstens nicht für das Individuum. Wohl aber ließe sich dann der Geisteszustand des ganzen Volkes mit einer Psychose vergleichen.
[57] GW 8, § 595

Menschenanhäufungen sind stets die Brutstätte psychischer Epidemien.
[85] GW 9/I, § 227

Dass ein Glied der europäischen Kulturfamilie so weit wie die Konzentrationslager geraten konnte, wirft auf alle anderen ein bedenkliches

Licht. Denn wer sind wir schließlich, dass wir uns einbilden könnten, etwas Ähnliches wäre bei uns völlig ausgeschlossen? Multiplizieren wir die schweizerische Bevölkerung mit zwanzig, so sind wir ein »Achtzig-Millionen-Volk« und unsere öffentliche Intelligenz und Moral sind dann durch zwanzig dividiert, infolge des geistig und moralisch verheerenden Einflusses der Massenaufhäufung und Vermassung. Damit ist die Grundlage zum Kollektivverbrechen geschaffen, und es ist dann schon ein Wunder, wenn es nicht eintritt. Glauben wir im Ernste, dass *wir* davor gefeit gewesen wären? Wir, die wir so und so viele Landesverräter und politische Psychopathen unter uns haben? Mit Schrecken sind wir gewahr geworden, was der Mensch alles kann und was wir daher auch könnten, und seitdem benagt uns ein furchtbarer Zweifel an der Menschheit, in welcher auch wir eingeschlossen sind.
[43] GW 10, § 412

Wer in etwas überwiegendem Maße Massenmensch ist, sieht prinzipiell nichts ein, braucht auch gar nichts einzusehen, denn der Einzige, der wirklich Fehler begehen kann, ist der große Anonymus, konventionell als »Staat« oder »Gesellschaft« bezeichnet. Derjenige aber, der weiß, dass etwas von ihm abhängt oder wenigstens abhängen sollte, fühlt sich für seine seelische Beschaffenheit verantwortlich, und dies umso mehr, je klarer er sieht, wie er sein müsste, um gesünder, stabiler und tauglicher zu werden. Befindet er sich gar auf dem Wege zur Assimilation des Unbewussten, so kann er sicher sein, keiner Schwierigkeit zu entgehen, welche unerlässliche Komponente seiner Natur ist.
[74] GW 8, § 410

Ist einer imstande, sich selbst verantwortlich zu fühlen, so ist er sich auch der Verpflichtung zur Gemeinschaft bewusst.
[64] GW 18/II, § 1361

Da jedermann blindlings davon überzeugt ist, dass er nichts ist als sein sehr bescheidenes und unwichtiges Bewusstsein, welches ordentlich seine Pflichten erfüllt und einen mäßigen Lebensunterhalt verdient, merkt niemand, dass diese ganze rational organisierte Masse, die man Staat oder Nation nennt, angetrieben wird von einer anscheinend unpersönlichen, unsichtbaren, aber furchtbaren Macht, die von niemandem und nichts aufgehalten werden kann. Diese schreckliche Macht wird meist erklärt als Furcht vor der benachbarten Nation, von der man annimmt, sie sei

von einem böswilligen Teufel besessen. Da niemand fähig ist zu erkennen, wo und wie stark er selbst besessen und unbewusst ist, projiziert man einfach den eigenen Zustand auf den Nachbarn, und so wird es zu einer heiligen Pflicht, die größten Kanonen und das giftigste Gas zu haben. Das Schlimmste dabei ist, dass man ganz recht hat. Alle Nachbarn werden beherrscht von einer unkontrollierten und unkontrollierbaren Angst, genau wie man selbst. In Irrenanstalten ist es eine wohlbekannte Tatsache, dass Patienten, die Angst leiden, weit gefährlicher sind als solche, die von Zorn oder Hass getrieben sind.
[55] GW 11, § 85

In der Masse herrscht die participation mystique, die nichts anderes als eine unbewusste Identität ist. Man geht zum Beispiel ins Theater: Sofort hängen alle Blicke an allen Blicken; jeder schaut, wie der andere schaut, und alle sind im unsichtbaren Netz der gegenseitigen unbewussten Beziehung gefangen. Wenn sich dieser Zustand steigert, so ist man förmlich getragen von der allgemeinen Welle des Identischseins. Das kann ein schönes Gefühl sein: ein Schaf unter zehntausend Schafen. Wenn ich gar vernehme, dass diese Menge eine große und wunderbare Einheit sei, dann bin ich ein Held, erhöht mit der Gruppe. Komme ich nachher zu mir, so entdecke ich, dass mein bürgerlicher Name soundso lautet und dass ich an der Soundso-Straße im dritten Stock wohne und dass diese Geschichte im Grunde genommen sehr schön gewesen ist; hoffentlich findet sie morgen wieder statt, damit ich mich wieder als ein ganzes Volk fühlen kann, was viel besser ist als der zivile XY. Da es ein leichter und bequemer Weg zur Rangerhöhung der Persönlichkeit ist, so hat der Mensch immer Gruppen gebildet, die kollektive Wandlungserlebnisse oft in Form rauschartiger Zustände ermöglichten. Die Rückidentifikation mit niederen und primitiveren Bewusstseinszuständen ist stets mit einer Erhöhung des Lebensgefühls verbunden.
[85] GW 9/I, § 226

Der Mensch hat eine Fähigkeit, welche für die Kollektivabsicht die allernützlichste und für die Individuation die allerschädlichste ist, das ist die *Nachahmung*. Die Gesellschaftspsychologie kann der Nachahmung gar nicht entraten, denn ohne sie sind Massenorganisationen, Staat und Gesellschaftsordnung einfach unmöglich; es ist ja nicht das Gesetz, welches die Gesellschaftsordnung macht, sondern die Nachahmung, in welchem Begriff auch Suggestibilität, Suggestion und geistige Ansteckung einge-

schlossen sind. Wir sehen aber auch jeden Tag, wie der Mechanismus der Nachahmung benützt oder vielmehr missbraucht wird zum Zwecke der persönlichen Differenzierung. Man ahmt dazu einfach eine hervorragende Persönlichkeit nach oder eine seltene Eigenschaft oder Betätigung, wodurch zwar eine Unterscheidung von der nächsten Umgebung in äußerlicher Beziehung zustande kommt, aber zur Strafe dafür – möchte man fast sagen – erhöht sich die trotzdem vorhandene Ähnlichkeit mit dem Geist der Umgebung zu einer unbewussten zwangsmäßigen Bindung an sie. Gewöhnlich bleibt der durch Nachahmung verfälschte Versuch zur individuellen Differenzierung in der Pose stecken, und der Mensch bleibt doch auf der Stufe, auf der er sich vor dieser befand, nur noch um einige Grade steriler als zuvor.
[110] GW 7, § 242

★

Das Element der Differenzierung ist das Individuum. Alle höchsten Leistungen an Tugenden, wie auch die größten Übeltaten sind individuell. Je größer eine Gemeinschaft ist und je mehr die jeder großen Gemeinschaft eigentümliche Summierung der Kollektivfaktoren zuungunsten des Individuellen durch konservative Vorurteile unterstützt wird, desto mehr wird das Individuum moralisch und geistig vernichtet, und damit wird auch die einzige Quelle für den sittlichen und geistigen Fortschritt der Sozietät verstopft. Damit gedeiht natürlich nur die Sozietät und alles Kollektive am Einzelnen. Alles Individuelle am Einzelnen aber ist zum Untergang, das heißt zur Verdrängung verurteilt. Damit gerät das Individuelle ins Unbewusste und verwandelt sich dort gesetzmäßig in das prinzipiell Schlechte, in das Destruktive und Anarchische, das sozial sich zwar in einzelnen, prophetisch veranlagten Individuen durch hervorragende Schandtaten bemerkbar macht, im Übrigen aber in allen anderen im Hintergrund bleibt und sich nur indirekt bemerkbar macht in einem unausweichlichen sittlichen Niedergang der Sozietät.
[110] GW 7, § 240

Es ist eine offenkundige Tatsache, dass die Sittlichkeit einer Sozietät als eines Ganzen umgekehrt proportional zu ihrer Größe ist, denn je mehr Individuen sich ansammeln, desto mehr werden die Individualfaktoren ausgelöscht und damit auch die Sittlichkeit, die ganz auf dem sittlichen Gefühl und der dafür unerlässlichen Freiheit des Individuums beruht.

Daher ist jeder Einzelne, wenn er in der Sozietät ist, unbewusst ein schlechterer Mensch in gewissem Sinne, als wenn er für sich allein handelt; denn er ist von der Sozietät getragen und in dem Maße seiner individuellen Verantwortlichkeit enthoben.

[110] GW 7, § 240

Eine große Gesellschaft, aus lauter trefflichen Menschen zusammengesetzt, gleicht an Moralität und Intelligenz einem großen, dummen und gewalttätigen Tier. Je größer nämlich die Organisationen sind, desto unvermeidlicher ist auch ihre Immoralität und blinde Dummheit (Senatus bestia, senatores boni viri). Wenn nun die Sozietät in ihren einzelnen Vertretern schon automatisch die kollektiven Qualitäten betont, so prämiert sie damit alle Mittelmäßigkeit, alles, was auf eine billige und verantwortungslose Weise zu vegetieren sich anschickt. Es ist unvermeidlich, dass das Individuelle an die Wand gedrückt wird. Dieser Prozess fängt in der Schule an und setzt sich an der Universität fort und beherrscht alles, wo der Staat seine Hand drin hat. Je kleiner ein sozialer Körper, desto mehr ist die Individualität der Mitglieder gewährleistet, desto größer ihre relative Freiheit und damit die Möglichkeit einer bewussten Verantwortlichkeit. Ohne Freiheit kann es keine Sittlichkeit geben.

[110] GW 7, § 240

Die Aufeinanderhäufung von Gemälden höchster Meisterschaft in Museen ist eine Katastrophe, und eine Versammlung von hundert bedeutenden Köpfen macht zusammen einen Wasserkopf.

[36] GW 10, § 944

Die Addition einer Million Nullen macht nicht einmal eine Eins.

[21] GW 10, § 535

Unsere Bewunderung vor den großen Organisationen schwindet, wenn wir der anderen Seite des Wunders innewerden, nämlich der ungeheuerlichen Anhäufung und Betonung alles Primitiven im Menschen und der unvermeidlichen Vernichtung seiner Individualität zugunsten des Monstrums, das jede große Organisation nun einmal ist. Ein Mensch von heutzutage, der dem moralischen Kollektivideal mehr oder weniger entspricht, hat aus seinem Herzen eine Mördergrube gemacht.

[110] GW 7, § 240

Herdenmäßige Ausebnung des Volksganzen durch Unterdrückung der natürlichen aristokratischen oder hierarchischen Struktur führt unausweichlich früher oder später zur Katastrophe. Denn wenn das Hervorragende eingeebnet ist, gehen die Richtpunkte verloren, und die Sehnsucht nach dem Geführtwerden wird unvermeidlich.
[11] GW 17, § 248

Der Natur scheint es nicht im Geringsten an einem höheren Bewusstseinszustand zu liegen, im Gegenteil; *auch* weiß die Sozietät solche seelischen Kunststücke nicht zu schätzen, prämiiert sie doch immer in erster Linie die Leistung und nicht die Persönlichkeit; Letztere pflegt meistens posthum zu sein.
[38] GW 8, § 768

Die Ansätze zu einer individuellen Bewusstwerdung und zur Reifung der Persönlichkeit sind, sozial gesehen, noch dermaßen schwach, dass sie gegenüber den historischen Notwendigkeiten überhaupt nicht ins Gewicht fallen. Sollen nicht die Grundlagen der europäischen Gesellschaftsordnung überhaupt ins Wanken kommen, so muss Autorität à tout prix und in erster Linie wiederhergestellt werden.

Aus diesem Grunde wohl entstand in Europa eine Bestrebung, das Kollektiv der Kirche durch das Kollektiv des Staates zu ersetzen.
[61] GW 16, §§ 221 f.

Die zunehmende Erwartung an den Staat ist kein gutes Symptom, es will nämlich bedeuten, dass das Volk auf dem besten Wege ist, zur Schafherde zu werden, welche immer von den Schäfern erwartet, auf gute Weide getrieben zu werden. Bald wird der Schäferstab zur eisernen Rute, und die Schäfer verwandeln sich in Wölfe.
[43] GW 10, § 413

Man hat es bisher nicht deutlich und gründlich genug bemerkt, dass unsere Zeit, trotz der Überhandnahme der Irreligiosität, mit der Errungenschaft des christlichen Zeitalters sozusagen erheblich belastet ist, nämlich mit der *Herrschaft des Wortes,* jenes Logos, der die Zentralfigur des christlichen Glaubens darstellt. Das Wort ist wortwörtlich zu unserem Gott geworden und ist es geblieben, auch wenn wir das Christentum nur noch vom Hörensagen kennen. Wörter wie »Gesellschaft« und »Staat« sind dermaßen konkretisiert, dass sie beinahe personifiziert sind.

Im Vulgärglauben ist der Staat, noch mehr als je ein König der Vorzeit, zum unerschöpflichen Spender aller Güter geworden, der Staat wird angerufen, verantwortlich gemacht, angeklagt usw. Die Gesellschaft wird zum Range eines obersten ethischen Prinzips erhoben, ja man traut ihr sogar schöpferische Fähigkeiten zu. Keiner scheint zu merken, dass die für eine gewisse Phase der historischen Geistesentwicklung nötige göttliche Verehrung des Wortes eine gefährliche Schattenseite hat. Im Augenblick nämlich, wo das »Wort« durch jahrhundertelange Erziehung allgemeine Geltung erlangt, trennt es sich von seiner ursprünglichen Bindung an die göttliche Person. Es gibt dann eine ebenso personifizierte Kirche und – last, not least – einen ebenso personifizierten Staat; der Glaube an das »Wort« wird zur Wortgläubigkeit, und das Wort selber zum infernalen Slogan, der jeden Betruges fähig ist.
[21] GW 10, § 554

Unser Verhängnis sind Ideologien – sie entsprechen dem lang erwarteten Antichrist.
[18] GW 11, § 778

Was nützt irgendwelche technische Verbesserung, wenn die Menschheit noch vor jenen kindischen, lächerlich-furchtbaren Tyrannen im Stile Hitlers zittern muss? Derartige Gestalten verdanken ihre Macht nur der erschreckenden Unerwachsenheit des Menschen von heutzutage, seiner geistigen Unreife und seiner barbarischen Unbewusstheit. Wir können uns die Unterschätzung des seelischen Faktors im Weltgeschehen wahrhaftig nicht mehr leisten.
[14] GW 18/II, §§ 1278

Masse als solche ist stets anonym und unverantwortlich. Sogenannte Führer sind unvermeidliche Symptome einer Massenbewegung. Die wahren Führer der Menschheit sind stets die, welche sich auf sich selbst besinnen und das Schwergewicht der Masse wenigstens um ihr eigenes Gewicht erleichtern, indem sie sich von der blinden Naturgesetzlichkeit der bewegten Masse bewusst ferngehalten haben.

Wer aber vermag dieser allüberwältigenden Anziehungskraft zu widerstehen, wo einer sich an den anderen klammert und einer den anderen mitreißt? Einzig der, der nicht nur in der Welt des Äußeren, sondern auch in der des Inneren steht.
[9] GW 10, §§ 326f.

Welcher Verzweiflung wird es noch bedürfen, um den verantwortlichen Führern der Menschheit so weit die Augen zu öffnen, dass sie sich selber wenigstens der Verführung enthalten können?
[106] GW 9/I, § 455

Der Weise, auf den man nicht hört, gilt als Narr, und der Narr, der die allgemeine Torheit zuerst und am lautesten verkündet, als Prophet und Führer, und manchmal ist es glücklicherweise auch umgekehrt, sonst wäre die Menschheit an ihrer Dummheit schon längst zugrunde gegangen.
[42] GW 14/II, § 438

Man könnte ja vielleicht erwarten, ein genialer Mensch vermöchte sich an der Größe seines eigenen Gedankens zu weiden und auf den billigen Beifall der von ihm verachteten Menge zu verzichten; er unterliegt aber dem mächtigeren Triebe des Herdeninstinktes, sein Suchen und sein Finden, sein Ruf gilt unweigerlich der Herde und *muss* gehört werden.
[73] GW 5, § 14

Wegen der kaum zu überschätzenden Wichtigkeit des persönlichen Prestiges bedeutet die Möglichkeit einer regressiven Auflösung in die Kollektivpsyche eine Gefahr, nicht bloß für das ausgezeichnete Individuum, sondern auch für seine Gefolgschaft. Eine solche Möglichkeit tritt aber am ehesten dann ein, wenn das Ziel des Prestiges, nämlich allgemeine Anerkennung, erreicht ist. Damit wird die Person zur kollektiven Wahrheit. Das ist immer der Anfang vom Ende. Es ist nämlich nicht nur für das ausgezeichnete Individuum eine positive Leistung, ein Prestige zu erzeugen, sondern auch für seinen Clan. Der eine zeichnet sich aus durch seine Taten, die vielen zeichnen sich aus durch Verzicht auf die Macht. Solange diese Einstellung erkämpft und erhalten werden muss gegen feindliche Einflüsse, bleibt die Leistung positiv: Sobald aber keine Hindernisse mehr vorhanden sind und die Allgemeingültigkeit erreicht ist, verliert das Prestige den positiven Wert und wird in der Regel zum caput mortuum. Dann setzt eine schismatische Bewegung ein, womit der Prozess wieder von vorn beginnt.
[110] GW 7, § 238

Gewiss ist mein Amt meine mir zugehörige Tätigkeit, zugleich aber ist es auch ein kollektiver Faktor, der aus der Zusammenwirkung vieler histo-

risch zustande gekommen ist und dessen Würde nur einer kollektiven Zustimmung ihr Dasein verdankt. Wenn ich mich daher mit meinem Amt oder Titel identifiziere, so benehme ich mich, wie wenn ich der ganze komplexe, soziale Faktor, den ein Amt darstellt, selber wäre, wie wenn ich nicht nur der Träger des Amtes, sondern auch zugleich die Zustimmung der Gesellschaft wäre. Damit habe ich mich ungewöhnlich ausgedehnt und Eigenschaften usurpiert, die keineswegs in mir, sondern außer mir sind.
[110] GW 7, § 227

Es besteht heute eine tiefe Kluft zwischen dem, was einer ist und was einer vorstellt, das heißt zwischen dem, was er als Individuum, und dem, was er als Kollektivwesen darstellt. Seine Funktion ist entwickelt, seine Individualität aber nicht. Ist er trefflich, so ist er mit seiner Kollektivfunktion identisch, ist er aber das Gegenteil davon, so ist er zwar als Funktion in der Sozietät geschätzt, aber als Individualität ist er ganz auf der Seite seiner minderwertigen, unentwickelten Funktionen, infolgedessen er einfach barbarisch ist, während der Erstere sich über seine tatsächlich bestehende Barbarei glücklich hinweggetäuscht hat.
[58] GW 6, § 111

In seiner Identität mit der Kollektivpsyche wird der Mensch unfehlbar versuchen, die Ansprüche seines Unbewussten anderen aufzudrängen, denn die Identität mit der Kollektivpsyche bringt das Gefühl der Allgemeingültigkeit (»Gottähnlichkeit«) mit sich, welche sich über die andersartige, persönliche Psyche des Mitmenschen einfach hinwegsetzt. (Das Gefühl der Allgemeingültigkeit stammt aus der Universalität der Kollektivpsyche.) Eine kollektive Einstellung setzt natürlicherweise beim anderen dieselbe Kollektivpsyche voraus. Das bedeutet aber ein rücksichtsloses Hinwegsehen über die individuellen Unterschiede sowohl wie über Unterschiede allgemeinerer Art, die es sogar innerhalb der Kollektivpsyche gibt […], eine Erstickung des Einzelwesens, wodurch das Element der Differenzierung in einer Gemeinschaft ausgerottet wird.
[110] GW 7, § 240

Der Mensch kann nicht ohne die Sozietät existieren, so wie er auch nicht sein kann ohne Sauerstoff, Wasser, Eiweiß, Fett usw. Wie diese, so ist auch die Sozietät eine der notwendigsten Existenzbedingungen. Es wäre lächerlich zu behaupten, der Mensch lebe dazu, um Luft atmen zu können.

Ebenso lächerlich ist es, zu sagen, das Individuum existiere für die Sozietät. »Sozietät« ist ein bloßer Begriff für die Symbiose einer Menschengruppe. Ein Begriff ist kein Lebensträger. Der natürliche und einzige Lebensträger ist das Individuum, und dem ist so in der ganzen Natur.
[61] GW 16, § 224

Obschon allgemeine biologische Triebkräfte auch die Persönlichkeitsbildung ermöglichen, so ist doch eben gerade das Individuelle essenziell verschieden vom allgemeinen Triebe, steht dazu sogar im striktesten Gegensatz, wie das Individuum als Persönlichkeit sich immer von der Kollektivität unterscheidet. Sein Wesen besteht eben gerade in dieser Unterscheidung. Jede Ich-Psychologie muss daher gerade das Kollektive der Triebpsychologie ausschließen und übergehen, denn sie beschreibt eben den Ich-Prozess, der sich vom Kollektivtriebe differenziert.
[58] GW 6, § 88

Um zu entdecken, was in uns eigentlich individuell ist, bedarf es schon eines gründlichen Nachdenkens, und wir werden plötzlich inne, wie ungemein schwierig die Entdeckung der Individualität ist.
[110] GW 7, § 242

Über die psychologische Verschiedenheit der Menschen, diesen notwendigsten Faktor der Lebensenergie einer menschlichen Gesellschaft, wird keine soziale Gesetzgebung hinwegkommen. Darum ist es wohl nützlich, von der Verschiedenartigkeit der Menschen zu reden. Diese Unterschiede bedingen derartig verschiedene Glücksansprüche, dass keine auch noch so vollkommene Gesetzgebung ihnen jemals auch nur annähernd genügen könnte. Es wäre auch keine noch so billig und gerecht erscheinende allgemeine äußere Lebensform zu erdenken, welche nicht für den einen oder anderen Typus Mensch eine Ungerechtigkeit bedeuten würde. Dass trotzdem allerhand Schwärmer politischer, sozialer, philosophischer und religiöser Natur am Werke sind, jene allgemeinen und gleichartigen äußeren Bedingungen, welche eine allgemeine größere Glücksmöglichkeit bedeuten sollen, ausfindig zu machen, scheint mir an der zu sehr am Äußeren orientierten allgemeinen Einstellung zu liegen.
[58] GW 6, § 845

Man ist immer wieder erstaunt zu sehen, wie viel an unserer sogenannten individuellen Psychologie eigentlich kollektiv ist. Es ist so viel, dass das

Individuelle dahinter ganz verschwindet. Da nun aber die Individuation eine ganz unumgängliche psychologische Forderung ist, so lässt sich aus der Betrachtung der Übermacht des Kollektiven ermessen, was für eine ganz besondere Aufmerksamkeit man dieser zarten Pflanze »Individualität« schenken muss, damit sie vom Kollektiven nicht völlig erstickt wird.
[110] GW 7, § 241

Man gibt sich gern der lächerlichen Befürchtung hin, der Mensch sei als das, was er in Wirklichkeit ist, ein ganz unhaltbares Wesen, und wenn alle Menschen so würden, wie sie wirklich seien, so entstünde eine schauderhafte soziale Katastrophe. Unter dem Menschen, wie er wirklich ist, verstehen viele Individualisten von heutzutage in höchst einseitiger Weise bloß das ewig unzufriedene, anarchistische und begehrerische Element im Menschen und vergessen ganz, dass doch ebenderselbe Mensch auch die streng geschlossenen Formen heutiger Zivilisation geschaffen hat, welche größere Festigkeit und Stärke besitzen als die anarchistischen Unterströmungen. Das Stärkersein der sozialen Persönlichkeit ist eine der unerlässlichsten Existenzbedingungen des Menschen. Wäre es nicht so, so hörte der Mensch auf zu existieren. Das Begehrerische und Aufrührerische, das uns in der Psychologie des Neurotikers entgegentritt, ist nicht etwa der Mensch, wie er wirklich ist, sondern ein infantiles Zerrbild. In Wirklichkeit ist der normale Mensch »staatserhaltend und moralisch«, er schafft die Gesetze und beobachtet sie; nicht weil ihm solches von außen aufgenötigt wäre – das wäre eine kindliche Idee –, sondern weil er Ordnung und Gesetz mehr liebt als Laune, Unordnung und Gesetzlosigkeit.
[87] GW 4, § 442

Obschon es gewiss eine schöne Sache ist, dass jeder vor dem Gesetze gleich sei, dass jeder seine politische Stimme habe und dass keiner durch ererbte Standesvorrechte ungerechterweise seinen Bruder überrage, so wird dieselbe Sache weniger schön, wenn man diesen Gleichheitsgedanken noch auf andere Gebiete des Lebens ausdehnt. Es muss jemand schon einen sehr getrübten Blick haben oder aus einer sehr nebelhaften Distanz die menschliche Gesellschaft anschauen, wenn er meinen sollte, dass durch gleichmäßige Regulierungen des Lebens eine gleichmäßige Verteilung des Glückes erzielt werden könne. Er müsste schon etwa im Wahne befangen sein, dass zum Beispiel der gleiche Betrag an Einkommen respektive an äußerer Lebensmöglichkeit für alle ungefähr dieselbe Bedeutung besitzen müsse. Was tut ein solcher Gesetzgeber aber mit

allen jenen, deren größere Lebensmöglichkeit innen liegt anstatt außen? Er müsste, wenn er gerecht wäre, dem einen etwa doppelt so viel geben wie dem anderen, denn dem einen bedeutet es viel und dem anderen wenig.
[58] GW 6, § 845

Es führt das menschliche Ich als Führer einer kleinen Armee im Kampf mit seiner Umgebung nicht selten einen Krieg auf zwei Fronten, vorne den Kampf ums Dasein, hinten den Kampf gegen die eigene rebellische Triebnatur. Auch wenn man kein Pessimist ist, so fühlt sich unser Dasein eher als ein Kampf an als irgendetwas anderes. Der Friedenszustand ist ein Desideratum; und wenn einer mit der Welt und mit sich selber Frieden geschlossen hat, so ist dies ein bemerkenswertes Ereignis.
[4] GW 8, § 693

Das Lebensoptimum ist nicht auf der Seite des rohen Egoismus; der Mensch erreicht auch niemals sein Lebensoptimum auf der Linie des Egoismus, denn im Grunde genommen ist er so beschaffen, dass ihm die Freude des Nächsten, deren Verursacher er ist, etwas Unerlässliches bedeutet. Ebenso wenig ist das Lebensoptimum zu erreichen auf dem Wege eines ungezügelten individualistischen Überordnungsdranges, denn das kollektive Element im Menschen ist so stark, dass seine Sehnsucht nach Gemeinschaft ihm die Freude am nackten Egoismus verdürbe. Das Lebensoptimum lässt sich nur erreichen durch den Gehorsam gegen die Strömungsgesetze der Libido, welche Systole und Diastole einander folgen lassen, die die Freude geben und die notwendige Beschränkung, welche auch die Lebensaufgaben individueller Natur stellen, ohne deren Erfüllung das Lebensoptimum nie erreicht werden kann.
[58] GW 6, § 356

★

Wir können als Nation weder beschämt sein noch können wir uns als solche ändern. Ändern oder bessern kann sich nur der Einzelne, der in seiner seelischen Entwicklung das nationale Präjudiz zu überwachsen vermag. Der Nationalcharakter ist dem Menschen als ein ungewähltes Schicksal auferlegt wie ein schöner oder hässlicher Körper. Nicht der Wille des Einzelnen gestaltet das Werden und Vergehen der Nationen, sondern es sind überpersönliche Faktoren, der Geist und die Erde, welche, auf uns unverständlichen Wegen und aus dunkeln Hintergründen Völker formen.

[10] GW 10, § 921

Das Geheimnis der Erde ist kein Spaß und kein Paradoxon. Man muss in Amerika gesehen haben, wie schon in der zweiten Generation die Schädel- und Beckenmaße aller europäischen Rassen sich indianisieren. Das ist das Geheimnis der amerikanischen Erde.

[84] GW 10, § 18

Der in Jahrhunderten aufgebaute schweizerische Nationalcharakter ist keine Zufallsbildung, sondern eine sinnvolle Reaktion auf die widerspruchsvollen, auflösenden und darum gefährlichen Einflüsse der Umgebung. So wie die Schweiz verstehen muss, warum ein Geist wie Keyserling so scharf über sie urteilt, so sollte sie auch verstehen, dass gerade ihr Anfechtbares zu ihren unerlässlichen Besitztümern gehört.

[10] GW 10, § 924

Unser schönster Berg, der die Schweiz weit und breit beherrscht, heißt *Jungfrau*. Die Jungfrau Maria ist die Schutzpatronin der Schweiz, und von dieser Jungfrau sagt Tertullian: »Illa *terra virgo* nondum pluviis rigata …« [jene jungfräuliche, noch nicht von Regen bewässerte Erde], und Augustin sagt: »Veritas de terra orta est, quia Christus de virgine natus est« [die Wahrheit ist aus der Erde hervorgegangen, da Christus aus der Jungfrau geboren wurde] – noch lebendige Erinnerung, dass die jungfräuliche Mutter die Erde ist. Seit alten Zeiten ist das der Schweiz zugehörige astrologische Zodion entweder das der Jungfrau oder das des Stieres; beides sind sogenannte Erdzeichen, ein untrüglicher Hinweis darauf, dass schon den alten Astrologen der chthonische Charakter der Schweizer nicht entgangen war. Aus der Erdgebundenheit des Schweizers gehen sozusagen alle seine guten und schlechten Eigenschaften hervor, die Bodenständigkeit, die Beschränktheit, der Eigensinn, die Ablehnung des Fremden, das Misstrauen, das ärgerliche Schwyzerdütsch und die Unbekümmertheit oder Neutralität – politisch ausgedrückt. Die Schweiz besteht aus vielen Tälern, Vertiefungen der Erdrinde, in denen die Ansiedlungen der Menschen eingebettet sind. Nirgends sind unermessliche Ebenen, in denen es gleichgültig ist, wo man wohnt, wo es keine Sonnen- und Schattenlagen gibt; nirgends dehnen sich weite Küsten, an die das Weltmeer mit seiner Kunde ferner Länder brandet. Im Rückgrat des

Kontinentes, in die Erde eingebohrt, lebt troglodytisch der Alpenbewohner, umgeben von mächtigen Völkern, denen die weite Welt gehört, die sich in Kolonien ausdehnen oder durch die Schätze ihres Bodens sich bereichern können. Seine Seele klammert sich an das, was er hat, denn alles andere haben die anderen, die Mächtigen. Unter keinen Umständen will er sich das Seine nehmen lassen. Sein Volk ist klein und sein Besitz beschränkt. Hat er ihn verloren, woraus soll er ihn ersetzen?
[10] GW 10, § 914

Wir können nichts von außen, von der Welt, von der Geschichte borgen und holen. Das Wesentliche kann nur aus uns selber wachsen. Wenn daher der weiße Mensch seinen Instinkten getreu ist, so reagiert er mit instinktiver Abwehr gegen alles, was man ihm sagen und raten könnte. Und was er schon verschlungen hat, muss er als corpus alienum wieder ausstoßen, denn sein Blut refüsiert das auf fremdem Boden Gewachsene.
[104 A] S. 203

Erfüllt die neutrale Schweiz mit ihrer rückständigen, erdhaften Art eine sinnvolle Funktion im europäischen System? Ich glaube, diese Frage bejahen zu müssen. Es gibt nämlich auf die politische oder kulturelle Frage nicht nur die eine Antwort: *Geist, Fortschritt, Änderung,* sondern auch die andere: *Stillstand, Festhalten.* Der ewige Fortschritt geht bekanntlich auch gelegentlich den Berg hinunter. Gegenüber einem gefährlich raschen Tempo könnte Stillstand eine wahre Erlösung bedeuten. Auch Völker werden müde und sehnen sich nach einer Stabilisierung der politischen und sozialen Faktoren. Was hat die Pax Romana dem römischen Imperium bedeutet?
[10] GW 10, § 922

Es gibt zwei Arten der Einmischung, gegen die der Schweizer seine Borsten aufrichtet: die politische und die geistige. Dass er sich gegen politische Einmischung aufs Äußerste wehrt – dieses Äußerste ist die notgeborene Kunst der Neutralität – ist ohne Weiteres begreiflich. Dass er sich gegen die geistige Einmischung wehrt, ist geheimnisvoller, aber unzweifelhaft wahr. Ich kann dies aus meiner praktischen Erfahrung durchaus bestätigen: Engländer, Amerikaner und Deutsche sind als Patienten neuen Ideen um ein Vielfaches zugänglicher als die Schweizer. Eine Idee bedeutet für jene in der Regel kein Risiko, wohl aber für den Schweizer. Für ihn ist eine neue Idee etwas wie ein unbekanntes, gefährliches Tier,

dem man entweder tunlichst aus dem Wege geht oder sich wenigstens mit äußerster Vorsicht nähert.
[10] GW 10, § 916

Sollte es so sein, dass wir die rückständigste, konservativste, eigensinnigste, selbstgerechteste und borstigste aller europäischen Nationen sind, so würde das für den europäischen Menschen bedeuten, dass er in seinem Zentrum richtig zu Hause ist, bodenständig, unbekümmert, selbstsicher, konservativ und rückständig, das heißt noch aufs Innigste mit der Vergangenheit verbunden, neutral zwischen den fluktuierenden und widerspruchsvollen Strebungen und Meinungen der anderen Nationen respektive Funktionen. Das wäre keine üble Rolle für die Schweiz, Europas Erdenschwere darzustellen und damit den Sinn eines Gravitationszentrums zu erfüllen.
[10] GW 10, § 920

Man unterscheidet ungenügend zwischen Individualismus und Individuation. Individualismus ist ein absichtliches Hervorheben und Betonen der vermeintlichen Eigenart im Gegensatz zu kollektiven Rücksichten und Verpflichtungen. Individuation aber bedeutet geradezu eine bessere und völligere Erfüllung der kollektiven Bestimmungen des Menschen, indem eine genügende Berücksichtigung der Eigenart des Individuums eine bessere soziale Leistung erhoffen lässt, als wenn die Eigenart vernachlässigt oder gar unterdrückt wird.
[110] GW 7, § 267

Niemand kann sich selber erkennen und von seinem Nebenmenschen unterscheiden, wenn er von diesem ein entstelltes Bild hat, wie auch niemand den anderen verstehen kann, wenn er zu sich selber keine Beziehung hat.
[42] GW 14/II, § 396

Die Erschütterung des modernen Bewusstseins durch die immense Katastrophenfolge des Weltkrieges ist innerlich begleitet durch die moralische Erschütterung des Glaubens an uns selbst und an unsere Güte. Früher durften wir politisch und moralisch die fremden anderen für Bösewichte halten, der Moderne aber muss einsehen, dass er politisch und moralisch genau dasselbe ist wie alle anderen. Wenn ich früher glaubte, es sei meine gottgewollte Pflicht, andere zur Ordnung zu rufen, so weiß ich jetzt, dass

ich des Ordnungsrufes ebenso bedarf und dass ich darum wohl am besten täte, zuerst einmal mein eigenes Haus zu bestellen.
[68] GW 10, § 162

Das Grauen, das von den Diktaturstaaten neuerdings über die Menschheit gebracht worden ist, bildet nichts anderes als den Gipfelpunkt all jener Scheußlichkeiten, deren sich unsere näheren und ferneren Ahnen schuldig gemacht haben. Angefangen mit den Grausamkeiten und Blutbädern unter christlichen Völkern, von denen die europäische Geschichte strotzt, hat der Europäer auch noch all das zu verantworten, was seine Koloniegründungen bei exotischen Völkern verbrochen haben. Wir sind in dieser Hinsicht aufs Schwerste belastet. Daraus ergibt sich das Bild des allgemeinen menschlichen Schattens, das man nicht schwärzer malen kann.
[21] GW 10, § 571

Wir starren fasziniert auf die Verhältnisse um uns herum, statt dass wir unser Herz und Gewissen prüfen. Jeder Demagog macht sich diese menschliche Schwäche zunutze, indem er mit möglichst viel Geschrei auf Äußeres hinweist, das nicht stimmt. Was aber in erster Linie und in absolut ausschlaggebender Weise nicht stimmt, ist der Mensch.
[43] GW 10, § 441

Wenn ein innerer Tatbestand nicht bewusst gemacht wird, dann ereignet er sich als Schicksal außen, das heißt wenn der Einzelne einheitlich bleibt und sich seines inneren Gegensatzes nicht bewusst wird, so muss wohl die Welt den Konflikt darstellen und in zwei Hälften zerteilt werden.
[1] GW 9/II, § 126

Teil 3
Das Reich der Werte

Nur allein der Mensch
Vermag das Unmögliche:
Er unterscheidet,
Wählet und richtet;
Er kann dem Augenblick
Dauer verleihen.
Er allein darf
Den Guten lohnen,
Den Bösen strafen,
Heilen und retten,
Alles Irrende, Schweifende
Nützlich verbinden.
GOETHE

Erkennendes und schöpferisches Sein

Die Erkenntnis beruht nicht nur auf Wahrheit, sondern auch auf Irrtum.
[20] GW 4, § 774

Irrtümer bildeten schließlich meist die Fundamente der Wahrheit, und wenn man von einem Ding nicht weiß, was es ist, so bedeutet es schon einen Erkenntniszuwachs, wenn man weiß, was es *nicht* ist.
[1] GW 9/II, § 429

Ich halte nicht den für einen Dunkelmann, der sein Nichtwissen eingesteht, sondern jenen, dessen Bewusstsein noch nicht einmal so weit entwickelt ist, dass er um sein Nichtwissen weiß.
[53] GW 12, § 564

Ich kann mich nicht mit dem Standpunkt befreunden, gewisse Arbeitshypothesen deshalb zu unterdrücken, weil sie möglicherweise keine ewige Gültigkeit besitzen oder weil sie vielleicht irgendwie irrtümlich sind.
[73] GW 5, § 685

Als ein großes Hindernis psychologischer Verständigung erweist sich der Vorwitz, wissen zu wollen, ob der vorgebrachte psychologische Zusammenhang »wahr« oder »richtig« sei. Wenn die Darstellung nicht verdreht oder gar erlogen ist, dann ist der Tatbestand, so wie er ist, gültig und erweist seine Gültigkeit durch seine Existenz. Ist der Platypus eine »wahre« oder »richtige« Erfindung des Schöpferwillens?
[76] GW 8, § 192

Das Ideal und der Zweck der Wissenschaft bestehen nicht darin, eine möglichst genaue Beschreibung der Tatsachen zu geben – die Wissenschaft kann doch nicht konkurrieren mit kinematografischen und phonografischen Aufnahmen –, sondern sie erfüllt ihren Zweck und ihre Absicht nur in der Aufstellung des Gesetzes, welches nichts ist als ein abgekürzter Ausdruck für mannigfaltige und doch als irgendwie einheitlich erfasste Prozesse. Dieser Zweck erhebt sich mittels der *Auffassung*

über das schlechthin Erfahrbare und wird immer, trotz allgemeiner und erwiesener Gültigkeit, ein Produkt der subjektiven psychologischen Konstellation des Forschers sein. In wissenschaftlicher Theorie- und Begriffsbildung liegt viel von persönlicher Zufälligkeit. Es gibt auch eine psychologische persönliche Gleichung, nicht bloß eine psychophysische.
[58] GW 6, § 9

Wir sehen Farben, aber keine Wellenlängen. Diese wohlbekannte Tatsache muss nirgends mehr beherzigt werden als in der Psychologie. Die Wirksamkeit der persönlichen Gleichung fängt schon an bei der Beobachtung. *Man sieht, was man am besten aus sich sehen kann.* So sieht man zuallererst den Splitter in seines Bruders Auge. Kein Zweifel, der Splitter ist dort, aber der Balken sitzt im eigenen – und dürfte den Akt des Sehens einigermaßen behindern. Ich misstraue dem Prinzip der »reinen Beobachtung« in der sogenannten objektiven Psychologie, es sei denn, man beschränke sich auf die Brille des Chronoskopes, des Tachistokopes und anderer »psychologischer« Apparate. Man sichert sich damit auch gegen eine zu große Ausbeute an psychologischen Erfahrungstatsachen. Noch viel mehr kommt aber die persönliche psychologische Gleichung zur Geltung bei der Darstellung oder Mitteilung des Beobachteten, gar nicht zu sprechen von der Auffassung und Abstraktion des Erfahrungsmaterials! Nirgends wie in der Psychologie ist es eine unerlässliche Grundforderung, dass der Beobachter und Forscher seinem Objekt adäquat sei, in dem Sinne, dass er imstande wäre, nicht nur das eine, sondern auch das andere zu sehen. Die Forderung, dass er *nur* objektiv sehe, ist gar nicht zu erheben; denn das ist unmöglich. Wenn man nicht *zu* subjektiv sieht, so dürfte man schon zufrieden sein.
[58] GW 6, §§ 9f.

Man soll sich unter keinen Umständen der unwissenschaftlichen Illusion hingeben, dass ein subjektives Präjudiz zugleich auch eine universale seelische Grundwahrheit sei. Daraus entsteht keine Wissenschaft, sondern ein Glaube, dessen Schatten Unduldsamkeit und Fanatismus ist. Kontradiktorische Ansichten gehören zum Werdegang einer Wissenschaft. Sie sollten sich aber nicht gegeneinander versteifen, sondern baldmöglichst ihre Synthese suchen.
[30] GW 18/II, § 1774

Relativ endgültige Wahrheit bedarf des Zusammenklangs vieler Stimmen.
[44] GW 18/II, § 1236

Wir sind heute überzeugt, dass es auf allen Wissensgebieten psychologische Prämissen gibt, welche über die Auswahl des Stoffes, die Methode der Bearbeitung, die Art der Schlüsse und über die Konstruktion von Hypothesen und Theorien Entscheidendes aussagen. Wir glauben sogar, dass die Persönlichkeit Kants eine nicht unwesentliche Voraussetzung der »Kritik der reinen Vernunft« war. Nicht nur die Philosophen, sondern auch die eigenen philosophischen Neigungen, ja unsere sogenannten »besten« Wahrheiten fühlen sich beim Gedanken an eine persönliche Prämisse beunruhigt, wenn nicht geradezu bedroht. Jede schöpferische Freiheit – so rufen wir aus – ist uns damit genommen! Wie, ein Mensch soll nur das denken, sagen und tun können, was er ist?
[56] GW 9/I, § 150

Was der kausalen Betrachtung *Tatsache* ist, ist der finalen *Symbol* und umgekehrt. Alles, was der einen Ansicht *eigentlich* ist, ist der anderen *uneigentlich*. Wir müssen es darum beim antinomischen Postulat bewenden lassen und die Welt *auch* als psychisches Phänomen betrachten. Gewiss ist für die Wissenschaft unerlässlich zu wissen, wie es »an sich« sei, aber auch die Wissenschaft kann die psychologischen Bedingungen des Erkennens nicht umgehen, und die Psychologie hat diese Bedingungen noch ganz besonders wahrzunehmen.
[80] GW 8, § 45

Da ich kein Philosoph, sondern ein Empiriker bin, so kann ich es mir nicht gestatten, mein besonderes Temperament, das heißt meine individuelle Einstellung denkerischen Problemen gegenüber, als allgemeingültig vorauszusetzen. Solches darf sich anscheinend nur derjenige Philosoph leisten, der seine Disposition und Einstellung als allgemein voraussetzt und seine individuelle Fragwürdigkeit, wenn irgend möglich, nicht als wesentliche Bedingung seiner Philosophie anerkennt.
[56] GW 9/I, § 149

Das Tragische ist, dass die Psychologie über keine überall mit sich selber identische Mathematik verfügt. Damit ermangelt sie jenes immensen Vorteils eines archimedischen Punktes, dessen sich die Physik erfreut.

Letztere beobachtet vom psychischen Standpunkt Physisches und kann dieses in Psychisches übersetzen. Die Psyche hingegen beobachtet sich selber und kann das Beobachtete nur wieder in ein anderes Psychisches übersetzen.

[74] GW 8, § 421

Die neuesten Entwicklungen der Psychologie zeigen mit immer größerer Deutlichkeit, dass es nicht nur keine einfachen Formeln gibt, aus denen die Welt der Seele abzuleiten wäre, sondern auch, dass es uns noch nicht einmal gelungen ist, das Erfahrungsgebiet des Seelischen mit hinreichender Sicherheit zu definieren. Ja, die wissenschaftliche Psychologie hat, trotz ihrer immensen Oberflächenausdehnung, noch nicht einmal angefangen, sich von einem berghohen Wust von Vorurteilen zu befreien, der ihr den Zugang zur wirklichen Seele aufs Nachhaltigste versperrt. Die Psychologie, als die jüngste aller Wissenschaften, ist eben erst entstanden und leidet deshalb an allen jenen Kinderkrankheiten, welche die Entwicklungsjahre der Naturwissenschaften des späteren Mittelalters heimsuchten. Noch gibt es Psychologien, welche das seelische Erfahrungsgebiet auf das Bewusstsein und seine Inhalte beschränken, oder solche, welche das Seelische nur als Reaktivphänomen ohne autonome Bestimmung verstehen. Die Tatsache einer unbewussten Psyche hat noch immer keine unumstrittene Geltung, trotzdem ein erdrückendes Erfahrungsmaterial vorhanden ist, welches über jeden Zweifel hinaus dartun könnte, dass es keine Bewusstseinspsychologie geben kann ohne Anerkennung des Unbewussten. Ohne diese Grundlage kann kein Gegenstand der Psychologie, insofern er irgendwie komplexer Natur ist, behandelt werden. Die wirkliche Seele, auf die es im Leben und in der Wirklichkeit ankommt, ist aber die Komplexität selber.

[29] GW 18/II, § 1796

Es wäre wirklich an der Zeit, dass die akademische Psychologie sich einmal zur Wirklichkeit bekehrte und von der wirklichen Menschenseele hören wollte und nicht bloß von Laboratoriumsexperimenten. Es sollte nicht mehr so sein, dass Professoren ihren Schülern die Beschäftigung mit Analytischer Psychologie verbieten oder ihnen den Gebrauch analytischer Begriffe untersagen oder dass man unserer Psychologie den Vorwurf macht, dass sie in unwissenschaftlicher Weise »Alltagserfahrungen berücksichtige«. Ich weiß, dass die allgemeine Psychologie den größten Gewinn aus einer ernsthaften Beschäftigung, zum Beispiel mit dem

Traumproblem, ziehen könnte, wenn sie sich nur einmal von dem ganz ungerechtfertigten und laienhaften Vorurteil, die Träume entsprängen somatischen Reizen, befreien könnte. Die Überschätzung des Somatischen ist auch in der Psychiatrie einer der wesentlichsten Gründe, warum die Psychopathologie keine Fortschritte macht, insofern sie nicht direkt von der Analyse befruchtet ist. Das Dogma: »Geisteskrankheiten sind Gehirnkrankheiten«, ist ein Überbleibsel des Materialismus der 70er-Jahre des vorigen Jahrhunderts. Es ist zu einem durch nichts zu rechtfertigenden Vorurteil geworden, das jeden Fortschritt hemmt.
[2] GW 8, § 529

Sosehr man sich über »metaphysische Phantome« entrüstet, wenn jemand den Zellvorgang vitalistisch erklärt, so sehr gilt die physische Hypothese als »wissenschaftlich«, obschon sie nicht minder fantastisch ist. Sie passt aber ins materialistische Vorurteil, und darum ist jeder Unsinn, sobald er nur Psychisches in Physisches zu verwandeln verspricht, wissenschaftlich geheiligt. Hoffentlich ist die Zeit nicht mehr fern, wo unseren Wissenschaftsvertretern dieser Zopf eines eingerosteten und gedankenlos gewordenen Materialismus abgeschnitten wird.
[2] GW 8, § 529

Nur der, der das Weltgeschehen als eine Kette von mehr oder weniger irrtümlichen Zufälligkeiten betrachtet und deshalb glaubt, es bedürfe beständig der erzieherischen Hand des vernunftbegabten Menschen, kann auf die Idee kommen, der Forschungsweg der Psychoanalyse sei ein Irrweg gewesen, den man mit einer Warntafel versehen müsse. Außer der vertieften Einsicht in die psychologische Determination verdanken wir diesem »Irrtum« Fragestellungen von unabsehbarer Tragweite. Wir müssen froh und dankbar sein, dass Freud den Mut hatte, diesen Weg sich führen zu lassen. Nicht solche Dinge hindern den Fortschritt der Wissenschaft, sondern das konservative Festhalten an einmaligen Einsichten, der typische Konservatismus der Autorität, die kindische Eitelkeit des Gelehrten auf sein Rechthaben und seine Angst, sich zu irren. Dieser mangelnde Opfermut schädigt das Ansehen und die Größe der wissenschaftlichen Erkenntnis weit mehr als ein ehrlicher Irrweg. Wann wird das überflüssige Gezänk ums Rechthaben ein Ende nehmen? Man blicke auf die Wissenschaftsgeschichte: Wie viele haben recht *gehabt,* und wie viele haben recht *behalten?*
[87] GW 4, § 302

In jedem Siege aber liegt der Keim einer künftigen Niederlage.
[56] GW 9/I, § 150

Theorien gehören im Gebiete der Psychologie zum Allerverheerendsten. Wir bedürfen zwar gewisser theoretischer Gesichtspunkte um dessen orientierenden und heuristischen Wertes willen. Aber sie sollen stets als bloße Hilfsvorstellungen gelten, die man jederzeit zur Seite legen kann. Wir wissen nämlich von der Seele noch dermaßen wenig, dass es geradezu lächerlich ist, zu glauben, wir wären bereits so weit, allgemeine Theorien aufstellen zu können. Wir haben noch nicht einmal den empirischen Umfang der seelischen Phänomenologie festgestellt: Wie kann man unter diesen Umständen von allgemeinen Theorien träumen? Allerdings ist die Theorie der beste Schild für mangelhafte Erfahrung und Nichtwissen. Die Folgen davon sind betrüblich: Engstirnigkeit, Oberflächlichkeit und wissenschaftliche Sektiererei.
[83] GW 17, S. 16 (Vorwort zur 3. Aufl.)

Die Psychologie, als eine der vielen Lebensäußerungen der Seele, arbeitet mit Vorstellungen und Begriffen, die ihrerseits wieder von archetypischen Strukturen abgeleitet sind und dementsprechend einen bloß etwas abstrakten Mythus erzeugen. Die Psychologie übersetzt also die archaische Sprache des Mythus in ein modernes, als solches noch nicht erkanntes Mythologem, das ein Element des Mythus »Wissenschaft« bildet.
[107] GW 9/I, § 302

Aus den Urgedanken der Menschheit ist schlechthin kein philosophisches System abzuleiten, sondern lauter Antinomien, welche aber, zu allen Zeiten und in allen Kulturen, die unerschöpfliche Grundlage aller geistigen Problematik bilden.
[7] GW 10, § 144

In der mittelalterlichen Alchemie bereitete sich der größte Eingriff in die göttliche Weltordnung vor, welche der Mensch je gewagt hat: *Die Alchemie ist Morgenröte des naturwissenschaftlichen Zeitalters,* welches durch das Dämonium des wissenschaftlichen Geistes die Natur und ihre Kräfte in bisher unerhörtem Maße in den Dienst des Menschen gezwungen hat. [...] Hier liegen die wahren Wurzeln, die säkularen, seelischen Vorbereitungsprozesse zu jenen Faktoren, die heute in der Welt am Werke sind.

Technik und Wissenschaft haben zwar die Welt erobert; aber ob die Seele dadurch gewonnen hat, ist eine andere Frage.
[48] GW 13, § 163

An den Grenzen der Logik hört zwar die Wissenschaft auf, nicht aber die Natur, die auch dort blüht, wohin noch keine Theorie gedrungen ist. Die venerabilis natura macht nicht halt beim Gegensatz, sondern sie bedient sich desselben, um aus dem Gegensätzlichen eine neue Geburt zu formieren.
[52] GW 16, § 524

Aber nur der ist ein genialer Philosoph, dem es gelungen ist, die primitive und bloß natürliche Vision zur abstrakten Idee und zum bewussten Allgemeingut zu erheben. Diese Leistung erst ist sein *persönlicher Wert,* den er sich zuerkennen darf, ohne damit der Inflation zu verfallen. [...] Der persönliche Wert liegt nur in der philosophischen Leistung, nicht aber in der primären Vision. Dem Philosophen ist diese bloß zugewachsen, und zwar aus einem allgemeinen Menschheitsgute, an dem, im Prinzip, jeder teilhat. Die goldenen Äpfel stammen vom gleichen Baum, ob nun ein imbeziller Schlosserlehrling oder ein Schopenhauer sie aufliest.
[110] GW 7, § 229

★

Ich betrachte den Betrieb der Wissenschaft nicht als einen Wettkampf ums Rechthaben, sondern als eine Arbeit an der Mehrung und Vertiefung der Erkenntnis.
[73] GW 5, § 685

Unsere Psychologie ist eine Wissenschaft, der man höchstens vorwerfen kann, dass sie das Dynamit erfunden hat, mit dem auch der Terrorist arbeitet. Was der Ethiker, der Praktiker überhaupt damit anfängt, geht uns nichts an, und wir mischen uns auch nicht darein. Es werden sich viele Unberufene herzudrängen und die größtmöglichen Tollheiten damit anstellen; auch das kann uns nicht berühren. Unser Ziel ist einzig und allein die wissenschaftliche Erkenntnis, die sich um das Getümmel, das sich um sie erhebt, nicht zu kümmern hat. Sollten dabei Religion und Moral in Stücke gehen, umso schlimmer für sie, wenn sie nicht

mehr Haltbarkeit besitzen. *Erkenntnis ist auch eine Naturmacht*, die mit innerer und unaufhaltsamer Notwendigkeit ihres Weges geht.
[98] GW 18/I, § 929

Bis vor Kurzem noch war die Psychologie ein besonderer Teil der Philosophie, aber jetzt nähert sich, wie Nietzsche es vorausgesagt hat, ein Aufstieg der Psychologie, der die Philosophie zu verschlucken droht. Die innere Ähnlichkeit beider Disziplinen besteht darin, dass sie beide systematische Meinungsbildungen sind über Gegenstände, die sich einer völligen Erfahrung entziehen und deshalb vom empirischen Verstande auch nicht genügend erfasst werden können. Sie reizen daher den spekulativen Verstand zur Meinungsbildung, die nun auch in solchem Maße und in solcher Diversität erfolgt, dass es in der Philosophie sowohl wie in der Psychologie vieler dicker Bände bedarf, um alle verschiedenen Meinungen zu fassen. Beide Disziplinen können ohne einander nicht auskommen, und immer liefert die eine die unausgesprochene und meistens auch unbewusste Voraussetzung der anderen.
[26] GW 8, § 559

Es gibt nämlich nicht *eine* moderne Psychologie, sondern viele. Das ist sonderbar, weil es doch nur *eine* Mathematik, *eine* Geologie, *eine* Zoologie, *eine* Botanik usw. gibt. Es gibt aber so viele Psychologien, dass eine amerikanische Universität jährlich einen dicken Band publizieren kann, der sich betitelt *»Psychologies of 1930«* usw. Ich glaube, es gibt so viele Psychologien wie Philosophien. Es gibt nämlich auch nicht nur *eine* Philosophie, sondern viele. Ich erwähne diesen Umstand darum, weil zwischen Philosophie und Psychologie ein unauflösbarer Zusammenhang besteht, ein Zusammenhang, der durch die Verknüpftheit ihrer Gegenstände gewährleistet ist: Das Objekt der Psychologie ist die Seele, das Objekt der Philosophie ist die Welt, kurz gesagt.
[26] GW 8, § 659

Auch wenn dabei noch so wissenschaftlich vorgegangen wird, so ist nicht zu vergessen, dass die Wissenschaft nicht die »summa« des Lebens ist, und dass sie sogar nur eine der psychologischen Einstellungen, sogar nur eine Form des menschlichen Denkens ist.
[58] GW 6, § 60

Hat man es je – ausgenommen in sehr dunklen Zeiten der Geschichte – erlebt, dass eine wissenschaftliche Wahrheit es nötig hatte, zur Würde eines Dogmas erhoben zu werden? Die Wahrheit kann für sich selbst allein stehen, nur *Meinungen* auf wackligen Füßen bedürfen der Stütze der Dogmatisierung. Fanatismus ist der nie fehlende Bruder des Zweifels.
[105] GW 10, § 335

Nie spekuliert man mehr und nie hat man mehr Meinungen als über solche Dinge, die man nicht versteht.
[42] GW 14/II, § 394

Dogma und Wissenschaft sind für mich, inkommensurable Größen, die durch ihre Verschmelzung sich gegenseitig beschädigen. Das Dogma als religiöser Faktor ist von unschätzbarem Wert eben gerade wegen seines absoluten Standpunktes. Die Wissenschaft aber, die der Kritik und der Skepsis entraten zu dürfen glaubt, entartet zu einem krankhaften Kellergewächs. Wissenschaft bedarf der äußersten Unsicherheit als eines Lebenselements. Wo immer sie eine Neigung zum Dogma und damit zur Unduldsamkeit und zum Fanatismus zeigt, wird ein höchstwahrscheinlich berechtigter Zweifel zugedeckt und eine nur allzu begründete Unsicherheit wegbehauptet.
[37] GW 4, § 746

Der Zweifel allein ist der Vater der wissenschaftlichen Wahrheit. Wer das Dogma in höherem Sinne bekämpft, verfällt, tragischerweise, leicht der Tyrannei einer Teilwahrheit.
[70] GW 15, § 70

Nicht allen fällt die Gnade eines alle Lösungen antizipierenden Glaubens zu, und nicht allen ist es gegeben, sich wunschlos mit der Sonne geoffenbarter Wahrheit zu begnügen. Jenes Licht, das per gratiam spiritus sancti im Herzen angezündet ist, ebenjenes lumen naturae, so klein es auch sein mag, ist ihnen wichtiger oder wenigstens ebenso wichtig als das große Licht, das in der Finsternis leuchtet und von der Finsternis nicht begriffen wurde. Sie fanden, dass eben gerade in der Finsternis der Natur ein Licht verborgen war, eine scintilla, ohne welche selbst die Finsternis nicht schwarz wäre.
[48] GW 13, § 197

Einseitigkeiten kommen in der Geschichte der Wissenschaft immer wieder vor. Damit soll kein Tadel ausgesprochen sein: Wir müssen im Gegenteil froh sein, dass es Männer gibt, die den Mut der Maßlosigkeit und Einseitigkeit haben. Sie sind die, denen wir Entdeckungen verdanken. Bedauerlich ist bloß, wenn jeder seine Einseitigkeit leidenschaftlich verteidigt. *Wissenschaftliche Theorien sind nur Vorschläge, wie man die Dinge betrachten könnte.*
[87] GW 4, § 241

Die Wissenschaft an sich hat keine Grenzen, und es gibt schlechterdings keine Spezialität, die sich einer totalen Autarkie rühmen könnte. An ihren Grenzen muss sie in die Nachbargebiete übergreifen, soll sie überhaupt auf den Namen einer Wissenschaft ernstlich Anspruch erheben.
[61] GW 16, § 212

Wo man sich selber unbewusst entgegenarbeitet, entstehen Ungeduld, Reizbarkeit und ein ohnmächtiges Verlangen, den Gegner mit allen Mitteln endlich einmal unterzukriegen. Unter diesen Umständen kommt es meist zu gewissen Symptomen, unter denen auch eine besondere Sprache figuriert: Man will eindrucksvoll reden, um dem Gegner zu imponieren, deshalb verwendet man einen besonderen Kraftstil mit Wortneubildungen, sogenannte Neologismen, die man als »Machtwörter« bezeichnen könnte. Wir beobachten dieses Symptom nicht nur in der psychiatrischen Klinik, sondern auch bei gewissen neueren Philosophen und vor allem dort, wo irgendetwas Unglaubwürdiges gegen einen inneren Widerstand durchgesetzt werden soll: Die Sprache schwillt auf, übersteigert sich und prägt seltsame Wörter, die sich durch unnötige Kompliziertheit auszeichnen. Dem Wort wird damit das aufgetragen, was man mit redlichen Mitteln nicht zustande brachte. Es ist alte *Wortmagie*, die gegebenenfalls zu einer wahren Sucht ausarten kann.
[48] GW 13, § 155

Aber wir stehen einfach der Gefahr gegenüber, dass heute die ganze Wirklichkeit ersetzt wird durch Wörter. Das führt zu jener furchtbaren Instinktlosigkeit des heutigen, besonders des urbanen Menschen. Es fehlt der Kontakt mit der gewachsenen, lebenden, atmenden Natur. Was ein Kaninchen oder eine Kuh ist, weiß man nur aus der Illustrierten, dem Lexikon oder vom Bildschirm und meint nun, man wüsste es *wirklich* –

und ist später erstaunt, dass es im Kuhstall auch »riecht«, weil dies nicht im Lexikon stand.
[28] GW 10, § 882

Die Wissenschaft als Selbstzweck ist gewiss ein hohes Ideal, aber seine konsequente Durchführung erzeugt so viele Selbstzwecke, als es Wissenschaften und Künste gibt. Dies führt zwar zu einer hohen Differenzierung und Spezialisierung der jeweils in Betracht fallenden Funktionen, aber damit auch zu ihrer Welt- und Lebensferne und überdies zu einer Anhäufung von Spezialgebieten, die allmählich allen Zusammenhang unter sich verlieren. Damit beginnt nicht nur eine Verarmung und Verödung im Spezialgebiete, sondern auch in der Psyche des Menschen, der zum Spezialisten sich hinaufdifferenziert hat oder hinuntergesunken ist. Die Wissenschaft aber muss ihren Lebenswert dadurch beweisen, dass sie nicht nur Herrin, sondern auch Magd sein kann. Sie entehrt sich damit keineswegs.
[58] GW 6, § 84

Wissenschaft ist zwar kein vollkommenes, aber doch ein unschätzbares, überlegenes Instrument, das nur dann Übles wirkt, wenn es Selbstzweck beansprucht. Wissenschaft muss dienen; sie irrt, wenn sie einen Thron usurpiert. Sie muss sogar anderen beigeordneten Wissenschaften dienen, denn jede bedarf, eben wegen ihrer Unzulänglichkeit, der Unterstützung anderer. Wissenschaft ist das Werkzeug des westlichen Geistes, und man kann mit ihr mehr Türen öffnen als mit bloßen Händen. Sie gehört zu unserem Verstehen und verdunkelt die Einsicht nur dann, wenn sie das durch sie vermittelte Begreifen für das Begreifen überhaupt hält.
[96] GW 13, § 2

Wer die Verdienste abendländischer Wissenschaft verkleinern wollte, würde den Ast absägen, auf dem der europäische Geist sitzt.
[96] GW 13, § 2

Alle Urwelten vor dem Menschen waren physisch vorhanden. Sie waren ein namenloses Geschehen, aber kein bestimmtes Sein, denn es gab jene minimale Konzentration des ebenfalls vorhandenen Psychischen noch nicht, welche das Wort aussprach, das die ganze Schöpfung aufwog: »Das ist die Welt und das bin ich.« Das war der erste Tag der Welt, der erste Sonnenaufgang nach dem Urdunkel, als jener bewusstseinsfähige

Komplex, der Sohn der Dunkelheit, das Ich, erkennend Subjekt und Objekt schied und damit der Welt und sich selber zum bestimmten Sein verhalf, denn er gab ihr und sich selber Stimme und Namen.
[41] GW 14/I, § 125

★

Wenn wir aber von dem Verhältnis der Psychologie zum Kunstwerk sprechen, so stehen wir schon außerhalb der Kunst, und dann können wir nicht anders, wir müssen spekulieren, wir müssen deuten, damit die Dinge Bedeutung bekommen, sonst können wir ja doch gar nicht darüber denken. Wir müssen das in sich selbst sich erfüllende Leben und Geschehen in Bilder, in Sinne, in Begriffe auflösen, wissentlich dabei vom lebendigen Geheimnis uns entfernend. Solange wir im Schöpferischen selbst befangen sind, sehen und erkennen wir nicht, wir dürfen sogar nicht einmal erkennen, denn nichts ist dem unmittelbaren Erleben schädlicher und gefährlicher als die Erkenntnis. Zum Erkennen aber müssen wir uns außerhalb des schöpferischen Prozesses begeben und ihn von außen ansehen, und dann erst wird er zum Bilde, welches Bedeutungen ausspricht. Dann dürfen wir nicht nur, sondern müssen sogar von Sinn sprechen.
[79] GW 15, § 121

Vielleicht »bedeutet« die Kunst gar nicht, hat gar keinen »Sinn«, wenigstens nicht so, wie wir hier von Sinn sprechen. Vielleicht ist sie wie Natur, die einfach *ist* und nicht »bedeutet«. Ist »Bedeutung« notwendigerweise mehr als bloße *Deutung*, »hineingeheimnisst« durch das Bedürfnis eines sinnhungrigen Intellektes? Kunst – könnte man sagen – ist Schönheit, und darin erfüllt und genügt sie sich selbst. Sie braucht keinen Sinn. Die Frage nach dem Sinn hat mit der Kunst nichts zu schaffen.
[79] GW 15, § 121

Das große Werk ist wie ein Traum, der trotz aller Offenkundigkeit sich selbst nicht deutet und darum auch niemals eindeutig ist. Kein Traum sagt: »Du sollst« oder »Das ist die Wahrheit«. Er stellt ein Bild hin, wie die Natur eine Pflanze wachsen lässt, und es ist uns überlassen, daraus Schlüsse zu ziehen. Wenn einer einen Angsttraum hat, so hat er entweder zu viel Angst oder zu wenig, und wenn einer von alten Weisen träumt, so ist er entweder zu lehrhaft oder bedarf des Lehrers. Und beides ist subtil dasselbe, dessen einer nur dann innewird, wenn er das Kunstwerk annähernd so auf sich wirken lässt, wie es auf den Dichter wirkte. Um seinen Sinn zu verstehen, muss man sich von ihm gestalten lassen, wie es den Dichter gestaltet hat. Und dann verstehen wir auch, was sein Urerlebnis war: Er hat jene heilsame und erlösende seelische Tiefe berührt, wo noch kein Einzelner zur Einsamkeit des Bewusstseins sich abgesondert hat, um einen leidensvollen Irrweg einzuschlagen, wo noch alle in derselben Schwingung begriffen sind und darum Empfinden und Handeln des Einzelnen noch in alle Menschheit hinausreicht.

[54] GW 15, § 161

Das ungeborene Werk in der Seele des Künstlers ist eine Naturkraft, die entweder mit tyrannischer Gewalt oder mit jener subtilen List des Naturzweckes sich durchsetzt, unbekümmert um das persönliche Wohl und Wehe des Menschen, welcher der Träger des Schöpferischen ist. Das Schöpferische lebt und wächst im Menschen wie ein Baum im Boden, dem er seine Nahrung abzwingt. Wir tun daher gut daran, den schöpferischen Gestaltungsprozess wie ein lebendiges Wesen anzusehen, das der Seele des Menschen eingepflanzt ist.

[79] GW 15, § 115

Nur der Teil der Kunst, welcher im Prozess der künstlerischen Gestaltung besteht, kann Gegenstand der Psychologie sein, nicht aber jener, der das eigentliche Wesen der Kunst ausmacht. Dieser zweite Teil kann, als die Frage, was Kunst in sich selbst sei, nie Gegenstand einer psychologischen, sondern nur einer ästhetisch-künstlerischen Betrachtungsweise sein.

[79] GW 15, § 97

Die persönliche Kausalität hat mit dem Kunstwerk so viel und so wenig zu tun wie der Boden mit der Pflanze, die aus ihm wächst. Gewiss werden wir einige Besonderheiten der Pflanze verstehen lernen, wenn wir die Beschaffenheit ihres Standortes kennen. Für den Botaniker ist dies sogar eine wichtige Komponente seiner Erkenntnis. Aber niemand wird behaupten wollen, dass damit alles Wesentliche an der Pflanze erkannt sei. Die Einstellung aufs Persönliche, welche durch die Frage nach der persönlichen Kausalität veranlasst wird, ist dem Kunstwerk gegenüber insofern ganz inadäquat, als das Kunstwerk kein Mensch, sondern überpersönlich ist. Es ist eine Sache, die keine Persönlichkeit hat und für die das Persönliche

daher kein Kriterium ist. Das echte Kunstwerk hat sogar seinen besonderen Sinn darin, dass es ihm gelingt, sich aus den Beengungen und Sackgassen des Persönlichen zu befreien und all die Vergänglichkeit und Kurzatmigkeit des Nur-Persönlichen weit unter sich zu lassen.
[79] GW 15, § 107

Das Wesen des Kunstwerkes besteht nicht darin, dass es mit persönlichen Besonderheiten behaftet ist – je mehr es dies ist, desto weniger handelt es sich um Kunst –, sondern dass es sich weit über Persönliches erhebt und aus dem Geist und dem Herzen und für den Geist und das Herz der Menschheit spricht. Das Persönliche ist eine Beschränkung, ja sogar ein Laster der Kunst.
[54] GW 15, § 156

Die Psychologie des Schöpferischen ist eigentlich weibliche Psychologie, denn das schöpferische Werk wächst aus unbewussten Tiefen empor, recht eigentlich aus dem Reiche der Mütter. Überwiegt das Schöpferische, so überwiegt das Unbewusste als leben- und schicksalgestaltende Kraft gegenüber dem bewussten Willen, und das Bewusstsein wird von der Gewalt eines unterirdischen Stromes mitgerissen, ein oft hilfloser Zuschauer der Geschehnisse. Das wachsende Werk ist des Dichters Schicksal und bestimmt seine Psychologie. Nicht Goethe macht den Faust, sondern die seelische Komponente »Faust« macht Goethe. Und was ist »Faust«? »Faust« ist ein *Symbol,* nicht ein bloß semiotischer Hinweis oder eine Allegorie auf ein längst Bekanntes, sondern der Ausdruck eines urlebendig Wirkenden in der deutschen Seele, dem Goethe zur Geburt verhelfen musste.
[54] GW 15, § 159

Ein Zeichen ist immer weniger gehaltvoll als der Begriff, für den es steht, während ein Symbol mehr enthält, als man auf den ersten Blick erkennen kann. Symbole sind außerdem natürliche und spontane Erscheinungen, man erfindet sie nicht. Niemand kann einem mehr oder weniger vernünftigen Gedanken, den er durch logische Überlegung gewonnen hat, anschließend eine »symbolische« Form geben. Wie fantasievoll man eine derartige Idee auch ausschmücken mag, sie ist immer nur ein mit dem bewussten Gedanken verbundenes Zeichen, kein Symbol, das auf etwas noch Unbekanntes hinweist.
[102] S. 55

Nichts wäre verkehrter, als anzunehmen, der Dichter schaffe aus überkommenem Stoff, er schafft vielmehr aus dem Urerlebnis, dessen dunkle Natur der mythologischen Gestalten bedarf und daher gierig das Verwandte an sich zieht, um sich darin auszudrücken. Das Urerlebnis ist wort- und bildlos, denn es ist eine Vision »in dunklem Spiegel«. Es ist bloß mächtigste Ahnung, die zum Ausdruck werden möchte. Es ist wie ein Windwirbel, der alles ergreift, was sich ihm bietet, und, indem er es emporwirbelt, sichtbare Gestalt gewinnt. Aber weil der Ausdruck niemals die Fülle des Gesichtes erreicht und niemals dessen Grenzenlosigkeit erschöpft, so bedarf der Dichter eines oft beinahe ungeheuren Materials, um auch nur annähernd das Geahnte wiederzugeben. Und zudem kann er eines widerspenstigen und widerspruchsvollen Ausdruckes nicht entraten, wenn er anders die unheimliche Paradoxie der Vision will in Erscheinung treten lassen. Dante spannt sein Erlebnis aus zwischen allen Bildern der Hölle, des Fegefeuers und des Himmels, Goethe bedarf des Blocksberges und der Unterwelt Griechenlands, Wagner der ganzen nordischen Mythologie, Nietzsche greift auf den sakralen Stil, den Dithyrambus und den sagenhaften Seher der Vorzeit zurück. Blake macht sich die Phantasmagorie Indiens, die biblische und apokalyptische Bilderwelt dienstbar, und Spitteler borgt alte Namen für neue Gestalten, die in beinahe erschreckender Zahl dem Füllhorn seiner Poesie entquellen. Und nichts fehlt von der ganzen Stufenleiter, vom unbegreiflich Erhabenen bis hinunter zum Pervers-Grotesken.

[54] GW 15, § 151

Wie das Liebeserlebnis ein wirkliches Erleben einer wirklichen Tatsache ist, so ist es auch die Vision. Ob ihr Gegenstand physischer, seelischer oder metaphysischer Natur ist, das zu wissen steht uns nicht zu. Es ist *psychische Realität*, welche mindestens die gleiche Würde hat, wie die physische. Das Erlebnis menschlicher Leidenschaft steht innerhalb der Grenzen des Bewusstseins, der Gegenstand der Vision aber jenseits. Im Gefühl erleben wir Bekanntes, die Ahnung aber führt uns an Unbekanntes und Verborgenes, an Dinge, die von Natur geheim sind. Sind sie je bewusst, so werden sie absichtlich verheimlicht und verhüllt, und daher haftet ihnen seit Urzeit Geheimnis, Unheimlichkeit und Täuschung an. Sie sind vor dem Menschen verborgen, und er verbirgt sich mit Deisidaimonia vor ihnen, sich schützend hinter dem Schild der Wissenschaft und in der Rüstung der Vernunft. Der Kosmos ist sein Tagglaube, der ihn vor

der Nachtangst des Chaos bewahren soll – Aufklärung aus Furcht vor dem Nachtglauben.
[54] GW 15, § 148

Wenn die Psychologie für uns nur Wissenschaft bleibt, so erreichen wir das Leben nicht, sondern dienen dem Selbstzweck der Wissenschaft. Sie führt uns zwar zur Erkenntnis der Sachlage, widersetzt sich aber jedem anderen Zwecke als dem eigenen. Der Intellekt bleibt in sich selbst so lange gefangen, als er sein Primat nicht freiwillig opfert, um die Würde anderer Zwecke anzuerkennen. Er schreckt davor zurück, den Schritt über sich selbst hinaus zu tun und seine universelle Gültigkeit zu leugnen, denn alles andere ist ihm *nichts als Fantasie*. Was aber hat es je Großes gegeben, das nicht zuvor Fantasie war?
[58] GW 6, § 86

Man weiß, dass noch jede gute Idee und jede Schöpfertat aus der Imagination hervorgegangen ist und ihren Anfang in dem nahm, was man als infantile Fantasie zu bezeichnen gewohnt ist. Es ist nicht nur der Künstler, der alles Größte in seinem Leben der Fantasie verdankt, sondern überhaupt jeder schöpferische Mensch. Das dynamische Prinzip der Fantasie ist das *Spielerische*, das auch dem Kinde eignet und als solches ebenfalls unvereinbar mit dem Prinzip ernster Arbeit erscheint. Aber ohne dieses Spiel mit Fantasien ist noch nie ein schöpferisches Werk geboren worden. Wir verdanken dem Imaginationsspiel unabsehbar viel. Es ist daher kurzsichtig, wenn die Fantasien ihres abenteuerlichen oder unannehmbaren Charakters wegen mit Geringschätzung behandelt werden.
[58] GW 6, § 93

Die Fantasie an sich ist keine Krankheit, sondern eine natürliche Lebenstätigkeit, welche den Keimen der seelischen Entwicklung zum Durchbruch verhilft.
[95] GW 18/II, § 1249

Warum vergisst man stets, dass es nichts Gewaltiges und Schönes im weiten Bereich menschlicher Kultur gibt, das nicht ursprünglich dem glücklichen Einfall entstammt? Was würde aus der Menschheit, wenn niemand mehr Einfälle hätte? Weit eher wahrlich ist das Bewusstsein jener Sack, in dem nie mehr drin ist, als was ihm »eingefallen« ist. Wir

ermessen nie mehr, wie sehr wir von Einfällen abhängen, als wenn uns peinlicherweise nichts einfallen will.
[9] GW 10, § 305

Aus einer spielerischen Bewegung von Faktoren, deren Beziehungen zunächst nicht feststehen, entstehen die Gruppierungen, welche ein beobachtender und kritischer Intellekt erst nachträglich bewertet. Die Erzeugung des Neuen besorgt nicht der Intellekt, sondern der Spieltrieb aus innerer Nötigung. Der schaffende Geist spielt mit den Objekten, die er liebt.
[58] GW 6, § 197

Oft wissen die Hände ein Geheimnis zu enträtseln, an dem der Verstand sich vergebens mühte.
[76] GW 8, § 180

Die Fantasie ist in letzter Linie die mütterliche Schöpferkraft des männlichen Geistes. Im letzten Grunde sind wir nie erhaben über Fantasie. Gewiss gibt es wertlose, unzulängliche, krankhafte und unbefriedigende Fantasien, deren sterile Natur jeder mit gesundem Menschenverstand Begabte baldigst erkennen wird, aber Fehlleistungen beweisen bekanntlich nichts gegen Normalleistung. Alles Menschenwerk entstammt der schöpferischen Fantasie. Wie sollten wir da von der Einbildungskraft gering denken dürfen? Auch geht Fantasie normalerweise nicht in die Irre, dazu ist sie zu tief und zu innig verbunden mit dem Grundstock menschlicher und tierischer Instinkte. Sie kommt in überraschender Weise immer wieder zurecht. Die schöpferische Betätigung der Einbildungskraft entreißt den Menschen seiner Gebundenheit im »Nichts-als« und erhebt ihn in den Zustand des Spielenden. Und der Mensch ist, wie Schiller sagt, »nur da ganz Mensch, wo er spielt«.
[101] GW 16, § 98

Begriffe bedeuten einen geprägten und negoziierbaren Wert, Bilder dagegen Leben.
[41] GW 14/I, § 220

Jede Zeit hat ihre Einseitigkeit, ihre Voreingenommenheit und ihr seelisches Leiden. Eine Zeitepoche ist wie die Seele eines Einzelnen, sie hat ihre besondere, spezifisch beschränkte Bewusstseinslage und bedarf

daher einer Kompensation, die dann eben durch das kollektive Unbewusste dermaßen geleistet wird, dass ein Dichter oder ein Seher dem Unausgesprochenen der Zeitlage Ausdruck verleiht und in Bild oder Tat das heraufführt, was das unverstandene Bedürfnis aller erwartete, sei es nun im Guten oder im Bösen, zur Heilung einer Epoche oder zu deren Zerstörung.
[54] GW 15, § 153

Das Wiedereintauchen in den Urzustand der »participation mystique« ist das Geheimnis des Kunstschaffens und der Kunstwirkung, denn auf dieser Stufe des Erlebens erlebt nicht mehr der Einzelne, sondern das Volk, und es handelt sich dort nicht mehr um das Wohl und Wehe des Einzelnen, sondern um das Leben des Volkes. Darum ist das große Kunstwerk sachlich und unpersönlich und berührt uns doch aufs Tiefste. Darum ist das Persönliche des Dichters bloß Vorteil oder Hemmnis, aber nie wesentlich für seine Kunst. Seine persönliche Biografie kann die eines Philisters, eines braven Mannes, eines Neurotikers, eines Narren oder eines Verbrechers sein: interessant und unvermeidlich, aber hinsichtlich des Dichters unwesentlich.
[54] GW 15, § 162

Das echte Genie bricht immer ein und stiftet Unruhe. Es spricht zu einer zeitlichen Welt aus einer ewigen Welt. So sagt es das Falsche zur richtigen Zeit. Ewige Wahrheiten sind nie zu einem gegebenen Augenblick in der Geschichte wahr. Der Prozess der Wandlung hat einen Halt zu machen, um die äußerst unbequemen Dinge zu verdauen und zu assimilieren, die das Genie aus der Vorratskammer der Ewigkeit hervorgebracht hat. Und doch ist das Genie der Heilbringer seiner Zeit, denn alles, was es an ewiger Wahrheit offenbart, ist heilsam.
[93] GW 10, § 1004

Wer mit Urbildern spricht, spricht wie mit tausend Stimmen, er ergreift und überwältigt; zugleich erhebt er das, was er bezeichnet, aus dem Einmaligen und Vergänglichen in die Sphäre des immer Seienden, er erhöht das persönliche Schicksal zum Schicksal der Menschheit, und dadurch löst er auch in uns alle jene hilfreichen Kräfte, die es der Menschheit je und je ermöglicht haben, sich aus aller Fährnis zu retten und auch die längste Nacht zu überdauern. Das ist das Geheimnis der Kunstwirkung.
[79] GW 15, §§ 129f.

Es gibt keine angeborenen Vorstellungen, wohl aber angeborene Möglichkeiten von Vorstellungen, welche auch der kühnsten Fantasie bestimmte Grenzen setzen, sozusagen Kategorien der Fantasietätigkeit, gewissermaßen Ideen a priori, deren Existenz ohne die Erfahrung aber nicht ausgemacht werden kann. *Sie erscheinen nur im gestalteten Stoffe als regulative Prinzipien seiner Gestaltung.*
[79] GW 15, § 126

Die Gestaltung des urtümlichen Bildes ist gewissermaßen eine Übersetzung in die Sprache der Gegenwart, wodurch sozusagen jedem ermöglicht wird, wieder den Zugang zu den tiefsten Quellen des Lebens zu finden, die ihm sonst verschüttet wären. Darin liegt die soziale Bedeutsamkeit der Kunst: Sie arbeitet stets an der Erziehung des Zeitgeistes, denn sie führt jene Gestalten herauf, die dem Zeitgeist am meisten mangelten. Aus der Unbefriedigung der Gegenwart zieht sich die Sehnsucht des Künstlers zurück, bis sie jenes Urbild im Unbewussten erreicht hat, welches geeignet ist, die Mangelhaftigkeit und Einseitigkeit des Zeitgeistes am wirksamsten zu kompensieren. Dieses Bild ergreift sie, und indem sie es aus tiefster Unbewusstheit emporzieht und dem Bewusstsein annähert, verändert es auch seine Gestalt, bis es vom Menschen der Gegenwart nach seinem Fassungsvermögen aufgenommen werden kann.
[79] GW 15, § 130

Der Künstler ist wesentlich Instrument und deshalb unterhalb seines Werkes, weshalb wir von ihm auch niemals eine Deutung seines eigenen Werkes erwarten dürfen. Er hat sein Höchstes geleistet mit der Gestaltung. Die Deutung muss er anderen und der Zukunft überlassen.
[54] GW 15, § 161

Meistens steht die Entwicklung der Begabung in einem Missverhältnis zur Reife der übrigen Persönlichkeit, und öfters hat man den Eindruck, als ob die schöpferische Persönlichkeit auf Kosten der humanen wachse. Manchmal besteht sogar eine solche Diskrepanz zwischen dem Genie und seiner Humanität, dass man sich fragen muss, ob etwas weniger Begabtheit nicht besser gewesen wäre. Was ist schließlich eine große Intelligenz bei moralischer Minderwertigkeit? Es gibt nicht wenig Begabte, deren Nützlichkeit durch ihre sonstige humane Untauglichkeit paralysiert, ja sogar pervertiert ist. Begabung ist nicht unbedingt ein Wert, sie ist es nur dann, wenn die übrige Persönlichkeit Schritt mit ihr hält.
[11] GW 17, § 244

Die Kunst ist dem Künstler eingeboren wie ein Trieb, der ihn erfasst und zum Instrument macht. Das in letzter Linie in ihm Wollende ist nicht er, der persönliche Mensch, sondern das Kunstwerk. Als Person mag er Launen und Willen und eigene Zwecke haben, als Künstler dagegen ist er in höherem Sinne »Mensch«, er ist Kollektivmensch, ein Träger und Gestalter der unbewusst tätigen Seele der Menschheit. Das ist sein Officium, dessen Last oft dermaßen überwiegt, dass ihm menschliches Glück und alles, was dem gewöhnlichen Menschen das Leben lebenswert macht, schicksalsmäßig zum Opfer fällt.
[54] GW 15, § 157

Ob es nun der Dichter weiß, dass sein Werk in ihm gezeugt ist, wächst und reift, oder ob er sich einbildet, dass er aus eigener Absicht eigene Erfindung gestalte, ändert nichts an der Tatsache, dass in Wirklichkeit sein Werk aus ihm wächst. Es verhält sich wie ein Kind zur Mutter.
[54] GW 15, § 159

Die Natur geht bekanntlich mit ihren Gaben nicht dermaßen verschwenderisch um, dass sie zu einer hohen Intelligenz auch noch die Gaben des Herzens gesellt hätte. In der Regel fehlt, wo das eine vorhanden ist, das andere, und wo sich eine Fähigkeit vervollkommnet hat, ist es meist auf Kosten aller anderen gegangen.
[21] GW 10, § 569

Das »Beste« wird aber nur durch das »Beste« im Menschen erzeugt, nämlich durch seine Gewissenhaftigkeit und seine Hingabe. Kulturprodukte können daher leicht auch die *psychologische Bedingung ihres Entstehens* darstellen, nämlich ebenjene Tugenden des Menschen, welche ihn überhaupt zur Kulturleistung befähigen.
[92 B] GW 11, § 383

Das Genie wird sich gegen alles durchsetzen, denn das Unbedingte und nicht zu Bändigende gehört zu seiner Natur. Das sogenannte »verkannte Genie« ist jedoch eine zweifelhafte Erscheinung. Meist entpuppt es sich als eine Untauglichkeit, die sich auf der Suche nach einer beschwichtigenden Selbsterklärung befindet.
[11] GW 17, § 248

Das Talent kann verhindert, verkrüppelt, pervertiert oder es kann gefördert, entwickelt und verbessert werden. Das Genie aber ist eine rarissima avis wie ein Phönix, mit dessen Erscheinen man nicht rechnen kann. Es ist von vornherein und von Gottes Gnaden in seiner ganzen Stärke da, bewusst oder unbewusst. Das Talent dagegen ist eine statistische Regelmäßigkeit und erfreut sich durchaus nicht immer einer entsprechenden Dynamik.
[11] GW 17, § 248

Das Voransein führt immer zu Prügeln, und wenn man sie vom Lehrer nicht bekommt, dann vom Schicksal, meistens aber von beiden. Der Begabte tut wohl daran, sich bei Zeiten an die Tatsache zu gewöhnen, dass ein größeres Können die Ausnahmestellung mit allen ihren Risiken, in Sonderheit ein gesteigertes Selbstbewusstsein im Gefolge hat. Davor schützt nur Demut und Gehorsam und selbst das nicht immer.
[11] GW 17, § 246

Die relative Unangepasstheit des Künstlers ist sein wahrer Vorteil, sie ermöglicht es ihm, der großen Straße fernzubleiben, seiner eigenen Sehnsucht nachzugehen und das zu finden, was die anderen entbehrten, ohne es zu wissen. So wie im einzelnen Individuum die Einseitigkeit seiner bewussten Einstellung durch unbewusste Reaktionen auf dem Wege der Selbstregulierung korrigiert wird, so stellt die Kunst einen Prozess der geistigen Selbstregulierung im Leben der Nationen und Zeiten dar.
[79] GW 15, § 131

Der »Normalmensch« ist das ideale Ziel für die Erfolglosen, für alle die, die noch unterhalb des allgemeinen Anpassungsniveaus stehen. Für Menschen aber, die weit mehr können als der Durchschnittsmensch, Menschen, denen es nie schwerfiel, Erfolg zu erreichen und mehr als genügende Leistungen hervorzubringen, für solche ist die Idee oder der moralische Zwang, nichts als normal sein zu müssen, der Inbegriff eines Prokrustesbettes, einer unerträglichen, tödlichen Langeweile, einer sterilen, hoffnungslosen Hölle.
[51] GW 16, § 161

Die Größe der historischen Persönlichkeiten hat niemals in ihrer unbedingten Unterwerfung an die Konvention, sondern im Gegenteil in ihrer erlösenden Freiheit von der Konvention bestanden. Sie ragten wie Berggip-

fel aus der Masse, die sich an kollektive Ängste, Überzeugungen, Gesetze und Methoden klammerte, hervor und wählten den eigenen Weg. Und immer kam es dem gewöhnlichen Menschen wunderlich vor, dass einer den gebahnten Wegen mit bekannten Zielen einen steilen und schmalen Pfad, der ins Unbekannte führt, vorziehen sollte. Deshalb hielt man immer dafür, dass ein solcher, wenn nicht wahnsinnig, so doch von einem Dämon oder Gott bewohnt sei; denn dieses Wunder, dass einer es anders tun könnte als es die Menschheit seit jeher getan hat, konnte nur aus einer Begabung mit dämonischer Kraft öder göttlichem Geiste erklärt werden.
[90] GW 17, § 298

Das schöpferische Leben ist immer jenseits der Konvention. Daher kommt es, dass, wenn die bloße Routine des Lebens in der Form althergebrachter Konventionen vorherrscht, ein zerstörender Ausbruch der schöpferischen Kräfte erfolgen *muss.* Dieser Ausbruch ist aber nur katastrophal als *Massenerscheinung,* niemals aber im Einzelnen, der sich bewusst diesen höheren Kräften unterordnet und sein Können in ihren Dienst stellt.
[90] GW 17, § 305

Religiös schöpferisch ist nur der Mystiker.
[42] GW 14/II, § 195

Jeder schöpferische Mensch ist eine Dualität oder eine Synthese paradoxer Eigenschaften. *Einerseits ist er menschlich-persönlich, andererseits ist er unpersönlicher, schöpferischer Prozess.* Als Mensch kann er gesund oder krankhaft sein, seine *persönliche* Psychologie kann und soll darum persönlich erklärt werden. Als Künstler dagegen ist er nur aus seiner schöpferischen Tat zu begreifen.
[54] GW 15, § 157

Die Verhunzung von Schönheit und Sinn durch groteske Sachlichkeit oder durch ebenso groteske Unwirklichkeit ist beim Kranken eine Folgeerscheinung der Zerstörung seiner Persönlichkeit, beim Künstler aber schöpferische Absicht. Fern davon, in seiner Kunstschöpfung den Ausdruck der Zerstörung seiner Persönlichkeit zu erleben und zu erleiden, findet der moderne Künstler im Zerstörerischen geradezu die Einheit seiner künstlerischen Person.
[86] GW 15, § 175

Das dem Dichter und dem Geisteskranken Gemeinsame ist etwas, das eigentlich jeder Mensch in sich trägt; nämlich eine rastlos schaffende Fantasie, welche die Härten der Wirklichkeit zu glätten beständig bemüht ist. Wer sich selber aufmerksam und schonungslos beobachtet, weiß, dass ein Wesen in ihm haust, das gern alles Schwierige und alles Fragwürdige im Leben verschleiern und zudecken möchte, um sich eine leichte und freie Bahn zu schaffen. Die Geisteskrankheit verhilft diesem Wesen zur Oberhand. Und ist dieses Wesen einmal oben, so wird langsam oder rasch die Wirklichkeit übersponnen; sie wird zum fernen Traum, der Traum aber zur Realität, die den Kranken oft für das Leben ganz oder zum Teil an sich fesselt. Wir Gesunde, die wir ganz in der Realität stehen, sehen nur die Zerstörung in dieser Welt, nicht aber den Reichtum jener Seite der Seele, die uns abgewendet ist.
[31] GW 3, § 385

Es gibt selten einen schöpferischen Menschen, der den göttlichen Funken des großen Könnens nicht teuer bezahlen muss. Es ist, wie wenn jeder mit einem bestimmten Kapital an Lebensenergie geboren würde. Das Stärkste in ihm, eben sein Schöpferisches, wird das meiste an Energie an sich reißen, wenn er wirklich ein Künstler ist, und für den Rest bleibt dann zu wenig übrig, als dass noch irgendein besonderer Wert sich daraus entwickeln könnte. Im Gegenteil wird das Menschliche zugunsten des Schöpferischen oft dermaßen entblutet, dass es nur noch auf einem primitiven oder sonst wie erniedrigten Niveau leben kann. Dies äußert sich oft als Kindlichkeit und Unbedenklichkeit oder als rücksichtsloser, naiver Egoismus, sogenannter »Autoerotismus«, als Eitelkeit und andere Fehler. Diese Minderwertigkeiten sind insofern sinnvoll, als dem Ich einzig auf diese Weise genügend Lebenskraft zugeführt werden kann. Es bedarf dieser niederen Lebensform, weil es sonst an völliger Beraubung zugrunde ginge.
[54] GW 15, § 158

Große Begabungen sind die schönsten und oft gefährlichsten Früchte am Baume der Menschheit. Sie hängen an den dünnsten Zweigen, die leicht abbrechen.
[11] GW 17, § 244

Bei der schöpferischen Fantasie handelt es sich um einen Vorgang, bei dem psychische Inhalte aus dem Bereich des Unbewussten ins Bewusst-

sein dringen. Es sind Eingebungen, also etwas, das sich dem bedächtigen Denkprozess des Bewusstseins in keiner Weise vergleichen lässt. So kann das Unbewusste als schöpferischer Faktor betrachtet werden, sogar als kühner Neuerer, doch ist es zugleich eine Hochburg des Konservatismus. Ich gebe zu, dass diese Auffassung paradox erscheint; die Tatsachen sind aber so. Es ist der Mensch, der paradox ist, was man nicht ändern kann.
[61] GW 16, § 62

Probleme der Selbstbesinnung

Nichts ist so eifersüchtig wie eine Wahrheit.
[53] GW 12, § 190

Die Erforschung der Wahrheit setzt mit jedem Fall neu ein, denn jeder »Fall« ist individuell und nicht ableitbar aus irgendwelchen allgemeinen und vorausgesetzten Formeln. Jedes Individuum ist ein neues Experiment des immer wechselnden Lebens und ein Versuch zu einer neuen Lösung und einer neuen Anpassung.
[3 B] GW 17, § 173

Es ist eine verzweifelte Sache, dass die Menschheit nicht einheitlich ist, sondern aus Individuen besteht, deren geistige Beschaffenheit sie auf einen Raum von mindestens 10 000 Jahren verteilt. So gibt es schlechterdings keine Wahrheit, welche nicht für die einen Erlösung, für die anderen aber Verführung und Gift bedeutet. Jeder Universalismus steckt in diesem furchtbaren Dilemma.
[53] GW 12, § 36

Eine Wahrheit ist in unserer an Täuschungen überreichen Welt etwas so Kostbares, dass niemand sie fahren lassen will wegen der paar sogenannten Ausnahmen, die nicht damit stimmen wollen. Und wer die Wahrheit anzweifelt, wird unvermeidlicherweise als ein treuloser Schädling empfunden, daher sich überall eine Note von Fanatismus und Unduldsamkeit in die Diskussion mischt.

Und doch trägt jeder die Leuchte der Erkenntnis nur eine Strecke weit, bis sie ihm ein anderer abnimmt. Könnte man diesen Vorgang anders als persönlich verstehen, könnte man zum Beispiel annehmen, dass wir nicht die persönlichen Schöpfer unserer Wahrheit sind, sondern ihre Exponenten, bloße Aussprecher zeitgenössischer seelischer Notwendigkeiten, so wäre wohl vieles an Gift und Bitterkeit vermieden und unser Blick wäre frei, die tiefen und unpersönlichen Zusammenhänge der Menschheitsseele zu sehen.
[51] GW 16, §§ 156f.

Überzeugung wird leicht zur Selbstsicherung, und dadurch wird sie zur Starrheit verführt, und diese ist nicht im Sinne des Lebens. Eine feste Überzeugung beweist sich in ihrer Weichheit und Nachgiebigkeit, und wie jede hohe Wahrheit gedeiht sie am besten auf ihren zugegebenen Irrtümern.
[62] GW 16, § 180

Überzeugungen und moralische Werte hätten gar keinen Sinn, wenn sie nicht geglaubt würden und *ausschließliche* Geltung besäßen. Und doch sind es menschliche und zeitbedingte Erklärungen und Feststellungen, von denen man ganz genau weiß, dass sie allerhand Modifikationen fähig sind, was sich in der Vergangenheit zeigte und in der Zukunft sich wieder ereignen kann.
[48] GW 13, § 230

Es scheint eine Art von Menschheitsgewissen zu geben, das jeden empfindlich bestraft, der nicht irgendwo und irgendwann den Tugendstolz seiner Selbstbehaltung und Selbstbehauptung aufgibt und das Bekenntnis seiner fehlbaren Menschlichkeit ablegt. Ohne dieses trennt ihn eine undurchdringliche Mauer vom lebendigen Gefühl, Mensch unter Menschen zu sein.
[51] GW 16, § 132

Der Irrtum ist eine ebenso wichtige Lebensbedingung wie die Wahrheit.
[87] GW 4, § 451

Eine Tatsache ist bekanntlich nie nur so, wie sie an sich ist, sondern auch so, wie wir sie anschauen.
[58] GW 6, § 510

Unsere Wirklichkeit beruht auf tausend Gewöhnlichkeiten.
[64] GW 18/II, § 1354

Im allmächtigen Alltag gibt es leider wenig Ungewöhnliches, das gesund wäre. Für merkbares Heldentum ist wenig Raum; nicht etwa, dass die heroische Forderung überhaupt nicht an uns heranträte! Im Gegenteil: Das ist ja eben gerade das Leidige und Lästige, dass der banale Alltag banale Forderungen an unsere Geduld, unsere Hingabe, Ausdauer, Aufopferung usw. erhebt, die man nur demütig und ohne ir-

gendwelche beifallerzielende, heroische Geste erfüllen muss, wozu es aber eines nach außen unsichtbaren Heldentums bedarf. Es glänzt nicht, wird nicht belobt und sucht immer wieder die Verborgenheit im alltäglichen Gewand.
[109 B] GW 7, § 72

★

Die Erfüllung von Sitten und Gesetzen kann ebenso gut der Deckmantel für eine subtile Lüge sein, die gerade noch zu fein ist, als dass sie unsere Mitmenschen bemerken könnten. Wir vermögen zwar damit vielleicht jeder Kritik zu entgehen, ja vielleicht uns selber zu täuschen im Glauben an unsere so offensichtliche Rechtschaffenheit. Aber tief unter der Oberfläche des Durchschnittsgewissens sagt uns eine leise Stimme: »Es stimmt etwas nicht«, ganz gleich wie sehr auch die öffentliche Meinung oder der moralische Sittenkodex unser Richtigsein unterstützen.
[94] GW 17, § 81

Du musst der sein, als der du wirken willst. Das bloße Reden hat von jeher als hohl gegolten, und es gibt schlechterdings keinen noch so siebengescheiten Kunstgriff, der um diese einfache Wahrheit auf die Dauer herumbetrügen könnte. Nicht *wovon* man überzeugt ist, sondern *dass* man überzeugt ist, hat zu allen Zeiten gewirkt.
[51] GW 16, § 167

Das ethische Problem ist für einen moralischen Menschen eine leidenschaftliche Frage, die in den tiefsten Triebvorgängen sowohl wie in seinen idealsten Aspirationen wurzelt. Für ihn ist das Problem erschütternd wirklich. Kein Wunder daher, wenn auch die Tiefen seiner Natur darauf antworten.
[110] GW 7, § 289

Die Emotion ist keine Tätigkeit, sondern ein Geschehnis, das einem zustößt. Affekte ereignen sich in der Regel an den Stellen geringster Anpassung und offenbaren zugleich den Grund der verminderten Anpassung, nämlich eine gewisse Minderwertigkeit und das Vorhandensein eines gewissen niederen Niveaus der Persönlichkeit. Auf dieser tieferen Ebene mit ihren kaum oder gar nicht kontrollierten Emotionen verhält man sich mehr oder weniger wie ein Primitiver, der nicht nur ein willenloses

Opfer seiner Affekte ist, sondern dazu noch eine bemerkenswerte Unfähigkeit des moralischen Urteils besitzt.
[1] GW 9/II, § 15

Durch den »Affekt« wird das Subjekt einbezogen und bekommt damit das ganze Gewicht der Wirklichkeit zu fühlen. Der Unterschied entspricht also ungefähr dem zwischen der Beschreibung einer schweren Krankheit, die man in einem Buche liest, und der wirklichen Krankheit, die man hat. Psychologisch besitzt man nichts, das man nicht wirklich erfahren hat. Eine nur intellektuelle Einsicht bedeutet daher zu wenig, denn man weiß nur Wörter darüber, kennt aber die Substanz nicht von innen.
[1] GW 9/II, § 61

Die Enttäuschung nun, als ein Schock für das Gefühl, ist nicht nur die Mutter der Bitterkeit, sondern auch die mächtigste Triebfeder der Gefühlsdifferenzierung. Das Versagen eines Lieblingsplanes, das der Erwartung nicht entsprechende Benehmen einer geliebten Person usw. bildet den Anstoß entweder zu einem mehr oder weniger brutalen Affektausbruch oder zu einer Modifikation und Anpassung des Gefühls und damit zu einer höheren Entwicklung desselben. Diese gipfelt in der Weisheit und zwar dann, wenn sich zum Gefühl auch die Nachdenklichkeit und die verstandesmäßige Erkenntnis gesellt. Weisheit ist nie gewalttätig, und darum tut in ihr das eine dem anderen auch keine Gewalt an.
[41] GW 14/I, § 328

In Tat und Wahrheit erfreuen wir uns keiner herrenlosen Freiheit, sondern sind beständig bedroht von gewissen seelischen Faktoren, die als »Naturtatsachen« von uns Besitz ergreifen können. Die weitgehende Zurücknahme gewisser metaphysischer Projektionen liefert uns diesem Geschehen insofern fast hilflos aus, als wir uns sofort mit jedem Impuls identifizieren, anstatt diesen mit dem Namen eines »anderen« zu belegen, womit er wenigstens auf Armeslänge weggehalten wäre und sich nicht sofort der Zitadelle des Ich bemächtigen könnte.
[55] GW 11, § 143

Unfreiheit und Besessenheit sind Synonyme. Immer ist daher etwas in der Seele vorhanden, das Besitz ergreift und die sittliche Freiheit beschränkt oder unterdrückt. Um sich einerseits diesen wahren, aber sehr unangenehmen Tatbestand zu verheimlichen und sich andererseits Mut zur Freiheit zu machen, hat man sich den eigentlich apotropäischen Sprachgebrauch angewöhnt: *»Ich habe* die Neigung oder die Gewohnheit oder das Ressentiment«, anstatt wahrheitsgetreu festzustellen:« Die Neigung oder die Gewohnheit oder das Ressentiment *hat mich.*« Letztere Ausdrucksweise würde uns allerdings auch noch die Illusion der Freiheit kosten. Aber ich frage mich, ob das nicht in höherem Sinne besser wäre, als wenn man sich auch noch mit seiner Sprache benebelt.

[55] GW 11, § 143

Als bloß Geschaffenes oder aus unbewusster Voraussetzung Werdendes hat der Mensch keine Freiheit und das Bewusstsein keine raison d'être. Die psychologische Beurteilung muss der Tatsache Rechnung tragen, dass trotz aller kausalen Gebundenheit der Mensch ein Freiheitsgefühl besitzt, das identisch ist mit der Autonomie des Bewusstseins. Obschon alles und jedes dem Ich die Abhängigkeit und Vorbedingtheit beweist, so ist es doch nicht von seiner gänzlichen Unfreiheit zu überzeugen.

[92 B] GW 11, § 391

Die Existenz des Ichbewusstseins hat nur Sinn, wenn sie frei und autonom ist. Mit dieser Feststellung haben wir allerdings eine *Antinomie* ausgesprochen, aber damit auch ein entsprechendes Bild der tatsächlichen Verhältnisse entworfen. Es gibt nun zeitliche, örtliche und individuelle Verschiedenheiten in den Graden der Abhängigkeit und der Freiheit. Es ist in Wirklichkeit immer beides vorhanden: die Übermacht des Selbst und die Hybris des Bewusstseins.

[92 B] GW 11, § 391

Ein jeder findet sich mit einer seelischen Disposition vor, welche seine Freiheit in hohem Maße beschränkt, ja sogar beinahe illusorisch macht. Nicht nur ist die »Freiheit des Willens« philosophisch ein unabsehbares Problem, sondern sie ist es auch praktisch, insofern es selten jemanden gibt, der nicht weitgehend oder sogar überwiegend von Neigungen, Gewohnheiten, Trieben, Vorurteilen, Ressentiments und allen möglichen Komplexen beherrscht ist. Alle diese Naturtatsachen funktionieren genau wie ein ganzer Olymp voll von Göttern, die propitiiert, bedient, gefürchtet und verehrt sein wollen, nicht nur vom individuellen Inhaber dieser Götterkompagnie, sondern auch noch von seiner persönlichen Umgebung.

[55] GW 11, § 143

Weil wir noch so barbarisch sind, so kommt uns das Vertrauen in die Gesetze der menschlichen Natur und des menschlichen Pfades als ein gefährlicher und unethischer Naturalismus vor. Warum? Weil bei dem Barbaren unter der dünnen Kulturhaut gleich die Bestie kommt, und davor hat er mit Recht Angst. Aber das Tier wird nicht überwunden dadurch, dass es in einen Käfig gesperrt wird. *Es gibt keine Sittlichkeit ohne Freiheit.* Wenn ein Barbar seine Bestie loslässt, so ist das keine Freiheit, sondern eine Unfreiheit. Um frei sein zu können, muss zuvor die Barbarei überwunden werden. Dies geschieht im Prinzip dadurch, dass Grund und Motivkraft der Sittlichkeit vom Individuum als Bestandteile seiner eigenen Natur empfunden und wahrgenommen werden und nicht als äußere Beschränkungen.
[58] GW 6, § 357

Wenn schon der Mensch in seiner modernen Variante meint, er könne sich unbegrenzt wandeln oder durch äußere Einwirkung verwandelt werden, so bleibt doch die erstaunliche oder – besser – erschreckende Tatsache bestehen, dass er trotz Zivilisation und christlicher Erziehung moralisch noch in einer tierähnlichen Unfreiheit befangen ist und daher jederzeit der großen Bestie verfallen kann.
[41] GW 14/I, S. 16

★

Das Moralgesetz ist nicht bloß ein Übel, gegen das man sich auflehnen sollte, sondern eine Notwendigkeit, die vom innersten Bedürfnis des Menschen erzeugt wurde. Das Moralgesetz ist nichts anderes als eine äußere Manifestation des dem Menschen eingeborenen Dranges, sich selber zu unterdrücken und zu bändigen. Dieser Drang zur Domestikation oder Zivilisation verliert sich in die unergründlichen und nebelhaften Abgründe der Entwicklungsgeschichte, kann daher nie und nimmer als Folge einer gewissen von außen aufgenötigten Gesetzgebung gedacht werden. Der Mensch selber hat sich, seinem Triebe gehorchend, seine Gesetze geschaffen.
[87] GW 4, § 486

Die Moral wurde nicht in Form von Tafeln vom Sinai heruntergebracht und dem Volke aufgenötgt, sondern die Moral ist eine Funktion der menschlichen Seele, die so alt ist wie die Menschheit. Die Moral wird

nicht von außen aufgenötigt – man hat sie schließlich a priori in sich selbst; nicht das Gesetz, wohl aber das moralische Wesen, ohne das ein Zusammenleben der menschlichen Sozietät unmöglich wäre. Darum findet sich Moral auf allen Stufen der Sozietät. Sie ist ein instinktives Regulativ des Handelns, welches auch das Zusammenleben der Tierherde ordnet. Die Moralgesetze gelten aber nur innerhalb einer zusammenlebenden Menschengruppe. Jenseits derselben hören sie auf. Dort gilt stattdessen die alte Wahrheit: »Homo homini lupus« (Der Mensch ist dem Menschen ein Wolf). Mit zunehmender Kultur gelingt es, immer größere Menschenmengen dem Bann derselben Moral zu unterwerfen, ohne dass es aber bis jetzt gelungen wäre, dem Moralgesetz auch jenseits der Sozietätsgrenzen, das heißt im freien Raum zwischen voneinander unabhängigen Sozietäten, zur Herrschaft zu verhelfen. Dort herrscht, wie vor alters, Recht- und Zuchtlosigkeit und ärgste Unmoral, was aber nur der jeweilige Feind laut sagt.
[109 B] GW 7, § 30

Wir dürfen nie vergessen, dass das, was uns heute noch als ein sittliches Gebot erscheint, morgen der Auflösung und Umbildung verfällt, um in naher oder ferner Zukunft als Grundlage ethischer Bildungen zu dienen. So viel sollten wir aus der Kulturgeschichte gelernt haben, dass auch die Moralformen zu den vergänglichen Dingen gehören.
[60] GW 4, § 667

Moral ist das Einzige, was nicht verbessert werden kann, denn jede Änderung der herkömmlichen Moral ist in ihrem Sinne eine Immoralität. Das Schwerwiegende an diesem Bonmot ist, dass es auch eine unleugbare Gefühlstatsache bedeutet, über die schon mancher Neuerer gestolpert ist.
[19] GW 10, § 239

Von Problemen schaut jeder gerne weg; wenn möglich, sollen sie nicht erwähnt werden, oder noch besser, man leugnet ihre Existenz. Man wünscht sich das Leben einfach, sicher und glatt, und darum sind Probleme tabu. Man will Sicherheiten und keine Zweifel, man will Resultate und keine Experimente, ohne dabei zu sehen, dass nur durch Zweifel Sicherheiten und nur durch Experimente Resultate entstehen können. So schafft auch künstliche Leugnung der Probleme keine Überzeugung,

vielmehr bedarf es der weiteren und höheren Bewusstheit, um Sicherheit und Klarheit zu erzeugen.
[38] GW 8, § 751

Hysterische und normale Selbstbetrüger haben es zu allen Zeiten verstanden, alles zu missbrauchen, um sich um die Notwendigkeiten des Lebens, um unvermeidliche Pflichten und vor allem um die Verpflichtung sich selbst gegenüber herumzudrücken. Sie geben sich zum Beispiel den Anschein von Gottsuchern, um die Wahrheit, dass sie gewöhnliche Egoisten sind, nicht erfahren zu müssen.
[89] GW 13, § 142

Man kann natürlich, wie von allem, was man weiß, auch von dem Wissen um sich selbst, einen schlechten Gebrauch machen!
[75] GW 18/II, § 1815

Die moralisch empfundene Minderwertigkeit zeigt immer an, dass das mangelnde Stück etwas ist, das eigentlich, dem Gefühl entsprechend, nicht mangeln sollte, oder, mit anderen Worten, bewusst sein könnte, wenn man sich die nötige Mühe dazu gäbe. Das moralische Minderwertigkeitsgefühl rührt dabei nicht etwa her vom Zusammenstoß mit dem allgemeinen, in gewissem Sinn arbiträren Moralgesetz, sondern vom Konflikt mit dem eigenen Selbst, welches aus Gründen des seelischen Gleichgewichtes die Ausgleichung des Defizites erfordert. Wo immer das Minderwertigkeitsgefühl auftaucht, zeigt es auch an, dass nicht nur die Forderung zur Assimilation eines unbewussten Stückes vorhanden ist, sondern auch die Möglichkeit der Assimilation. Es sind in letzter Linie die moralischen Qualitäten eines Menschen, welche ihn, sei es durch die Erkenntnis der Notwendigkeit, sei es indirekt durch eine qualvolle Neurose zwingen, sein unbewusstes Selbst zu assimilieren und sich bewusst zu halten.
[110] GW 7, § 218

Nur durch unsere Schwäche und Unfähigkeit sind wir mit dem Unbewussten, mit der niedrigeren Welt der Instinkte und mit unseren Mitmenschen verbunden. Unsere Tugenden befähigen uns, unabhängig zu sein. In diesem Zustand brauchen wir niemanden, hier sind wir Könige; aber in unserer Minderwertigkeit sind wir mit der Menschheit wie auch mit der Welt unserer Instinkte verbunden.
[81] GW 18/I, § 212

Wo ein Minderwertigkeitskomplex besteht, hat er seinen guten Grund; es ist auch immer etwas Minderwertiges vorhanden, allerdings nicht dort, wo man sich einredet, dass es sei. Bescheidenheit und Demut bedeuten keinen Minderwertigkeitskomplex. Es sind hoch zu schätzende, ja bewundernswerte Tugenden und keine Komplexe. Sie beweisen, dass ihr glücklicher Besitzer kein überheblicher Narr ist, sondern seine Grenzen kennt und darum nie verblendet, vermessen und von der eigenen vermeintlichen Größe trunken über das Menschsein hinausstolpern wird.

[75] GW 18/II, § 1814

Wir alle haben Komplexe; das ist etwas höchst Banales und ganz uninteressant. Sogar der Inzestkomplex, den man überall finden kann, wenn man nach ihm sucht, ist furchtbar banal und daher uninteressant. Interessant ist nur, was die Menschen mit ihren Komplexen tun.

[81] GW 18/I, § 175

Solche Leute sind wahrhaft unsicher, die sich sicher wähnen. Unser Leben ist unsicher, und deshalb entspricht ein gewisses Gefühl der Unsicherheit der Wahrheit viel mehr als die Illusion und der Bluff der Sicherheit. Auf die Dauer siegt der Besserangepasste, nicht der unrechtmäßig Selbstsichere, welcher äußerer oder innerer Gefährdung preisgegeben ist. Man messe nicht nur mit Geld oder mit Macht! Entscheidend ist der Frieden der Seele.

[75] GW 18/II, § 1814

Es scheint dem Menschen sehr schwerzufallen, mit Rätseln zu leben oder diese leben zu lassen, obschon man meinen sollte, dass bei der prinzipiellen Rätselhaftigkeit der Existenz überhaupt ein bisschen mehr oder weniger Unbeantwortbares kaum eine Rolle spielen dürfte. Aber vielleicht ist eben gerade das die Unerträglichkeit, dass es in der eigenen Seele irrationale Dinge geben soll, welche das Bewusstsein in seiner Illusion von Sicherheit und Klarheit beunruhigen, indem sie ihm das Rätsel seines Daseins in greifbare Nähe bringen.

[49] GW 13, § 307

Dass aus dem Kleinsten größte Wirkung hervorgeht, ist nicht nur auf physikalischem Gebiete, sondern auch in der psychologischen Forschung offenbar geworden. Wie oft hängt in den kritischen Augenblicken des Lebens an einem anscheinenden Nichts ein Alles!

[106] GW 9/I, § 408

Nach Vollkommenheit zu streben ist ein hohes Ideal. Ich sage aber: »Bringt lieber etwas zustande, was Ihr zustande bringen könnt, statt dem nachzujagen, was Ihr nie erreichen werdet.« Niemand ist vollkommen. Denken Sie an den Ausspruch: »Niemand ist gut außer Gott allein« (Lk 18,19). Niemand kann es sein. Es ist eine Illusion. Das Einzige, was wir tun können, ist, bescheiden danach zu streben, uns selbst zu erfüllen und möglichst vollständige menschliche Wesen zu werden, und das ist schon anstrengend genug.

[81] GW 18/I, § 298

Der *Schatten* ist ein moralisches Problem, welches das Ganze der Ichpersönlichkeit herausfordert, denn niemand vermag den Schatten ohne einen beträchtlichen Aufwand an moralischer Entschlossenheit zu realisieren. Handelt es sich bei dieser Realisierung doch darum, die dunkeln Aspekte der Persönlichkeit als wirklich vorhanden anzuerkennen. Dieser Akt ist die unerlässliche Grundlage jeglicher Art von *Selbsterkenntnis.*

[1] GW 9/II, § 14

Einen Menschen seinem Schatten gegenüberstellen, heißt, ihm auch sein Lichtes zeigen. Wenn man das einige Male erfahren hat, wenn man urteilend *zwischen* den Gegensätzen steht, dann spürt man unvermeidlicherweise, was mit dem eigenen *Selbst* gemeint ist. Wer zugleich seinen Schatten und sein Licht wahrnimmt, sieht sich von zwei Seiten, und damit *kommt er in die Mitte.*

[28] GW 10, § 872

Diese Situation ist nach meiner Erfahrung ungewöhnlich und dürfte auf theosophischer Beeinflussung beruhen, denn für die (westliche) Theosophie ist die Erfüllung des Bewusstseins mit Idealvorstellungen charakteristisch, nicht aber die Konfrontation mit dem Schatten und der Dunkelwelt. Man wird aber nicht hell dadurch, dass man sich Helles vorstellt, sondern dadurch, dass man Dunkles bewusstmacht.

[49] GW 13, § 335

Nur ein höchst naiver und unbewusster Mensch kann sich einbilden, er sei imstande, der Sünde zu entrinnen. Die Psychologie kann sich dergleichen kindliche Illusionen nicht mehr leisten, sondern muss der Wahrheit gehorchen und sogar feststellen, dass die Unbewusstheit nicht nur keine Entschuldigung, sondern sogar eine der ärgsten Sünden ist. Menschli-

ches Gericht mag sie von Strafe befreien, umso unbarmherziger aber rächt sich die Natur, die sich nicht darum kümmert, ob man sich einer Schuld bewusst ist oder nicht.
[39] GW 10, § 676

Das Vorbild Christus hat sich mit der Sünde beladen. Ist es aber ganz draußen, so ist auch die Sünde des Einzelnen draußen, und damit ist Letzterer mehr Fragment als je, denn oberflächliches Missverstehen eröffnet ihm einen bequemen Weg, seine Sünden buchstäblich »auf Ihn zu werfen« und so einer tiefen Verantwortung zu entgehen, was mit dem Geist des Christentums in Widerspruch steht.
[53] GW 12, § 9

»Erlösung« bedeutet nämlich nicht, dass einem eine Last abgenommen wird, die man zu tragen vermeint hat. Wie unerträglich sich der Mensch ist, erlebt nur der Vollständige.
[1] GW 9/II, § 125

Wenn die Menschen nur wüssten, was für einen Gewinn es bedeutet, seine eigene Schuld gefunden zu haben, was für eine Würde und seelische Rangerhöhung!
[43] GW 10, § 416

Nur die lebendige Gegenwart der ewigen Bilder vermag der Seele jene Würde zu verleihen, die es dem Menschen wahrscheinlich macht und es ihm moralisch ermöglicht, bei seiner Seele auszuharren und überzeugt zu sein, dass es sich lohnt, bei ihr zu bleiben. Nur dann wird es ihm einleuchten, dass der Konflikt ihm gehört, dass der Zwiespalt sein leidensvoller Reichtum ist, den man nicht weggibt, indem man andere angreift, und dass, wenn das Schicksal von ihm Schuld verlangt, es Schuld an ihm selber ist.
[42] GW 14/II, § 175

★

Ich kann niemanden lieben, wenn ich mich selbst hasse. Das ist der Grund, warum man sich so ausgesprochen unwohl fühlt in der Gegenwart von Menschen, die durch besondere Tugendhaftigkeit ausgezeichnet sind, weil sie nämlich eine Atmosphäre der Qual ausstrahlen, die sie sich selber antun. Das ist keine Tugend, das ist ein Laster. Und da ist aus sogenanntem Guten, das wirklich einmal gut war, etwas geworden, was nicht mehr gut ist, es ist eine Ausflucht geworden. Heute kann jeder Feigling sich respektabel machen, indem er in die Kirche geht und den Nächsten liebt. Das ist aber einfach ein unwahrer Zustand, eine künstliche Welt.

[8] S. 88

Der gesunde Mensch ist nicht notwendigerweise ein Quäler. Meist quält nur der Gequälte.

[64] GW 18/II, § 1354

Auf der Flucht vor sich selber zu leben, ist eine bittere Sache, und mit sich selber zu leben, verlangt eine Reihe von christlichen Tugenden, die man in diesem Falle bei sich selber anwenden muss, nämlich Geduld, Liebe, Glaube, Hoffnung und Demut. Es ist gewiss eine große Sache, den Nebenmenschen damit zu beglücken, aber leicht klopft einem dabei der Teufel der Selbstbespiegelung auf den Rücken und sagt: »Gut gemacht!« Und weil dies eine große psychologische Wahrheit ist, so muss sie für ebenso viele Menschen umgekehrt werden, damit der Teufel etwas zu tadeln hat. Ist man aber beglückt, wenn man diese Tugenden sich selber applizieren muss? Wenn ich selber der Empfänger der eigenen Gabe bin, nämlich jener Geringste unter meinen Brüdern, den ich bei mir aufnehmen sollte? Wenn ich anerkennen müsste, dass ich selber meiner Geduld, meiner Liebe, meines Glaubens und sogar meiner Demut bedarf? Ja, dass ich mir selber der Teufel bin, der Gegenspieler, der jeweils und von allem das Gegenteil will? Kann man sich wirklich selber tragen? Man soll dem anderen nichts tun, was man sich nicht selber täte. Dies gilt im Bösen wie im Guten.

[52] GW 16, § 522

Es ist immer besser, anstatt gegen sich selbst Krieg zu führen, sich selber ertragen zu lernen und die inneren Schwierigkeiten nicht in Fantasien nutzlos zu bearbeiten, sondern sie umzusetzen in wirkliches Erleben. Damit lebt man wenigstens und verzehrt sich nicht bloß selbst in fruchtlosen Kämpfen. Wenn die Menschen aber dazu erzogen werden, die Schattenseite ihrer eigenen Natur zu sehen, so ist zu hoffen, dass sie auf diesem Wege auch ihre Mitmenschen besser verstehen und lieben lernen. Eine Abnahme der Heuchelei und eine Zunahme der Toleranz gegen sich

selbst kann für die Berücksichtigung des Nächsten nur gute Folgen haben, denn nur allzu leicht sind die Menschen geneigt, die Unbilligkeit und Gewaltsamkeit, die sie ihrer eigenen Natur antun, auch auf die Mitmenschen zu übertragen.
[109 A] GW 7, § 439

Wir verstehen den anderen immer in der Art, wie wir uns verstehen oder zu verstehen suchen. Was wir in uns nicht verstehen, verstehen wir auch im anderen nicht. So ist reichlich dafür gesorgt, dass das Bild des anderen in der Regel größtenteils subjektiv ist. Bekanntlich kann auch eine intime Bekanntschaft eine objektive Erkenntnis des anderen keineswegs garantieren.
[2] GW 8, § 508

Wenn man jemand nicht versteht, so hält man ihn in der Regel für dumm.
[41] GW 14/I, § 142

Gewiss wird Streit und Unfrieden immer zu den Requisiten der menschlichen Tragikomödie gehören, aber es ist doch nicht zu leugnen, dass der Fortschritt der Gesittung vom Faustrecht zur Gesetzesbildung geführt hat und somit zur Bildung einer Instanz und eines Maßstabes, die den streitenden Parteien übergeordnet sind. Eine Basis zur Schlichtung des Streites der Auffassung könnte nach meiner Überzeugung die Anerkennung von Typen der Einstellung sein, aber nicht nur der Existenz solcher Typen, sondern auch der Tatsache, dass jeder in seinem Typus bis zu dem Grade befangen ist, dass er des völligen Verständnisses eines anderen Standpunktes unfähig ist. Ohne Anerkennung dieser weitgehenden Forderung ist eine Vergewaltigung des anderen Standpunktes so gut wie sicher.
[58] GW 6, § 847

Alles Schlechte und Minderwertige, das man bei sich selbst nicht sehen mag, hat ganz gewiss der andere, und darum muss man ihn kritisieren und bekämpfen, während doch nichts anderes passiert ist, als dass eine minderwertige Seele vom einen in den anderen übergewandert ist. Die Welt ist noch immer voll von »bêtes noires« und Sündenböcken, wie sie früher von Hexen und Werwölfen wimmelte.
[7] GW 10, § 130

Der Balken im eigenen Auge befähigt geradezu die Auffindung des Splitters in des Bruders Augen. In diesem Fall beweist, wie gesagt, der Balken im eigenen Auge nicht, dass der Bruder keinen Splitter im Auge habe. Aber die Behinderung des Sehens könnte leicht Anlass zu einer allgemeinen Theorie werden, dass alle Splitter Balken seien.

Die Anerkennung und Beherzigung der subjektiven Bedingtheit der Erkenntnisse überhaupt, und ganz besonders der psychologischen Erkenntnisse, ist eine Grundbedingung für die wissenschaftliche und gerechte Würdigung einer vom beobachtenden Subjekt verschiedenen Psyche. Diese Bedingung ist nur dann erfüllt, wenn der Beobachter über den Umfang und die Art seiner eigenen Persönlichkeit hinreichend unterrichtet ist. Er kann aber nur dann hinreichend unterrichtet sein, wenn er sich in hohem Maße von den ausgleichenden Einflüssen der Kollektivurteile freigemacht hat und dadurch zu einer klaren Auffassung seiner eigenen Individualität gelangt ist.

[58] GW 6, §§ 10f.

Wir gehen naiverweise stets von der Annahme aus, dass wir in unserem eigenen Haus allein Meister seien. Unser Begreifen muss sich daher zuerst an den Gedanken gewöhnen, dass wir auch in unserem intimsten Seelenleben in einer Art von Haus wohnen, das zum Mindesten Türen und Fenster in die Welt hinaus hat, deren Gegenstände oder Inhalte zwar auf uns wirken, aber nicht uns zugehören. Diese Voraussetzung ist für viele nicht leicht zu denken, ebenso wie es ihnen nicht ohne Weiteres gelingt, wirklich einzusehen und anzunehmen, dass ihre Nebenmenschen nicht notwendigerweise die gleiche Psychologie haben wie sie.

[110] GW 7, § 329

Jeder, der sich auch nur eines Teiles des Unbewussten durch Bewusstmachung bemächtigt, gerät etwas außerhalb seiner Zeit und Gesellschaftsschicht, in die Verlassenheit.

[41] GW 14/I, § 252

Die reale Existenz eines Feindes, dem man alle Bosheit aufladen kann, bedeutet eine unverkennbare Erleichterung des Gewissens. Man kann es wenigstens ungescheut sagen, wer der Teufel ist, das heißt, man ist sich darüber klar, dass die Ursache des Missgeschickes sich außen befindet und nicht etwa in der eigenen Einstellung.

[2] GW 8, § 518

Das Nichtsehenwollen und das Projizieren der eigenen Fehler steht am Anfang der meisten Streitereien und ist die stärkste Garantie dafür, dass Ungerechtigkeit, Gehässigkeit und Verfolgung so bald nicht aussterben.
[75] GW 18/II, § 1804

Der Hass des Menschen konzentriert sich immer auf das Etwas, das ihm seine schlechten Eigenschaften zum Bewusstsein bringt.
[58] GW 6, § 453

Wenn wir uns über irgendetwas bis zur Besinnungslosigkeit ärgern, so lassen wir uns die Überzeugung nicht nehmen, dass die Ursache unseres Ärgers ganz und gar draußen in jenem ärgerlichen Dinge oder Menschen liege. Also trauen wir jenen Dingen die Macht zu, uns in den Zustand des Ärgers, eventuell sogar in den der Schlaf- oder Verdauungsstörung versetzen zu können. Wir verurteilen darum ungescheut und schrankenlos den Gegenstand des Anstoßes und beschimpfen damit ein unbewusstes Stück in uns selbst, das in das ärgerliche Objekt projiziert ist.
[2] GW 8, § 516

Alles, was aus dem Unbewussten wirkt, erscheint projiziert am anderen. Nicht, dass die anderen ganz unschuldig daran wären, denn auch die schlimmste Projektion ist zum Mindesten an ein, vielleicht sehr kleines, Häkchen gehängt, das aber doch der andere geliefert hat.
[80] GW 8, § 99

Ein Mensch, der sich seiner selbst unbewusst ist, handelt triebhaft und wird überdies genarrt von all den Illusionen, die daraus entstehen, dass ihm das, was ihm selber unbewusst ist, anscheinend von außen, nämlich als Projektion auf den Nebenmenschen, entgegentritt.
[49] GW 13, § 391

Die Projektionen verwandeln die Umwelt in das eigene, aber unbekannte Gesicht.
[1] GW 9/II, § 17

★

Als das Wesentliche erscheint uns, dass wir *vor uns selber* bestehen können. Von außen betrachtet erscheint eine solche Einstellung wie Selbst-

gerechtigkeit; sie ist es aber nur dann, wenn wir der Selbstkritik unfähig sind. Haben wir aber Selbstkritik, so wird uns äußere Kritik eben nur außen affizieren und nicht bis zum Herzen dringen, denn wir fühlen, dass ein strengerer Richter in uns wohnt, als uns je einer von außen beurteilen könnte. Überdies, was meinen die Leute nicht alles! So viele Köpfe, so viele Urteile! Wir finden, dass unser eigenes Urteil schließlich ebenso viel Wert hat wie das Urteil anderer. Man kann es ja nie allen recht machen, deshalb ist es besser, man habe bei sich selber Frieden.
[10] GW 10, § 911

In jedem Menschen wohnt ein unbarmherziger Richter, welcher uns Schuld zumisst, auch wenn wir uns keiner Unrechtmäßigkeit bewusst sind. Obschon wir es nicht wissen, so ist es doch, wie wenn es irgendwo gewusst wäre.
[48] GW 13, § 164

Wie kann jemand klar sehen, wenn er nicht einmal sich selbst und seine Dunkelheit sieht, welche er unbewusst in alle seine Handlungen mithineinträgt?
[55] GW 11, § 140

Nichts bleibt ja in uns ganz unwidersprochen, und es gibt keine Position des Bewusstseins, die nicht irgendwo in den dunklen Winkeln der Seele eine Negation oder eine kompensatorische Ergänzung, eine verstärkende Beistimmung oder ein Ressentiment hervorruft. Die Auseinandersetzung mit dem Anderen in uns lohnt sich, denn auf diese Weise lernt man Seiten seines Wesens kennen, die man sich nie von einem anderen hätte zeigen lassen und die man sich selber nie zugegeben hätte.
[42] GW 14/II, § 365

Das Andere in uns erscheint uns immer fremd und unannehmbar. Aber wenn wir uns davon kränken lassen, so geht es in uns hinein, und wir sind um ein Stück Selbsterkenntnis reicher geworden.
[10] GW 10, § 918

Nur einen Dummkopf interessiert die Schuld des anderen, an der sich nichts ändern lässt. Nur von der eigenen Schuld lernt der Kluge. Er wird sich die Frage vorlegen: Wer bin ich, dem all das geschieht? Er wird in

seine eigene Tiefe blicken, um dort die Antwort auf diese Schicksalsfrage zu finden.
[53] GW 12, § 152

Zu wissen, wo der andere fehlt, ist von geringem Werte. Interessant wird es erst da, wo man selber fehlt, denn da lässt sich etwas tun.
[1] GW 9/II, § 424

Der Mensch ist das Dioskurenpaar, in welchem der eine sterblich ist und der andere unsterblich; die immer beisammen sind und sich doch nie gänzlich zu einem machen lassen. Die Wandlungsvorgänge wollen die beiden einander annähern, wogegen das Bewusstsein aber Widerstände empfindet, weil der andere zunächst als fremdartig und unheimlich erscheint und weil wir uns nicht an den Gedanken gewöhnen können, nicht Alleinherr im eigenen Hause zu sein. Wir zögen es vor, immer nur Ich und sonst nichts zu sein. Wir sind aber mit dem inneren Freund oder Feind konfrontiert, und dabei hängt es von uns ab, ob er uns Freund oder Feind ist.
[85] GW 9/I, § 235

Der andere ist wohl so einseitig in seiner Art wie das Ich in einer anderen. Aus dem Konflikt der beiden kann Wahrheit und Sinn hervorgehen, aber allerdings nur dann, wenn das Ich gewillt ist, dem anderen gerechterweise Persönlichkeit zuzubilligen.
[85] GW 9/I, § 237

★

Man kann einer Ergriffenheit verfallen, wenn man nicht beizeiten begreift, warum man ergriffen worden ist. *Einmal* sollte man sich fragen: Warum hat mich jener Gedanke so ergriffen? Was heißt das in Bezug auf mich selber? Dieser bescheidene Zweifel kann uns davor schützen, der eigenen Idee restlos und auf Nimmerwiedersehen zu verfallen.
[70] GW 15, § 72

Nirgends stehen wir näher dem vornehmsten Geheimnis aller Ursprünge als in der Erkenntnis des eigenen Selbst, das wir immer schon zu kennen wähnen. Aber die Tiefen des Weltraumes sind uns bekannter als die Tie-

fen des Selbst, wo wir das schöpferische Sein und Werden fast unmittelbar belauschen können, allerdings ohne es zu verstehen.
[4] GW 8, § 737

Gewissen, und ganz besonders ein schlechtes Gewissen, kann eine Gabe des Himmels sein, eine wahrhafte Gnade, wenn es benutzt wird zur höheren Selbstkritik. Selbstkritik als introspektive, diskriminierende Tätigkeit ist unerlässlich für jeden Versuch, die eigene Psychologie zu verstehen. Wenn man etwas getan hat, was einem unerklärlich ist, und man sich fragt, was einen dazu veranlasst haben könnte, braucht man den Antrieb des schlechten Gewissens und die diesem entsprechende unterscheidende Fähigkeit, um den Beweggrund des eigenen Verhaltens zu entdecken. Nur so ist man fähig zu sehen, welche Motive das eigene Handeln beherrschen. Der Stachel des schlechten Gewissens spornt einen sogar an, Dinge zu entdecken, die vorher unbewusst waren, und auf diese Weise kann man die Schwelle des Unbewussten überschreiten und so jener unpersönlichen Kräfte gewahr werden, die den Einzelnen zum unbewussten Instrument des Massenmörders im Menschen machen.
[55] GW 11, § 86

Selbsterkenntnis in der Gestalt der Gewissenserforschung wird von der christlichen Ethik gefordert. Es waren sehr fromme Leute, welche behaupteten, dass Selbsterkenntnis den Weg zur Gotteserkenntnis bereite.
[6] GW 11, § 661

Man sagt, es sei egoistisch oder »ungesund«, sich mit sich selber zu beschäftigen – »die eigene Gesellschaft ist die schlechteste; man wird davon ganz melancholisch« – das sind die glänzenden Zeugnisse, die unserer menschlichen Beschaffenheit ausgestellt werden. Sie sind aber waschecht im abendländischen Sinne. Wer so denkt, stellt sich offenbar nie vor, was für ein Vergnügen andere Leute an der Gesellschaft solch unreinlicher Hasenfüße haben müssen.
[110] GW 7, § 323

Grübeln ist eine sterile, in sich selbst verlaufende Tätigkeit, die niemals zu einem vernünftigen Ziel gelangt. Es ist keine Arbeit, sondern eine Schwäche, sogar ein Laster. Man kann sich jedoch selber, namentlich wenn man sich nicht in Ordnung fühlt, legitimerweise zum Gegenstand

ernsthafter Nachforschung machen, so gut als man sein Gewissen ernsthaft erforschen kann, ohne dabei einer sittlichen Schwäche zu verfallen. Wer sich mit sich selber in übler Lage befindet, wer sich verbesserungsbedürftig fühlt, wer – kurz gesagt – »werden« will, der muss wohl mit sich selbst zu Rate gehen. Ohne dass der Mensch sich auch innerlich ändert, sind äußere Veränderungen der Situation entweder belanglos oder sogar schädlich.
[75] GW 18/II, § 1810

Jeder Fortschritt, jede Auffassungsleistung der Menschheit war mit einem Fortschritt der Selbstbesinnung verknüpft: Man hat sich vom Objekt unterschieden und trat der Natur als von ihr verschieden gegenüber.
[2] GW 8, § 523

Die vornehmste aller Illusionen ist, dass einem etwas genüge. Sie steht hinter allen Unerträglichkeiten und vor allen Fortschritten, und es gehört zum Schwersten, sie zu überwinden.
[72] GW 11, § 905

Es genügt nicht, dass einer einen Anlauf nimmt, sich aufbläst und ausruft: »Ich übernehme die Verantwortung!« Nicht nur die Menschheit, sondern auch das Schicksal möchte in einem solchen Fall wissen, *wer* diesen großen Schritt verspricht, und ob er einer ist, der die Verantwortung auch übernehmen *kann*. Sagen kann es bekanntlich jeder. Nicht das Amt macht den Menschen, sondern der Mensch tut sein Werk. Selbsterforschung sogar mit der Hilfe eines Zweiten oder sogar mehrerer, ist daher – oder vielmehr sollte es sein! – die unerlässliche Voraussetzung für die Übernahme höherer Verpflichtung, und wäre es auch nur die, den Sinn des individuellen Lebens in bestmöglicher Form und in größtmöglichem Umfang zu verwirklichen, was die Natur ja immer tut, allerdings ohne Verantwortung, welch letztere die schicksalsmäßige und göttliche Bestimmung des Menschen ist.
[75] GW 18/II, § 1810

Einer, der alles verspricht, wird nichts halten, und jeder Zuvielversprecher gerät in die Gefahr, schlechte Mittel zu gebrauchen, um sein Versprechen zu erfüllen, und damit begibt er sich auf den Weg der Katastrophe.
[43] GW 10, § 413

Das Urteil der anderen ist nicht eo ipso ein Wertmaßstab, sondern gegebenenfalls nur eine Information nützlicher Art. Das Individuum ist befähigt, und nicht nur das, sondern sogar berufen, seinen eigenen Wertmaßstab aufzustellen und anzuwenden. Ethik ist in letzter Linie individuelle Angelegenheit.
[10] GW 10, § 912

Wenn es je eine Zeit gab, wo die Selbstbesinnung das unbedingt Nötige und einzig Richtige war, so ist es unsere gegenwärtige katastrophale Epoche. Wer aber immer sich auf sich selber besinnt, stößt an die Schranken des Unbewussten, welches eben gerade das enthält, was zu wissen vor allem nottäte.
[109 B] GW 7, S. 14 (Vorwort)

Jedem Einzelnen tut Umsturz, innere Entzweiung, Auflösung des Bestehenden und Erneuerung not, nicht aber, dass er sie seinen Mitmenschen aufzwinge unter dem heuchlerischen Deckmantel christlicher Nächstenliebe oder sozialen Verantwortlichkeitsgefühls – und was es sonst noch an schönen Worten für unbewusste persönliche Machtbedürfnisse gibt. Selbstbesinnung des Einzelnen, Rückkehr des Einzelnen zum Grunde des menschlichen Wesens, zu seinem eigenen Wesen und dessen individueller und sozialer Bestimmtheit ist der Anfang zur Heilung der Blindheit, welche die gegenwärtige Stunde regiert.
[109 B] GW 7, S. 15 (Vorwort)

Ich bin zwar weder von einem allzu großen Optimismus angespornt noch von hohen Idealen begeistert, sondern bloß bekümmert um das Schicksal, das Wohl und Wehe des einzelnen Menschen, jener infinitesimalen Einheit, von der eine Welt abhängt, jenes individuellen Wesens, in dem – wenn wir den Sinn der christlichen Botschaft richtig vernehmen – sogar Gott sein Ziel sucht.
[21] GW 10, § 588

Es ist dem wissenschaftlichen Griffe nicht gelungen, das Rätsel des Lebens zu erfassen, weder im organischen Stoff noch in den geheimnisvollen Bilderfolgen der Seele, weshalb wir noch immer auf der Suche sind nach dem lebendigen Wesen, dessen Dasein wir in einem Jenseits der Erfahrbarkeit fordern müssen. Wer die Abgründe der Physiologie kennt, dem wird davor schwindeln, und wer etwas von der Seele weiß, der wird verzweifeln ob des Gedankens, dass dieses sonderbare Spiegelwesen jemals irgendetwas auch nur annähernd »erkennen« sollte.

Von diesem Standpunkt aus möchte einem leicht alle Hoffnung schwinden, irgendetwas Gründliches ausmachen zu können über jenes undeutliche, vielfach schillernde Ding, das man Geist nennt. Nur eines scheint mir klar zu sein, nämlich das: Wie »lebendiges Wesen« ein Inbegriff des Lebens im Körper ist, so ist »Geist« ein Inbegriff des seelischen Wesens, wie ja auch oft der Begriff Geist vermischt mit dem Begriff Seele gebraucht wird. Als solcher ist »Geist« in demselben Jenseits wie das »lebendige Wesen«, das heißt in derselben nebelhaften Ununterscheidbarkeit. Und der Zweifel, ob Seele und Körper nicht am Ende ein und dasselbe Ding sind, gilt auch dem anscheinenden Gegensatz von Geist und lebendigem Wesen. Sie sind wohl ebenfalls ein und dasselbe Ding.

[23] GW 8, §§ 620 f.

Zwischen Gut und Böse

Es gibt Zeiten in der Weltgeschichte (die unsere dürfte dazu gehören), wo ein Gutes weichen muss, und darum erscheint jenes, welches bestimmt ist, das Bessere zu werden, zunächst als Böses. Wie gefährlich es ist, diese Probleme überhaupt nur zu berühren, zeigt der eben ausgesprochene Satz; denn wie leicht kann sich damit das Böse einschmuggeln, wenn es einfach erklärt, es sei eben das potenziell Bessere!
[90] GW 17, § 321

Die innere Stimme bringt das zum Bewusstsein, woran das Ganze, das heißt das Volk, zu dem man gehört, oder die Menschheit, deren Teil wir sind, leidet. Aber sie stellt dieses Böse in individueller Form dar, sodass man zunächst meinen könnte, dass all dieses Böse nur individuelle Charaktereigenschaft wäre.
[90] GW 17, § 319

Dass natürlich jedermann seine Schwierigkeiten und Probleme hat, daran ist man allerdings so gewöhnt, dass man es als banale Tatsache einfach hinnimmt, ohne sich darüber Rechenschaft zu geben, was diese Schwierigkeiten im Grunde genommen bedeuten. Warum kann man sich nicht begnügen? Warum ist man nicht vernünftig? Warum tut man das Gute nicht ausschließlich und muss dem Bösen immer noch eine Ecke lassen? Warum sagt man bald zu viel, bald zu wenig? Warum macht man Dummheiten, die man bei einiger Besonnenheit leicht vermeiden könnte? Ja, wodurch werden wir immer wieder durchkreuzt und in unseren besten Intentionen gehemmt? Warum gibt es Menschen, die solches nicht merken oder es nicht einmal zugeben können, dass dem wirklich so sei? Warum schließlich erzeugt diese Menschenherde, wenn zusammengehäuft, die historische Tollheit der letzten dreißig Jahre? Warum ist es nicht schon einem Pythagoras vor 2400 Jahren gelungen, endgültig die Herrschaft der Weisheit zu begründen, oder dem Christentum, das Reich Gottes auf Erden aufzurichten?
[52] GW 16, § 387

Man schaue auf die teuflischen Mittel der Zerstörung! Sie sind erfunden von vollständig harmlosen Gentlemen, von vernünftigen, angesehenen Bürgern, die all das sind, was wir wünschen. Und wenn die ganze Sache in die Luft fliegt und eine unbeschreibliche Hölle der Zerstörung aufreißt, so scheint niemand dafür verantwortlich gewesen zu sein. Es geschieht einfach, und doch ist alles von Menschen gemacht.

[55] GW 11, § 85

Die im zivilisierten Menschen aufgestauten Triebkräfte sind ungeheuer destruktiv und um vieles gefährlicher als die Triebe des Primitiven, der seine negativen Triebe beständig in bescheidenem Maße lebt. Dementsprechend kann kein Krieg der historischen Vergangenheit an grandioser Scheußlichkeit mit dem Krieg zivilisierter Nationen rivalisieren.

[58] GW 6, § 230

Die Dämonen der Natur, über welche der Menschengeist scheinbar triumphierte, hat er unversehens in sich geschluckt, und er ist zur Marionette des Teufels geworden. Das konnte nur darum geschehen, weil man glaubte, die Dämonen dadurch erledigt zu haben, dass man sie als Aberglauben erklärte. Dabei übersah man, dass sie im Grunde genommen Projektionen sind, also Produkte gewisser Faktoren in der menschlichen Seele. Wenn man diese Produkte als uneigentlich und illusionär erkannte, so waren damit ihre Quellen keineswegs verschüttet oder gar unwirksam gemacht. Im Gegenteil – wenn es den Dämonen unmöglich gemacht wird, sich in Fels, Wald, Berg und Fluss anzusiedeln, so benützen sie den Menschen als viel gefährlicheren Wohnort.

[63] GW 18/II, § 1365

Man häufe nur das entsprechende Material auf, und es wird sich unfehlbar des Teuflischen im Menschen bemächtigen und mit ihm losmarschieren. Die Gewehre gehen bekanntlich von selber los, wenn nur genügend viele beisammen sind.

[68] GW 10, § 163

Die Unvollkommenheit des Menschen ist immer ein Misston in der Harmonie unserer Ideale. Leider lebt niemand in der Welt, wie sie wünschenswert wäre, sondern in der wirklichen Welt, wo Gutes und Böses vernichtend aufeinanderprallen, wo die Hände, die schaffen und aufbauen wollen oder müssen, das Schmutzigwerden nicht vermeiden kön-

nen. Wenn immer etwas recht bedenklich wird, so versichert jemand unter vielfachem Applaus, dass nichts geschehen und alles in Ordnung sei.
[19] GW 10, § 263

Die Kirche besitzt die Lehre vom Teufel, einem bösen Prinzip, das man sich gerne bockbeinig, gehörnt und geschwänzt vorstellt, das Bild eines Halbtiermenschen und chthonischen Gottes, der einem dionysischen Mysterienverein entlaufen zu sein scheint, eines noch bestehenden Bekenners sündhaft-fröhlichen Heidentums. Dieses Bild ist trefflich und charakterisiert genau den grotesk-unheimlichen Aspekt des Unbewussten, dem man nicht beigekommen ist und das deshalb noch im ursprünglichen Zustand unbeherrschter Wildheit verharrt. Heute wird es wohl niemand mehr wagen zu behaupten, der europäische Mensch sei ein Lamm und von keinem Teufel besessen. Vor aller Augen liegen die furchtbaren Dokumente der Zeit, die an Umfang der Scheußlichkeit alles übertreffen, was frühere Zeiten mit unzulänglichen Mitteln zu erreichen hofften.
[52] GW 16, § 388

Erst mit Christus ist ein Teufel als wirklicher Widerpart Gottes in die Welt getreten, und in den frühen judenchristlichen Kreisen galt Satan als der ältere Bruder Christi.
[1] GW 9/II, § 113

Dank der Entwicklung der Gefühlswerte hat sich der Glanz der lichten Gottheit ins Unermessliche erhöht, das Dunkle aber, das durch den Teufel dargestellt werden sollte, hat sich im Menschen lokalisiert. Diese eigentümliche Entwicklung wurde hauptsächlich dadurch verursacht, dass das Christentum, erschreckt durch den manichäischen Dualismus, mit aller Macht seinen Monotheismus zu wahren suchte. Da man aber die Wirklichkeit des Dunklen und Bösen nicht leugnen konnte, so blieb nichts anderes übrig, als den Menschen hierfür verantwortlich zu machen. Man hat sogar den Teufel beinahe oder sogar ganz abgeschafft, wodurch diese metaphysische Gestalt, die früher einen integralen Teil der Gottheit bildete, im Menschen introjiziert wurde, sodass Letzterer zum eigentlichen Träger des mysterium iniquitatis wurde: »Omne bonum a Deo, omne malum a homine.« Die Entwicklung kehrt sich in neuerer Zeit infernalisch um, indem der Wolf im Schafsgewand herum-

gehend überall in die Ohren wispert, das Böse sei eigentlich nichts als ein Missverständnis des Guten und ein taugliches Instrument des Fortschrittes. Man glaubt damit der Dunkelheit endgültig den Garaus gemacht zu haben und denkt nicht daran, was für eine seelische Vergiftung des Menschen damit in die Wege geleitet ist. Letzterer macht sich ja damit selber zum Teufel, denn dieser ist die Hälfte eines Archetypus, dessen unwiderstehliche Macht auch dem ungläubigen Europäer bei jeder passenden und unpassenden Gelegenheit den Ausruf: »O Gott!« entlockt.
[56] GW 9/I, § 189

Das Böse will ebenso sehr erwogen sein wie das Gute; denn Gut und Böse sind schließlich nichts als ideelle Verlängerungen und Abstraktionen des Handelns, welche beide zur hell-dunklen Erscheinung des Lebens gehören. Es gibt ja schließlich kein Gutes, aus dem nicht Übles, und kein Übel, aus dem nicht Gutes hervorgehen könnte.
[53] GW 12, § 36

Gut und Böse sind Wertgefühle des menschlichen Bereiches, welche wir über diesen hinaus schlechterdings nicht ausdehnen können. Jenseits davon ist es ein Geschehen, das unserem Urteil entzogen ist. Man kann die Gottheit nicht mit menschlichen Attributen einfangen. Wo bleibt übrigens die Gottesfurcht, wenn wir von Gott nur »Gutes«, das heißt das, was uns als »gut« erscheint, erwarten können?
[88] GW 11, § 291

Leichter erträglich ist die Anschauung, dass Gut und Böse zwar geistige, aber äußere Mächte sind, in deren Zweikampf der Mensch sich verwickelt findet; schwieriger dagegen die Einsicht, dass die Gegensätze unausrottbare und unerlässliche Bedingungen unseres seelischen Lebens überhaupt sind, und zwar dermaßen, dass Existenz und Leben an sich schon Schuld bedeuten. Selbst ein gottgeweihtes Leben wird doch immer noch von einem Ich gelebt, das gegenüber Gott von einem Ich spricht und ein Ich behauptet, das nicht sofort in die Gottheit fällt, sondern sich eine Freiheit und einen Willen reserviert, die es gewissermaßen außerhalb der Gottheit aufrichtet.
[41] GW 14/I, § 200

Ist das, was mir als Irrtum erscheint, wirksamer und stärker als die Wahrheit, so liegt es mir zunächst ob, dem Irrtum zu folgen, denn in

ihm liegt Kraft und Leben, die ich verliere, wenn ich bei dem, was mir wahr scheint, bleibe. Das Licht bedarf der Dunkelheit, wie anders könnte es denn Licht sein?
[12] GW 11, § 530

Man weiß zwar, dass es ohne Sünde keine Bereuung und ohne Bereuung keine erlösende Gnade gibt, ja dass ohne »peccatum originale« der Welterlösungsakt niemals hätte in Szene gehen können. Aber man unterlässt es geflissentlich zu untersuchen, ob nicht gerade in der Macht des Bösen ein besonderer Gotteswille liege, welchen wahrzunehmen man allen Grund hätte. Wenn man es, wie der Seelenarzt, mit Menschen zu tun hat, die ihrem schwärzesten Schatten gegenübergestellt sind, so fühlt man sich oft unmittelbar zu einer solchen Anschauung gedrängt.
[53] GW 12, § 36

Denn was ist ein Hoch, dem das Tief fehlt, was ein Licht, das keinen Schatten wirft? Kein Gutes kann wachsen, dem nicht ein Böses entgegensteht. »Du kannst von keiner Sünde erlöst werden, die du nicht begangen hast«, sagte Karpokrates; ein tiefes Wort für alle, die verstehen wollen, und eine glänzende Gelegenheit für alle, die falsche Schlüsse ziehen wollen. Das Untere aber, das im bewussteren und darum vollkommeneren Menschen mitzuleben verlangt, *ist nicht das, wozu ihn bloße Lust überreden will, sondern das, was er fürchtet.*
[19] GW 10, § 271

Der Mensch vergisst immer wieder, dass etwas, das einstmals gut war, nicht für immer und ewig gut bleibt. Er geht aber die alten Wege, die einstmals gut waren, noch lange, wenn sie schon schlecht geworden sind, und er kann sich nur mit den größten Opfern und unter unerhörten Mühen damit abfinden, dass das einstmals Gute heute vielleicht alt geworden und nicht mehr gut ist. Es geht ihm so im Kleinen wie im Großen.
[58] GW 6, § 313

Was immer die metaphysische Stellung des Teufels sein mag, in der psychologischen Wirklichkeit bedeutet das Böse eine wirksame, ja sogar bedrohliche Beschränkung des Guten, sodass nicht zu viel gesagt ist, wenn man annimmt, dass in dieser Welt nicht nur Tag und Nacht, sondern auch Gut und Böse sich mehr oder weniger die Waage halten und dass

dies der Grund sei, warum der Sieg des Guten immer einen besonderen Gnadenakt bedeutet.
[88] GW 11, § 253

★

Das Gute wird durch Übertreibung nicht besser, sondern schlechter, und ein kleines Übel wird durch Nichtbeachtung und Verdrängung ein großes. Der Schatten gehört nun einmal zur menschlichen Natur, und nur in der Nacht gibt es keine Schatten.
[88] GW 11, § 286

Man hat schließlich ein Bedürfnis nach Güte und möchte sich gelegentlich solche durch entsprechende Taten beweisen. Wenn aus dem bösen Eigennutz Gutes entsteht, so haben die beiden nun einmal vorhandenen Seiten menschlicher Natur gewirkt. Wenn man aber im Überschwang gleich mit dem Guten anfängt, dann steht der den Menschen im Tiefsten eingewurzelte Eigennutz unbefriedigt und grollend im Hintergrund und wartet nur seine Gelegenheit ab, um sich in schändlichster Weise zu rächen.
[64] GW 18/II, § 1354

Die Sozietät erwartet, ja muss von jedem Individuum erwarten, dass es die ihm zugedachte Rolle möglichst vollkommen spielt, dass also mithin einer, der Pfarrer ist, nicht nur objektiv seine Amtsfunktion ausführe, sondern auch sonst zu allen Zeiten und unter allen Umständen die Rolle eines Pfarrers anstandslos spiele. Die Sozietät verlangt dies als eine Art von Sicherheit; jeder muss an seinem Platz stehen, der eine ist Schuhmacher, der andere Poet.
[110] GW 7, § 305

Die Persona ist ein kompliziertes Beziehungssystem zwischen dem individuellen Bewusstsein und der Sozietät, passenderweise eine Art Maske, welche einerseits darauf berechnet ist, einen bestimmten Eindruck auf die anderen zu machen, andererseits die wahre Natur des Individuums zu verdecken.
[110] GW 7, § 305

Jeder Beruf hat die für ihn charakteristische Persona. Diese Dinge lassen sich heutzutage leicht studieren, indem öffentliche Leute so häufig fotografiert in der Presse erscheinen. Die Welt erzwingt ein gewisses Benehmen, und die professionellen Leute strengen sich an, diesen Erwartungen zu entsprechen. Die Gefahr ist nur, dass man mit der Persona identisch wird, wie etwa der Professor mit seinem Lehrbuch oder der Tenor mit seiner Stimme. Damit ist das Unglück geschehen. Man lebt dann nämlich nur noch in seiner eigenen Biografie. [...] Das Gewand der Deianira ist ihm auf der Haut festgewachsen. Es braucht dann schon den verzweifelten Entschluss eines Herakles, sich dieses Nessusgewand vom Leibe zu reißen und in das verzehrende Feuer der Unsterblichkeitsflamme hineinzusteigen, um sich zu wandeln zu dem, was er eigentlich ist. Man könnte mit einiger Übertreibung auch sagen, die Persona sei das, was einer eigentlich nicht ist, sondern was er und die anderen Leute meinen, dass er sei.

[85] GW 9/I, § 221

Der Mensch kann sich eben nicht ungestraft seiner selbst zugunsten einer künstlichen Persönlichkeit entledigen. Schon der Versuch dazu löst in allen gewöhnlichen Fällen unbewusste Reaktionen aus, Launen, Affekte, Ängste, Zwangsvorstellungen, Schwächen, Laster usw. Der sozial »starke Mann« ist im »Privatleben« öfters ein Kind seinen eigenen Gefühlszuständen gegenüber, seine öffentliche Disziplin (die er ganz besonders von den anderen verlangt) wird privat jämmerlich zuschanden. Seine »Berufsfreudigkeit« hat zu Hause ein melancholisches Gesicht; seine »fleckenlose« öffentliche Moral sieht hinter der Maske merkwürdig aus – wir wollen nicht von Taten sprechen, sondern bloß von Fantasien, auch wüssten die Frauen solcher Männer einiges zu erzählen; sein selbstloser Altruismus – seine Kinder haben andere Ansichten!

[110] GW 7, § 307

Ich habe einmal die Bekanntschaft eines verehrungswürdigen Mannes gemacht – man könnte ihn ohne Schwierigkeit einen Heiligen nennen –, ich ging drei Tage lang um ihn herum und konnte nirgends die Unzulänglichkeit des Sterblichen an ihm entdecken. Mein Minderwertigkeitsgefühl wurde bedrohlich, und ich begann bereits ernstlich daran zu denken, mich zu bessern. Am vierten Tage aber konsultierte mich seine Frau ... Seitdem ist mir nichts Ähnliches mehr passiert. Aber ich lernte daraus, dass jemand, der mit seiner Persona eins wird, alles Störende durch seine Frau darstellen lassen kann, ohne dass Letztere es merkt, aber sie bezahlt ihre Selbstaufopferung mit einer schweren Neurose.

[110] GW 7, § 306

Die Begegnung mit sich selbst gehört zu den unangenehmsten Dingen, denen man entgeht, solange man lebendige Symbolfiguren besitzt, in welche alles Innere und Unbekannte projiziert ist. Gerade die Figur des Teufels ist ein überaus wertvolles Besitztum und eine große Annehmlichkeit, denn solange er draußen als brüllender Löwe herumgeht, weiß man, wo das Böse steckt, nämlich in jenem leibhaftigen Gottseibeiuns, wo es in dieser oder jener Form seit Urzeiten war. Mit steigender Bewusstheit allerdings ist er seit dem Mittelalter bedeutend abgebaut worden. Aber dafür gibt es ja Menschen, denen wir dankbar unseren Schatten abtreten.

Mit welchem Genuss liest man zum Beispiel die Zeitungsberichte über Verbrechen! Ein währschafter Verbrecher wird zur populären Figur, weil er das Gewissen seiner Mitmenschen ganz erheblich erleichtert, denn jetzt wissen sie wieder, wo das Böse zu finden ist.

[78 A] S. 200

Es ist eine nicht wegzuleugnende Tatsache, dass fremdes Böses alsbald zu eigenem Bösen wird, und zwar dadurch, dass es wiederum Böses in der eigenen Seele anzündet.

[43] GW 10, § 408

Wer in den Spiegel des Wassers blickt, sieht zunächst sein eigenes Bild. Wer zu sich selber geht, riskiert die Begegnung mit sich selbst. Der Spiegel schmeichelt nicht, er zeigt getreu, was in ihn hineinschaut, nämlich jenes Gesicht, das wir der Welt nie zeigen, weil wir es durch die Persona, die Maske des Schauspielers, verhüllen. Der Spiegel aber liegt hinter der Maske und zeigt das wahre Gesicht.

Dies ist die erste Mutprobe auf dem inneren Wege, eine Probe, die genügt, um die meisten abzuschrecken.

[78 B] GW 9/I, §§ 43 f.

Man kann es ja Augustinus zugeben, dass alle Naturen gut seien; aber eben nicht gut genug, als dass ihre Schlechtigkeit nicht ebenso einleuchtend wäre.
[1] GW 9/II, § 95

★

Das Einfache ist immer das Schwierigste. In Wirklichkeit ist nämlich Einfachsein höchste Kunst, und so ist das Sich-selbst-Annehmen der Inbegriff des moralischen Problems und der Kern einer ganzen Weltanschauung. Dass ich den Bettler bewirte, dass ich dem Beleidiger vergebe, dass ich den Feind sogar liebe im Namen Christi, ist unzweifelhaft hohe Tugend. Was ich dem Geringsten unter meinen Brüdern tue, das habe ich Christo getan. Wenn ich nun aber entdecken sollte, dass der Geringste von allen, der Ärmste aller Bettler, der Frechste aller Beleidiger, ja der Feind selber in *mir* ist, ja dass ich selber des Almosens meiner Güte bedarf, dass ich mir selber der zu liebende Feind bin, was dann? Dann dreht sich in der Regel die ganze christliche Wahrheit um, dann gibt es keine Liebe und Geduld mehr, dann sagen wir zum *Bruder in uns* »racha«, dann verurteilen wir und wüten gegen uns selbst. Nach außen verbergen wir es, wir leugnen es ab, diesem Geringsten in uns je begegnet zu sein, und sollte Gott selber es sein, der in solch verächtlicher Gestalt an uns herantritt, so hätten wir ihn tausendmal verleugnet, noch ehe überhaupt ein Hahn gekräht hätte.
[12] GW 11, § 520

Unglücklicherweise gibt es keinen Zweifel an der Tatsache, dass der Mensch im Ganzen genommen weniger gut ist, als er sich einbildet oder zu sein wünscht. Jedermann ist gefolgt von einem Schatten, und je weniger dieser im bewussten Leben des Individuums verkörpert ist, umso schwärzer und dichter ist er. Wenn eine Minderwertigkeit bewusst ist, hat man immer die Chance, sie zu korrigieren. Auch steht sie ständig in Berührung mit anderen Interessen, sodass sie stetig Modifikationen unterworfen ist. Aber wenn sie verdrängt und aus dem Bewusstsein isoliert ist, wird sie niemals korrigiert.
[55] GW 11, § 131

Es hat eben etwas Furchtbares an sich, dass der Mensch auch eine Schattenseite hat, welche nicht nur etwa aus kleinen Schwächen und Schön-

heitsfehlern besteht, sondern aus einer geradezu dämonischen Dynamik. Der einzelne Mensch weiß selten davon; denn ihm, als Einzelmensch, kommt es unglaubwürdig vor, dass er irgendwo oder irgendwie über sich selber hinausragen sollte. Lassen wir diese harmlosen Wesen aber Masse bilden, so entsteht daraus gegebenenfalls ein delirierendes Ungeheuer, und jeder Einzelne ist nur noch kleinste Zelle im Leibe des Monstrums, wo er wohl oder übel schon gar nicht mehr anders kann, als den Blutrausch der Bestie mitzumachen und sogar nach Kräften zu unterstützen. Aus dumpfer Ahnung von diesen Möglichkeiten der menschlichen Schattenseite verweigert man dieser die Anerkennung. Man sträubt sich blind gegen das heilsame Dogma der Erbsünde, das doch so unerhört wahr ist. Ja man zögert sogar, sich den Konflikt einzugestehen, den man doch so peinlich wahrnimmt.
[109 B] GW 7, § 35

Der gebildete Mensch versucht, den unteren Menschen in sich zu verdrängen, ohne sich klarzumachen, dass er diesen dadurch zwingt, aufrührerisch zu werden.
[55] GW 11, § 136

Wir tragen unsere Vergangenheit mit uns, nämlich den primitiven und inferioren Menschen mit seinen Begehrlichkeiten und Emotionen, und wir können uns von dieser Last nur durch eine beträchtliche Anstrengung befreien. Wenn es zu einer Neurose kommt, haben wir es immer mit einem erheblich verstärkten Schatten zu tun. Und wenn ein solcher Fall geheilt werden soll, so muss ein Weg gefunden werden, auf welchem die bewusste Persönlichkeit und der Schatten zusammenleben können.
[55] GW 11, § 132

In der Regel werden jene Tendenzen, die den Betrag antisozialer Elemente in der psychischen Struktur des Menschen darstellen – ich nenne sie den »statistischen Verbrecher« in jedermann unterdrückt, das heißt, sie werden bewusst und absichtlich eliminiert. Aber Tendenzen, die lediglich verdrängt sind, sind gewöhnlich zweifelhaften Charakters. Sie sind nicht unbedingt gesellschaftlich passend. Der Grund, weshalb man sie verdrängt, ist gleicherweise zweifelhaft. Einige Leute tun es aus bloßer Feigheit, andere aus konventioneller Moral und andere wieder aus Reputationsgründen. Die Verdrängung ist eine Art von halbbewusstem und unentschiedenem Gehenlassen der Dinge oder ein Verächtlichmachen

von Trauben, die zu hoch hängen, oder ein In-die-andere-Richtung-Blicken, um der eigenen Wünsche nicht ansichtig zu werden.
[55] GW 11, § 129

Die tollsten und ergreifendsten Dramen spielen bekanntlich nicht im Theater, sondern in den Herzen bürgerlicher Menschen, an denen man achtlos vorübergeht und die höchstens durch einen nervösen Zusammenbruch der Welt verkünden, was für Schlachten in ihrem Inneren geschlagen werden. Das dem Laien am schwersten Verständliche aber ist, dass die Kranken überaus häufig selber gar keine Ahnung davon besitzen, dass in ihrem Unbewussten der Bürgerkrieg ausgebrochen ist. Wenn man aber bedenkt, wie viele Menschen es gibt, die von sich selber nichts verstehen, so darf man sich nicht zu sehr verwundern, dass es auch solche gibt, die nichts von ihren wirklichen Konflikten ahnen.
[109 A]: GW 7, § 425

Geheimnis und Zurückhaltung sind Schädigungen, auf welche die Natur zuletzt mit Krankheit reagiert – wohlverstanden nur dann Schädigungen, wenn Geheimnis und Zurückhaltung ausschließlich persönlich sind. Werden sie aber in Gemeinschaft mit anderen ausgeübt, so gibt sich die Natur zufrieden, ja sie können dann sogar nützliche Tugenden sein. Unzuträglich ist nur die persönliche Vorenthaltung. Es ist, wie wenn die Menschheit ein unauslöschliches Anrecht auf das Dunkle, Unvollkommene, Dumme und Schuldhafte des Mitmenschen hätte, denn solcherart sind ja die Dinge, die zum Selbstschutz geheimgehalten werden. Es scheint eine natürliche Sünde zu sein, seinen Minderwert zu verbergen, ebenso sehr wie seine Minderwertigkeit ausschließlich zu leben.
[51] GW 16, § 132

Wenn die verdrängten Tendenzen des Schattens nichts als böse wären, so gäbe es überhaupt kein Problem. Aber der Schatten ist in der Regel nur etwas Niedriges, Primitives, Unangepasstes und Missliches und nicht absolut böse. Er enthält auch kindische oder primitive Eigenschaften, die in gewisser Weise die menschliche Existenz beleben und verschönern würden; aber man stößt sich an hergebrachten Regeln.
[55] GW 11, § 134

In Wirklichkeit bedeutet das Annehmen der Schattenseite der menschlichen Natur etwas, was ans Unmögliche streift. Man bedenke, was es

heißt, die Daseinsberechtigung des Unvernünftigen, des Sinnlosen und des Bösen anzuerkennen! Das will aber der moderne Mensch; er will mit dem leben, was er ist; er will das kennen, was er ist, und darum wirft er die Historie zur Seite. Er will unhistorisch sein, um experimentell zu leben und um festzustellen, was die Dinge an sich für einen Wert und Sinn haben, abgesehen von dem, was die historische Voraussetzung darüber behauptet.
[12] GW 11, § 528

Eine bloße Unterdrückung des Schattens ist ebenso wenig ein Heilmittel wie Enthauptung gegen Kopfschmerzen. Die Moral eines Menschen zu zerstören, hilft ebenfalls nicht, weil es sein besseres Selbst töten würde, ohne welches auch der Schatten keinen Sinn hat. Die Versöhnung dieser Gegensätze ist eines der wichtigsten Probleme, das selbst in der Antike einige Geister beschäftigte.
[55] GW 11, § 133

Der Schatten ist, im tiefsten Verstande, der unsichtbare Saurierschwanz, den der Mensch noch hinter sich herschleppt. Vorsichtig abgetrennt, wird er zur Heilsschlange des Mysteriums. Nur die Affen paradieren damit.
[78 A] S. 227

Wenn man sich jemanden vorstellt, der tapfer genug ist, die Projektionen seiner Illusionen allesamt zurückzuziehen, dann ergibt sich ein Individuum, das sich eines beträchtlichen Schattens bewusst ist. Ein solcher Mensch hat sich neue Probleme und Konflikte aufgeladen. Er ist sich selbst eine ernste Aufgabe geworden, da er jetzt nicht mehr sagen kann, dass die *anderen* dies oder jenes tun, dass *sie* im Fehler sind und dass man gegen *sie* kämpfen muss. Er lebt in dem »Hause der Selbstbesinnung«, der inneren Sammlung. Solch ein Mensch weiß, dass, was immer in der Welt verkehrt ist, auch in ihm selber ist, und wenn er nur lernt, mit seinem eigenen Schatten fertig zu werden, dann hat er etwas Wirkliches für die Welt getan. Es ist ihm dann gelungen, wenigstens einen allerkleinsten Teil der ungelösten riesenhaften Fragen unserer Tage zu beantworten.
[55] GW 11, § 140

★

Der Schatten ist ein Engpass, ein schmales Tor, dessen peinliche Enge keinem, der in den tiefen Brunnen hinuntersteigt, erspart bleibt. *Man muss aber sich selber kennenlernen, damit man weiß, wer man ist*, denn das, was nach dem Tore kommt, ist unerwarteterweise eine grenzenlose Weite voll unerhörter Unbestimmtheit, anscheinend kein Innen und kein Außen, kein Oben und kein Unten, kein Hier und kein Dort, kein Mein und kein Dein, kein Gutes und kein Böses. Es ist die Welt des Wassers, in der alles Lebendige suspendiert schwebt, wo das Reich des »Sympathikus«, der Seele alles Lebendigen, beginnt, wo ich untrennbar dieses und jenes bin, wo ich den anderen in mir erlebe und der andere als Ich mich erlebt.
[78 B] GW 9/I, § 45

Es ist natürlich ein Grundirrtum zu glauben, wenn wir den Unwert in einem Werte oder die Unwahrheit in einer Wahrheit einsehen, dass dann der Wert oder die Wahrheit aufgehoben sei. Sie sind nur *relativ* geworden. *Alles Menschliche ist relativ, weil alles auf innerer Gegensätzlichkeit beruht, denn alles ist energetisches Phänomen*. Energie aber beruht notwendigerweise auf einem vorausgehenden Gegensatz, ohne welchen es gar keine Energie geben kann. Immer muss Hoch und Tief, Heiß und Kalt usw. vorhanden sein, damit der Ausgleichungsprozess, welcher eben Energie ist, stattfinden kann. Die Neigung daher, alle früheren Werte zugunsten ihres Gegenteiles zu leugnen, ist ebenso übertrieben wie die frühere Einseitigkeit. Insofern es sich aber um allgemein anerkannte und unzweifelhafte Werte handelt, die nunmehr weggeworfen werden, so ist ein fataler Verlust eingetreten. Wer so handelt, wirft mit seinen Werten auch sich selber über Bord.
[109 B] GW 7, § 115

Niemand kann so tief getroffen werden, der nicht eine große Tiefe hat. Wem solches zustoßen kann, der fordert auf der anderen Seite Höchstes heraus, das heißt, dieser Tiefe entspricht eine potenzielle Höhe und der mächtigen Schwärze ein verborgenes Licht.
[63] GW 18/II, § 1375

Die richtige Mitte zu treffen ist schwer. Unerlässlich dazu ist die Bewusstheit der zwei Seiten der menschlichen Persönlichkeit, ihrer Ziele und ihrer Herkunft. Diese beiden Aspekte dürfen sich nie in Hybris oder in Feigheit trennen.
[53] GW 12, § 148

Die Tendenz zur möglichsten Trennung der Gegensätze, das heißt das Streben nach Eindeutigkeit, ist absolut nötig, um ein klares Bewusstsein herzustellen, denn Diskrimination gehört zu dessen Wesen. Wenn aber die Trennung so weit geht, dass der zugehörige Gegensatz außer Sicht gerät und das Schwarze des Weißen, das Böse des Guten, das Tiefe des Hohen usw. nicht mehr gesehen wird, dann entsteht Einseitigkeit, welche ohne unser Zutun vom Unbewussten her kompensiert wird.
[42] GW 14/II, § 135

Nur die Unbewusstheit kennt kein Gut und Böse.
[1] GW 9/II, § 97

Unser Wissen um Gut und Böse hat sich mit steigender Erkenntnis und Erfahrung vermindert und wird sich in Zukunft noch viel mehr vermindern, ohne dass wir uns der ethischen Forderung entledigen könnten. In dieser äußersten Unsicherheit bedürfen wir der Erleuchtung aus einem heiligen und ganzmachenden Geiste, der alles andere sein kann, nur nicht gerade unser Verstand.
[88] GW 11, § 267

Wir werden auch auf dem höchsten Gipfel nie jenseits von Gut und Böse sein, und je mehr wir von der unentwirrbaren Verflechtung von Gut und Böse erfahren, desto unsicherer und verwirrter wird unser moralisches Urteil werden. Dabei wird es gar nichts nützen, das moralische Kriterium zum alten Eisen zu werfen und »neue Tafeln aufzurichten« (nach bekannten Mustern); denn wie bisher wird sich auch in alle Zukunft hinaus getanes, beabsichtigtes und gedachtes Unrecht an unserer Seele rächen, unbekümmert darum, ob sich die Welt für uns umgedreht hat oder nicht.
[88] GW 11, § 267

Auf dem Papier sieht der Moralkodex ja klar und sauber genug aus; aber das gleiche Dokument, geschrieben auf »fleischerne Tafeln des Herzens«, ist oft ein trauriger Fetzen gerade in den Seelen jener, welche den Mund am lautesten auftun. Wenn man schon überall verkündet: »Böses ist Böses, es kann keine Zögerung im Urteil geben«, so ist im individuellen Fall gerade das Böse das Allerproblematischste, welches gründlichste Erwägung erfordert. Vor allem verdient die Frage »*Wer* handelt?« die größte Aufmerksamkeit. Denn die Beantwortung dieser Frage entscheidet letztlich über den Wert des Tuns. Für die Sozietät allerdings ist zunächst das *Was* der Tat von größerer Wichtigkeit, weil unmittelbar einleuchtend. Auf lange Sicht hingegen wird sich auch das rechte Tun in der Hand des verkehrten Mannes zum Unheil auswirken. Wer Voraussicht hat, wird sich vom rechten Tun des Unrichtigen so wenig verblenden lassen wie vom unrichtigen Tun des Richtigen.

[53] GW 12, § 36

Die Urform des Gewissens ist paradox: Einen Ketzer zu verbrennen ist einerseits eine lobenswerte, fromme Handlung, wie Johannes Hus, als er selber auf dem Scheiterhaufen stand, mit dem Ausruf: *»O sancta simplicitas!«* überlieferungsgemäß selber anerkannt hat, andererseits aber eine brutale Manifestation ruchloser und grausamer Rachegelüste.

[24] GW 10, § 845

Neben dem »richtigen« gibt es ein »falsches« Gewissen, das übertreibt, verdreht und Böses in Gutes und umgekehrt verfälscht, wie es zum Beispiel die bekannten Gewissensskrupel tun, und zwar mit derselben Nötigung und denselben emotionalen Begleiterscheinungen wie das richtige Gewissen. Ohne diese Paradoxie wäre die Gewissensfrage überhaupt kein Problem, denn man könnte sich dann in moralischer Hinsicht ganz auf den Entscheid des Gewissens verlassen. Da aber in dieser Hinsicht große und berechtigte Unsicherheit besteht, so braucht es schon ungewöhnlichen Mut oder – was beinahe das Gleiche ist – unerschütterlichen Glauben, wenn einer seinem eigenen Gewissen schlechthin folgen möchte. In der Regel gehorcht man seinem Gewissen aber nur bis zu einer gewissen Grenze, die nämlich durch den Sittenkodex von vornherein bestimmt ist. Hier beginnen nämlich die gefürchteten Pflichtenkollisionen, die meistens nach den Präzepten des Sittenkodex beantwortet, von den wenigsten aber wirklich durch einen individuellen Urteilsakt entschieden werden. Sobald es nämlich nicht mehr vom Moralkodex gestützt ist, erleidet das Gewissen leicht einen Schwächeanfall.

[24] GW 10, § 835

»Gewissen« bedeutet im allgemeinen Sprachgebrauch die Gewissheit des Vorhandenseins eines Faktors, welcher im Falle des »guten Gewissens« einen Entschluss oder eine Tat als der Sitte gemäß bestätigt und im umgekehrten Fall als »unsittlich« verurteilt. Diese sich von *»mores«* (Sitten, Gebräuche) herleitende Auffassung kann daher als »moralische« bezeichnet werden. Von ihr unterscheidet sich die ethische Form des Gewissens, welche dort in Erscheinung tritt, wo zwei als moralisch bestätigte und daher als »Pflichten« aufgefasste Entschlüsse oder Handlungsweisen miteinander kollidieren. In diesem von der Sitte nicht vorhergesehenen Fall, der meist sehr individuell ist, wird ein Urteil benötigt, das in der Tat nicht mehr als moralisch, das heißt als sittengemäß, bezeichnet werden kann. Der Entschluss hat in diesem Fall über keine Sitte zu verfügen, an die er sich anlehnen könnte. Der entscheidende Faktor des Gewissens ist hier ein anderer, wie es scheint: Er geht nicht aus dem traditionellen Sittenkodex hervor, sondern aus der unbewussten Grundlage der Persönlichkeit oder Individualität. Der Entschluss wird aus den dunklen Wassern der Tiefe geschöpft. Gewiss werden solche Pflichtenkollisionen sehr häufig und bequemerweise durch eine sittengemäße Entscheidung, das heißt durch Unterdrückung des Gegensatzes, gelöst, aber nicht immer. Wenn nämlich genügend Gewissenhaftigkeit vorhanden ist, so wird der Konflikt ausgetragen, und es entsteht eine schöpferische Lösung, die durch den konstellierten Archetypus herbeigeführt wird und jene zwingende Autorität besitzt, welche nicht zu Unrecht als *»vox Dei«* charakterisiert wird.

[24] GW 10, § 856

So gibt es auch schon in den Äußerungen Christi Anzeichen von Ideen, die über das traditionell »Christliche« hinausgehen, zum Beispiel das Gleichnis vom ungetreuen Haushalter, das einen anderen ethischen Standpunkt als den erwarteten verrät. Das moralische Kriterium bildet hier die *Bewusstheit,* und nicht Gesetz und Konvention. Man könnte hier auch die eigenartige Tatsache anführen, dass Christus gerade den Petrus, der wenig Selbstbeherrschung und einen wankelmütigen Charakter besitzt, zum Felsen und Fundament seiner Kirche machen will. Dies scheinen mir Züge zu sein, die auf eine Einbeziehung des Bösen in eine moralisch differenzierende Betrachtungsweise hindeuten. Gut ist zum Beispiel, wenn das Böse vernünftigerweise verhüllt wird; böse ist die Unbewusstheit des Handelns. Man könnte fast vermuten, dass solche Ansichten bereits eine Zeit ins Auge fassen, wo neben dem Guten auch das Böse in Betracht fällt bzw. nicht mehr a limine unterdrückt wird unter der zweifelhaften Annahme, man wisse jeweils ganz genau, was böse ist.

[6] GW 11, § 696

Man kann aus der Besorgnis für das Seelenheil irrender Menschen sogar einen Torquemada erklären.
[49] GW 13, § 391

Wäre das Unbewusste – wie es viele zu haben wünschen – nur nefast, nur böse, so wäre die Situation einfach und der Weg klar: Man täte das Gute und miede das Böse. Aber was ist *gut* und was ist *böse?* Das Unbewusste ist nicht bloß naturhaft und böse, sondern auch die Quelle höchster Güter; es ist nicht nur dunkel, sondern auch hell, nicht nur tierisch, halbmenschlich und dämonisch, sondern auch übermenschlich, geistig und »göttlich« (im antiken Sinn dieses Wortes).
[52] GW 16, § 389

Das Christentum hat die Antinomie von Gut und Böse zu einem Weltproblem und durch die dogmatische Formulierung des Gegensatzes zu einem absoluten Prinzip erhoben. In diesen vorderhand ungelösten Konflikt ist der christliche Mensch hineingestellt als ein Protagonist des Guten und als Mitspieler im Weltdrama. Diese Nachfolge Christi bedeutet, wenn in tiefstem Sinne verstanden, ein Leiden, welches weitaus den meisten unerträglich ist. Die Nachfolge Christi wird daher in der Wirklichkeit nur bedingt bzw. gar nicht durchgeführt, und die seelsorgliche Praxis der Kirche sieht sich sogar genötigt, das »Joch Christi zu erleichtern«. Das bedeutet nun einen ganz wesentlichen Abstrich an der Härte und Schärfe des Konfliktes und damit eine praktische Relativierung von Gut und Böse. Das Gute ist gleichbedeutend mit der unbedingten Nachfolge Christi und das Böse eine Behinderung derselben. Moralische Schwäche und Trägheit des Menschen sind es, welche die Nachfolge am allermeisten behindern, und mit ebendiesen hat der Probabilismus ein praktisches Einsehen, welches christlicher Duldung, Milde und Nächstenliebe entsprechen kann, gelegentlich vielleicht mehr als die Gesinnung derer, die darin nur Laxheit erblicken.
[53] GW 12, § 25

»Liebe deinen Nächsten«, das ist wunderbar, da haben wir gar nichts mit uns selber zu tun; wenn es aber heißt: »Liebe deinen Nächsten wie dich selbst«, so machen wir bei diesem Nachsatz schon nicht mehr mit, weil wir meinen, es sei Egoismus, sich selber zu lieben. Sich selber zu lieben, das brauchte man den Alten nicht zu predigen, die taten es ganz selbstverständlich. Aber wie steht es damit heute? Es täte uns not, diese Sache

ein wenig zu beherzigen, auch den Nachsatz, »wie dich selbst«. Wie kann ich meinen Nächsten lieben, wenn ich mich selbst nicht liebe? Wie können wir altruistisch sein, wenn wir uns selbst nicht anständig behandeln? Aber wenn wir mit uns selbst anständig verfahren, wenn wir uns selbst lieben, dann machen wir Entdeckungen, und dann sehen wir, was wir sind und was wir lieben sollen. Da gibt es nichts Geringeres, als dass wir den Fuß in den Rachen der Schlange stecken. Wer nicht lieben kann, der kann die Schlange nie verwandeln, und alles bleibt beim Alten.
[8] S. 87

Christus hat sich des Sünders angenommen und ihn nicht verdammt. Die wahre Nachfolge Christi wird dasselbe tun, und da man dem anderen nichts tun sollte, was man sich nicht selber täte, so wird man sich auch des Sünders annehmen, welcher man selber ist. Und sowenig man Christus anklagt, dass er mit dem Bösen fraternisiere, so wenig soll man sich den Vorwurf machen, dass die Liebe zum Sünder, der man selber ist, ein Freundschaftspakt mit dem Bösen sei. Durch Liebe bessert man, durch Hass verschlechtert man, auch sich selber.
[53] GW 12, § 37

Die Realität des Bösen und dessen Unvereinbarkeit mit dem Guten reißen die Gegensätze auseinander und führen unerbittlich zur Kreuzigung und Suspension alles Lebendigen. Da die »anima naturaliter christiana« ist, so müsste diese Folge unweigerlich eintreten, wie sie im Leben Jesu eintrat: Wir alle sollten »mit Christo gekreuzigt«, das heißt in einem moralischen Leiden, das der wahrhaftigen Kreuzigung entspricht, suspendiert sein. Das ist praktisch nur annähernd möglich und dann überdies dermaßen unerträglich und lebensfeindlich, dass ein gewöhnlicher Mensch sich nur zeitweise und möglichst selten in einen solchen Zustand zu geraten leisten kann. Denn wie könnte er neben einem solchen Leiden noch gewöhnlich sein!
[53] GW 12, § 24

Das Christusleben nachzuahmen ist keine leichte Sache; aber es ist unsäglich viel schwieriger, das eigene Leben so zu leben, wie Christus das seine gelebt hat. Jeder würde gegen seine historische Bedingtheit verstoßen – und sie dadurch zwar erfüllen; jedoch würde er in seiner Art verkannt, verspottet, gequält und gekreuzigt sein.
[12] GW 11, § 522

Die Ganzheit und Erfüllung des Lebens erfordert ein Gleichgewicht von Leid und Freude. Weil das Leiden aber positiv unangenehm ist, so zieht man es natürlicherweise vor, nie zu ermessen, zu wie viel Angst und Sorge der Mensch geschaffen ist. Darum spricht man stets begütigenderweise von Verbesserung und größtmöglichem Glück, nicht bedenkend, dass auch das Glück vergiftet ist, wenn sich das Maß des Leides nicht erfüllt hat.

[62] GW 16, § 185

Gegensätze lassen sich nur praktisch als Kompromiss vereinigen oder *irrational*, indem zwischen ihnen ein Novum entsteht, das von beiden verschieden ist und doch geeignet, ihre Energien gleichermaßen aufzunehmen als ein Ausdruck beider oder keines von beiden. Dergleichen ist nicht zu ersinnen, sondern kann allein durch das Leben geschaffen werden.

[58] GW 6, § 169

Was zwischen Licht und Finsternis sich ereignet, was die Gegensätze eint, hat Teil an beiden Seiten und kann ebenso gut von links wie von rechts beurteilt werden, ohne dass man dadurch klüger würde: man kann nur wieder den Gegensatz aufreißen. Hier hilft nur das *Symbol*, welches, seiner paradoxen Natur gemäß, das Tertium darstellt, das es nicht gibt – nach dem Dafürhalten der Logik –, welches aber das lebendig Wahre ist nach der Wirklichkeit.

[48] GW 13, § 199

Das Symbol ist der mittlere Weg, auf dem sich die Gegensätze einen zu neuer Bewegung, ein Wasserlauf, der nach langer Dürre Fruchtbarkeit ergießt.

[58] GW 6, § 443

Der Besitz von Komplexen bedeutet an sich keine Neurose, denn Komplexe sind normalerweise Brennpunkte des psychischen Geschehens, deren Schmerzhaftigkeit keine krankhafte Störung beweist. Leiden ist keine Krankheit, sondern der normale Gegenpol des Glückes. Krankhaft wird ein Komplex erst dann, wenn man meint, man hätte ihn nicht.

[62] GW 16, § 179

Schwerste Konflikte, wenn überwunden, hinterlassen eine Sicherheit und Ruhe oder Gebrochenheit, die kaum mehr zu stören beziehungsweise kaum mehr zu heilen ist, und umgekehrt bedarf es gerade größter Gegensätze und deren Konflagration zur Hervorbringung wertvoller und dauerhafter Erfolge.
[80] GW 8, § 50

Die Neurose ist stets ein Ersatz für legitimes Leiden.
[55] GW 11, § 129

Die verwundenden und schmerzhaften Pfeile kommen nicht von außen durch Gerüchte, die doch immer nur von außen angreifen, sondern sie kommen aus dem »Hinterhalt«, aus dem eigenen Unbewussten. Die eigenen Wünsche sind es, die wie Pfeile in unserem Fleisch stecken.
[73] GW 5, § 438

Das Abgleiten von den Wahrheiten des Blutes erzeugt neurotische *Rastlosigkeit*, etwas, von dem man heutzutage nachgerade genug haben könnte. Rastlosigkeit erzeugt Sinnlosigkeit, und Sinnlosigkeit des Lebens ist ein seelisches Leiden, das unsere Zeit noch nicht in seinem ganzen Umfang und in seiner ganzen Tragweite erfasst hat.
[67] GW 8, § 815

Die christliche Doktrin von der Erbsünde einerseits und vom Sinn und Wert des Leidens andererseits ist von eminenter therapeutischer Bedeutung und für den westlichen Menschen unzweifelhaft viel geeigneter als der islamische Fatalismus. Ebenso gibt der Unsterblichkeitsglaube dem Leben jenes ungestörte Fließen in die Zukunft, dessen es zur Vermeidung von Stockungen und Regressionen bedarf.
[62] GW 16, § 186

Die Psychoneurose ist im letzten Verstande ein Leiden der Seele, die ihren Sinn nicht gefunden hat. Aus dem Leiden der Seele aber geht alle geistige Schöpfung hervor und jeglicher Fortschritt des geistigen Menschen, und der Grund des Leidens ist der geistige Stillstand, die seelische Unfruchtbarkeit.
[12] GW 11, § 497

Ein unverstandenes Leiden ist bekanntlich schwer zu ertragen, und auf der anderen Seite ist es oft erstaunlich, zu sehen, was ein Mensch alles aushalten kann, wenn er das Warum und Wofür versteht. Die Mittel hierzu geben ihm übergeordnete weltanschauliche Voraussetzungen religiöser oder philosophischer Natur, die sich damit zum Mindesten als Heilmethoden psychischer Art ausweisen, und zwar in des Wortes eigentlicher Bedeutung.
[45] GW 18/II, § 1578

Angepasst sein ist gewiss ein Ideal. Aber nicht immer ist Anpassung möglich, indem es Lagen gibt, in denen die einzige Anpassung geduldiges Erleiden ist.
[58] GW 6, § 427

Dem leidenden Menschen hilft nie, was er selber ersinnt, sondern nur übermenschliche, geoffenbarte Wahrheit, die ihn dem leidenden Zustand enthebt.
[12] GW 11, § 531

In diesem Falle tut man wohl gut daran, sich an Paulus und dessen Bewusstseinsspaltung zu erinnern: Einerseits fühlt er sich als von Gott unmittelbar berufener und erleuchteter Apostel, andererseits als sündiger Mensch, der den »Pfahl im Fleisch« und den ihn plagenden Satansengel nicht loszuwerden vermag. Das heißt, selbst der erleuchtete Mensch bleibt der, der er ist, und ist nie mehr als sein beschränktes Ich gegenüber dem, der ihm einwohnt und dessen Gestalt keine erkennbaren Grenzen hat, der ihn allseits umfasst, tief wie die Gründe der Erde und weiträumig wie der Himmel.
[6] GW 11, § 758

Vom Leben des Geistes

Für unsere eigentümliche christliche Geisteskultur war der Geist und die Leidenschaft des Geistes für sehr lange Zeit das Positive und Erstrebenswerte schlechthin. Erst als im ausgehenden Mittelalter beziehungsweise im Laufe des 19. Jahrhunderts der Geist anfing, in Intellekt auszuarten, setzte in jüngster Zeit eine Reaktion gegen die unerträgliche Vorherrschaft des Intellektualismus ein, welche allerdings zunächst den verzeihlichen Fehler beging, Intellekt mit Geist zu verwechseln und Letzteren der Untaten des Ersteren anzuklagen. Der Intellekt ist tatsächlich dann ein Schädiger der Seele, wenn er sich vermisst, das Erbe des Geistes antreten zu wollen, wozu er in keiner Hinsicht befähigt ist, denn Geist ist etwas Höheres als Intellekt, indem er nicht nur diesen, sondern auch das Gemüt umfasst. Er ist eine Richtung und ein Prinzip des Lebens, das nach übermenschlichen, lichten Höhen strebt.
[96] GW 13, § 7

Unser Intellekt hat Ungeheures geleistet, derweilen unser geistliches Haus zerfallen ist. Wir sind gründlichst davon überzeugt, dass man auch mit dem neuesten und größten Reflektor, der in Amerika gebaut wird, hinter den fernsten Sternennebeln kein Empyreum entdecken wird, und wir wissen, dass unser Blick verzweifelt durch die tote Leere unermesslicher Erstreckungen irren wird. Und es wird nicht besser, wenn uns die Welt des unendlich Kleinen durch die mathematische Physik enthüllt wird. Schließlich graben wir die Weisheit aller Zeiten und Völker aus und finden, dass alles Teuerste und Kostbarste schon längst in schönster Sprache gesagt ist. Man streckt wie begehrliche Kinder die Hände danach und meint, wenn man es greife, so habe man es auch. Aber was man hat, gilt nicht mehr, und die Hände werden müde vom Greifen, denn Reichtum liegt überall, so weit der Blick sich breitet. All dieser Besitz wird zu Wasser, und mehr als ein Zauberlehrling ist in diesen selbst gerufenen Gewässern schließlich ertrunken, wenn er nicht vorher dem rettenden Wahn verfiel, dass diese Weisheit gut und jene schlecht sei. Aus diesen Adepten entstehen jene beängstigenden Kranken, welche eine prophetische Mission zu haben glauben. Denn durch die künstliche Trennung von wahrer und falscher Weisheit entsteht eine solche Span-

nung der Seele und daraus eine solche Einsamkeit und Sucht wie die des Morphinisten, der immer Gefährten seines Lasters zu finden hofft.
[78 B] GW 9/I, § 31

Wenn unser natürliches Erbe sich verflüchtigt hat, so ist, um mit Heraklit zu sprechen, auch aller Geist aus seiner feurigen Höhe heruntergestiegen. Wenn aber der Geist schwer wird, so wird er zu *Wasser,* und der *Intellekt* hat, in luziferischer Überhebung, sich des Sitzes, auf dem der Geist einst thronte, bemächtigt. Der Geist wohl darf sich die »patria potestas« über die Seele anmaßen, nicht aber der erdgeborene Intellekt, der ein Schwert oder ein Hammer des Menschen ist und nicht ein Schöpfer geistiger Welten, ein Vater der Seele.
[78 B] GW 9/I, § 32

Wohl ist der Intellekt der Teufel, aber dieser ist »des Chaos wunderlicher Sohn«, dem man am ehesten die Fähigkeit zutrauen kann, mit seiner Mutter wirksam zu verfahren. Das dionysische Erlebnis gibt dem Teufel, der Arbeit sucht, genug zu tun; denn die nun folgende Auseinandersetzung mit dem Unbewussten wiegt die Arbeiten des Herakles bei Weitem auf – wie mir scheint: eine Welt von Problemen, mit denen der Intellekt auch in Jahrhunderten nicht fertig wird und deshalb schon öfters Ferien genommen hat, um sich an leichteren Aufgaben zu erholen. Deshalb wohl geriet die Seele so häufig und so lange in Vergessenheit, und deshalb wohl bedient sich der Intellekt so häufig der apotropäischen Zauberworte »okkult« und »mystisch« und will auch kluge Leute damit meinen machen, er hätte etwas gesagt.
[53] GW 12, § 119

Es gibt nicht bloß rationale, sondern auch irrationale Wahrheiten. Und was auf dem Wege des Intellekts von menschlichen Dingen unmöglich erscheint, ist schon öfters auf dem Wege des Irrationalen wahr geworden. Wirklich sind auch alle größten Wandlungen, die der Menschheit zugestoßen sind, ihr nicht auf dem Wege des intellektuellen Kalküls zugekommen, sondern auf Wegen, die der Zeitgenosse übersah oder als unsinnig ausschloß und die erst lange Zeit nachher in ihrer inneren Notwendigkeit durchschaut wurden. Noch öfter aber werden sie überhaupt nicht durchschaut, denn noch sind uns die allerwichtigsten Gesetze der menschlichen Geistesentwicklung ein Buch mit sieben Siegeln.
[58] GW 6, § 135

Die Irrationalität des Geschehens zeigt sich in der sogenannten *Zufälligkeit,* die wir selbstverständlich leugnen müssen, weil wir ja a priori gar keinen Vorgang denken können, der nicht kausal und notwendig bedingt wäre, demzufolge er auch gar nicht zufällig sein kann. Praktisch ist die Zufälligkeit überall da, und zwar so aufdringlich, dass wir unsere kausale Philosophie auch ebenso gut in die Tasche stecken könnten. *Die Fülle des Lebens ist gesetzmäßig und nicht gesetzmäßig, rational und irrational.* Darum gelten die Ratio und der in ihr begründete Wille nur eine kurze Strecke weit. Je weiter wir die rational gewählte Richtung ausdehnen, desto sicherer können wir sein, dass wir damit die irrationale Lebensmöglichkeit ausschließen, die aber ebenso gut ein Recht hat, gelebt zu werden. Es war gewiss eine große Zweckmäßigkeit für den Menschen, überhaupt imstande zu sein, seinem Leben Richtung zu geben. Die Erlangung der Vernünftigkeit sei die größte Errungenschaft der Menschheit, kann man mit Fug und Recht behaupten. Aber es ist nicht gesagt, dass es unter allen Umständen so weitergehen müsse oder werde.
[109 B] GW 7, § 72

Es liegt mir ferne, das Gottesgeschenk der Vernunft, dieses höchsten menschlichen Vermögens, zu entwerten. Als Alleinherrscherin hat sie aber keinen Sinn, so wenig wie Licht in einer Welt, in der ihm das Dunkel nicht gegenübersteht. Den weisen Ratschlag der Mutter und ihr unerbittliches Gesetz der natürlichen Beschränkung sollte der Mensch wohl in Acht nehmen. Nie sollte er vergessen, dass die Welt darum besteht, weil sich ihre Gegensätze die Waage halten. So ist auch das Rationale durch das Irrationale und das Bezweckte durch das Gegebene aufgewogen.
[56] GW 9/I, § 174

Die Vernunft kann nur dem das Gleichgewicht verleihen, dem die Vernunft schon ein Gleichgewichtsorgan ist. Aber für wie viele Menschen und in welchen Zeiten der Geschichte war sie das? Der Mensch muss in der Regel zu seinem einen Zustand auch den Gegensatz haben, um sich gezwungenerweise in der Mitte zu finden. Aus bloßer Vernunft kann er doch wohl nie das Lebensvolle und Sinnenfällige des unmittelbaren Zustandes aufgeben. So muss ihm gegen die Macht und Lust des Zeitlichen die Freude des Ewigen stehen und gegen die Leidenschaft des Sinnlichen die Entzückung des Übersinnlichen. So unleugbar wirklich ihm dieses ist, so zwingend wirksam muss ihm jenes sein.
[58] GW 6, § 386

Der alte Heraklit, der wirklich ein großer Weiser war, hat das wunderbarste aller psychologischen Gesetze entdeckt: nämlich die *regulierende Funktion der Gegensätze.* Er nannte dies die *Enantiodromia,* das Entgegenlaufen, worunter er verstand, dass alles einmal in sein Gegenteil hineinlaufe. So läuft die rationale Kultureinstellung notwendigerweise in ihr Gegenteil, nämlich in die irrationale Kulturverwüstung. Man darf sich nämlich nicht mit der Vernunft selber identifizieren; denn der Mensch ist nicht bloß vernünftig und kann und wird es nie sein. Das sollten sich alle Kulturschulmeister merken. Das Irrationale soll und kann nicht ausgerottet werden. Die Götter können und dürfen nicht sterben.

[109 B] GW 7, § 111

Gerade das zunächst Unerwartete, das beängstigend Chaotische enthüllt tiefen Sinn. Und je mehr dieser Sinn erkannt wird, desto mehr verliert die Anima ihren drängerischen und zwängerischen Charakter. Es entstehen nämlich Dämme gegen die Flut des Chaos; denn das Sinnvolle scheidet sich vom Sinnlosen, und dadurch, dass Sinn und Unsinn nicht mehr identisch sind, wird die Kraft des Chaos durch die Entnahme von Sinn und Unsinn geschwächt und der Sinn mit der Kraft des Sinnes und der Unsinn mit der Kraft des Unsinnes ausgerüstet. Damit entsteht ein neuer Kosmos.

[78 B] GW 9/I, § 64

★

Die Antike enthält ein Stück Natur und eine gewisse Problematik, welche das Christentum übersehen *musste,* wollte es die Sicherung und Befestigung eines geistigen Standpunktes nicht hoffnungslos kompromittieren. Kein Strafgesetzbuch, kein Sittenkodex und auch die sublimste Kasuistik werden je die Verwirrungen, die Pflichtenkollisionen und die unsichtbaren Tragödien des natürlichen Menschen in seinem Zusammenstoß mit den Notwendigkeiten der Kultur endgültig rubrizieren und gerecht entscheiden. Der »Geist« ist der eine Aspekt, die Natur der andere. Naturam expellas furca, tamen usque recurret! Die Natur *darf* das Spiel nicht gewinnen; aber sie *kann* es nicht verlieren. Und wenn immer das Bewusstsein sich festlegt auf allzu scharf umrissene Begriffe und sich in selbst gewählten Regeln und Gesetzen fängt – was unvermeidlich ist und zum Wesen eines kultürlichen Bewusstseins gehört –, dann tritt die Natur mit ihren unumgänglichen Forderungen hervor. Die Natur ist

nicht nur Materie; sie ist auch Geist. Wäre dem nicht so, so wäre die einzige Quelle des Geistes die menschliche Vernunft.
[48] GW 13, § 229

Man gebe sich nicht den Anschein, als ob man die Welt nur aus dem Intellekt begriffe; man begreift sie ebenso sehr auch aus dem Gefühl. Darum ist das Urteil des Intellektes höchstens die Hälfte der Wahrheit und muss, wenn es ehrlich ist, auch zum Eingeständnis seines Ungenügens gelangen.
[58] GW 6, § 856

Es gibt neben den Begabungen des Kopfes auch solche des Herzens, die nicht weniger wichtig sind, aber darum leicht übersehen werden können, weil in solchen Fällen der Kopf oft schwächer ist als das Herz. Und doch sind solche Menschen für die Wohlfahrt der Gesellschaft oft nützlicher und wertvoller als sonstige Begabungen.
[11] GW 17, § 242

Man kann zwar vieles mit dem Herzen verstehen, aber dabei findet es der Verstand oft schwierig, mit der intellektuellen Formulierung nachzukommen und dem Verstandenen den gebührenden Ausdruck zu geben. Es gibt zwar ein Begreifen mit dem Kopfe und insbesondere mit dem wissenschaftlichen Verstand, wobei aber manchmal das Herz zu kurz kommt.
[108] GW 11, § 934

Die Aussage des Herzens bezieht sich – im Gegensatz zur Aussage des diskriminierenden Verstandes – immer aufs Ganze. Die Saiten des Herzens erklingen wie die Äolsharfe nur unter dem leisen Hauche der ahnungsvollen Stimmung, die nicht übertönt, sondern lauscht. Was das Herz hört, das sind die großen, lebenumspannenden Dinge, die Erlebnisse, die wir nicht arrangieren, sondern erleiden.
[65] GW 18/II, § 1719

Ich bin überzeugt von dem, was ich *weiß*. Alles andere ist Hypothese, und darüber hinaus kann ich eine Unmenge von Dingen dem Unbekannten überlassen. Sie quälen mich nicht. Aber sie würden mich bestimmt zu quälen anfangen, wenn ich fühlte, dass ich etwas davon wissen *sollte*.
[55] GW 11, § 79

Das Paradox wird dem *Unerkennbaren* mehr gerecht als die Eindeutigkeit, die das Geheimnis seiner Dunkelheit entreißt und es damit als ein *Erkanntes* hinstellt. Das ist eine Usurpation, welche den menschlichen Intellekt zur Hybris verleitet, indem sie ihm vorspiegelt, er sei nunmehr durch einen Erkenntnisakt in den Besitz des transzendenten Mysteriums gelangt und habe es »begriffen«. Das Paradox entspricht daher einer höheren Stufe des Intellektes und gibt, indem es das Unerkennbare nicht gewaltsam als erkennbar hinstellt, den wirklichen Sachverhalt getreuer wieder.
[92 B] GW 11, § 417

Der schließliche Appell an die Vernunft wäre ja ganz schön, wenn der Mensch von Natur ein animal rationale wäre; er ist es aber nicht; er ist im Gegenteil mindestens ebenso unvernünftig. Daher genügt auch die Vernunft häufig nicht, um den Trieb so zu modifizieren, dass er sich der vernünftigen Ordnung fügt.
[62] GW 16, § 178

Es gibt zwar gewaltsame Antworten und Lösungen, aber im Prinzip und auf die Dauer sind sie weder empfehlenswert noch befriedigend. Kein gordischer Knoten ist je auf die Dauer zerhauen worden; er hat die unangenehme Eigenschaft, sich stets wieder selbst zu schürzen.
[62] GW 16, § 178

★

Das Rad der Geschichte lässt sich nicht zurückdrehen. Wir können nur vorwärtsstreben nach jener Einstellung, die es uns erlaubt, so zu leben, wie es die ungestörte Bestimmung des primitiven Menschen eigentlich will. Nur unter dieser Bedingung sind wir imstande, den Geist nicht in Sinnlichkeit und die Sinnlichkeit nicht in Geist zu pervertieren, denn beide müssen leben, da der eine vom anderen sein Leben bezieht.
[16] GW 17, § 336

Nichts ist ekelhafter als eine heimlich sexualisierte Geistigkeit; sie ist ebenso unreinlich wie eine überschätzte Sinnlichkeit.
[16] GW 17, § 336

Wenn sich gewisse Indianer Südamerikas wirklich und wahrhaftig als rote Papageien bezeichnen und ausdrücklich eine figürliche Auffassung davon ablehnen, so hat das mit einer »moralischen« Sexualverdrängung nicht das Mindeste zu tun, sondern es liegt an dem der Denkfunktion unabänderlich innewohnenden Gesetz der Selbstständigkeit und Emanzipation vom Konkretismus sinnlicher Auffassung. Es ist der Denkfunktion ein gesondertes Prinzip zuzuerkennen, das nur in der polyvalenten infantilen Keimanlage mit den Anfängen der Sexualität zusammenfließt. Ein Zurückbeugen des Denkens unter einen einseitigen Sexualismus ist ein Unterfangen, welches den Grundtatsachen menschlicher Psychologie zuwiderläuft.
[83] GW 17, § 79

Ich bin überzeugt, dass eine wahre Wissenschaftlichkeit in der Psychologie auch zu der Annahme gelangen muss, dass die dynamischen Vorgänge der Seele nicht auf diesen oder jenen bestimmten Trieb zurückzuführen seien – womit sie auf die Stufe der Wärmestofftheorie heruntersänke –, sondern sie wird vielmehr auch die Triebe in den Bereich der Psyche aufnehmen und das Erklärungsprinzip aus ihrer gegenseitigen Beziehung ableiten. Ich habe deshalb darauf hingewiesen, dass man gut daran täte, eine hypothetische Größe, eine »Energie«, als psychologischen Erklärungsgrund anzunehmen und sie als »Libido« im klassischen Sinn des Wortes, als »stürmisches Verlangen«, zu bezeichnen, ohne damit etwas über ihre Stofflichkeit auszusagen. Mit einer solchen Größe lassen sich die dynamischen Vorgänge anstandslos und ohne jene unvermeidliche Vergewaltigung erklären, ohne die es bei einem konkreten Erklärungsgrund nun einmal nicht abgeht.
[84] GW 10, § 7

Der Mensch findet sich mindestens als ein zu etwas Getriebenes und zugleich als ein etwas sich Vorstellendes vor. Dieser Gegensatz hat an sich keine moralische Bedeutung, denn der Trieb ist an sich nicht böse und der Geist nicht gut. Beide können beides sein. Positive Elektrizität ist so gut wie negative; sie ist vor allem Elektrizität.
[74] GW 8, § 406

Der Trieb ist nichts Isoliertes und kann auch praktisch nicht isoliert werden. Er führt stets archetypische Inhalte geistigen Aspektes mit sich, durch welche er sich einesteils begründet, andernteils beschränkt. Mit

anderen Worten, der Trieb paart sich stets und unvermeidlich mit etwas wie einer Weltanschauung, so archaisch, unklar und dämmerhaft diese auch sein mag. Der Trieb gibt einem zu denken, und wenn man nicht freiwillig darüber denkt, so entsteht ein Zwangsdenken, denn die beiden Pole der Seele, der physiologische und der geistige, sind unlösbar miteinander verknüpft. Darum gibt es auch keine einseitige Triebbefreiung, wie auch der Geist, losgelöst von der Triebsphäre, zum Leerlauf verdammt ist.
[62] GW 16, § 185

Was ist der Geist schließlich, wenn ihm kein ebenbürtiger Trieb gegenüber stünde? Er wäre bloß leere Form.
[80] GW 8, § 107

Man könnte die Sexualität den Wortführer der Triebe nennen, weshalb der geistige Standpunkt in ihr seinen Hauptwidersacher erblickt; allerdings nicht etwa darum, weil sexuelle Ausschweifung an und für sich unmoralischer wäre als Fressen und Saufen, Geldgier, Tyrannei und Verschwendungssucht, sondern weil der Geist in der Sexualität ein ihm ebenbürtiges, ja verwandtes Gegenstück wittert. Denn so wie der Geist die Sexualität, wie alle anderen Triebe, seiner Form unterordnen möchte, so hat auch die Sexualität einen alten Anspruch auf den Geist, den sie einstmals – in der Zeugung, Schwangerschaft, Geburt und Kindheit – in sich enthielt und deren Leidenschaft der Geist in seinen Schöpfungen nicht entraten kann.
[80] GW 8, § 107

Das geistige Prinzip kollidiert, strenggenommen, nicht mit dem *Triebe*, sondern mit der *Triebhaftigkeit*, als welche ein ungerechtfertigtes Überwiegen der Triebnatur gegenüber dem Geistigen zu verstehen ist. *Das Geistige erscheint in der Psyche auch als ein Trieb*, ja, als eine wahre Leidenschaft, wie Nietzsche es einmal ausdrückt, »als ein verzehrendes Feuer«. Es ist kein Derivat eines anderen Triebes, wie es die Triebpsychologie haben möchte, sondern ein *Prinzip sui generis, nämlich die der Triebkraft unerlässliche Form.*
[80] GW 8, § 108

Bekanntlich ist der im Naturzustande lebende Mensch keineswegs bloß »natürlich«, etwa wie ein Tier, sondern er sieht, glaubt, fürchtet, verehrt

Dinge, deren Sinn aus den natürlichen Umweltbedingungen allein gar nicht ersichtlich ist, deren unterlegter Sinn sogar weit von aller Natürlichkeit, Sinnenfälligkeit und Verständlichkeit wegführt, ja sogar nicht selten mit den Instinkten aufs Schärfste kontrastiert. Man denke nur an alle jene grausamen Riten und Gebräuche der Primitiven, gegen die sich jedes natürliche Gefühl empört, an alle jene Überzeugungen und Ideen, die zu der Evidenz der Dinge in unüberwindlichem Gegensatz stehen. Diese Tatsachen zwingen zu der Annahme, dass das geistige Prinzip (was dies nun immer sei) sich gegenüber dem bloß natürlichen mit unerhörter Kraft durchsetzt. Man kann ja sagen, dass dies auch »natürlich« sei und beides aus ein und derselben »Natur« herstamme. Ich bezweifle diese Herkunft keineswegs, muss aber hervorheben, dass dieses »natürliche« Ding aus einem Konflikt zweier Prinzipien besteht, denen man je nach Geschmack diesen oder jenen Namen geben mag, und dass *dieser Gegensatz Ausdruck und vielleicht auch Grundlage jener Spannung ist, die wir als psychische Energie bezeichnen.*

[80] GW 8, § 98

Die Tatsache, dass unmittelbare Erfahrung nur psychisch ist und dass darum unmittelbare Realität nur psychisch sein kann, erklärt, warum für den primitiven Menschen Geister und magische Wirkung ebenso dinglich sind wie physische Ereignisse. Der Primitive hat seine Urerfahrung noch nicht in Gegensätze zerrissen. In seiner Welt durchdringen sich noch Geist und Stoff, und Götter wandeln noch durch Wald und Feld. Er ist noch wie ein Kind, erst halb geboren, noch träumend eingeschlossen in seine Seele, in die Welt, wie sie wirklich ist, noch nicht verzerrt durch die Erkenntnisschwierigkeiten eines dämmernden Verstandes. Aus dem Zerfall der Urwelt in Geist und Natur hat sich der Westen die Natur gerettet, an die er temperamentmäßig glaubt und in die er sich mit allen schmerzhaften und verzweifelten Vergeistigungsversuchen nur immer mehr verstrickt. Der Osten dagegen wählte sich den Geist, den Stoff als Maya erklärend, um in asiatischem Schmutz und Elend dahinzudämmern. Aber wie es nur *eine* Erde gibt, und Osten und Westen die *eine* Menschheit nicht in zwei verschiedene Hälften zu zerreißen vermögen, so besteht die psychische Realität noch in ursprünglicher Einheit und wartet auf den Fortschritt des menschlichen Bewusstseins vom Glauben ans eine und der Leugnung des anderen zur Anerkennung der beiden als konstitutiver Elemente der *einen* Seele.

[26] GW 8, § 682

In dem Maße, wie unser wissenschaftliches Verständnis zugenommen hat, ist unsere Welt entmenschlicht worden. Der Mensch fühlt sich im Kosmos isoliert, weil er nicht mehr mit der Natur verbunden ist und seine emotionale »unbewusste Identität« mit natürlichen Erscheinungen verloren hat. Diese haben nämlich ihren symbolischen Gehalt eingebüßt. Der Donner ist nicht mehr die Stimme eines zornigen Gottes und der Blitz nicht mehr sein strafendes Wurfgeschoss. In keinem Fluss wohnt mehr ein Geist, kein Baum ist das Lebensprinzip eines Mannes, keine Schlange die Verkörperung der Weisheit, keine Gebirgshöhle die Wohnung eines großen Dämons. Es sprechen keine Stimmen mehr aus Steinen, Pflanzen und Tieren zu den Menschen, und er selbst redet nicht mehr zu ihnen in dem Glauben, sie verständen ihn. Sein Kontakt mit der Natur ist verloren gegangen und damit auch die starke emotionale Energie, die diese symbolische Verbindung bewirkt hat.
[102] S. 95

Der Konflikt zwischen Natur und Geist ist ein Abbild des paradoxen seelischen Wesens: Es hat einen physischen und einen geistigen Aspekt, der wie ein Widerspruch erscheint, weil wir das Wesen des Seelischen in letzter Linie nicht verstehen. Immer wenn der menschliche Verstand eine Aussage machen will über etwas, das er im letzten Grunde nicht erfasst hat und nicht erfassen kann, muss er, wenn er ehrlich ist, einen Widerspruch begehen, er muss es in seine Gegensätze auseinanderreißen, um es einigermaßen erkennen zu können. Der Konflikt zwischen physischem und geistigem Aspekt beweist nur, dass das Psychische ein in letzter Linie unerfassbares Etwas ist.
[26] GW 8, § 680

Wir haben alle Dinge ihres Geheimnisses und ihrer Numinosität beraubt; uns ist nichts mehr heilig.
[102] S. 94

Unser ganzes Leben hindurch besitzen wir neben dem neu erworbenen, gerichteten und angepassten Denken ein Fantasie-Denken, das altertümlichen Geisteszuständen entspricht. Wie unser Körper in vielen Organen noch die Relikte alter Funktionen und Zustände bewahrt, so trägt unser Geist, der zwar jenen archaischen Triebrichtungen anscheinend entwachsen ist, immer noch die Merkmale der durchlaufenen Ent-

wicklung und wiederholt das Uralte wenigstens in Träumen und Fantasien.
[73] GW 5, § 36

Es gibt nicht *eine* wesentliche Idee oder Anschauung, die nicht historische Antezedenzien besäße. Allen liegen in letzter Linie archetypische Urformen zugrunde, deren Anschaulichkeit in einer Zeit entstanden ist, wo das Bewusstsein noch nicht *dachte*, sondern *wahrnahm*. Gedanke war Objekt der inneren Wahrnehmung, nicht gedacht, sondern als Erscheinung empfunden, sozusagen gesehen oder gehört. Gedanke war wesentlich Offenbarung, nichts Erfundenes, sondern Aufgenötigtes oder durch seine unmittelbare Tatsächlichkeit Überzeugendes.
[78 B] GW 9/I, § 69

Die Religionen sollen immer wieder an den Ursprung und den ursprünglichen Charakter des Geistes erinnern, damit der Mensch nie vergesse, was er in seine Sphäre hineinzieht und womit er sein Bewusstsein erfüllt. Er hat den Geist ja nicht selber erschaffen, sondern dieser macht, dass er erschafft; er gibt ihm den Antrieb und den glücklichen Einfall, die Ausdauer, die Begeisterung und die Inspiration.
[106] GW 9/I, § 393

Fortschritt und Entwicklung sind nicht zu leugnende Ideale; aber sie verlieren ihren Sinn, wenn der Mensch im neuen Zustand nur als Fragment seiner selbst anlangt und alles Hintergründige und Wesenhafte im Schatten des Unbewussten, in einem Zustande der Primitivität oder gar der Barbarei zurücklässt. Das von seinen Grundlagen abgespaltene Bewusstsein, unfähig, den Sinn des neuen Zustandes zu erfüllen, fällt dann nur allzu leicht in eine Lage zurück, welche schlimmer ist als die, aus welcher die Neuerung befreien wollte – exempla sunt odiosa!
[107] GW 9/I, § 293

Die Beschränktheit menschlichen Wissens, welche so viel Unbegreifliches und Wunderbares unerklärt lassen muss, ist damit aber keineswegs von der Aufgabe entbunden, jene schwer verständlichen Offenbarungen des Geistes, die sich zum Beispiel im Dogma verkörpert haben, dem Begreifen näherzurücken, sonst wächst die Gefahr in bedrohlicher Weise, dass vor lauter Tageslicht der Schatz an höchster Erkenntnis, der gerade im Dogma verborgen ist, wie ein blutleeres Gespenst in nichts zerfließt [...].

Ein großer Schritt vorwärts wäre es nach meinem Dafürhalten, wenn wenigstens einmal eingesehen würde, inwiefern die Wahrheit des Dogmas in der nicht von Menschenhand gemachten Seele verankert ist.
[42] GW 14/II, § 154

Es wäre eine lächerliche und ungerechtfertigte Selbstüberhebung, wenn wir annehmen wollten, wir seien energischer oder intelligenter als das Altertum – unser Wissensstoff hat zugenommen, nicht aber die Intelligenz. Darum sind wir neuen Ideen gegenüber gerade so borniert und unfähig wie die Menschen in den dunkelsten Zeiten des Altertums. An *Wissen* sind wir reich geworden, nicht aber an *Weisheit.*
[73] GW 5, § 23

Ideen, die seelische Tatsachen sind, stellen logisch und moralisch unwiderlegliche und unangreifbare Kräfte dar, die stärker sind als der Mensch und sein Kopf. Er glaubt zwar, diese Ideen zu machen, aber in Wirklichkeit machen sie ihn, sodass er unbewusst zu ihrem bloßen Sprachrohr wird.
[51] GW 16, § 147

Als Empiriker muss ich feststellen, dass es ein Temperament gibt, dem *Ideen Wesenheiten und nicht bloß nomina sind.* Zufälligerweise – möchte ich fast sagen – leben wir gegenwärtig, seit etwa 200 Jahren, in einer Zeit, wo es unpopulär, ja sogar unverständlich geworden ist, anzunehmen, dass Ideen überhaupt etwas anderes sein könnten als nomina. Wer etwa, anachronistischerweise und seinem Temperament entsprechend, noch platonisch dachte, musste es mit Schmerzen erleben, dass die »himmlische«, das heißt metaphysische Wesenheit der Idee auf das unkontrollierbare Gebiet des Glaubens und des Aberglaubens abgeschoben oder mitleidig dem Dichter überlassen wurde. Der nominalistische Gesichtspunkt hatte im säkularen Streit der Universalien den realistischen wieder einmal »überwunden«, und das Urbild hatte sich zum flatus vocis verflüchtigt. Dieser Umschwung war begleitet, ja zu einem guten Teil herbeigeführt, durch das starke Hervortreten des Empirismus, dessen Vorteile sich nur allzu deutlich dem Verstande aufdrängten. Seither ist »Idee« kein Apriori mehr, sondern ein Sekundäres und Abgeleitetes.
[56] GW 9/I, § 149

Ideen, die von einer größeren Gefolgschaft gebilligt werden, gehören nicht einmal ihrem sogenannten Schöpfer zu eigen, vielmehr ist er selber

ein Höriger seiner Idee. Ergreifende, sogenannte wahre Ideen haben etwas Sonderliches an sich; sie entstammen einer Zeitlosigkeit, einem Immer-Dagewesensein, einem mütterlichen, seelischen Urgrunde, aus dem der ephemere Geist des einzelnen Menschen emporwächst wie eine Pflanze, die Blüten trägt, Frucht bringt und Samen, dahinwelkt und stirbt. Ideen entstammen einem Größeren als dem persönlichen Menschen. Nicht wir machen sie, sondern wir sind durch sie gemacht.
[20] GW 4, § 769

Die platonische Freiheit des Geistes ermöglicht eben kein Ganzheitsurteil, sondern reißt den lichten Teil des göttlichen Gemäldes von der dunkeln Hälfte los. Diese Freiheit ist zum guten Teil ein Kulturphänomen und die edlere Beschäftigung jenes glücklichen Atheners, dem es beschieden war, kein Helot zu sein. Über die Natur sich erheben kann nur der, für den ein anderer die Erdenschwere trägt. Wie hätte wohl Platon philosophiert, wenn er sein eigener Haussklave gewesen wäre? Was hätte der Rabbi Jesus gelehrt, wenn er Frau und Kinder hätte erhalten müssen? Wenn er den Acker, auf dem das Brot wuchs, das er brach, hätte bestellen und den Weinberg, in welchem der Wein reifte, den er spendete, hätte jäten müssen? Zum Bild des Ganzen gehört die dunkle Schwere der Erde.
[88] GW 11, § 264

Wer immer sich seines leitenden Prinzips bewusst ist, weiß, mit welch undiskutierbarer Autorität es über unser Leben verfügt. Aber in der Regel ist das Bewusstsein zu geschäftig mit der Erreichung seiner ihm vorschwebenden Ziele, sodass es sich nie Rechenschaft gibt über die Natur des Geistes, der sein Leben bestimmt.
[23] GW 8, § 642

Der Geister sind viele, helle und finstere. Man darf sich daher der Einsicht nicht verschließen, dass auch der Geist nichts Absolutes, sondern etwas Relatives ist, welches der Ergänzung und der Vervollständigung *durch das Leben* bedarf.
[23] GW 8, § 645

»Geist« bedeutet dem Chinesen nicht Ordnung, Sinn und alles mögliche Gute, sondern ist eine feurige und bisweilen gefährliche Gewalt.
[36] GW 10, § 939

Wie es eine Leidenschaft gibt, die nach blindem, schrankenlosem Leben strebt, so gibt es auch eine Leidenschaft, die dem Geiste, eben um seiner schöpferischen Überlegenheit willen, alles Leben zum Opfer bringen möchte. Diese Leidenschaft macht den Geist zu einer bösartigen Geschwulst, die das menschliche Leben sinnlos zerstört.
[23] GW 8, § 646

Der Mensch erobert sich nicht nur die Natur, sondern auch den Geist, ohne sich zu vergegenwärtigen, was er damit tut. Dem aufgeklärten Verstand erscheint es wie eine Berichtigung, wenn er erkennt, dass das, was er für Geister hielt, des Menschen und schließlich sein eigener Geist ist. All das Übermenschliche im Guten wie im Bösen, das frühere Zeiten von den Daimonia aussagten, wird wie eine Übertreibung auf »vernünftiges« Maß reduziert, und damit scheint alles in bester Ordnung zu sein. Aber waren die übereinstimmenden Überzeugungen der Vergangenheit wirklich und gewiss nur Übertreibungen? Waren es keine, so bedeutet die Integration des menschlichen Geistes nichts weniger als eine Dämonisierung desselben, indem übermenschliche Geisteskräfte, die ehedem in der Natur gebunden lagen, in das menschliche Wesen hineingenommen werden und diesem eine Macht verleihen, welche die Grenzen des Menschseins in gefährlichster Weise in das Unbestimmte hinausverlegen.
[106] GW 9/I, § 454

Man hat nach dem letzten Weltkrieg auf die Vernunft gehofft; man hofft jetzt wieder. Aber schon ist man von den Möglichkeiten der Uranspaltung fasziniert und verspricht sich ein Goldenes Zeitalter – beste Gewähr dafür, dass der Gräuel der Verwüstung ins Ungemessene wächst. Und wer ist es, der all dies zustande bringt? Es ist der sogenannte harmlose, begabte, erfinderische und vernünftige menschliche Geist, der nur leider sich seiner ihm anhaftenden Dämonie unbewusst ist. Ja dieser Geist tut alles, um sein eigenes Gesicht nicht sehen zu müssen, und jeder hilft ihm dabei nach Kräften. Nur ja keine Psychologie, denn diese Ausschweifung könnte zur Selbsterkenntnis führen! Dann schon lieber Kriege, an denen jeweils der andere schuld ist, und keiner sieht, dass alle Welt besessen ist, das zu tun, was man flieht und fürchtet.
[106] GW 9/I, § 454

Mythen sind Wundererzählungen und handeln eben von allen jenen Dingen, die sehr oft auch Glaubensgegenstände sind.

In der alltäglichen Bewusstseinswelt gibt es Ähnliches wohl kaum, das heißt, bis 1933 wurden sozusagen nur Geisteskranke im Besitze lebendiger mythologischer Fragmente gefunden. Nach diesem Datum breitete sich die Welt der Helden und Ungeheuer wie ein verheerendes Feuer über ganze Nationen aus, womit bewiesen wurde, dass der Mythus und seine eigentümliche Welt auch in den Jahrhunderten der Vernunft und Aufklärung nichts an Lebendigkeit eingebüßt haben. Wenn die metaphysischen Begriffe heutzutage kaum mehr faszinierend wirken, so liegt dies gewiss nicht an einem Mangel an Ursprünglichkeit und Primitivität der europäischen Seele, sondern einzig und allein daran, dass die bisherigen Symbole das nicht mehr ausdrücken, was nunmehr als Ergebnis der vielen Jahrhunderte christlicher Bewusstseinsentwicklung sich vom Unbewussten her zum Worte meldet. Es ist ein wahres antimimon pneuma, ein Aftergeist von Arroganz, Hysterie, Verschwommenheit, verbrecherischer Amoralität und doktrinärer Verbohrtheit, ein Erzeuger von geistiger Schundware, von Kunstersatz, philosophischer Stotterei und utopischem Schwindel, gut genug, um an den Massenmenschen von heute en gros verfüttert zu werden. So sieht der nachchristliche Geist aus.

[1] GW 9/II, §§ 66f.

★

Das Leben ist ein Kriterium der Wahrheit des Geistes. Ein Geist, der den Menschen über alle Lebensmöglichkeit hinausreißt und nur Erfüllung in sich selbst sucht, ist ein Irrgeist – nicht ohne die Schuld des Menschen, der es in der Hand hat, sich selbst aufzugeben oder nicht.

Leben und Geist sind zwei Mächte oder Notwendigkeiten, zwischen die der Mensch hineingestellt ist. Der Geist gibt seinem Leben Sinn und die Möglichkeit größter Entfaltung. Das Leben aber ist dem Geiste unerlässlich, denn seine Wahrheit ist nichts, wenn sie nicht leben kann.

[23] GW 8, §§ 647f.

Ohne Seele ist Geist tot wie Stoff, weil beide künstliche Abstraktionen sind, während in der ursprünglichen Anschauung Geist ein volatiler Körper ist, und Stoff der Beseelung nicht entbehrt.

[96] GW 13, § 76

Die Trennung, welche das Christentum zwischen Natur und Geist aufgerissen hat, befähigte den menschlichen Geist, nicht nur jenseits der, sondern auch gegen die Natur zu denken und damit seine – ich möchte sagen – göttliche Freiheit zu erweisen.
[88] GW 11, § 261

Der Glaube ist ein Charisma, das nicht jedem zuteilwird; dafür hat der Mensch ein Denken, das sich um die höchsten Dinge bemühen kann.
[88] GW 11, § 170

Nur ein Leben, das in einem gewissen Geiste gelebt wird, ist lebenswert. Es ist eine merkwürdige Tatsache, dass ein Leben, das bloß aus dem Ich gelebt wird, in der Regel nicht nur auf den Betreffenden selbst, sondern auch auf die Zuschauer als dumpf wirkt.
[23] GW 8, § 645

Um im Geist ein Glück zu finden, muss man schon den entsprechenden »Geist« haben. Gesichertes Wohlleben hat jedermann von allen Daseinsfreuden materieller Art überzeugt und sogar den Geist gezwungen, noch bessere Mittel und Wege zu materieller Wohlfahrt zu erfinden, aber es hat nie Geist *erzeugt*. Das tun wohl nur die Not, die Enttäuschung und der Verzicht.
[64] GW 18/II, § 1346

Die Erscheinung des Geistes ist wunderlich und mannigfaltig wie die Schöpfung.

Und ein lebendiger Geist wächst und überwächst sogar seine eigenen alten Formen und sucht sich nach freier Wahl seine Menschen, die ihn verkünden und in denen er lebt. Neben diesem ewig erneuten Leben des Geistes, der auf vielfachen und unbegreiflichen Wegen durch die Geschichte der Menschheit sein Ziel sucht, wollen von Menschen festgehaltene Namen und Formen wenig sagen, sind sie doch nur die wechselnden Blätter und Blüten am selben Stamme des ewigen Baumes.
[12] GW 11, §§ 537 f.

Die Relativität der »Wahrheit« ist eine altbekannte Tatsache und hindert nichts – bloß den Dogmen- und Autoritätsglauben, wenn sie es täte. Aber auch das tut sie nicht einmal.
[60] GW 4, § 620

Teil 4
Von letzten Dingen

Wenn im Unendlichen dasselbe
Sich wiederholend ewig fließt,
Das tausendfältige Gewölbe
Sich kräftig ineinander schließt,
Strömt Lebenslust aus allen Dingen,
Dem kleinsten wie dem größten Stern,
Und alles Drängen, alles Ringen
Ist ewige Ruh in Gott dem Herrn.
GOETHE

West-östliche Sinngebung

Höheres Bewusstsein bedingt Weltanschauung. Jedes Bewusstsein von Gründen und Absichten ist eine keimende Weltanschauung. Jeder Zuwachs an Erfahrung und Erkenntnis bedeutet einen weiteren Schritt in der Entwicklung der Weltanschauung. *Und mit dem Bilde, das der denkende Mensch von der Welt erschafft, verändert er sich selber auch.* Derjenige Mensch, dessen Sonne sich noch um die Erde dreht, ist ein anderer als der, dessen Erde der Trabant der Sonne ist. Nicht vergebens stellt Giordano Brunos Unendlichkeitsgedanke einen der wichtigsten Anfänge des modernen Bewusstseins dar. Der Mensch, dessen Kosmos im Empyreum hängt, ist ein anderer als der, dessen Geist von Keplers Vision erleuchtet ist. Einer, dem es noch fraglich ist, was das Resultat von zwei mal zwei sein könnte, ist ein anderer als der, dem es nichts Unzweifelhafteres als die Apriori-Wahrheiten der Mathematik gibt. Mit anderen Worten, es ist nicht gleichgültig, ob und was für eine Weltanschauung man besitzt, denn wir erschaffen nicht nur ein Weltbild, sondern rückwirkend verändert es auch uns.

[1] GW 8, § 696

Eine Wissenschaft ist niemals eine Weltanschauung, sondern bloß das Werkzeug zu einer solchen. Ob einer dies Werkzeug in die Hand nehmen wird oder nicht, diese Frage hängt von der Gegenfrage ab, was der Betreffende für eine Weltanschauung bereits hat. Denn niemand ist ohne Weltanschauung. Im äußersten Fall hat er wenigstens *die* Weltanschauung, welche ihm Erziehung und Umgebung aufgenötigt haben. Sagt ihm diese Weltanschauung zum Beispiel, dass das »höchste Glück der Erdenkinder nur die Persönlichkeit sei«, so wird er ohne Zögern die Wissenschaft und ihre Ergebnisse willig ergreifen, um mit diesen als Werkzeug eine Weltanschauung und damit sich selber aufzubauen. Wird ihm aber seine hereditäre Ansicht sagen, dass Wissenschaft nicht Werkzeug, sondern Ziel und Zweck in sich selber sei, so wird er der Parole folgen, welche sich seit etwa 150 Jahren mehr und mehr als die gültige, das heißt, als die praktisch ausschlaggebende herausgestellt hat. Einzelne haben sich zwar verzweifelt dagegen gewehrt, denn ihre Idee von Vollendung und Sinn gipfelte in der Vervollkommnung der menschlichen Persön-

lichkeit und nicht in der Differenzierung der technischen Mittel, welche unvermeidlich zu einer höchst einseitigen Differenzierung *eines* Triebes, zum Beispiel des Erkenntnistriebes, führt. Ist die *Wissenschaft* ein Selbstzweck, so hat der Mensch seine raison d'être bloß als ein Intellekt. Ist die Kunst ein Selbstzweck, so bedeutet die darstellerische Fähigkeit den einzigen Wert des Menschen, und der Intellekt wandert in die Rumpelkammer. Ist der *Gelderwerb* ein Selbstzweck, so können Wissenschaft und Kunst ruhig ihren Kram einpacken. Niemand kann leugnen, dass das moderne Bewusstsein in diese Selbstzwecke fast hoffnungslos aufgesplittert ist. Damit aber werden die Menschen bloß als Einzelqualitäten gezüchtet, sie werden selber zu Werkzeugen.
[4] GW 8, § 731

Das Ganze der Seele kann vom Intellekt allein nie erfasst werden. Ob wir wollen oder nicht: Das Moment der Weltanschauung drängt sich auf, weil die Seele nach einem Ausdruck verlangt, der ihr Ganzes umfasst.
[109 B] GW 7, § 201

Der Intellekt ist nur eine unter mehreren fundamentalen psychischen Funktionen und genügt nicht zur Schaffung eines allgemeinen Weltbildes. Dazu gehört zum Mindesten auch das Gefühl. Das Gefühl hat vielfach andere Überzeugungen als der Intellekt, und es ist nicht immer zu beweisen, dass die Überzeugungen des Gefühls gegenüber denen des Intellektes minderwertig seien.
[57] GW 8, § 600

Wir verstehen ohne Weiteres die Angst des Kindes und des Primitiven vor der weiten, unbekannten Welt. Dieselbe Angst haben wir auf unserer kindlichen Innenseite, wo wir ebenfalls eine weite, unbekannte Welt berühren. Wir haben aber bloß den Affekt, ohne zu wissen, dass er eine Weltangst ist, denn jene Welt ist unsichtbar. Wir haben darüber entweder bloß theoretische Vorurteile oder abergläubische Vorstellungen. Auch vor manchen Gebildeten kann man vom Unbewussten nicht reden, ohne des Mystizismus geziehen zu werden. Die Angst ist nun insofern berechtigt, als unsere rationale Weltanschauung mit ihren so heiß geglaubten (weil zweifelhaften) wissenschaftlichen und moralischen Sicherheiten durch die Daten der anderen Seite erschüttert wird.
[110] GW 7, § 324

Freud war ein großer Zerstörer, aber die Zeit der Jahrhundertwende bot so viel Gelegenheit zum Einreißen, dass auch ein Nietzsche nicht genügt hat. Freud hat das Übrige, und dies gründlich, besorgt. Er hat ein heilsames Misstrauen geweckt und damit indirekt den Sinn für die wahren Werte geschärft. Der Dusel vom guten Menschen, der die Köpfe benebelte, nachdem sie das Dogma der Erbsünde nicht mehr begreifen konnten, ist nicht zum geringen Teil von Freud ernüchtert worden. Und was davon etwa noch übriggeblieben ist, das wird die Barbarei des 20. Jahrhunderts hoffentlich endgültig austreiben.
[70] GW 15, § 69

In den letzten hundertfünfzig Jahren haben wir zahlreiche Weltanschauungen erlebt – ein Beweis, dass die Weltanschauung selbst diskreditiert ist, denn je schwerer eine Krankheit zu behandeln ist, desto mehr Arzneimittel gibt es für sie, und je mehr Mittel es gibt, desto anrüchiger ist jedes einzelne.
[4] GW 8, § 732

Das ausgehende 19. Jahrhundert hat uns eine Erbschaft von so vielen zweifelhaften Positionen hinterlassen, dass Bezweifelung nicht nur möglich, sondern auch berechtigt, ja sogar nützlich ist. Anders nämlich wird sich das Gold nicht bewähren: es sei denn im Feuer.
[70] GW 15, § 69

Mir scheint, als ob der fatale Irrtum der bisherigen Weltanschauung darin besteht, dass sie den Anspruch erhebt, eine objektiv gültige Wahrheit zu sein, in letzter Linie sogar eine Art wissenschaftlicher Evidenz, was dann beispielsweise zu der unerträglichen Folgerung führt, dass derselbe liebe Gott den Deutschen, den Franzosen, den Engländern, den Türken und Heiden und schließlich allen gegen alle helfen muss.
[4] GW 8, § 734

Wenn das Bild von der Welt, das wir erschaffen, nicht wieder selber auf uns zurückwirkte, so könnte man sich mit irgendeinem schönen oder sonst wie ergötzlichen Scheine begnügen. Die Selbsttäuschung aber wirkt auf uns zurück, sie macht uns unwirklich, närrisch und untauglich. Weil wir mit einem Trugbild von Welt fechten, so unterliegen wir der Übermacht der Wirklichkeit.
[4] GW 8, § 699

Dass die Weltanschauung mit dem Wohlbefinden der Psyche direkt zusammenhängt, können wir schließlich schon daran sehen, dass die Art und Weise des Auffassens, nämlich die *Anschauung*, für den Menschen und sein seelisches Befinden von geradezu gewaltiger Bedeutung ist, so sehr nämlich, dass man beinahe sagen könnte, die Dinge seien viel weniger so, wie sie sind, als vielmehr wie wir sie sehen. Haben wir eine unbekömmliche Ansicht von einer Situation oder Sache, so ist uns die Freude daran verdorben, und dann ist sie auch meist unbekömmlich. Und wie vieles wird umgekehrt erträglich und sogar möglich, wenn wir gewisse Vorurteile aufgeben und unsere Ansicht darüber ändern können!

[61] GW 16, § 218

Weltanschauung haben, heißt: ein Bild von der Welt und sich selber erschaffen, wissen, was die Welt ist und wer ich bin. Wörtlich genommen, wäre das zu viel. Niemand kann wissen, was die Welt ist, und ebenso wenig, wer er selber ist. Aber cum grano salis will es heißen: *bestmögliche Erkenntnis.* Bestmögliche Erkenntnis erfordert Wissen und verabscheut unbegründete Annahmen, willkürliche Behauptungen, autoritäre Meinungen. Sie sucht aber die wohlbegründete Hypothese, ohne zu vergessen, dass alles Wissen beschränkt und dem Irrtum unterworfen ist.

[4] GW 8, § 698

Die Welt verändert ihr Gesicht – tempora mutantur et nos in illis –, denn die Welt ist uns nur fassbar als ein psychisches Bild in uns, und es wird nicht immer leicht sein, auszumachen, wenn das Bild sich verändert, ob die Welt oder wir oder beide sich verändert haben. Das Bild von der Welt kann sich jederzeit verändern, so wie auch unsere Auffassung von uns selbst sich jederzeit ändern kann. Jede neue Entdeckung, jeder neue Gedanke kann der Welt ein neues Gesicht aufsetzen. Das will berücksichtigt sein, sonst leben wir plötzlich in einer antiquierten Welt, selber ein altmodisches Überbleibsel tieferer Bewusstseinsstufen. Jeder wird einmal erledigt sein, aber im Interesse des Lebendigseins liegt es, diesen Moment so lange wie möglich hinauszuschieben, und das kann nur dann gelingen, wenn wir das Weltbild nie erstarren lassen, sondern jeden neuen Gedanken darauf prüfen, ob er unserem Weltbilde etwas hinzufügt oder nicht.

[4] GW 8, § 700

Wenn wir nämlich kein Bild von der Welt als Ganzem erschaffen, so sehen wir auch uns nicht, die wir doch getreue Abbilder ebendieser Welt sind. Und nur im Spiegel unseres Weltbildes können wir uns völlig sehen. Nur in dem Bilde, das wir erschaffen, erscheinen wir. Nur in unserer schöpferischen Tat treten wir völlig ins Licht und werden uns selber als Ganzes erkennbar. Nie setzen wir der Welt ein anderes Gesicht auf als unser eigenes, und ebendarum müssen wir es auch tun, um uns selbst zu finden. Denn höher als der Selbstzweck der Wissenschaft oder Kunst steht der Mensch, der Schöpfer seiner Werkzeuge.

[4] GW 8, § 737

Die Welt ist nicht nur an und für sich, sondern auch so, wie sie mir erscheint. Ja wir haben sogar im Grunde genommen gar kein Kriterium, das uns zur Beurteilung einer Welt verhülfe, welche dem Subjekt unassimilierbar wäre. Es hieße den großen Zweifel in eine absolute Erkenntnismöglichkeit leugnen, wenn wir den subjektiven Faktor übersähen. Damit geriete man auf den Weg jenes hohlen und schalen Positivismus, welcher die Wende unseres Jahrhunderts verunziert hat, und damit auch in jene intellektuelle Unbescheidenheit, welche der Vorläufer der Gefühlsroheit und einer ebenso stumpfsinnigen wie anmaßenden Gewalttätigkeit ist. Durch die Überschätzung des objektiven Erkenntnisvermögens verdrängen wir die Bedeutung des subjektiven Faktors, die Bedeutung des Subjektes schlechthin. Was aber ist das Subjekt? Das Subjekt ist der Mensch, wir sind das Subjekt. Es ist krankhaft, zu vergessen, dass das Erkennen ein Subjekt hat und dass es überhaupt kein Erkennen und darum auch für uns keine Welt gibt, wo nicht einer sagt: »Ich erkenne«, womit er aber allbereits die subjektive Beschränkung alles Erkennens ausspricht.

[58] GW 6, § 621

Wären wir uns des Zeitgeistes bewusst, so wüssten wir, dass wir die Neigung haben, vorzugsweise aus Physischem zu erklären, weil man früher zu viel aus dem Geist erklärt hat. Dieses Wissen würde uns sofort kritisch stimmen in Bezug auf unser »penchant«. Wir würden uns sagen: Höchstwahrscheinlich machen wir jetzt den umgekehrten und darum den gleichen Fehler. Wir überschätzen die materiellen Ursachen und meinen, jetzt erst hätte man die richtige Erklärung, weil wir uns einbilden, der Stoff sei uns bekannter als ein »metaphysischer« Geist. Der Stoff ist uns aber genauso unbekannt wie der Geist. Über die letzten Dinge

wissen wir nichts. Erst mit dieser Einsicht kehren wir in den Gleichgewichtszustand zurück.
[26] GW 8, § 657

Von einer Überwirklichkeit weiß ich nichts. Wirklichkeit enthält alles, was man wissen kann, denn wirklich ist, was wirkt. Wirkt es nicht, so merkt man nichts und kann daher auch gar nicht darum wissen. Ich kann daher nur über wirkliche Dinge etwas aussagen, nichts aber über überwirkliche oder unwirkliche oder unterwirkliche. Es sei denn, dass es irgendjemand einfiele, den Begriff der Wirklichkeit irgendwie einzuschränken, sodass nur einem bestimmten Ausschnitt der Weltwirklichkeit das Attribut »wirklich« zukäme. Die Denkweise des sogenannten gesunden Menschenverstandes und des gewöhnlichen Sprachgebrauches erzeugt diese Beschränkung auf die sogenannte materielle oder konkrete Wirklichkeit der sinnenfälligen Gegenstände [...], dies ganz unbeschadet der Tatsache, dass eine ganze Menge im Verstande ist, was nicht aus den Daten der Sinne herrührt. In diesem Sinne ist alles »wirklich«, was direkt oder indirekt der durch die Sinne erschließbaren Welt entstammt oder wenigstens zu entstammen scheint.

Diese Beschränkung des Weltbildes entspricht der Einseitigkeit des abendländischen Menschen.
[97] GW 8, §§ 742 f.

Sind die Menschen überhaupt je vom Mythus ganz losgekommen? Jeder Mensch hatte die Augen und alle seine Sinne, um zu merken, dass die Welt tot, kalt und unendlich ist, und noch nie hat er einen Gott gesehen oder dessen Existenz aus Nötigung seiner Sinne fordern müssen. Es bedurfte im Gegenteil einer stärksten inneren Nötigung, die man nur aus der irrationalen Kraft des Instinktes erklären kann, um zum Beispiel jene religiösen Glaubensinhalte aufzustellen, deren Absurdität schon Tertullian hervorgehoben hat. So kann man einem Kinde wohl die Inhalte früherer Mythen vorenthalten, nicht aber ihm das Bedürfnis nach Mythologie und noch weniger die Fähigkeit, solche zu erzeugen, wegnehmen. Man kann sagen, wenn es gelänge, alle Traditionen in der Welt mit einem Male abzuschneiden, so würde mit der nächsten Generation die ganze Mythologie und Religionsgeschichte wieder von vorne beginnen.
[73] GW 5, § 30

Der Mensch ist keine Maschine, die man gegebenenfalls für ganz andere Zwecke umbauen kann und die dann in ganz anderer Weise ebenso regelmäßig funktioniert wie vorher. Der Mensch trägt immer seine ganze Geschichte und die Geschichte der Menschheit mit sich. Der historische Faktor aber stellt ein vitales Bedürfnis dar, dem eine weise Ökonomie entgegenkommen muss. Das Bisherige muss im Neuen irgendwie zu Worte kommen und mitleben. Die gänzliche Assimilation an das Objekt stößt daher auf den Protest der unterdrückten Minorität des Bisherigen und des von Anfang an Gewesenen.

[58] GW 6, § 570

Wie ganz anders sah die Welt des mittelalterlichen Menschen aus: Hier lag die Erde im Mittelpunkt der Welt, ewig fest und geruhsam, umkreist von einer sorglichen, wärmespendenden Sonne; die weißen Menschen, alle Kinder Gottes, vom Höchsten liebevoll betreut und für die ewige Seligkeit erzogen, und alle wussten sie genau, *was* man tun und *wie* man sich benehmen müsse, um aus der irdischen Vergänglichkeit in ein ewiges, freudvolles Dasein zu gelangen. Wir können von einer solchen Wirklichkeit nicht einmal mehr träumen. Die Naturwissenschaft hat diesen holden Schleier längst zerrissen. Jene Zeit liegt hinter uns wie die Kindheit, wo der eigene Vater noch der schönste und mächtigste Mann im ganzen Land war.

[68] GW 10, § 162

★

Ist ein Ding schön, weil ich ihm Schönheit gebe? Oder zwingt mich die objektive Schönheit der Dinge, sie anzuerkennen? Man weiß, dass größte Geister sich an dem Problem versucht haben, ob die heilige Sonne die Welten erleuchtet oder das sonnenhafte menschliche Auge. Der archaische Mensch glaubt an die Sonne, der zivilisierte an die Augen – sofern er nicht an der Dichterkrankheit leidet oder insofern er überhaupt nachdenkt. Er muss die Natur entseelen, um sie beherrschen zu können, das heißt, er nimmt alle archaischen Projektionen zurück, wenigstens, wo er sachlich zu sein strebt.

[7] GW 10, § 135

Der primitive Mensch zeichnet sich – aus Instinktnähe, wie das Tier – durch Neophobie und Traditionsgebundenheit aus. Nach unserem Geschmack ist er in peinlicher Weise rückständig, während wir den Fortschritt preisen. Unsere Fortschrittlichkeit aber ermöglicht auf der einen Seite zwar eine Menge der schönsten Wunscherfüllungen, auf der anderen Seite aber häuft sich eine ebenso gigantische, prometheische Schuld, welche von Zeit zu Zeit Abzahlungen in der Form von schicksalsmäßigen Katastrophen erfordert. Wie lange hat die Menschheit vom Fliegen geträumt, und jetzt sind wir schon bei den Luftbombardements angelangt! Man belächelt heute die christliche Jenseitshoffnung und verfällt selber oft in Chiliasmen, welche hundertmal unvernünftiger sind als die Idee eines freudvollen Jenseits vom Tode!

[107] GW 9/I, § 276

Ein Mensch ist nur halb verstanden, wenn man weiß, woraus alles bei ihm entstanden ist. Wenn es nur daran läge, so könnte er ebenso gut schon längst gestorben sein. Als Lebender ist er aber nicht begriffen; denn das Leben hat nicht nur ein Gestern, und es ist nicht erklärt, wenn das Heute auf das Gestern reduziert wird. Das Leben hat auch ein Morgen, und das Heute ist nur dann verstanden, wenn wir zu unserer Kenntnis dessen, was gestern war, noch die Ansätze zum Morgen hinzufügen können. Dies gilt von allen psychologischen Lebensäußerungen, selbst von den krankhaften Symptomen.

[109 B] GW 7, § 67

Die Psychologie belehrt uns, dass es in der Seele in einem gewissen Sinne nichts Altes gibt, nichts, das wirklich endgültig absterben kann; sogar Paulus blieb ein Pfahl im Fleische stecken. Wer sich vor dem Neuen, Fremden schützt und zum Vergangenen regrediert, ist in derselben neurotischen Verfassung wie derjenige, der, mit dem Neuen sich identifizierend, der Vergangenheit davonläuft. Der einzige Unterschied ist, dass der eine der Vergangenheit und der andere der Zukunft sich entfremdet hat. Beide tun prinzipiell dasselbe: Sie retten ihre Bewusstseinsenge, anstatt sie durch den Kontrast der Gegensätze zu sprengen und dadurch einen weiteren und höheren Bewusstseinszustand aufzubauen.

[38] GW 8, § 767

Das Bewusstsein muss Vernunft haben, um im Chaos der ungeordneten Individualfälle des Weltganzen eine Ordnung erst zu entdecken und dann, wenigstens im menschlichen Bannkreis, auch zu schaffen. Wir haben das löbliche und nützliche Bestreben, das Chaos des Irrationalen

in uns und außer uns tunlichst auszurotten. Mit diesem Prozess sind wir anscheinend ziemlich weit gediehen. Ein Geisteskranker sagte mir einmal: »Herr Doktor, heute Nacht habe ich den ganzen Himmel mit Sublimat desinfiziert und dabei keinen Gott entdeckt.« So etwa ist es auch uns ergangen.
[109 B] GW 7, § 110

Womit antworteten die nachfolgenden Zeiten auf den Individualismus des Nietzsche'schen Übermenschen? Sie antworteten mit einem Kollektivismus, einer Kollektivorganisation und einer Aufhäufung von Massen »tam ethice quam physice«, die alles je Dagewesenen spotten. Erstickung der Persönlichkeit einerseits, ein ohnmächtiges, vielleicht tödlich verwundetes Christentum andererseits: das ist die ungeschminkte Bilanz unserer Zeit.
[53] GW 12, § 559

Wenn einem Menschen etwas zustößt, von dem er annimmt, dass etwas Derartiges nur ihm persönlich geschieht, während es in Wirklichkeit ein ganz allgemeines Erlebnis ist, so ist der Betreffende offenbar unrichtig, nämlich zu persönlich, eingestellt und dadurch von der menschlichen Gemeinschaft ausgeschlossen. Gleichermaßen ist es nötig, dass wir nicht nur ein persönliches Gegenwartsbewusstsein haben, sondern auch ein überpersönliches Bewusstsein, dessen Geist historische Kontinuität fühlt.
[101] GW 16, § 99

Man erntet jetzt die Früchte der Erziehung des 19. Jahrhunderts. Die Kirche predigte den jungen Menschen den blinden Glauben, die Universität aber einen rationalistischen Intellektualismus, mit dem Resultat, dass heute das Argument des Glaubens sowohl wie das der Vernunft seine Überzeugungskraft verloren hat. Der Moderne, des Streites der Meinungen müde, will daher erkunden, was *eigentlich* an den Dingen ist. Und diese Tendenz, die zwar gefährlichsten Möglichkeiten Tür und Tor öffnet, ist ein mutiges Wagnis, dem man die Sympathie nicht ganz versagen kann. Dieses Wagnis ist kein mutwilliges Abenteuer, sondern ein aus tiefster seelischer Not geborener Versuch, aufgrund einer unpräjudizierten Urerfahrung die Einheit von Leben und Sinn wiederzuentdecken.
[12] GW 11, § 529

Das Leben *ist* närrisch *und* bedeutend. Und wenn über das eine nicht gelacht und über das andere nicht spekuliert wird, dann ist das Leben banal; dann hat alles kleinstes Ausmaß. Es gibt dann nur einen kleinen Sinn und einen kleinen Unsinn. In Grunde genommen bedeutet nichts etwas, denn als es noch keine denkenden Menschen gab, war niemand da, der die Erscheinungen deutete. Nur dem muss gedeutet werden, der nicht versteht. Bedeutung hat nur das Unverständliche. Der Mensch ist erwacht in einer Welt, die er nicht verstand, und darum versucht er, sie zu deuten.
[78 B] GW 9/I, § 65

Kleinstes mit Sinn ist immer lebenswerter als Größtes ohne Sinn.
[101] GW 16, § 96

Denn in allem Chaos ist Kosmos und in aller Unordnung eine geheime Ordnung, in aller Willkür stetiges Gesetz.
[78 B] GW 9/I, § 66

★

Es ist der Osten, der uns ein anderes, weiteres, tieferes und höheres Begreifen lehrt, nämlich das Begreifen durch das Leben. Letzteres kennt man eigentlich nur noch blass, als ein bloßes, fast schemenhaftes Sentiment aus der religiösen Ausdrucksweise, infolgedessen man auch gerne das östliche »Wissen« in Anführungszeichen setzt und in das obskure Gebiet des Glaubens und Aberglaubens verweist. Damit ist aber die östliche »Sachlichkeit« gänzlich missverstanden. Es sind nicht sentimenthafte, mystisch übersteigerte, ans Krankhafte streifende Ahnungen von asketischen Hinterweltlern und Querköpfen, sondern praktische Einsichten der Blüte chinesischer Intelligenz, welch Letztere zu unterschätzen wir keinerlei Anlass haben.
[96] GW 13, § 2

Jegliches Ding bedarf zu seiner Existenz seines Gegensatzes, ansonst es bis zum Nichtsein verblasst. Das Ich bedarf des Selbst und umgekehrt. Die wechselnden Beziehungen zwischen diesen beiden Größen stellen ein Erfahrungsgebiet dar, welches die introspektive Erkenntnis des Ostens in einem dem westlichen Menschen fast unerreichbaren Maße ausgebeutet hat. Die von der unseren so unendlich verschiedene Philosophie

des Ostens bedeutet für uns ein überaus wertvolles Geschenk, das wir allerdings »erwerben müssen, um es zu besitzen«.
[82] GW 11, § 961

Der westliche Mensch ist von den »zehntausend Dingen« bezaubert; er sieht das Einzelne, er ist ich- und dingverhaftet und der tiefen Wurzel alles Seins unbewusst. Der östliche Mensch dagegen erlebt die Einzeldingwelt, ja sogar sein Ich wie einen Traum und wurzelt wesenhaft im Urgrund, der ihn so mächtig anzieht, dass seine Weltbezogenheit in einem für uns oft unbegreiflichen Maße relativiert ist.
[53] GW 12, § 8

Der Westen sucht immer Erhebung, der Osten aber Versenkung oder Vertiefung. Die äußere Wirklichkeit mit ihrem Geist der Körperhaftigkeit und Schwere scheint den Europäer viel stärker und schärfer anzupacken als den Inder. Darum sucht Ersterer sich über die Welt zu erheben, Letzterer aber kehrt gern in die mütterlichen Tiefen der Natur zurück.
[108] GW 11, § 936

Meditation und Kontemplation haben im Westen im Allgemeinen einen schlechten Ruf. Man hält sie für eine besonders tadelnswerte Form des Müßigganges oder für krankhafte Selbstbespiegelung. Für Selbsterkenntnis hat man keine Zeit und glaubt auch nicht, dass solche irgendeinem vernünftigen Zwecke diene. Auch lohnt es sich gar nicht der Mühe – wie man von vornherein weiß –, sich selbst zu erkennen, denn man kann ja leicht wissen, wer man selber ist. Man glaubt ausschließlich an das Tun und fragt nicht nach dem Subjekt des Tuns. Letzteres wird nur nach gewissen kollektiv bewerteten Leistungen beurteilt. Dass es eine unbewusste Psyche gibt, davon weiß das allgemeine Publikum bald mehr als die Autoritäten, aber man hat noch keine Schlüsse aus der Tatsache gezogen, dass der westliche Mensch sich selber als ein Fremder gegenübersteht und dass die Selbsterkenntnis eine der schwierigsten und anspruchsvollsten Künste ist.
[42] GW 14/II, § 368

Der Christ wird in der Kontemplation nie sagen: *Ich* bin Christus, sondern mit Paulus wird er bekennen: »Ich lebe, aber nicht mehr ich, sondern Christus lebet in mir« (Galater 2,20). Das Sūtra aber sagt: »Du wirst erkennen, dass du Buddha bist.« Im Grunde ist das Bekenntnis identisch,

insofern der Buddhist diese Erkenntnis nur erreicht, wenn er »anātman«, das heißt ohne Selbst ist, aber in der Formulierung besteht ein grenzenloser Unterschied: der Christ erreicht sein Ende in Christo, der Buddhist erkennt, dass er Buddha ist. Der Christ kommt eben aus der vergänglichen und ichhaften Bewusstseinswelt, der Buddhist aber ruht noch auf dem ewigen Grunde der inneren Natur, deren Einssein mit der Gottheit oder dem universalen Wesen uns auch in anderen indischen Bekenntnissen entgegentritt.
[108] GW 11, § 949

Der christliche Westen betrachtet den Menschen als gänzlich abhängig von der Gnade Gottes oder wenigstens von der Kirche als ausschließlichem und von Gott sanktioniertem, irdischem Instrument der Erlösung. Der Osten dagegen beharrt darauf, dass der Mensch selber die einzige Ursache zu seiner höheren Entwicklung sei; denn der Osten glaubt an die Selbsterlösung.
[18] GW 11, § 770

Wenn größter Wert (Christus) und größter Unwert (Sünde) draußen sind, so ist die Seele entleert: es mangelt ihr Tiefstes und Höchstes. Die östliche Haltung (insbesondere die indische) verfährt umgekehrt: Alles Höchste und Tiefste ist im (transzendentalen) Subjekt. Dadurch steigert sich die Bedeutung des »ātman«, des Selbst, ins Maßlose. Beim Abendländer aber sinkt der Wert des Selbst auf den Nullpunkt.
[53] GW 12, § 9

Im Osten gibt es keinen Konflikt zwischen Religion und Wissenschaft, weil keine Wissenschaft auf der Leidenschaft für Tatsachen begründet ist und keine Religion bloß auf dem Glauben; es gibt religiöse Erkenntnis und erkennende Religion.
[18] GW 11, § 768

So groß der Wert des Zen-Buddhismus für das Verständnis des religiösen Wandlungsprozesses ist, so wenig wahrscheinlich ist seine Verwendbarkeit beim westlichen Menschen. Die zum Zen nötigen, geistigen Vorbildungen fehlen im Westen. Wer würde bei uns das unbedingte Vertrauen in einen überlegenen Meister und dessen unverständliche Wege aufbringen? *Diese* Achtung vor der größeren menschlichen Persönlichkeit findet sich nur im Osten. Wer könnte sich rühmen, an die Möglichkeit eines

über alle Maßen paradoxen Wandlungsergebnisses zu glauben, und zwar in dem Maße, dass er viele Lebensjahre der mühseligen Verfolgung solchen Zieles opferte? Wer würde es schließlich wagen, die Autorität einer erlebten heterodoxen Wandlung auf sich zu nehmen? Es sei denn ein Mensch von geringer Vertrauenswürdigkeit, einer, der vielleicht aus pathologischen Gründen den Mund zu voll nimmt. Eben ein solcher wird sich auch bei uns nicht über Mangel an Gefolgschaft zu beklagen haben. Stellt der »Meister« aber eine schwierige Aufgabe, welche mehr als Nachplappern erfordert, dann verfällt der Europäer dem Zweifel, denn traurig und düster wie der Hades erscheint ihm der steile Pfad der Selbstwerdung.
[72] GW 11, § 902

Das abendländische Bewusstsein ist unter keinen Umständen das Bewusstsein schlechthin. Es ist vielmehr eine historisch bedingte und geografisch beschränkte Größe, welche nur einen Teil der Menschheit repräsentiert. Die Erweiterung unseres Bewusstseins soll nicht auf Kosten anderer Bewusstseinsarten gehen, sondern soll durch die Entwicklung jener Elemente unserer Psyche, die den Eigenschaften der fremden Psyche analog sind, zustande kommen, wie der Osten unserer Technik, Wissenschaft und Industrie auch nicht entraten kann. Die europäische Invasion im Osten war eine Gewalttat großen Stiles. Sie hat uns – noblesse oblige – die Verpflichtung hinterlassen, den Geist des Ostens zu begreifen. Das ist uns vielleicht nötiger, als wir derzeit ahnen.
[96] GW 13, § 84

Es liegt mir fern, die ungeheure Differenzierung des westlichen Intellektes zu unterschätzen; an ihm gemessen, ist der östliche Intellekt als kindlich zu bezeichnen (das hat natürlich mit Intelligenz nichts zu tun!). Wenn es uns gelingen sollte, eine andere oder gar noch eine dritte seelische Funktion zu solcher Dignität zu bringen, wie es mit dem Intellekt geschehen ist, so hat der Westen alle Anwartschaft darauf, den Osten um ein Beträchtliches zu überflügeln.
[96] GW 13, § 8

Der gewöhnliche Irrtum (nämlich der theosophische) des westlichen Menschen ist, dass er wie der Student im »Faust«, vom Teufel übel beraten, der Wissenschaft verächtlich den Rücken kehrt und, östliche Ekstatik anempfindet, Yogapraktiken wortwörtlich übernimmt und kläglich

imitiert. Dabei verlässt er den einzig sicheren Boden des westlichen Geistes und verliert sich in einem Dunst von Wörtern und Begriffen, die niemals aus europäischen Gehirnen entstanden wären und die auch niemals auf solche mit Nutzen aufgepfropft werden können.
[96] GW 13, § 3

Es gäbe keinen größeren Irrtum, als den Abendländer die chinesische Yogaübung direkt vornehmen zu lassen, denn sie bliebe die Angelegenheit seines Willens und seines Bewusstseins, wodurch einfach das Bewusstsein wieder gegenüber dem Unbewussten verstärkt und eben gerade die Wirkung erzielt würde, die man hätte vermeiden sollen. Damit würde die Neurose einfach gesteigert. Man kann nicht eindringlich genug betonen, dass wir keine Orientalen sind und daher in diesen Dingen von einer ganz anderen Basis ausgehen.
[96] GW 13, § 16

Yoga in Mayfair oder in der Fifth Avenue oder an sonst einem Ort, der telefonisch erreicht werden kann, ist geistiger Betrug.
[18] GW 11, § 802

Bisweilen scheint es – namentlich bei einem historischen Rückblick –, als ob die heutige Zeit ein Analogon hätte mit gewissen Epochen, wo große Reiche und Kulturen ihren Höhepunkt überschritten und unaufhaltsam ihrem Zerfall entgegeneilten. Aber solche Analogien sind trügerisch, denn es gibt Renaissancen. Etwas scheint deutlicher in den Vordergrund zu rücken, nämlich die europäische Mittelstellung zwischen dem asiatischen Osten und dem angelsächsischen – oder soll man sagen, amerikanischen? – Westen. Europa ist zwischen zwei Kolosse geraten, noch unfertig in ihrer Gestalt, aber überwältigend gegensätzlich in ihrem bereits erkennbaren Wesen. Sie sind abgrundtief geschieden in ihrer Rasse und ihrem Ideal. Im Westen ein unabsehbarer Aufschwung der technischen und wissenschaftlichen Kulturtendenz Europas, im Osten ein Durchbruch aller jener Mächte, welche in Europa diesen Kulturbetrieb in Schach halten. Die Macht des Westens ist materiell, die des Ostens ideell.
[19] GW 10, § 237

Der westliche Mensch bedarf der Überlegenheit über die Natur außen und innen *nicht*. Er hat beides in beinahe teuflischer Vollendung. Was er

aber nicht hat, ist die bewusste Anerkennung seiner *Unterlegenheit* unter die Natur um ihn und in ihm. Was er lernen sollte, ist, dass er nicht kann, wie er will. Lernt er das nicht, so wird seine eigene Natur ihn zerstören. Er kennt seine Seele nicht, die sich selbstmörderisch gegen ihn empört.
[100] GW 11, § 870

Der Inder kann weder den Körper noch den Geist vergessen, der Europäer vergisst immer das eine oder das andere. Mit dieser Fähigkeit hat er vorderhand die Welt erobert, der Inder dagegen nicht. Der Inder kennt nicht nur seine *Natur,* sondern er weiß auch, bis zu welchem Grade er sie selber ist. Der Europäer dagegen hat eine *Wissenschaft* von der Natur und weiß von seiner eigenen Natur, der Natur in ihm, erstaunlich wenig. Es ist dem Inder eine Wohltat, um eine Methode zu wissen, welche ihm hilft, die Allgewalt der Natur innen und außen zu beherrschen. Für den Europäer ist es Gift, seine bereits verstümmelte Natur noch gänzlich zu unterdrücken und einen ihm zusagenden Robot daraus zu machen.
[100] GW 11, § 867

Die extravertierte Tendenz des Westens und die introvertierte Tendenz des Ostens haben einen wichtigen gemeinsamen Zweck; beide machen verzweifelte Anstrengungen, die bloße Naturhaftigkeit des Lebens zu besiegen. Es ist die Behauptung des Geistes über die Materie, das »opus contra naturam«, ein Symptom für die Jugendlichkeit des Menschen, der sich immer noch daran ergötzt, die mächtigste von der Natur je erfundene Waffe, den bewussten Geist, zu gebrauchen. Der Nachmittag der Menschheit, der in einer fernen Zukunft liegt, kann immer noch ein anderes Ideal mit sich bringen. Mit der Zeit wird man vielleicht nicht einmal mehr von Eroberungen träumen.
[18] GW 11, § 787

Der atemlose Bemächtigungsdrang in politischer, sozialer und geistiger Hinsicht, welcher mit anscheinend unstillbarer Leidenschaft die Seele des Abendländers zerwühlt, breitet sich unaufhaltsam auch im Osten aus und droht, unabsehbare Folgen zu zeitigen. Nicht nur in Indien, sondern auch in China ist vieles bereits untergegangen, in welchem einstmals die Seele lebte und gedieh. Die Veräußerlichung der Kultur kann zwar einerseits mit vielen Übelständen aufräumen, deren Beseitigung als höchst wünschenswert und vorteilhaft erscheint, aber dieser Fortschritt ist andererseits, wie die Erfahrung zeigt, mit einem Verlust seelischer Kultur nur allzu teuer erkauft.

[82] GW 11, § 962

Die Weisheit und die Mystik des Ostens haben gerade uns sehr viel zu sagen, wennschon sie ihre eigene, nicht nachzuahmende Sprache sprechen. Sie sollen uns an das erinnern, was wir in unserer Kultur an Ähnlichem besitzen und schon vergessen haben, und unsere Aufmerksamkeit auf das richten, was wir als unerheblich zur Seite schieben, nämlich auf das Schicksal unseres inneren Menschen.

[82] GW 11, § 963

Im Osten hat der innere Mensch immer solche Macht über den äußeren Menschen gehabt, dass die Welt nie die Möglichkeit hatte, diesen von seinen inneren Wurzeln loszureißen; im Westen dagegen trat der äußere Mensch so sehr in den Vordergrund, dass er sich seinem innersten Wesen entfremdet hat.

[18] GW 11, § 785

Die wachsende Bekanntschaft mit dem geistigen Osten darf uns nur symbolischen Ausdruck der Tatsache bedeuten, dass wir anfangen, mit dem noch Fremden in uns in Verbindung zu treten. Verleugnung unserer eigenen historischen Vorbedingungen wäre reine Torheit und wäre der beste Weg zu einer nochmaligen Entwurzelung. Nur indem wir fest stehen auf eigener Erde, können wir den Geist des Ostens assimilieren.

[96] GW 13, § 72

Statt die geistigen Techniken des Ostens auswendig zu lernen und sie in einer ganz christlichen Art mit entsprechend forcierter Einstellung zu imitieren – Imitatio Christi! –, wäre es viel wichtiger herauszufinden, ob im Unbewussten eine introvertierte Tendenz existiert, die dem führenden geistigen Prinzip des Ostens ähnlich ist. Wir wären dann in der Lage, auf unserem Boden und mit unseren Methoden aufzubauen. Wenn wir uns diese Dinge direkt vom Osten aneignen, haben wir nur unserer westlichen Erwerbstüchtigkeit nachgegeben. Damit bestärken wir wieder, dass »alles Gute draußen ist«, von wo es geholt und in unsere unfruchtbaren Seelen gepumpt werden muss. Es scheint mir, dass wir dann wirklich etwas vom Osten gelernt haben, wenn wir verstehen, dass die

Seele genug Reichtümer enthält, ohne dass sie von außen befruchtet werden muss, und wenn wir uns fähig fühlen, uns mit oder ohne Gnade Gottes zu entwickeln.
[18] GW 11, § 773

★

Mit dem Zeitgeiste ist nicht zu spaßen, denn er ist eine Religion, besser gesagt eine Konfession oder ein Credo, dessen Irrationalität gar nichts zu wünschen übrig lässt, das aber zugleich die unangenehme Eigenschaft besitzt, als absoluter Wertmaßstab aller Wahrheit gelten zu wollen, und den Anspruch erhebt, alle Vernünftigkeit auf seiner Seite zu haben.
[26] GW 8, § 652

Die Aufgaben der Zeitalter sind verschieden, und immer kann man erst nachher mit Sicherheit erkennen, was sein musste und was nicht hätte sein sollen. In der jeweiligen Gegenwart wird immer der Streit der Überzeugungen herrschen, denn »Krieg ist aller Dinge Vater«. Nur die Geschichte entscheidet. Die Wahrheit ist nicht ewig, sie ist ein Programm. Je *ewiger* eine Wahrheit ist, desto unlebendiger und wertloser ist sie, denn sie sagt uns nichts mehr, weil sie selbstverständlich ist.
[58] GW 6, § 87

Das Neue ist immer fragwürdig und bedeutet ein zu Erprobendes. Das Neue kann nämlich ebenso gut eine Krankheit sein. Darum ist wahrer Fortschritt nur möglich bei Reife des Urteils. Ein wohlabgewogenes Urteil aber verlangt einen festen Standpunkt, der nur auf einer gründlichen Kenntnis des Gewordenen beruhen kann. Wer des geschichtlichen Zusammenhangs unbewusst die Verbindung mit der Vergangenheit fallen lässt, läuft Gefahr, der von allen Neuigkeiten ausgehenden Suggestion und Verblendung zu erliegen.
[11] GW 17, § 251

Unsere moderne Einstellung blickt stolz auf die Nebel von Aberglauben und mittelalterlicher oder primitiver Leichtgläubigkeit zurück und vergisst vollständig, dass wir die ganze Vergangenheit in den tieferen Stockwerken des Wolkenkratzers unseres rationalen Bewusstseins mit uns tragen. Ohne diese tieferen Schichten hängt unser Geist in der Luft. Kein Wunder, dass er nervös wird. Die wahre Geschichte des Geistes ist nicht

in gelehrten Büchern aufbewahrt, sondern in dem lebenden, seelischen Organismus jedes Einzelnen.
[55] GW 11, § 56

Der Mensch der Gegenwart muss an der Zukunft arbeiten. Er muss es anderen überlassen, Vergangenes aufrechtzuerhalten. Daher ist er auch ein Zerstörer, nicht nur ein Bauender. Er selber und seine Welt sind fragwürdig und zweideutig. Die Wege, welche ihm die Vergangenheit wies, und die Antworten, die sie auf seine Fragen gibt, sind ungenügend gegenüber den Nöten der Gegenwart. Alte, bequeme Wege sind verschüttet, neue Möglichkeiten haben sich aufgetan oder neue Gefahren sind entstanden, welche die Vergangenheit nicht kannte. Wie man von der Geschichte, sprichwörtlich, nie lernt, so sagt sie uns in Bezug auf ein Gegenwartsproblem in der Regel auch nichts. Der neue Weg muss durch Unbetretenes gebahnt werden, ohne Voraussetzungen und leider oft auch ohne Pietät.
[19] GW 10, § 239

Ich halte es für die Pflicht eines jeden, der, sich absondernd, eigene Wege geht, der Sozietät mitzuteilen, was er auf seiner Entdeckungsfahrt gefunden: ob ein kühles Wasser für Durstende oder die Sandwüste des unfruchtbaren Irrtums. Das eine hilft, das andere warnt. Aber nicht die Kritik des einzelnen Zeitgenossen, sondern die kommenden Zeiten werden über Wahrheit und Irrtum des Neuentdeckten entscheiden. Es gibt Dinge, die heute noch nicht wahr sind, vielleicht noch nicht wahr sein dürfen, aber vielleicht morgen. So muss jeder, dem es Schicksal ist, seinen eigenen Weg gehen, auf bloße Hoffnung gestellt, mit den geöffneten Augen desjenigen, der sich seiner Einsamkeit und der Gefahr ihrer Abgründe bewusst ist.
[109 B] GW 7, § 201

Neue Ideen, die nicht bloß berauschen, brauchen in der Regel mindestens eine Generation, um Fuß fassen zu können, und psychologische Neuerungen wohl noch viel länger, da besonders auf diesem Gebiet sich sozusagen jedermann als Autorität vorkommt.
[109 B] GW 7, S. 17 (Vorwort)

Anders zu denken, als man heutzutage eben denkt, hat immer den Beigeschmack des Unrechtmäßigen und Störenden, ja es ist sogar etwas wie

unanständig, krankhaft oder blasphemisch, darum für den Einzelnen sozial gefährlich. Er schwimmt unsinnigerweise gegen den Strom.
[26] GW 8, § 653

Das Wissen um die Ursprünge im allgemeinsten Sinne baut die Brücke zwischen der verlassenen und verlorenen Vorwelt und der kommenden, noch unerfasslichen Nachwelt. Womit sollen wir die Zukunft erfassen, wie sie uns einverleiben, wenn wir nicht im Besitze jener Menschheitserfahrung sind, die uns die Vorwelt hinterlassen hat? Ohne diesen Besitz sind wir wurzel- und standpunktlos und fallen der Zukunft und dem Neuen zur Beute.
[11] GW 17, § 250

Große Erneuerungen kommen nie von oben, sondern stets von unten, wie die Bäume nie aus dem Himmel herunter-, sondern stets aus der Erde heraufwachsen, wennschon ihre Samen einst von oben herunterfielen. Die Erschütterung unserer Welt und die Erschütterung unseres Bewusstseins sind ein und dasselbe. Alles wird relativ und daher fragwürdig, und dieweil das Bewusstsein zögernd und zweifelhaft diese fragwürdige Welt betrachtet, wo es von Friedens- und Freundschaftsverträgen, von Demokratie und Diktatur, von Kapitalismus und Bolschewismus dröhnt, erhebt sich die Sehnsucht der Seele nach einer Antwort auf das Getümmel von Zweifeln und Unsicherheiten. Und es sind gerade die dunkleren Schichten des Volkes, die viel belächelten Stillen im Lande, die, welche von akademischen Vorurteilen weniger als die leuchtenden Spitzen der Bevölkerung getränkt sind, die sich dem unbewussten Drange der Seele überlassen.
[68] GW 10, § 177

Die sogenannte Gegenwart ist eine dünne Oberflächenschicht, die in den großen Zentren der Menschheit erzeugt wird. Ist sie sehr dünn, so ist sie irrelevant [...]; erreicht sie aber eine gewisse Stärke, dann spricht man von Kultur und Fortschritt, und dann entstehen Probleme, die für eine Zeit charakteristisch sind.
[19] GW 10, § 239

★

Was ist ein Problem der Gegenwart? Wenn wir heute von einem allgemeinen Problem sprechen, so ist es, weil es in den Köpfen von vielen Menschen existiert. Diese einzelnen Menschen sind irgendwie vom Schicksal auserwählt, durch ihre Natur dazu bestimmt, unter einer allgemeinen Unzuträglichkeit zu leiden und das zum Problem zu erheben. Darum sind es immer einzelne, die von den allgemeinen Problemen getroffen werden und die aufgerufen werden, zu antworten und zu der großen Lösung des Problems beizutragen, indem sie es in ihrem eigenen Leben anfassen und sich nicht davor drücken.

[8] S. 86

Wer ist sich schließlich völlig bewusst, dass die Geschichte in Wirklichkeit nicht in dicken Büchern steht, sondern in unserem Blute steckt? Wohl nur die allerwenigsten.

[19] GW 10, § 266

Die Zeit ist so groß, wie man sie sieht, und an der Größe der Zeit wächst der Mensch.

[36] GW 10, § 945

Das Leben ist ein Ablauf, ein Fließen in die Zukunft, und nicht eine rückflutende Stauung. Es ist daher nicht erstaunlich, dass die mythischen Heilbringer so oft Kindgötter sind.

[107] GW 9/I, § 278

Es hatte einen tiefsten psychologischen Sinn, als das Christentum zum ersten Male die Orientierung nach dem Zukünftigen als erlösendes Prinzip der Menschheit verkündigte. An der Vergangenheit ist nichts zu ändern und an der Gegenwart wenig, dagegen ist die Zukunft unser und fähig, die höchsten Spannungen der Lebenskraft aufzunehmen. Eine kurze Spanne der Jugend gehört uns, all das übrige Leben gehört unseren Kindern.

[60] GW 4, § 668

Das Werden der Persönlichkeit

Die besten Dinge lassen sich nicht sagen, und die zweitbesten gehen nicht ein. Man muss geschehen lassen können. Ich habe vom Osten gelernt, was er mit Wu Wei ausdrückt, nämlich das Nicht-Tun (nicht Nichtstun), das Lassen. Auch andere haben das erkannt, so Meister Eckhart, wenn er davon spricht, »sich zu lassen«. Die dunkle Stelle, an die man anstößt, ist ja nicht leer, sondern die »spendende Mutter«, die »Bilder« und der »Same«. Wenn die Oberfläche abgeräumt ist, kann es aus der Tiefe wachsen. Die Menschen meinen immer, sie hätten sich verirrt, wenn sie dort anstoßen. Aber wenn sie dann nicht weiterwissen, ist die einzige Antwort, der einzige Rat, die einen Sinn haben, »abzuwarten, was das Unbewusste zu der Situation zu sagen hat«. Ein Weg ist nur der Weg, den man selber macht und selber geht. Es gibt daher keine allgemeinen Anweisungen dafür, »wie man es machen soll«.
[104 A] S. 203

Man muss psychisch geschehen lassen können. Das ist für uns eine wahre Kunst, von welcher unzählige Leute nichts verstehen, indem ihr Bewusstsein beständig helfend, korrigierend und verneinend dazwischenspringt und das einfache Werden des psychischen Prozesses nicht in Ruhe lassen kann. Die Aufgabe wäre ja einfach genug. (Wenn nur nicht die Einfachheit das Allerschwierigste wäre!)
[96] GW 13, § 20

Es besteht der Grundirrtum im Publikum, dass es bestimmte Antworten, »Lösungen«, oder Anschauungen gäbe, die einer nur sagen müsse, um das nötige Licht zu verbreiten. Die schönste Wahrheit nützt aber nichts – wie die Geschichte tausendfältig zeigt –, wenn sie nicht zur ureigenen inneren Erfahrung des Einzelnen geworden ist. Jede eindeutige, sogenannte »klare« Antwort bleibt stets im Kopfe stecken und dringt nur in den allerseltensten Fällen bis zum Herzen vor. Nicht die Wahrheit zu »wissen« tut uns not, sondern sie zu *erfahren.* Nicht eine intellektuelle Anschauung zu haben, sondern den Weg zur inneren, vielleicht wortlosen irrationalen Erfahrung zu finden, das ist das große Problem. Nichts ist fruchtloser, als davon zu reden, wie es sein müsste oder sollte, und nichts ist wichtiger, als den Weg zu finden, der zu diesen fernen Zielen führt.

[35] GW 18/II, § 1292

Es ist nie zu vergessen, dass die Welt auch – und dies in erster Linie – subjektives Phänomen ist. *Das Erleben akzidenteller Eindrücke ist auch unsere Tat.* Es ist nicht so, dass sich die Eindrücke uns bedingungslos aufdrängen, sondern unsere Disposition gibt die Bedingung des Eindruckes. Ein Mensch mit aufgestauter Libido wird in der Regel ganz andere, das heißt viel stärkere Eindrücke haben als der, dessen Libido in reicher Betätigung organisiert ist. Ein sowieso empfindsamer Mensch hat einen merklichen Eindruck von einem Ereignis, das einen weniger Empfindsamen kalt lässt.

[87] GW 4, § 400

Gegenüber der verwirrenden und eindrucksvollen Fülle der belebten Objekte schafft sich der Mensch eine Abstraktion, das heißt ein abstraktes allgemeines Bild, welches die Eindrücke in gesetzmäßige Form bannt. Dieses Bild hat die magische Bedeutung eines Schutzes gegen den chaotischen Wechsel des Erlebens. Der Mensch versenkt sich in dieses Bild und verliert sich so daran, dass er seine abstrakte Wahrheit schließlich über die Realität des Lebens stellt und damit das Leben, das den Genuss der abstrakten Schönheit stören könnte, überhaupt unterdrückt. Er erhebt sich damit selber zu einer Abstraktion, er identifiziert sich mit der ewigen Gültigkeit seines Bildes und erstarrt darin, indem es ihm gewissermaßen zu einer erlösenden Formel wird. Auf diese Weise entäußert er sich seiner selbst und überträgt sein Leben seiner Abstraktion, in der er gewissermaßen kristallisiert.

Indem der Einfühlende aber seine Tätigkeit, sein Leben in das Objekt einfühlt, so begibt er sich damit ebenfalls ins Objekt, insofern der eingefühlte Inhalt einen wesentlichen Teil des Subjektes darstellt. Er wird zum Objekt, er identifiziert sich damit und kommt auf diese Weise von sich selbst los. Indem er sich objektiviert, entsubjektiviert er sich.

[58] GW 6, §§ 499f.

Ist nicht jede Erfahrung, auch im besten Falle, mindestens zur Hälfte subjektive Deutung? Andererseits ist aber auch das Subjekt eine objektive Gegebenheit, ein Stück Welt, und was aus ihm hervorgeht, geht in letzter Linie aus dem Weltgrund hervor, wie auch das allerseltsamste und un-

wahrscheinlichste Lebewesen doch von der uns allen gemeinsamen Erde getragen und genährt wird. So sind gerade die subjektivsten Ideen diejenigen, die der Natur und dem Wesen am nächsten stehen, daher sie auch die allerwahrsten geheißen werden können. Aber »was ist Wahrheit?«
[20] GW 1, § 770

Es ist vielleicht nicht allzu vielen vergönnt, die Welt auch als eine »Gegebenheit« zu sehen. Es ist wohl eine große und opferreiche Umkehr nötig, um zu sehen, wie die Welt aus dem Wesen der Seele »gegeben« wird. Es ist so viel unmittelbarer, auffallender, eindrücklicher und darum überzeugender, zu sehen, wie es mir zustößt, als zu beobachten, wie ich es mache. Ja, das animalische Wesen des Menschen sträubt sich dagegen, sich als den Macher seiner Gegebenheiten zu empfinden.
[17] GW 11, § 841

Es gibt Erfahrungen, die man nur machen, aber nie durch Vernunft ersetzen kann. Solche Erfahrungen sind oft von unschätzbarem Wert.
[87] GW 4, § 446

Erlebnisse jedoch können nie »gemacht« werden. Sie geschehen, aber nicht absolut, sondern glücklicherweise relativ. *Man kann sich ihnen nähern.* So viel liegt in unserer menschlichen Reichweite. Es gibt Wege, die in die Nachbarschaft des Erlebnisses führen, aber man sollte sich scheuen, diese Wege »Methoden« zu nennen, denn dieser Name wirkt lebenertötend, und überdies ist der Weg zum Erlebnis nichts weniger als ein Kunstgriff, sondern vielmehr ein Wagnis, das den *unbedingten Einsatz der ganzen Persönlichkeit* fordert.
[12] GW 11, § 501

Die Ängstlichkeit in allen Ehren – aber ein ernsthaftes Wagnis, welches den ganzen Menschen in die Schranken fordert, muss man unterstützen. Bekämpft man es, so versucht man eigentlich, das Beste eines Menschen, seinen Wagemut, sein höchstes Streben zu unterdrücken, und wenn es gelingen sollte, so hätte man jene unendlich kostbare Erfahrung verhindert, welche einzig dem Leben einen Sinn hätte verleihen können. Was wäre geschehen, wenn sich Paulus durch irgendwelche Vernünftelei von seiner Reise nach Damaskus hätte abhalten lassen?
[12] GW 11, § 529

Erfahrungsgemäß begnügt sich der auf Äußeres eingestellte Mensch ja nie mit dem bloß Notwendigen, sondern strebt stets darüber hinaus nach noch Mehrerem und noch Besserem, das er, seinem Präjudiz getreu, stets im Äußeren sucht. Er vergisst dabei völlig, dass er selber, bei allem äußeren Erfolg, innerlich derselbe bleibt und sich darum um seiner Armut willen beklagt, wenn er nur *ein* Automobil besitzt, statt, wie die meisten anderen, deren zwei. Gewiss erträgt das äußere Leben des Menschen noch viele Verbesserungen und Verschönerungen, aber sie verlieren ihre Bedeutung in dem Maße, als der innere Mensch damit nicht Schritt hält. Die Sättigung mit allem »Notwendigen« ist zweifellos eine nicht zu unterschätzende Glücksquelle, darüber hinaus aber erhebt der innere Mensch seine Forderung, die mit keinen äußeren Gütern gestillt werden kann. Und je weniger diese Stimme ob der Jagd nach den Herrlichkeiten dieser Welt gehört wird, desto mehr wird der innere Mensch zur Quelle unerklärlichen Missgeschickes und unverstandenen Unglückes inmitten von Lebensbedingungen, welche ganz anderes erwarten ließen. Die Veräußerlichung wird zu einem unheilbaren Leiden, weil niemand es verstehen kann, wieso man an sich selber leiden sollte. Niemand wundert sich über seine Unersättlichkeit, sondern betrachtet sie als sein gutes Recht und denkt nicht daran, dass die Einseitigkeit der seelischen Diät schließlich zu den schwersten Gleichgewichtsstörungen führt. Daran krankt der Abendländer, und er ruht nicht, bis er die ganze Welt mit seiner begehrerischen Rastlosigkeit angesteckt hat.
[82] GW 11, § 962

Zu viele noch suchen außen; die einen glauben an den Trug des Sieges und der siegreichen Macht, andere an Verträge und Gesetze und wiederum andere an die Zerstörung der bestehenden Ordnung. Zu wenige noch aber suchen nach innen, im eigenen Selbst, und noch zu wenige legen sich die Frage vor, ob nicht der menschlichen Gesellschaft am Ende dadurch am besten gedient sei, dass jeder bei sich selber anfange und jene Aufhebung der bisherigen Ordnung, jene Gesetze, jene Siege, die er auf allen Gassen predigt, zuerst und einzig und allein an seiner eigenen Person und in seinem eigenen inneren Staat erprobte, anstatt sie seinen Mitmenschen zuzumuten.
[109 B] GW 7, S. 15 (Vorwort)

Obschon es Ausnahmemenschen gibt, die ihr ganzes Leben einer bestimmten Formel zum Opfer bringen können, so sind doch die meisten nicht imstande, eine solche Ausschließlichkeit auf die Dauer zu leben.
[58] GW 6, § 587

Aus der Berücksichtigung der Forderungen der Welt innen und außen, besser gesagt, aus ihrem Konflikt, ergibt sich das *Mögliche und Notwendige.* Leider hat unser abendländischer Geist infolge seines Kulturmangels in dieser Beziehung für die *Einigung der Gegensätze auf einem mittleren Wege,* diesem fundamentalsten Hauptstück innerer Erfahrung, noch nicht einmal einen Begriff gefunden, geschweige denn einen Namen, den man dem chinesischen Tao mit Anstand zur Seite stellen könnte. Es ist zugleich die individuellste Tatsache und die universalste, gesetzmäßigste Sinnerfüllung des lebendigen Wesens.
[110] GW 7, § 327

Jenes tragische Gegensatzspiel zwischen innen und außen (in *Hiob* und *Faust* als Gotteswette dargestellt) ist im Grunde genommen der Energetismus des Lebensprozesses, jene Gegensatzspannung, die der Selbstregulierung unerlässlich ist. So verschieden in Erscheinung und Vorsatz diese gegensätzlichen Mächte auch sind, im Grunde genommen bedeuten und wollen sie das Leben des Individuums; sie schwanken um dieses als der Mitte der Waage. Eben weil sie aufeinander bezogen sind, einigen sie sich auch in einem mittleren Sinne, der sozusagen notwendigerweise aus dem Individuum freiwillig oder unfreiwillig geboren und daher von diesem auch geahnt wird. Man hat ein Gefühl von dem, was sein sollte und was sein könnte. Von dieser Ahnung abzuweichen bedeutet Abweg, Irrtum und Krankheit.
[110] GW 7, § 311

Der Nur-Weise und Nur-Heilige interessiert mich ungefähr so viel wie ein seltenes Saurierskelett, das mich aber nicht zu Tränen rührt. Der närrische Widerspruch dagegen, zwischen dem der Māyā entrückten Sein im kosmischen Selbst und der liebenden Schwäche, die sich fruchtbar mit vielen Wurzeln der schwarzen Erde einsenkt, um in alle Zukunft das Weben und das Zerreißen des Schleiers als Indiens ewige Melodie zu wiederholen – dieser Widerspruch tut es mir an; denn wie kann man

anders das Licht sehen ohne den Schatten, die Stille vernehmen ohne den Lärm, die Weisheit erreichen ohne die Narrheit?
[82] GW 11, § 953

Närrisch zu werden ist keine Kunst; aber aus der Narrheit die Weisheit auszuziehen, ist wohl die ganze Kunst. Narrheit ist die Mutter der Weisen, aber niemals die Klugheit.
[48] GW 13, § 222

Der Mythus des Helden ist in erster Linie die Selbstdarstellung der suchenden Sehnsucht des Unbewussten, das jenes ungestillte und selten stillbare Verlangen nach dem Licht des Bewusstseins hat. Letzteres aber, stets in der Gefahr, von seinem eigenen Lichte verführt und zu einem wurzellosen Irrlicht zu werden, sehnt sich nach der heilsamen Macht der Natur, den tiefen Quellen des Seins und nach der bewusstlosen Gemeinschaft mit dem Leben der unzähligen Gestalten.
[73] GW 5, § 299

In derselben Weise, wie die unbewusste Welt der mythologischen Bilder indirekt durch das Erleben am äußeren Ding zu dem spricht, der sich der Außenwelt ganz ergibt, so spricht auch die reale Außenwelt und ihre Forderung indirekt zu dem, der sich ganz der Seele ergibt, denn niemand kann den beiden Wirklichkeiten entgehen. Geht einer nur nach außen, so muss er seinen Mythus leben, geht er nach innen, so muss er sein äußeres, das sogenannte reale Leben träumen.
[58] GW 6, § 280

Wir wissen, dass es keine menschliche Voraussicht oder Lebensweisheit gibt, welche uns in den Stand setzen könnte, unserem Leben eine vorgeschriebene Richtung zu geben, außer auf kleinen Wegstrecken. Diese Ansicht gilt allerdings nur für den »gewöhnlichen« Lebenstypus, nicht aber für den »heroischen«. Letztere Lebensart existiert ebenfalls, ist aber zweifellos viel seltener als erstere. Von dieser lässt sich nun allerdings nicht sagen, dass man dem Leben kaum oder nur auf kurze Distanz Richtung anweisen könne. Die heroische Lebensführung ist *unbedingt*; das heißt, sie richtet sich nach schicksalhaften Entscheidungen, wobei der Entschluss zur bestimmten Richtung unter Umständen bis zum bitteren Ende gilt.
[109 B] GW 7, § 72

Der Mensch bedarf der Schwierigkeiten, sie gehören zu seiner Gesundheit.
[76] GW 8, § 143

Die größten und wichtigsten Lebensprobleme sind im Grunde genommen alle unlösbar; sie müssen es auch sein, denn sie drücken die notwendige Polarität, welche jedem sich selbst regulierenden System immanent ist, aus. Sie können nie gelöst, sondern nur überwachsen werden.
[96] GW 13, § 18

Dieses »Überwachsen« stellt sich bei weiterer Erfahrung als eine Niveauerhöhung des Bewusstseins heraus. Irgendein höheres und weiteres Interesse trat in den Gesichtskreis, und durch diese Erweiterung des Horizontes verlor das unlösbare Problem die Dringlichkeit. Es wurde nicht in sich selber logisch gelöst, sondern verblasste gegenüber einer neuen und stärkeren Lebensrichtung. Es wurde nicht verdrängt und unbewusst gemacht, sondern erschien bloß in einem anderen Lichte, und so wurde es auch anders. Was auf tieferer Stufe Anlass zu den wildesten Konflikten und zu panischen Affektstürmen gegeben hätte, erschien nun, vom höheren Niveau der Persönlichkeit betrachtet, wie ein Talgewitter, vom Gipfel eines hohen Berges aus gesehen. Damit ist dem Gewittersturm nichts von seiner Wirklichkeit genommen, aber man ist nicht mehr drin, sondern darüber.
[96] GW 13, § 17

Die großen Lebensprobleme sind nie auf immer gelöst. Sind sie es einmal anscheinend, so ist es immer ein Verlust. Ihr Sinn und Zweck scheint nicht in ihrer Lösung zu liegen, sondern darin, dass wir unablässig an ihnen arbeiten. Das allein bewahrt uns vor Verdummung und Versteinerung.
[38] GW 8, § 771

Das Ziel ist nur als Idee wichtig, wesentlich aber ist das *opus*, das zum Ziel hinführt: Es erfüllt die Dauer des Lebens mit einem Sinn.
[52] GW 16, § 400

★

Der Drang und Zwang zur Selbstverwirklichung ist Naturgesetzlichkeit und daher von unüberwindlicher Kraft, auch wenn der Beginn ihrer Wirkung zunächst unansehnlich und unwahrscheinlich ist.
[107] GW 9/I, § 289

Die Natur ist aristokratisch, aber nicht in dem Sinn, dass sie die Differenzierungsmöglichkeit nur hochstehenden Spezies aufbewahrt hätte. So ist es auch mit der psychischen Entwicklungsmöglichkeit: *Sie ist nicht etwa nur besonders begabten Individuen reserviert.* Mit anderen Worten: Um eine weitgehende Entwicklung zu durchlaufen, bedarf es weder einer besonderen Intelligenz noch sonstiger Talente; denn bei dieser Entwicklung können moralische Eigenschaften da ergänzend eintreten, wo die Intelligenz nicht ausreicht.
[109 B] GW 7, § 198

Persönlichkeit zu werden ist nicht die absolute Prärogative des genialen Menschen. Ja er kann genial sein, ohne Persönlichkeit zu haben oder zu sein. Insofern jedes Individuum sein ihm eingeborenes Lebensgesetz hat, hat jeder die theoretische Möglichkeit, diesem Gesetz vor allem zu folgen und damit zur Persönlichkeit zu werden, das heißt Ganzheit zu erlangen. Da nun aber das Lebendige nur in Form lebender Einheiten, das heißt Individuen, existiert, so zielt das Lebensgesetz in letzter Linie immer auf ein *individuell gelebtes Leben.*
[90] GW 17, § 307

Hinter dem Menschen steht weder die öffentliche Meinung noch der allgemeine Sittenkodex, sondern jene Persönlichkeit, die ihm noch unbewusst ist. Wie der Mensch stets noch das ist, was er früher war, so ist er auch immer schon das, was er noch sein wird. Das Bewusstsein umfasst nicht die Ganzheit des Menschen, denn diese besteht einesteils aus seinen Bewusstseinsinhalten, andernteils aber auch aus seinem unbestimmt weiten Unbewussten, von dem man keine Grenzen angeben kann. In diesem Ganzen ist das Bewusstsein enthalten, vielleicht wie ein kleinerer Kreis in einem größeren.
[92 B] GW 11, § 390

Der ichbewusste Mensch bedeutet nur einen Teil des lebenden Ganzen, und sein Leben stellt noch keine Verwirklichung des Ganzen dar. Je mehr er bloßes Ich ist, desto mehr spaltet er sich vom kollektiven Men-

schen, der er auch ist, ab und gerät sogar in einen Gegensatz zu diesem. Da aber alles Lebende nach seiner Ganzheit strebt, so findet gegenüber der unvermeidlichen Einseitigkeit des Bewusstseinslebens eine beständige Korrektur und Kompensation vonseiten des allgemeinmenschlichen Wesens in uns statt, mit dem Ziele einer schließlichen Integration des Unbewussten im Bewusstsein, oder besser, einer Assimilation des Ich an eine umfangreichere Persönlichkeit.
[91] GW 8, § 557

Wie niemals ein lapis philosophorum mit seinen Wunderkräften hergestellt wurde, so wird auch nie eine psychische Ganzheit empirisch erreicht, denn das Bewusstsein ist viel zu eng und zu einseitig, um das vollständige Inventar der Seele zu umfassen. Immer werden wir wieder von vorne beginnen müssen. Das wusste der Adept schon seit alters, dass es sich um die »res simplex«, um das Einfache, handelt, und der moderne Mensch wird es durch Erfahrung lernen, dass das Werk ohne größtmögliche Einfachheit nicht gedeiht.
[42] GW 14/II, § 413

Wir wissen, dass die ersten Kindheitseindrücke unverlierbar den Menschen durch sein ganzes Leben begleiten und dass ebenso unzerstörbar gewisse Erziehungseinflüsse den Menschen zeitlebens in gewisse Schranken zu bannen vermögen. Es ist unter diesen Umständen nicht nur kein Wunder, sondern sogar eine häufige Erfahrung, dass Konflikte ausbrechen zwischen jener Persönlichkeit, die durch die Erziehung und die sonstigen Einflüsse des infantilen Milieus geformt wurde, und der eigentlichen individuellen Lebensrichtung. Diesem Konflikt verfallen alle die Menschen, die berufen sind, ein selbstständiges und schöpferisches Leben zu führen.
[87] GW 4, § 310

Man kann auch von einem gebildeten Publikum, das eben erst angefangen hat, von der Dunkelwelt der Seele zu hören, kaum erwarten, dass es sich eine irgendwie zureichende Vorstellung machen kann von der geistigen Verfassung eines Menschen, der in die Wirrnisse des *Individuationsprozesses*, als welchen ich die Ganzwerdung bezeichnet habe, hineingeraten ist. Man zieht dann das Vokabular der Pathologie hervor und tröstet sich mit Neurosen- und Psychosenterminologie, oder man flüstert vom »schöpferischen Geheimnis« – was »schöpft« aber einer, der zufällig kein

Dichter ist? Letzterem Missverständnis zuliebe sahen sich in neuerer Zeit nicht wenige veranlasst, sich aus eigenen Gnaden zu »Künstlern« zu ernennen. Wie wenn »Kunst« mit »Können« gar nichts zu tun hätte. Wenn man schon gar nichts zu »schöpfen« hat, so schafft man vielleicht sich selbst.

[72] GW 11, § 906

Ausnahmemenschen, sorgfältig umhegt und eingefangen, bedeuten stets ein Geschenk der Natur, das uns bereichert und den Umfang unseres Bewusstseins vergrößert, dies alles aber nur, wenn unsere *Besonnenheit* nicht Schiffbruch erleidet. *Ergriffenheit* kann ein wahres Göttergeschenk sein oder eine Ausgeburt der Hölle. Bei der *Maßlosigkeit*, die ihr anhaftet, fängt das Verderben an, auch wenn die damit verknüpfte Bewusstseinsvernebelung die Erreichung höchster Ziele in scheinbar größte Nähe rückt. Wahrer und haltbarer Gewinn ist nur erhöhte und erweiterte *Besonnenheit.*

[82] GW 11, § 960

Nicht dass Leben an und für sich geschieht, sondern dass es auch gewusst werde, das ist wirkliches Leben. Nur die geeinte Persönlichkeit kann Leben erfahren, nicht aber jenes in Teilaspekte aufgespaltene Ereignis, das sich auch Mensch nennt.

[53] GW 12, § 105

Die Selbstbesinnung oder – was dasselbe ist – der Drang zur Individuation sammelt das Zerstreute und Vielfältige und erhöht es zur ursprünglichen Gestalt des einen, des *Urmenschen*. Dadurch wird die Sonderexistenz, das heißt die jeweilige Ichhaftigkeit, aufgehoben, der Kreis des Bewusstseins erweitert, und durch die Bewusstmachung der Paradoxien werden die Konfliktquellen zum Versiegen gebracht.

[92 B] GW 11, § 401

★

Vollständige Menschen sind Ausnahmen. Es ist eine Tatsache, dass die große Mehrheit gebildeter Leute aus fragmentarischen Persönlichkeiten besteht und dass eine Menge von Ersatzmitteln anstelle der wahren Güter gebraucht werden.

[55] GW 11, § 75

Das Individuum mag sich zwar um Vollkommenheit mühen, muss aber zugunsten seiner Vollständigkeit sozusagen das Gegenteil seiner Absicht *erleiden*.
[1] GW 9/II, § 123

Die Entwicklung der Persönlichkeit aus ihren Keimanlagen zur völligen Bewusstheit ist ein Charisma und zugleich ein Fluch: Ihre erste Folge ist die bewusste und unvermeidliche Absonderung des Einzelwesens von der Ununterschiedenheit und Unbewusstheit der Herde. Das ist *Vereinsamung,* und dafür gibt es kein tröstlicheres Wort. Davon befreit auch keine noch so erfolgreiche Anpassung oder noch so reibungslose Einpassung in die bestehende Umgebung, keine Familie, keine Gesellschaft und keine Position. Die Entwicklung der Persönlichkeit ist ein solches Glück, dass man es nur teuer bezahlen kann.
[90] GW 17, § 294

Niemand entwickelt seine Persönlichkeit, weil ihm jemand gesagt hat, es wäre nützlich oder ratsam, es zu tun. Die Natur hat sich durch wohlmeinende Ratschläge noch nie imponieren lassen. Nur kausal wirkender Zwang bewegt die Natur, auch die menschliche. Ohne Not verändert sich nichts, am wenigsten die menschliche Persönlichkeit. Sie ist ungeheuer konservativ, um nicht zu sagen *inert.* Nur schärfste Not vermag sie aufzujagen. So gehorcht auch die Entwicklung der Persönlichkeit keinem Wunsch, keinem Befehl und keiner Einsicht, sondern nur der *Not*; sie bedarf des motivierenden Zwanges innerer oder äußerer Schicksale. Jede andere Entwicklung wäre eben Individualismus. Darum bedeutet auch der Vorwurf des Individualismus eine gemeine Beschimpfung, wenn er gegenüber einer natürlichen Persönlichkeitsentwicklung erhoben wird.
[90] GW 17, § 293

Die Persönlichkeit ist im Anfang nie das, was sie später sein wird. Deshalb besteht, mindestens in der ersten Lebenshälfte, die Möglichkeit einer Vermehrung oder Veränderung derselben. Sie kann erfolgen durch Zuwachs von außen, und zwar dadurch, dass neue vitale Inhalte von außen einströmen und assimiliert werden. Auf diesem Wege kann man einen wesentlichen Zuwachs an Persönlichkeit erfahren. Man nimmt darum gerne an, dass diese Erweiterung *nur* von außen komme, und gründet darauf das Vorurteil, dass man zur Persönlichkeit werde, wenn man möglichst viel von außen hineinstopfe. Je mehr man aber diesem

Rezept folgt und je mehr man meint, aller Zuwachs komme nur von außen, desto mehr verarmt man innerlich. Wenn uns daher von außen eine große Idee ergreift, so müssen wir wohl verstehen, dass sie uns nur darum ergreift, weil etwas in uns ihr entgegenkommt und ihr entspricht. Der Besitz an seelischer Bereitschaft bedeutet Reichtum, nicht das Aufhäufen von Jagdbeute. Alles von außen Hereinkommende, wie übrigens auch alles von innen Auftauchende, wird ja nur dann zum Eigenen, wenn wir einer inneren Geräumigkeit fähig sind, welche der Größe des außen oder innen begegnenden Inhaltes entspricht. Der eigentliche Zuwachs an Persönlichkeit ist das Bewusstwerden einer Erweiterung, die aus inneren Quellen zufließt. Ohne seelische Weite sind wir niemals auf die Größe unseres Gegenstandes bezogen. Man sagt darum richtigerweise, dass der Mensch mit der Größe seiner Aufgabe wachse. Aber er muss das Wachsenkönnen in sich haben, sonst nützt ihm auch die schwerste Aufgabe nichts. Er zerbricht höchstens an ihr.

[85] GW 9/I, § 215

Alles, was anfängt, fängt stets im Kleinen an. Darum soll es uns nicht verdrießen, zwar mühsame, aber gewissenhafte Arbeit an unscheinbaren Einzelnen zu verrichten, auch wenn das Ziel, nach dem wir streben, in unerreichbar weiter Ferne zu liegen scheint. Ein Ziel aber liegt erreichbar vor uns, und das ist die Entwicklung und Reifung der individuellen Persönlichkeit. Und insofern wir überzeugt sind, dass das Individuum der Lebensträger ist, so haben wir dem Sinne des Lebens gedient, wenn es gelingt, dass wenigstens ein Baum Früchte trägt, auch wenn tausend andere unfruchtbar bleiben sollten. Wer es aber darauf abgesehen hätte, alles, was wachsen will, zum äußersten Gedeihen zu bringen, der wird es bald erleben, dass das Unkraut, das stets am besten gedeiht, ihm über den Kopf wächst. Ich erachte es daher für die vornehmste Aufgabe der Psychotherapie in unserer Gegenwart, unentwegt dem Ziel der Entwicklung des Einzelnen zu dienen. Damit folgt unsere Bemühung dem Streben der Natur, in jedem Individuum die größtmögliche Fülle des Lebens zu entfalten, denn nur im Einzelnen kann das Leben seinen Sinn erfüllen, nicht aber im Vogel, der in einem vergoldeten Käfig sitzt.

[61] GW 16, § 229

Wenn wir sagen: das Tier im Menschen, so kommt uns das immer als eine Scheußlichkeit vor. Es ist nicht scheußlich, das Tier im Menschen, wie die Tiere überhaupt nicht scheußlich sind, denn sie erfüllen doch den

Willen Gottes ganz getreulich, sie leben, wozu der Schöpfer sie gemacht hat. Wir tun das nicht. Wir pfuschen dem Schöpfer ins Handwerk. Wir wollen immer etwas anderes sein als wir sind. Wir haben nicht den Ehrgeiz, die Ganzheit unseres Wesens zu sein, denn das ist uns unangenehm. Die Tiere aber sind sich selbst, und sie erfüllen den Willen Gottes, der in ihnen liegt, in getreulicher Weise.
[8] S. 87

Aus nichts anderem kann man leben, als aus dem, was man ist.
[41] GW 14/I, § 304

Das rings von psychischen Mächten beschützte, getragene oder bedrohte und betrogene Bewusstsein ist Urerfahrung der Menschheit. Diese Erfahrung hat sich projiziert im Archetypus des Kindes, welches die Ganzheit des Menschen ausdrückt. Es ist das Verlassene und Ausgelieferte, und zugleich das Göttlich-Mächtige, der unansehnliche, zweifelhafte Anfang und das triumphierende Ende. Das »ewige Kind« im Menschen ist eine unbeschreibliche Erfahrung, eine Unangepasstheit, ein Nachteil und eine göttliche Prärogative, ein Imponderabile, das den letzten Wert und Unwert einer Persönlichkeit ausmacht.
[107] GW 9/I, § 300

Persönlichkeit ist ein Keim im Kinde, der sich nur durch und im Leben allmählich entwickelt. Ohne *Bestimmtheit, Ganzheit* und *Reifung* wird keine Persönlichkeit offenbar. Diese drei Eigenschaften können und sollen dem Kinde nicht eignen, denn durch sie würde es der Kindheit beraubt.
[90] GW 17, § 288

In jedem Erwachsenen steckt ein Kind, *ein ewiges Kind, ein immer noch Werdendes, nie Fertiges, das beständiger Pflege, Aufmerksamkeit und Erziehung bedürfte.* Das ist der Teil der menschlichen Persönlichkeit, der sich zur Ganzheit entwickeln möchte. Von dieser Ganzheit aber ist der Mensch unserer Zeit himmelweit entfernt.
[90] GW 17, § 286

Auf einem Höhepunkt des Lebens, wo sich die Knospe öffnet und aus dem Kleineren das Größere hervortritt, da wird »Eins zu Zwei«, und die größere Gestalt, die man doch immer war und die trotzdem unsichtbar blieb, tritt dem bisherigen Menschen in der Gewalt der Offenbarung gegenüber. Der wahrhaft und hoffnungslos Kleine wird die Offenbarung des Größeren immer in den Bereich seiner Kleinheit hinunterziehen und nie verstehen, dass für seine Kleinheit der Jüngste Tag angebrochen ist. Der innerlich Große aber weiß, dass der längst erwartete Freund der Seele, der Unsterbliche, nunmehr in Wirklichkeit gekommen ist, um »sein Gefängnis gefangen zu führen«, nämlich den, der ihn immer in sich getragen und gefangen hielt, nun selber zu ergreifen und dessen Leben in das seine einmünden zu lassen: ein Augenblick tödlicher Gefahr!

[85] GW 9/I, § 217

★

Nur wer bewusst zur Macht der ihm entgegentretenden inneren Bestimmung ja sagen kann, wird zur Persönlichkeit; wer ihr aber unterliegt, verfällt dem blinden Ablauf des Geschehens und wird vernichtet. Das ist das Große und Erlösende jeder echten Persönlichkeit, dass sie sich mit freiwilliger Entscheidung ihrer Bestimmung zum Opfer bringt und mit Bewusstsein das in ihre individuelle Wirklichkeit übersetzt, was, von der Gruppe unbewusst gelebt, nur zum Verderben führen würde.

[90] GW 17, § 308

Die Forderung der »imitatio« Christi, nämlich dem Vorbild nachzufolgen und diesem ähnlich zu werden, sollte die Entwicklung und Erhöhung des eigenen inneren Menschen bezwecken, wird aber vom oberflächlichen und zur mechanischen Formelhaftigkeit neigenden Gläubigen zu einem außenstehenden Kultobjekt gemacht, welches gerade durch die Verehrung daran gehindert wird, in die Tiefe der Seele einzugreifen und letztere zu jener dem Vorbild entsprechenden Ganzheit umzuschaffen. Damit steht der göttliche Mittler als ein Bild draußen, der Mensch aber bleibt Fragment und in seiner tiefsten Natur unberührt. Ja Christus kann bis zur Stigmatisation nachgeahmt werden, ohne dass der Nachahmende auch nur annähernd dem Vorbild und dessen Sinn nachgefolgt wäre. Denn es handelt sich nicht um eine bloße Nachahmung, welche nämlich den Menschen ungewandelt lässt und damit ein bloßes Artefakt ist; vielmehr handelt es sich um eine Verwirklichung des Vorbildes mit den eigenen Mitteln – Deo concedente – in der Sphäre des individuellen Lebens.

[53] GW 12, § 7

Alles Gute ist kostbar, und die Entwicklung der Persönlichkeit gehört zu den kostspieligsten Dingen. Es handelt sich um das Jasagen zu sich selber – sich selbst als ernsthafteste Aufgabe sich vorsetzen und sich dessen, was man tut, stets bewusst bleiben und es in allen seinen zweifelhaften Aspekten sich stets vor Augen halten –, wahrlich eine Aufgabe, die ans Mark geht.
[96] GW 13, § 24

Die Persönlichkeit kann sich niemals entfalten, ohne dass man bewusst und mit bewusster moralischer Entscheidung *den eigenen Weg* wählt. Nicht nur das kausale Motiv, die Not, sondern auch die bewusste moralische Entscheidung muss ihre Kraft dem Prozesse der Persönlichkeitsentwicklung leihen. Fehlt das Erstere, nämlich die Not, dann wäre die sogenannte Entwicklung bloße Willensakrobatik; fehlt das Letztere, nämlich die bewusste Entscheidung, so bliebe die Entwicklung im dumpfen, unbewussten Automatismus stecken. Man kann sich aber moralisch für den eigenen Weg nur dann entscheiden, *wenn man ihn für das Beste hält.* Wenn irgendein anderer Weg für besser gehalten werden sollte, so würde anstelle der eigenen Persönlichkeit jener gelebt und damit entwickelt. Die anderen Wege sind die Konventionen moralischer, sozialer, politischer, philosophischer und religiöser Natur. Die Tatsache, dass die Konventionen immer in irgendeiner Art blühen, beweist, dass die erdrückende Mehrzahl der Menschen nicht den eigenen Weg, sondern die Konvention wählt und infolgedessen nicht sich selbst entwickelt, sondern eine Methode und damit ein Kollektivum auf Kosten der eigenen Ganzheit.
[90] GW 17, § 296

Persönlichkeit ist höchste Verwirklichung der eingeborenen Eigenart des besonderen lebenden Wesens. Persönlichkeit ist die Tat des höchsten Lebensmutes, der absoluten Bejahung des individuell Seienden und der erfolgreichsten Anpassung an das universal Gegebene bei größtmöglicher Freiheit der eigenen Entscheidung.
[90] GW 17, § 289

In dem Maße, als man, dem eigenen Gesetze untreu, nicht zur Persönlichkeit wird, hat man den Sinn seines Lebens verpasst. Glücklicherweise hat die gütige und langmütige Natur den meisten Menschen nie die fatale Frage nach dem Sinn ihres Lebens auf die Zunge gelegt. Und wo niemand fragt, braucht keiner zu antworten.
[90] GW 17, § 314

Man begegnet unter sogenannten Primitiven geistigen Persönlichkeiten, vor denen man nur Ehrfurcht empfinden kann als vor vollkommen gereiften Werken einer ungestörten Bestimmung.
[16] GW 17, § 336

Der a priori vorhandene Zielcharakter des Selbst und der Drang, dieses Ziel zu verwirklichen, bestehen selbst ohne Teilnahme des Bewusstseins. Sie können nicht geleugnet werden, aber ebenso wenig kann man des Ichbewusstseins entarten. Auch es meldet seine Forderungen unabweisbar an, und zwar sehr oft in lautem oder leisem Gegensatz zur Notwendigkeit der Selbstwerdung. In Wirklichkeit, das heißt abgesehen von wenigen Ausnahmefällen, besteht die Entelechie des Selbst in einem Wege endloser Kompromisse, wobei Ich und Selbst sich mühsam die Waage halten, wenn alles gut gehen soll. Ein zu großer Ausschlag nach der einen oder anderen Seite bedeutet daher in tieferem Verstande oft nicht mehr als ein Beispiel, wie man es nicht machen sollte. Das heißt nun keineswegs, dass Extreme, wo sie sich natürlicherweise einstellen, eo ipso von Übel wären. Wir machen von ihnen wohl den richtigen Gebrauch, wenn wir ihren Sinn erforschen, wozu sie uns dankenswerterweise reichlich Gelegenheit geben.
[82] GW 11, § 960

Wir können annehmen, dass die menschliche Persönlichkeit aus zweierlei besteht: erstens aus dem Bewusstsein und allem, was dieses umfasst, und zweitens aus einem unbestimmbar großen Hinterland unbewusster Psyche. Die bewusste Persönlichkeit kann mehr oder weniger klar bestimmt und abgegrenzt werden; wenn es sich aber um die Gesamtheit der menschlichen Persönlichkeit handelt, muss die Unmöglichkeit einer vollständigen Beschreibung zugegeben werden. Mit anderen Worten, es gibt unvermeidlicherweise ein unbegrenzbares und undefinierbares, zusätzliches Etwas zu jeder Persönlichkeit, insofern als Letztere aus einem bewussten, beobachtbaren Teil besteht, welcher gewisse Faktoren nicht enthält, deren Existenz wir jedoch gezwungen sind anzunehmen, um gewisse Tatsachen zu erklären. Die unbekannten Faktoren bilden das, was wir als den unbewussten Anteil der Persönlichkeit bezeichnen.
[55] GW 11, § 66

Was bedeutet »Ganzheit«? Wie mir scheint, gibt es hier Gründe genug für einige Ängstlichkeit; denn der Mensch als Ganzes wirft einen Schatten. Nicht vergebens wurde der Vierte von den dreien geschieden und ins Reich des ewigen Feuers verwiesen. Aber sagt nicht ein unkanonisches Herrenwort: »Wer mir nahe ist, ist nahe dem Feuer«? Solche furchtbaren Zweideutigkeiten sind nichts für erwachsene Kinder; deshalb hat man schon den alten Heraklit den »Dunklen« genannt, weil er zu deutliche Sachen sagte und das Leben selber ein »ewig lebendes Feuer« nannte. Deshalb gibt es nichtkanonische Logia für Hellhörige (und deshalb – last, not least – ist auch die Bibel auf dem Index).

[53] GW 12, § 297

★

Es gibt kein Licht ohne Schatten und keine seelische Ganzheit ohne Unvollkommenheit. Das Leben bedarf zu seiner Vollendung nicht der *Vollkommenheit*, sondern der *Vollständigkeit*. Dazu gehört der »Pfahl im Fleisch«, das Erleiden der Mangelhaftigkeit, ohne welche es kein Vorwärts und kein Aufwärts gibt.

[53] GW 12, § 208

Nur die Interferenz von Zeit und Raum in dem Hier und Jetzt schafft Wirklichkeit. Ganzheit wird nur im Augenblick wirklich, in jenem Moment, den Faust ein Leben lang suchte.

[53] GW 12, § 321

Jedes Leben ist die Verwirklichung eines Ganzen, das heißt eines Selbst, weshalb man diese Verwirklichung auch als Individuation bezeichnen kann. Denn alles Leben ist an individuelle Träger und Verwirklicher gebunden und ist ohne solche schlechthin unvorstellbar. Mit jedem Träger aber ist auch eine individuelle Bestimmtheit und Bestimmung gegeben, und es macht den Sinn lebendiger Existenz aus, dass sie als solche sich verwirkliche. Der »Sinn« zwar ist häufig etwas, das man ebenso gut »Unsinn« nennen könnte; aber zwischen dem Geheimnis des Seins und dem menschlichen Verstand besteht etwelche Inkommensurabilität. »Sinn« und »Unsinn« sind anthropomorphe Umdeutungen zum Zwecke einer uns als hinlänglich geltenden Orientierung.

[53] GW 12, § 330

Der Unterschied zwischen dem natürlichen, unbewusst verlaufenden und dem bewusst gemachten Individuationsprozess ist gewaltig. In erste-

rem Falle greift das Bewusstsein nirgends ein; das Ende bleibt daher so dunkel wie der Anfang. In letzterem Falle dagegen kommt so viel Dunkles ans Licht, dass einerseits die Persönlichkeit durchleuchtet wird, andererseits das Bewusstsein unvermeidlich an Umfang und Einsicht gewinnt. Die Auseinandersetzung zwischen Bewusstsein und Unbewusstem hat dafür zu sorgen, dass das Licht, das in die Finsternis scheint, nicht nur von der Finsternis begriffen wird, sondern diese auch begreift.
[6] GW 11, § 756

Insofern der Individuationsprozess in der Regel unbewusst verläuft, wie er dies schon immer getan hat, will er nicht mehr bedeuten, als dass eine Eichel zur Eiche und ein Kalb zur Kuh und ein Kind zum Erwachsenen wird. Wird aber der Individuationsprozess bewusst gemacht, so muss zu diesem Zwecke das Bewusstsein mit dem Unbewussten konfrontiert und ein Ausgleich zwischen den Gegensätzen gefunden werden. Da dies logisch nicht möglich ist, so ist man auf *Symbole*, welche die irrationale Vereinigung der Gegensätze ermöglichen, angewiesen. Sie werden vom Unbewussten spontan hervorgebracht und vom Bewusstsein amplifiziert.
[6] GW 11, § 755

Es ist die Aufgabe des Bewusstseins, diese Andeutungen zu verstehen. Wenn dies aber nicht geschieht, so geht der Individuationsprozess dennoch weiter; nur werden wir ihm zum Opfer fallen und vom Schicksal zu jenem unvermeidlichen Ziel geschleppt, das wir aufrechten Ganges hätten erreichen können, hätten wir nur zu Zeiten Mühe und Geduld darauf verwendet, die numina des Schicksalsweges zu begreifen.
[6] GW 11, § 746

Individuation schließt die Welt nicht aus, sondern ein.
[74] GW 8, §432

Überzeugungen sind Sicherungen und zuverlässiges Geleise für gewisse Strecken des Weges. Dann gibt es eine schmerzliche Änderung, die man als Zersetzung und Unmoral empfindet, bis eine neue Überzeugung Platz greift. Insofern das Grundwesen menschlicher Natur sozusagen immer dasselbe bleibt, erfreuen sich gewisse moralische. Werte ewiger Gültigkeit. Die genaueste Beobachtung des Dekalogs verhindert aber keine raffiniertere Schändlichkeit, und das so viel höher stehende Prinzip der christlichen Nächstenliebe kann in Verwirrungen und Pflichtenkollisionen hineinführen, deren unentwirrbarer Knäuel oft nur durch ein sehr unchristliches Schwert zu zerhauen ist.

[48] GW 13, § 230

Schicksal, Tod und Erneuerung

Was veranlasst schließlich einen, den eigenen Weg zu wählen und dadurch aus der unbewussten Identität mit der Masse wie aus einer Nebelschicht emporzusteigen? Die Not kann es nicht sein, denn Not kommt an viele, und sie retten sich alle in die Konvention. Die moralische Entscheidung kann es nicht sein, denn in der Regel entscheidet man sich für die Konvention. Was ist es also, das unerbittlich den Ausschlag zugunsten des *Ungewöhnlichen* gibt?

Es ist das, was man *Bestimmung* nennt; ein irrationaler Faktor, der schicksalhaft zur Emanzipation von der Herde und ihren ausgetretenen Wegen drängt. Echte Persönlichkeit hat immer Bestimmung und glaubt an sie, hat pistis zu ihr, wie zu Gott, obschon es, wie der gewöhnliche Mann sagen würde, nur ein individuelles Bestimmungsgefühl ist. Diese Bestimmung wirkt aber wie ein Gesetz Gottes, von dem es kein Abweichen gibt. Die Tatsache, dass sehr viele an ihrem eigenen Wege zugrunde gehen, bedeutet dem, der Bestimmung hat, nichts. Er *muss* dem eigenen Gesetze gehorchen, wie wenn es ein Dämon wäre, der ihm neue, seltsame Wege einflüstert. Wer *Bestimmung* hat, hört die *Stimme des Inneren,* er ist *bestimmt.*

[90] GW 17, §§ 299 f.

Gewiss kann mit dem Willen viel erreicht werden. Es ist aber grundfalsch, im Hinblick auf das Schicksal gewisser, besonders willensstarker Persönlichkeiten auch sein eigenes Schicksal um jeden Preis seinem Willen unterwerfen zu wollen. Unser Wille ist eine durch unsere *Überlegung* gerichtete Funktion; sie hängt also ab von der Beschaffenheit unserer Überlegung. Unsere *Überlegung* soll, wenn es überhaupt eine Überlegung ist, *rational,* das heißt vernunftgemäß, sein. Ist aber jemals erwiesen worden oder wird es jemals zu erweisen sein, dass Leben und Schicksal mit unserer menschlichen Vernunft übereinstimmen, das heißt ebenfalls rational sind? Wir haben im Gegenteil begründete Vermutung, dass sie auch irrational sind, mit anderen Worten, dass sie in letzter Linie auch jenseits von menschlicher Vernunft begründet sind.

[109 B] GW 7, § 72

Man kann zwar Vernünftigkeit nicht hoch genug preisen, aber gelegentlich muss man sich fragen: Wissen wir tatsächlich genug oder so viel von individuellen Schicksalsbestimmungen, dass wir unter *allen* Umständen in der Lage sind, *den* guten Rat zu geben? Gewiss müssen wir nach unserer besten Überzeugung handeln, aber sind wir so sicher, dass unsere Überzeugung auch hinsichtlich des anderen die beste ist? Man weiß ja sehr oft nicht, was einem selber frommt, und gelegentlich kann man in späten Jahren Gott aus vollem Herzen dafür danken, dass seine gütige Hand uns vor der »Vernünftigkeit« unserer damaligen Pläne bewahrt hat. Nachher kann ja der Kritikus leicht sagen: »Das war eben noch nicht die richtige Vernunft!« Aber wer weiß mit unerschütterlicher Sicherheit, wann er die richtige hat? Und gehört es nicht zur wahren Lebenskunst, über alle Vernunft und Anpassung hinaus, gelegentlich auch das sogenannte Unvernünftige und Unangepasste in den Bereich des Möglichen zu ziehen?

[52] GW 16, § 462

Die Vernunft sucht die Lösung immer auf dem vernünftigen, konsequenten, logischen Wege, womit sie in allen mittleren Lagen und Problemen recht hat, aber in den größten und entscheidenden Fragen reicht sie nicht aus. Sie ist unfähig, das Bild, das Symbol zu erschaffen; das Symbol ist irrational. Wenn der rationale Weg zur Sackgasse geworden ist – was er nach einiger Zeit immer zu werden pflegt –, dann kommt die Lösung von der Seite, von der man sie nicht erwartet.

[58] GW 6, § 438

Unsere rationale Voraussetzung ist, dass alles seine natürlichen wahrnehmbaren Ursachen habe. [...] Wir haben ein ausgesprochenes Ressentiment gegen unsichtbare Willkürkräfte, denn es ist nicht so lange her, dass wir jener ängstlichen Welt von Traum und Aberglauben entronnen sind und uns würdig unseres rationalen Bewusstseins, der jüngsten und größten Schöpfung des Menschen, errichtet haben. Ein Weltall, das vernünftigen Gesetzen gehorcht, umgibt uns. Zwar kennen wir nicht alle Ursachen, aber man wird sie entdecken, und sie werden der vernünftigen Erwartung entsprechen. Das ist unsere ebenso selbstverständliche Hoffnung. Zwar gibt es auch Zufälle, die aber eben einfach zufällig sind, und an der ihnen eigenen Kausalität lässt sich nicht rütteln. Zufälligkeiten sind dem ordnungsliebenden Bewusstsein zuwider. Sie stören in lächerlicher und darum irritierender Weise den gesetzmäßigen Ablauf der Welt. Wir haben ein

ähnliches Ressentiment gegen Zufälle wie gegen unsichtbare Willkürkräfte. Sie erinnern zu sehr an Teufelchen oder an die Willkür eines deus ex machina. Sie sind die schlimmsten Feinde unserer sorgsamen Berechnungen und die stete Gefahr bei allen unseren Unternehmungen. Sie sind zugegebenermaßen unvernünftig, sie verdienen jede Beschimpfung, aber man sollte ihnen die Achtung nicht versagen.
[7] GW 10, § 113

Sollte es lebendig Wirkendes geben jenseits der menschlichen Tagwelt? Notwendigkeiten und gefährliche Unvermeidlichkeiten? Absichtlichere Dinge als Elektronen? Sollten wir uns im Besitze und in der Beherrschung unserer Seele bloß wähnen, während das, was die Wissenschaft »Psyche« nennt und als ein in der Schädelkapsel eingeschlossenes Fragezeichen versteht, am Ende ein offenes Tor sein, durch welches Unbekanntes und unheimlich Wirkendes aus der Nichtmenschenwelt bisweilen hereintritt und auf nächtlichen Schwingen den Menschen der Menschlichkeit entrückt und zu überpersönlicher Fron und Bestimmung führt?
[54] GW 15, § 148

»In deiner Brust sind deines Schicksals Sterne«, sagt Seni zu Wallenstein, womit aller Astrologie Genüge getan wäre, wenn man nur einiges um dieses Geheimnis des Herzens wüsste. Dafür aber hatte man bisher geringes Verständnis. Dass es heutzutage damit besser stehe, wage ich auch nicht zu behaupten.
[78 B] GW 9/I, § 9

Ob primitiv oder nicht, die Menschheit steht immer an den Grenzen jener Dinge, die sie selber tut und doch nicht beherrscht. Alle Welt will den Frieden und alle Welt rüstet zum Kriege nach dem Axiom »Si vis pacem, para bellum«, um nur *ein* Beispiel zu nennen. Die Menschheit vermag nichts gegen die Menschheit, und Götter, wie nur je, weisen ihr die Schicksalswege. Wir nennen die Götter heute »Faktoren«, was von facere, machen, kommt. Die Macher stehen hinter den Kulissen des Welttheaters. Es ist im Großen wie im Kleinen. Im Bewusstsein sind wir unsere eigenen Herren; wir sind scheinbar die »Faktoren« selber. Schreiten wir aber durch das Tor des Schattens, so werden wir mit Schrecken inne, dass wir Objekte von Faktoren sind.
[78 B] GW 9/I, § 49

Es ist gefährlich, sich zur geistlichen Armut zu bekennen; denn wer arm ist, begehrt, und wer begehrt, zieht ein Schicksal auf sich. Ein schweizerisches Sprichwort sagt es drastisch: »Hinter jedem Reichen steht ein Teufel, und hinter jedem Armen – zwei.«
[78 B] GW 9/I, § 28

In unserer Stärke sind wir unabhängig und isoliert, dort können wir unser Schicksal selber schmieden. In unserer Schwäche hingegen sind wir abhängig und deshalb verbunden, und hier werden wir unfreiwillig zu Instrumenten des Schicksals, denn hier spricht nicht der eigene Wille, sondern der Wille der Gattung.
[19] GW 10, § 261

Ohne es zu wollen, sind wir als Menschen in Situationen gestellt, wo uns die »principia« in irgendetwas verwickeln, in Situationen, in denen Er es mir überlässt, wie ich mich daraus herausziehe.
[28] GW 10, § 869

Nicht ich schaffe mich selbst, ich geschehe vielmehr mir selber.
[92 B] GW 11, § 391

Die Wirklichkeit von Gut und Böse besteht in Dingen, Situationen, die einen anfallen, die einem über den Kopf hinauswachsen, wo man in einer Lage ist wie in conspectu mortis, wo es auf Leben und Tod geht. Was in dieser Stärke und Intensität auf mich zukommt, das erlebe ich als etwas Numinoses, mag ich es dann als das Göttliche, das Teuflische oder als das Schicksalhafte bezeichnen.
[28] GW 10, § 871

Die großen Entscheidungen des menschlichen Lebens sind ja in der Regel viel mehr den Instinkten und sonstigen geheimnisvollen, unbewussten Faktoren unterworfen als bewusster Willkür und wohlmeinender Vernünftigkeit. Der Schuh, der dem einen passt, drückt den anderen, und es gibt kein allgemeingültiges Lebensrezept. Jeder hat wohl seine Lebensform in sich, eine irrationale Form, die durch keine andere überboten werden kann.
[101] GW 16, § 81

Die Angst vor dem Schicksal ist nur zu verständlich: es ist ein Unabsehbares und Grenzenloses; es birgt unbekannte Gefahren, und das Zögern des Neurotischen, das Leben zu wagen, erklärt sich unschwer aus dem Wunsche, abseits stehen zu dürfen, um nicht in den gefährlichen Kampf verwickelt zu werden. Wer auf das Wagnis, zu erleben, verzichtet, muss den Wunsch dazu in sich ersticken, also eine Art von partiellem Selbstmord begehen.

[73] GW 5, § 165

Auf pathologischem Gebiet glaube ich Fälle beobachtet zu haben, in denen die Tendenz des Unbewussten nach allem menschlichen Ermessen als hauptsächlich destruktiv angesehen werden muss. In solchen Fällen scheint mir aber die Überlegung nicht unangebracht zu sein, dass die Selbstvernichtung des hoffnungslos Untauglichen oder Bösen in höherem Sinne ebenfalls als kompensatorisch gelten kann. Gibt es doch Mörder, die ihre Hinrichtung als angemessen, und Selbstmörder, die ihren nahenden Tod als Triumph empfinden.

[41] GW 14/I, § 144

Gründe für mehr als gewöhnliche Todesangst braucht man heutzutage ja nicht zu suchen. Sie liegen auf der Hand, und dies umso mehr, als alles sinnlos verschwendete und in die Irre gegangene Leben ebenfalls Tod bedeutet. Letzterer Umstand kann aber auch den Grund bilden für die unnatürliche Steigerung der Todesangst eben in unserer Zeit, wo das Leben seinen tieferen Sinn für so viele verloren hat und sie deshalb zwingt, den dem Leben eignenden Rhythmus der Äonen gegen das angsterregende Ticken des Sekundenzeigers einzutauschen.

[39] GW 10, § 696

★

Was in der geheimen Stunde des Lebensmittags geschieht, ist die Umkehr der Parabel, *die Geburt des Todes*. Das Leben der zweiten Lebenshälfte heißt nicht Aufstieg, Entfaltung, Vermehrung, Lebensüberschwang, sondern Tod, denn sein Ziel ist das Ende. Seine-Lebenshöhe-nicht-Wollen ist dasselbe wie Sein-Ende-nicht-Wollen. Beides ist: Nicht-leben-Wollen. Nicht-leben-Wollen ist gleichbedeutend mit Nichtsterben-Wollen. Werden und Vergehen ist dieselbe Kurve.

[67] GW 8, § 800

Wie die Flugbahn des Geschosses im Ziel, so endet das Leben im Tod, der mithin das Ziel des ganzen Lebens ist. Selbst dessen Aufstieg und sein Höhepunkt sind nur Stufen und Mittel zum Zwecke, das Ziel, nämlich den Tod, zu erreichen.
[67] GW 8, § 803

Der Tod ist seelisch ebenso wichtig wie die Geburt, und wie diese ein integrierender Bestandteil des Lebens.
[96] GW 13, § 68

Dem Aufstieg des Lebens billigen wir Ziel und Sinn zu, warum nicht dem Abstieg? Die Geburt des Menschen ist bedeutungsschwanger, warum nicht der Tod? Der junge Mensch wird zwanzig und mehr Jahre auf die völlige Entfaltung seiner Einzelexistenz vorbereitet, warum soll er sich nicht zwanzig und mehr Jahre auf sein Ende vorbereiten? Allerdings – mit dem Höhepunkt hat man es sichtlich erreicht, man ist's und man hat's. Was ist aber mit dem Tod erreicht?
[67] GW 8, § 803

Ich bin als Arzt überzeugt, dass es sozusagen hygienischer ist, im Tode ein Ziel zu erblicken, nach dem gestrebt werden sollte, und dass das Sträuben dagegen etwas Ungesundes und Abnormes ist, denn es beraubt die zweite Lebenshälfte ihres Zieles.
[38] GW 8, § 792

Man weiß ja, dass einem nicht nur kleinere oder größere Dummheiten passieren, wenn man aus irgendwelchen Gründen nicht gut zusammengestellt ist, sondern auch gefährlichere Dinge, die in einem psychologisch passenden Moment dem Leben sogar ein Ende setzen können. Der Volksmund sagt etwa: »Der und der ist im richtigen Augenblick gestorben«, aus dem sicheren Gefühl für die geheime psychologische Kausalität des Falles heraus.
[109 B] GW 7, § 194

Dass der Gipfel des Lebens durch die Symbolik des Todes ausgedrückt wird, ist eine bekannte Tatsache, denn das Sich-selber-Überwachsen bedeutet einen Tod.
[73] GW 5, § 432

Die dem Bewusstsein präexistente Psyche (z. B. beim Kind) hat einerseits Anteil an der mütterlichen Psyche, andererseits ist sie auch ein Hinüberreichen in die Psyche der Tochter. Man könnte deshalb sagen, dass jede Mutter ihre Tochter, und jede Tochter ihre Mutter in sich enthalte; jede Frau aber nach rückwärts in die Mutter und nach vorwärts in die Tochter sich erweitere. Aus dieser Partizipation und Vermischung entsteht jene Unsicherheit in Bezug auf den Zeitmoment: Als Mutter lebt man früher, als Tochter später. Durch das bewusste Erleben dieser Verbindungen entsteht ein Gefühl der Ausdehnung des Lebens über Generationen: ein erster Schritt zu der unmittelbaren Erfahrung und Gewissheit der Enthebung aus der Zeit, was ein Gefühl der *Unsterblichkeit* bedeutet. Das Einzelwesen wird erhöht zum Typus, ja zum Archetypus weiblichen Schicksals überhaupt. Damit findet eine Apokatastasis der Ahnenleben statt, die, vermittels der Brücke des gegenwärtigen Einzelmenschen, sich in die zukünftigen Generationen verlängern. Mit solcher Erfahrung wird das Individuum sinnvoll dem Leben der Generationen eingegliedert, wodurch dem Strom des Lebens, der durch den Einzelnen hindurchfließen soll, alle unnötigen Hindernisse aus dem Weg geräumt sind. Aber auch der Einzelne ist aus seiner Vereinzelung erlöst und seiner Ganzheit wiedergegeben.
[103] GW 9/I, § 316

Unser Leben ist dasselbe, wie es seit Ewigkeiten war. Es ist jedenfalls in unserem Sinne nichts Vergängliches, denn dieselben physiologischen und psychologischen Prozesse, wie sie dem Menschen seit Hunderttausenden von Jahren eigneten, dauern immer noch an und geben dem inneren Gefühl tiefste Ahnung einer »ewigen« Kontinuität des Lebendigen. Unser Selbst als ein Inbegriff unseres lebenden Systems enthält aber nicht nur den Niederschlag und die Summe alles gelebten Lebens, sondern ist auch der Ausgangspunkt, der schwangere Mutterboden alles zukünftigen Lebens, dessen Vorahnung dem inneren Gefühl ebenso deutlich gegeben ist wie der historische Aspekt. Aus diesen psychologischen Grundlagen geht die Idee der Unsterblichkeit legitimerweise hervor.
[110] GW 7, § 303

So plausibel dem heutigen Menschen die Ziele der Erweiterung und der Kulmination des Lebens sind, so fragwürdig oder geradezu unglaubhaft ist ihm die Idee irgendeiner Fortdauer des Lebens nach dem Tode. Und doch kann das Ende des Lebens, nämlich der Tod, nur dann ein vernünftiges Ziel sein, wenn das Leben entweder so miserabel ist, dass man schließlich froh ist, wenn es überhaupt aufhört, oder wenn die Überzeugung besteht, dass die Sonne mit der gleichen Konsequenz, mit der sie zum Mittag aufstieg, auch ihren Untergang sucht, »um fernen Völkern zu leuchten«. Aber das Glaubenkönnen ist heutzutage eine so schwierige Kunst geworden, dass es besonders dem gebildeten Teil der Menschheit fast unzugänglich geworden ist. Man hat sich zu sehr an den Gedanken gewöhnt, dass in puncto Unsterblichkeit und dergleichen vielerlei widersprechende Ansichten und keinerlei überzeugende Beweise bestehen. Da unser zeitgenössisches Schlagwort von anscheinend unbedingter Überzeugungskraft »Wissenschaft« ist, so möchte man »wissenschaftliche« Beweise. Diejenigen aber unter den Gebildeten, die denken, wissen ganz genau, dass ein derartiger Beweis zu den philosophischen Unmöglichkeiten gehört. Man kann darüber schlechthin nichts wissen.

[38] GW 8, § 790

Es wäre alles so viel einfacher, wenn man die Existenz der Psyche einfach leugnen könnte! Aber hier haben wir unmittelbarste Erfahrung von etwas Seiendem, das unserer ausgemessenen, abgewogenen, dreidimensionalen Wirklichkeit eingepflanzt, dieser in jeder Hinsicht und in allen Stücken in der verblüffendsten Weise unähnlich ist und sie doch widerspiegelt. Die Seele könnte ein mathematischer Punkt sein und zugleich eine ganze Fixsternwelt. Dass für die naive Anschauung ein solch paradoxes Wesen an Göttliches rührt, kann man ihr nicht verdenken. Wenn es keinen Raum hat, so hat es keinen Körper. Körper sterben, aber Unsichtbares, Unräumliches, kann es verschwinden? Überdies war ja Leben und Seele, bevor Ich war, und wenn Ich nicht ist, wie im Schlaf oder in der Bewusstlosigkeit, so bestehen Leben und Seele doch, wie der Traum zeigt oder wie man es am anderen sehen kann. Warum sollte naive Anschauung angesichts solcher Erfahrung leugnen, dass die Seele jenseits des Körpers lebt?

[26] GW 8, § 671

Alles Psychische ist zukunftsträchtig.

[41] GW 14/I, § 48

Natürlich beruht der Totenkult rational auf dem Glauben an die Überzeitlichkeit der Seele, irrational aber auf dem psychologischen Bedürfnis der Lebenden, etwas für die Abgeschiedenen zu tun. Es handelt sich

daher um ein ganz elementares Bedürfnis, das auch den Aufgeklärtesten angesichts des Todes von Angehörigen und Freunden befällt. Darum haben wir noch allerhand Totengebräuche, Aufklärung hin oder her. Sogar Lenin musste sich die Einbalsamierung und ein prunkvolles Mausoleum wie ein ägyptischer Herrscher gefallen lassen, gewiss nicht darum, weil seine Nachfolger an die leibliche Auferstehung glauben. Abgesehen von den Seelenmessen der katholischen Kirche ist aber unsere Sorge für die Abgeschiedenen rudimentär und auf niederster Stufe, nicht etwa weil wir uns von der Unsterblichkeit der Seele nicht hinlänglich überzeugen können, sondern weil wir das seelische Bedürfnis wegrationalisiert haben. Wir benehmen uns so, wie wenn wir dieses Bedürfnis nicht hätten, und weil man an die Fortdauer nach dem Tode nicht glauben kann, darum tut man eben überhaupt nichts. Das naivere Gefühl aber nimmt sich selbst wahr und errichtet sich – wie zum Beispiel in Italien – grauenhaft schöne Grabdenkmäler. Auf bedeutend höherer Stufe steht die Seelenmesse, welche ausgesprochen für die seelische Wohlfahrt des Toten bestimmt ist und nicht bloß eine Befriedigung wehleidiger Sentimente bedeutet.
[17] GW 11, § 855

Die Flucht vor dem Leben befreit nicht von dem Gesetz des Alterns und des Todes. Der Neurotiker, der sich der Notwendigkeit des Lebens zu entschlagen sucht, gewinnt nichts und lädt sich nur die Bürde eines vorausgenossenen Alterns und Sterbens auf, das bei der Inhalts- und Sinnlosigkeit seines Lebens besonders grausam ausfallen muss. Wird der Libido ein vorwärtsstrebendes Leben, das alle Gefahr und den endlichen Untergang auch will, nicht ermöglicht, dann schlägt sie den anderen Weg ein und wühlt sich in die eigene Tiefe, hinuntergrabend zu der alten Ahnung der Unsterblichkeit allen Lebens, zur Sehnsucht nach der Wiedergeburt.
[73] GW 5, § 617

Aus der Umarmung und Umschlingung, dem einhüllenden Schoße des Meeres, entreißt sich die Sonne, siegreich emporsteigend, und sinkt, die Mittagshöhe und all ihr glorreiches Werk hinter sich lassend, wieder ins mütterliche Meer, in die alles verhüllende und alles wiedergebärende Nacht. Dieses Bild war gewiss das erste, das tiefste Berechtigung hat, zum symbolischen Ausdruck menschlichen Schicksals zu werden: Am Morgen des Lebens trennt sich der Sohn mit Schmerzen von der Mutter und dem heimatlichen Herde, um sich zu der ihm bestimmten Höhe

emporzuringen, seinen schlimmsten Feind oft vor sich wähnend und ihn doch in sich tragend, jene gefährliche Sehnsucht nach dem eigenen Abgrund, nach dem Ertrinken in der eigenen Quelle, nach dem Hinabgezogenwerden in das Reich der Mutter. Sein Leben ist ein beständiges Ringen mit dem Ausgelöschtwerden, eine gewaltsame und vorübergehende Befreiung von der stets lauernden Nacht. Dieser Tod ist kein äußerer Feind, sondern ein eigenes und inneres Sehnen nach der Stille und der tiefen Ruhe eines gewussten Nichtseins, dem hellsehenden Schlafe im Meere des Werdens und Vergehens. Selbst in seinem höchsten Streben nach Harmonie und Ausgeglichenheit, nach philosophischer Vertiefung und künstlerischer »Ergriffenheit« sucht er den Tod, die Bewegungslosigkeit, die Erfülltheit und die Ruhe. Verweilt er wie Peirithoos zu lange an dieser Stätte der Ruhe und des Friedens, so fasst ihn Erstarrung, und das Gift der Schlange hat ihn vielleicht für immer gelähmt. Soll er leben, so muss er kämpfen und seine Sehnsucht nach rückwärts opfern, um zu seiner ihm eigenen Höhe zu gelangen. Und ist er zur Mittagshöhe gekommen, so hat er auch die Liebe zu seiner eigenen Höhe zu opfern, denn es darf für ihn kein Verweilen geben. Auch die Sonne opfert ihre größte Kraft, um vorwärtszueilen zu den Früchten des Herbstes, welche Samen der Wiedergeburt sind.
[73] GW 5, § 553

Das Geheimnis ist, dass nur *das* Leben hat, was sich auch selber wiederum aufheben kann.
[53] GW 12, § 93

★

Der höchste, lebenspendende und sinngebende Wert ist verloren gegangen; dieser Vorgang ist ein typisches, das heißt sich häufig wiederholendes Erlebnis, deshalb ist es auch an zentraler Stelle im christlichen Mysterium ausgedrückt. Dieser Tod oder Verlust muss sich immer wiederholen; Christus stirbt immer, wie er immer geboren wird; denn das psychische Leben des Archetypus ist unzeitlich im Vergleich zu unserer individuellen Zeitgebundenheit. Nach welchen Gesetzen bald dieser, bald jener Aspekt des Archetypus wirksam in die Erscheinung tritt, das entzieht sich meiner Kenntnis. Ich weiß nur – und damit drücke ich das Wissen unendlich vieler Menschen aus –, dass gegenwärtig eine Zeit des Gottestodes und Gottesverschwindens ist. Der Mythus sagt, er werde

dort nicht mehr gefunden, wo sein Leib niedergelegt wurde. Der »Leib« entspricht der äußeren, sichtbaren Form, der bisherigen, aber vorübergehenden Fassung des höchsten Wertes. Der Mythus sagt nun des Weiteren aus, dass der Wert in wunderbarer Weise, aber gewandelt, wiederersteht.
[55] GW 11, § 149

Die während der drei Todestage stattfindende Höllenfahrt beschreibt das Versinken des verschwundenen Wertes ins Unbewusste, wo er (im Sieg über die Macht der Finsternis) eine neue Ordnung herstellt und von wo er wieder auftaucht bis zur Höhe des Himmels, das heißt bis zur höchsten Bewusstseinsklarheit. Da nur wenige den Auferstandenen sehen, so bedeutet das, dass keine geringen Schwierigkeiten bestehen, den gewandelten Wert wiederzufinden und zu erkennen.
[55] GW 11, § 149

Wenn die Libido die lichte Oberwelt verlässt, sei es aus Entschluss oder aus abnehmender Lebenskraft oder aus Schicksal des Menschen, so sinkt sie in die eigene Tiefe zurück, in die Quelle, aus der sie einst geflossen, und kehrt zurück zu jener Bruchstelle, dem Nabel, durch den sie einst in diesen Körper eingetreten ist. Diese Bruchstelle heißt Mutter, denn aus ihr kam uns der Strom des Lebens. Wenn darum irgendein großes Werk zu tun ist, vor dem der Mann, an seiner Kraft verzweifelnd, zurückweicht, dann strömt seine Libido zu jenem Quellpunkt zurück – und das ist jener gefährliche Augenblick, in dem die Entscheidung fällt zwischen Vernichtung und neuem Leben. Bleibt die Libido im Wunderreich der inneren Welt hängen, so ist der Mensch für die Oberwelt zum Schatten geworden, er ist so gut wie tot oder wie schwer krank. Gelingt es aber der Libido, sich wieder loszureißen und zur Oberwelt emporzudringen, dann zeigt sich ein Wunder: Die Unterweltsfahrt war ein Jungbrunnen für sie gewesen, und aus dem scheinbaren Tod erwacht neue Fruchtbarkeit.
[73] GW 5, § 449

Die Geburt des Erlösers ist gleichbedeutend mit einer großen »Katastrophe«, indem ein neues, mächtiges Leben da hervorbricht, wo man gar kein Leben und keine Kraft und keine Entwicklungsmöglichkeit vermutete. Es strömt hervor aus dem Unbewussten, das heißt aus demjenigen Teil der Psyche, der gewollt und ungewollt nicht gewusst und deshalb von allen Rationalisten als Nichts behandelt wird. Aus diesem Nichtgeglaubten und Verworfenen kommt der neue Kraftzuschuss, die Erneue-

rung des Lebens. Was heißt aber das Nichtgeglaubte und Verworfene? Es sind alle diejenigen psychischen Inhalte, die wegen ihrer Unverträglichkeit mit den bewussten Werten verdrängt wurden, also das Hässliche, Unmoralische, Unrichtige, Unzweckmäßige, Untaugliche usw., das heißt alles, was dem betreffenden Individuum einmal so erschienen ist. Die Gefahr besteht nun darin, dass der Mensch, wegen der Gewalt, mit der diese Dinge wiedererscheinen, wegen ihres neuen und wunderbaren Glanzes, dermaßen davon weggerissen wird, dass er alle früheren Werte darüber verwirft oder vergisst. Was man früher verachtete, wird jetzt oberstes Prinzip, und was früher Wahrheit war, heißt jetzt Irrtum. Diese Umkehrung der Werte kommt einer Zerstörung der bisherigen Lebenswerte gleich, ist also gleich wie eine Verwüstung des Landes durch Überschwemmung.
[58] GW 6, § 449

Wenn das Alte nicht reif wäre zum Tode, so würde nichts Neues erscheinen, und das Alte könnte und brauchte nicht ausgerottet zu werden, wenn es dem Neuen nicht schädlicherweise den Platz versperrte.
[58] GW 6, § 446

Alles Alte unseres Unbewussten meint Kommendes.
[58] GW 6, § 630

Die Tatsache, dass Menschen von Wiedergeburt reden und dass es überhaupt einen solchen Begriff gibt, heißt nämlich, dass auch ein psychischer Tatbestand, den man damit bezeichnet, vorhanden ist. Wie dieser Tatbestand beschaffen ist, können wir nur aus den Aussagen erschließen. Wir müssen daher mit der Weltgeschichte ein Kreuzverhör anstellen über das, was sie als Wiedergeburt bezeichnet, wenn wir erfahren wollen, was Wiedergeburt ist.
[85] GW 9/I, § 206

»Wiedergeburt« ist eine Aussage, die zu den Uraussagen der Menschheit überhaupt gehört.
[85] GW 9/I, § 207

Das »Jenseits« ist zunächst – bei der Initiation der Lebenden – keineswegs ein Jenseits des Todes, sondern eine Umkehr der Gesinnung, ein psychologisches Jenseits also, christlich ausgedrückt: eine »Er-lösung« aus

den Banden der Welt und der Sünde. Die Erlösung ist eine Ablösung und Befreiung aus einem früheren Zustande der Finsternis und Unbewusstheit zu einem Zustande der Erleuchtung, Losgelöstheit, Überwindung und des Triumphes über »Gegebenheiten«.
[17] GW 11, § 841

Im Leben sind wir in eine Unzahl von sich stoßenden, bedrückenden Dingen eingezwängt, wo man schon gar nicht dazu kommt – vor lauter »Gegebenheiten« – daran zu denken, wer eigentlich »gegeben« hat.
[17] GW 11, § 841

Wenn ich weiß und zugebe, dass ich mich selber gebe oder drangebe und hierfür nicht bezahlt sein will, dann habe ich meinen Anspruch, das heißt einen Teil von mir geopfert. Daher bedeutet jedes Geben mit aufgehobenem Anspruch, das heißt ein Geben à fonds perdu in jeglicher Hinsicht, ein Selbstopfer. Das gewöhnliche Geben, das nicht wieder bezahlt ist, wird wie ein Verlust empfunden. Das Opfer aber soll wie ein Verlust sein, damit nämlich der egoistische Anspruch sicher nicht mehr besteht. Die Gabe soll daher so gegeben sein, wie wenn sie vernichtet worden wäre. Weil nun die Gabe mich selber darstellt, so habe ich in ihr mich selber vernichtet, das heißt mich selber ohne Erwartung weggegeben. Dieser beabsichtigte Verlust ist aber insofern und von einer anderen Seite betrachtet kein wirklicher Verlust, sondern im Gegenteil ein Gewinn, denn *das Sich-opfern-Können beweist das Sich-Haben.* Niemand kann geben, was er nicht hat.
[92 B] GW 11, § 390

Wir gewinnen aus dem Selbstopfer uns Selbst, das Selbst, denn nur was wir geben, das haben wir.
[92 B] GW 11, § 398

Die Angst vor dem Selbstopfer lauert in und hinter jedem Ich, denn diese Angst ist der oft nur mühsam zurückgehaltene Anspruch der unbewussten Mächte, zur völligen Auswirkung zu kommen. Keiner Selbstwerdung (Individuation) ist dieser gefährliche Durchgang erspart, denn zur Ganzheit des Selbst gehört auch das Gefürchtete, die Unter- oder Überwelt der seelischen Dominanten, aus der sich das Ich einst mühsam und nur bis zu einem gewissen Grade zu einer mehr oder weniger illusionären Freiheit emanzipiert hat. Diese Befreiung ist eine gewiss notwendige hero-

ische Unternehmung, aber nichts Endgültiges, denn es ist erst die Erschaffung eines Subjektes, dem zur Erfüllung noch das Objekt gegenübertreten muss. Dies scheint zunächst die Welt zu sein, die auch zu diesem Zwecke durch Projektion aufgebauscht wird. Man sucht und findet seine Schwierigkeiten, man sucht und findet seinen Feind, man sucht und findet das Geliebte und Kostbare, und es ist gut zu wissen, dass all das Böse und Gute jenseits im sichtbaren Objekt ist, wo man es überwinden, strafen, vernichten oder beglücken kann. Die Natur selber aber lässt diesen paradiesischen Unschuldszustand des Subjektes auf die Dauer nicht immer zu. Es gibt Leute und hat sie immer gegeben, welche die Einsicht nicht hindern können, dass Welt und Welterleben von Gleichnisnatur sind und eigentlich etwas abbilden, was tief im Subjekte selber verborgen liegt, in der eigenen transsubjektiven Wirklichkeit.
[17] GW 11, § 849

Tritt schicksalsmäßig die Forderung der Selbsterkenntnis an einen Menschen heran, und er verweigert sich, so kann diese negative Haltung auch den wirklichen Tod bedeuten. Die Forderung wäre nämlich gar nicht an ihn gekommen, wenn er noch irgendwelche erfolgversprechende Seitenwege hätte einschlagen können. Er ist aber in eine Sackgasse geraten, aus der ihn nur noch Selbsterkenntnis retten kann. Verweigert er sie, dann steht ihm kein Weg mehr offen. In der Regel wird er sich seiner Situation auch nicht bewusst sein, und je unbewusster er ist, desto mehr ist er unvorhergesehenen Gefahren preisgegeben: man kann dann einem Automobil nicht mehr rasch genug ausweichen, beim Bergsteigen tritt man irgendwo daneben, beim Skifahren glaubt man durch eine kritische Schneehalde noch durchzukommen, und in einer Krankheit verliert man plötzlich den Mut zum Leben. Das Unbewusste hat tausend Wege, um eine sinnlose Existenz überraschend schnell auszulöschen.
[42] GW 14/II, § 340

Die Wirkung der unbewussten Bilder hat etwas von Schicksal an sich. Vielleicht – wer weiß! – sind diese ewigen Bilder das, was man Schicksal nennt.
[109 B] GW 7, § 183

Das Bewusstsein ist jeweils nur ein Teil des Seelischen überhaupt und daher nie der seelischen Ganzheit fähig: Es gehört dazu noch die unbestimmte Ausdehnung des Unbewussten. Dieses aber lässt sich weder mit

geschickten Formeln einfangen noch mit wissenschaftlichen Lehrsätzen bannen, denn es haftet ihm Schicksalsmäßiges an, ja es ist bisweilen das große Schicksal selbst.
[72] GW 11, § 906

Das schicksalhaft Neue entspricht selten oder nie der bewussten Erwartung, und was noch merkwürdiger ist, es widerspricht den eingewurzelten Instinkten, wie wir sie kennen, und ist doch ein seltsam treffender Ausdruck der Gesamtpersönlichkeit, ein Ausdruck, den man sich völliger gar nicht erdenken könnte.
[96] GW 13, § 19

Wenn man zusammenfasst, was die Menschen einem über ihre Ganzheitserfahrung erzählen, so kann man es ungefähr so formulieren: Sie kamen zu sich selber, sie konnten sich selber annehmen, sie waren imstande, sich mit sich selbst zu versöhnen, und dadurch wurden sie auch mit widrigen Umständen und Ereignissen ausgesöhnt. Das ist fast das Gleiche, was man früher mit den Worten ausdrückte: »Er hat seinen Frieden mit Gott gemacht, er hat seinen eigenen Willen zum Opfer gebracht, indem er sich dem Willen Gottes unterwarf.«
[55] GW 11, § 138

Wenn ich den Entwicklungsgang jener betrachte, welche stillschweigend, wie unbewusst, sich selber überwuchsen, so sah ich, dass ihre Schicksale insofern alle etwas Gemeinsames hatten, nämlich das Neue trat aus dem dunklen Felde der Möglichkeiten von außen oder von innen an sie heran; sie nahmen es an und wuchsen daran empor. Es schien mir typisch zu sein, dass die einen es von außen und die anderen es von innen nahmen, oder vielmehr, dass es dem einen von außen und dem anderen von innen zuwuchs. Nie aber war das Neue ein Ding allein von außen oder allein von innen. Kam es von außen, so wurde es innerstes Erlebnis. Kam es von innen, so wurde es äußeres Ereignis. Nie aber war es absichtlich und bewusst gewollt herbeigeschafft worden, sondern es floss vielmehr herbei auf dem Strom der Zeit.
[96] GW 13, § 18

Der Weg zu Gott

Um die leidende Seele hat sich der Geist der Menschheit seit Jahrtausenden gemüht, vielleicht früher noch als um den leidenden Körper. Das »Heil« der Seele, die »Versöhnung der Götter«, die »perils of the soul« sind kein Problem von gestern. Die *Religionen* sind psychotherapeutische Systeme in des Wortes eigentlichster Bedeutung und im allergrößten Ausmaß. Sie drücken den Umfang des seelischen Problems in mächtigen Bildern aus. Sie sind Bekenntnis und Erkenntnis der Seele und zugleich Offenbarung und Erscheinung des Wesens der Seele. Von dieser universalen Grundlage ist keine menschliche Seele abgetrennt; nur einzelne Bewusstseine, welche den Zusammenhang mit dem Ganzen der Seele verloren haben, sind in der Illusion befangen, die Seele sei ein umgreifbarer kleinster Bezirk, der sich als Objekt einer »wissenschaftlichen« Theorie eigne. Der Verlust des großen Zusammenhangs ist das neurotische Grundübel.

[105] GW 10, § 367

Gerade die Unmöglichkeit der religiösen Behauptung ist recht eigentlich der Glaubensgrund [...]. Eine unwahrscheinliche Meinung verfällt erwartungsgemäß baldiger Korrektur. Die religiösen Aussagen sind aber die allerunwahrscheinlichsten von allen und behaupten sich durch die Jahrtausende. Mit ihrer durchaus nicht erwartungsgemäßen Lebenskraft beweisen sie aber die Existenz einer zureichenden Ursache, deren wissenschaftliche Erkenntnis sich dem menschlichen Geiste bis jetzt entzogen hat.

[92 B] GW 11, § 379

Die Wege und Weisen seiner Kindheit, die einstmals gut waren, kann der Mensch kaum ablegen, auch wenn ihre Schädlichkeit längst erwiesen ist. Dasselbe, nur in gigantischer Vergrößerung, ist der Fall mit der historischen Einstellungsveränderung. Eine allgemeine Einstellung entspricht einer Religion, und Religionswechsel gehören zu den peinlichsten Momenten der Weltgeschichte. Unsere Zeit ist allerdings in dieser Hinsicht von einer Verblendung, die ihresgleichen sucht. Man meint, man müsse nur eine Bekenntnisformel als unrichtig und ungültig erklären,

um von allen traditionellen Wirkungen christlicher oder jüdischer Religion psychologisch befreit zu sein. Man glaubt an Aufklärung, wie wenn eine intellektuelle Schwenkung irgendwie einen tieferen Einfluss auf die Gemütsvorgänge oder gar auf das Unbewusste hätte! Man vergisst völlig, dass die Religion der vergangenen 2000 Jahre eine psychologische Einstellung ist, eine bestimmte Art und Weise der Anpassung nach innen und außen, die eine bestimmte Kulturform erzeugt und damit eine Atmosphäre geschaffen hat, welche von einer intellektuellen Leugnung ganz unbeeinflusst bleibt.
[58] GW 6, § 313

Religionen stehen nach meiner Ansicht mit allem, was sie sind und aussagen, der menschlichen Seele so nahe, dass am allerwenigsten die Psychologie sie übersehen darf.
[88] GW 11, § 172

Wenn die christliche Doktrin die Psychologie, die schicksalsmäßig mit ihr zusammenstößt, assimilieren kann, so bedeutet dies ein Zeichen von Lebenskraft, denn Leben ist Assimilation. Was aber nicht mehr assimilieren kann, stirbt.
[42] GW 14/II, § 121 (Anm. 262)

★

Es wäre ein bedauerlicher Irrtum, wenn jemand meine Beobachtungen als eine Art Beweis für die Existenz Gottes auffassen wollte. Sie beweisen nur das Vorhandensein eines archetypischen Bildes der Gottheit, und das ist alles, was wir, meines Erachtens, psychologisch über Gott aussagen können.
[55] GW 11, § 102

Die Kompetenz der Psychologie als Erfahrungswissenschaft geht nur so weit, festzustellen, ob der in der Seele gefundene Typus aufgrund vergleichender Forschung billigerweise zum Beispiel als ein »Gottesbild« bezeichnet werden darf oder nicht. Über eine mögliche Existenz Gottes ist damit weder positiv noch negativ etwas ausgesagt, so wenig als der Archetypus des »Helden« das Vorhandensein eines solchen setzt.
[53] GW 12, § 15

Man kann sich ja in der Tat die Wirklichkeit Gottes nicht anders vor Augen führen als unter Benützung meist spontan entstandener oder durch Tradition geheiligter Bilder, deren psychische Natur und Wirkung der naive Verstand noch nie von deren unerkennbarer metaphysischer Grundlage getrennt hat. Er setzt ohne Weiteres das wirkungskräftige Bild in eins mit dem transzendentalen X, auf welches es hinweist. Die scheinbare Berechtigung dieses Vorgehens leuchtet unmittelbar ein und kommt als Problem nicht in Betracht, solange keine ernstlichen Einwände gegen die Aussage erhoben werden. Liegt aber ein Anlass zur Kritik vor, dann muss man sich daran erinnern, dass Bild und Aussage psychische Vorgänge und von ihrem transzendentalen Gegenstand verschieden sind; sie setzen ihn nicht, sondern deuten ihn bloß an.

[6] GW 11, § 558

Sagen wir zum Beispiel »Gott«, so äußern wir ein Bild oder einen Wortbegriff, der im Laufe der Zeit viele Wandlungen erlebt hat. Dabei sind wir außerstande, mit irgendwelcher Sicherheit anzugeben – es sei denn durch den Glauben –, ob diese Veränderungen nur Bilder und Begriffe oder das Unaussprechliche selber betreffen.

[6] GW 11, § 555

Wenn man einem bisher Blinden allmählich das Sehen beibringt, so ist nicht zu erwarten, dass er sofort mit Adlerblick neue Wahrheiten entdeckt. Man muss froh sein, wenn er überhaupt etwas sieht und einigermaßen verstehen kann, was er sieht. Die Psychologie befasst sich mit dem Akt des Sehens und nicht mit der Konstruktion neuer religiöser Wahrheiten, wo doch die schon bestehenden Lehren noch nicht eingesehen und verstanden sind. In religiösen Dingen kann man bekanntlich nichts verstehen, was man nicht innerlich erfahren hat.

[53] GW 12, § 15

In der inneren Erfahrung erst offenbart sich die Beziehung der Seele zu dem äußerlich Vorgezeigten und Gepredigten als eine Verwandtschaft oder Entsprechung wie die von »sponsus« und »sponsa«. Wenn ich daher als Psychologe sage, Gott sei ein Archetypus, so meine ich damit den Typus in der Seele, was bekanntlich von τύπος = Schlag, Einprägung herkommt. Bereits schon das Wort »Archetypus« setzt ein Prägendes voraus.

[53] GW 12, § 15

Die Ideen des moralischen Gesetzes und der Gottheit gehören zum unausrottbaren Bestand der menschlichen Seele. Darum hat sich jede ehrliche Psychologie, die nicht von einem banausenhaften Aufklärungsdünkel verblendet ist, mit diesen Tatsachen auseinanderzusetzen. Sie sind nicht wegzuerklären und wegzuironisieren. In der Physik können wir eines Gottesbildes entraten, in der Psychologie aber ist es eine definitive Größe, mit der zu rechnen ist, so gut wie mit »Affekt«, »Trieb«, »Mutter« usw. Es liegt natürlich an der ewigen Vermischung von Objekt und Imago, dass man sich keinen Unterschied denken kann zwischen »Gott« und »Gottesimago« und daher meint, man spreche von Gott, erkläre »theologisch«, wenn man von »Gottesbild« spricht. Es steht der Psychologie als Wissenschaft nicht zu, eine Hypostasierung der Gottesimago zu fordern. Sie hat aber, den Tatsachen entsprechend, mit dem Vorhandensein eines Gottesbildes zu rechnen.

[2] GW 8, § 528

Der Gottesbegriff ist nämlich eine schlechthin notwendige psychologische Funktion irrationaler Natur, *die mit der Frage nach der Existenz Gottes überhaupt nichts zu tun hat.* Denn diese letztere Frage kann der menschliche Intellekt niemals beantworten; noch weniger kann es irgendeinen Gottesbeweis geben. Überdies ist ein solcher auch überflüssig; die Idee eines übermächtigen, göttlichen Wesens ist überall vorhanden, wenn nicht bewusst, so doch unbewusst, denn sie ist ein Archetypus.

[109 B] GW 7, § 110

Wenn wir die Tatsache in Betracht ziehen, dass die Gottesidee eine »unwissenschaftliche« Hypothese ist, können wir uns leicht erklären, warum die Menschen verlernt haben, in dieser Richtung zu denken. Und sogar, wenn sie einen gewissen Glauben an Gott hegen, würden sie von der Idee des »inneren Gottes« durch die religiöse Erziehung, welche diese Idee immer als »mystisch« entwertet hat, abgeschreckt. Es ist jedoch gerade diese »mystische« Idee, welche durch Träume und Visionen dem Bewusstsein aufgedrängt wird.

[55] GW 11, § 101

Der schöpferische Mystiker war von jeher das Kreuz der Kirche. Aber diesen Leuten verdankt die Menschheit ihr Bestes.

[42] GW 14/II, § 196

Zuerst war wohl der materialistische Irrtum unvermeidlich. Da der Thron Gottes zwischen den galaktischen Systemen nicht entdeckt werden konnte, folgerte man, dass Gott überhaupt nicht existiere. Der zweite unvermeidliche Irrtum ist der Psychologismus: wenn Gott überhaupt etwas ist, so muss er eine Illusion sein, die gewissen Motiven entstammt, zum Beispiel dem Willen zur Macht oder verdrängter Sexualität. Diese Argumente sind nicht neu. Ähnliche Dinge wurden schon gesagt von den christlichen Missionaren, welche die Idole der heidnischen Götter stürzten. Während sich aber die früheren Missionare bewusst waren, dass sie einem neuen Gott dienten, indem sie die alten bekämpften, sind sich die modernen Bilderstürmer nicht bewusst, in wessen Namen sie alte Werte zerstören.
[55] GW 11, § 142

Man hat mich so oft gefragt, ob ich an die Existenz Gottes glaube oder nicht, dass ich einigermaßen besorgt bin, man könne mich, viel allgemeiner als ich ahne, für einen »Psychologisten« halten. Was die Leute meist übersehen oder nicht verstehen können, ist der Umstand, dass ich die Psyche für wirklich halte. Man glaubt eben nur an physische Tatsachen und muss damit zum Schluss kommen, dass entweder das Uran selber oder wenigstens die Laboratoriumsapparate die Bombe zusammengesetzt haben. Das ist ebenso absurd wie die Annahme, dass eine nichtwirkliche Psyche hierfür verantwortlich sei. Gott ist eine offenkundige psychische und nicht physische Tatsache, das heißt, sie ist nur psychisch, nicht aber physisch feststellbar.
[6] GW 11, § 751

Durch die allgemein vorherrschende Unterschätzung der Psyche wird nämlich jeder Versuch zu einem adäquaten psychologischen Verstehen von vornherein des Psychologismus verdächtigt. [...] Wenn man in der Physik das Licht zu erklären versucht, so erwartet niemand, dass es dann kein Licht mehr gäbe. Von der Psychologie glaubt man aber, dass alles das, was sie erklärt, damit wegerklärt sei.
[6] GW 11, § 750

In einer Periode der menschlichen Geschichte, da alle verfügbare Energie auf die Erforschung der Natur verwandt wird, untersucht man zwar die bewussten Funktionen des Menschen, aber der wirklich komplizierte Teil des Geistes, der die Symbole hervorbringt, ist immer noch weitge-

hend unerforscht. Es scheint fast unglaublich, dass, obwohl wir jede Nacht von dort Signale empfangen, eine Entzifferung dieser Mitteilungen den meisten Menschen zu lästig erscheint. Das bedeutendste Instrument des Menschen, seine Psyche, wird kaum beachtet, oft sogar mit Misstrauen und Verachtung angesehen. »Das ist bloß psychologisch«, heißt sehr häufig: Es bedeutet gar nichts.
[102] S. 102

★

Wir meinen immer, das Christentum bestehe in einem bestimmten Glaubensbekenntnis, in der Zugehörigkeit zu einer Kirche. Nein, das Christentum ist unsere Welt. Alles, was wir denken, ist die Frucht des Mittelalters, und zwar des christlichen Mittelalters. Unsere ganze Wissenschaft, alles, was durch unseren Kopf geht, ist unweigerlich durch dieses Historische hindurchgegangen. Das lebt in uns, es ist uns eingeprägt für immer und für alle Zeiten und wird stets eine lebendige Schicht unserer Psyche bilden, ganz wie irgendwelche stammesgeschichtlichen Überbleibsel in unserem Körper. So ist auch die ganze Geistesart, die Art, wie wir die Dinge betrachten, durch das christliche Mittelalter in uns entstanden; ob man es weiß oder nicht, das ist vollkommen einerlei. Mit der Aufklärung ist nichts ausgewischt. Selbst die Art, wie man Aufklärung macht, ist christlich. Die christliche Weltanschauung ist daher ein psychologisches Faktum, das sich nicht weiter rationalisieren lässt, es ist ein Geschehenes, ein Vorhandenes. Wir sind unweigerlich als Christen geprägt; wir sind aber auch durch das geprägt, was vor dem Christentum war.
[8] S. 84

Wir sind alle, die wir eine religiöse Erziehung empfangen haben, aufs Stärkste von der Tatsache beeindruckt, dass das Christentum geschichtslos in die Geschichte eingetreten ist, dass es gleichsam wie ein Blitz aus heiterem Himmel gekommen ist. Diese Auffassung war notwendig, aber ich bin davon überzeugt, dass sie nicht wahr ist, denn alles hat seine Geschichte, alles ist geworden, und auch das Christentum, das als einmalige Offenbarung plötzlich vom Himmel herab erschienen sein soll, hat unzweifelhaft seine Geschichte. Es ist sogar über alle Maßen deutlich, wie es angefangen hat. Ich brauche nicht von den Messgebräuchen, von gewissen Eigentümlichkeiten der Priesterkleidung zu sprechen, die dem Heidnischen entnommen sind, denn auch von den Grundgedanken der christlichen Kirche lassen sich die Vorläufer aufweisen. Ein gewisser Riss der Kontinuität ist aber dadurch entstanden, dass wir alle der Beeindruckung von der Einmaligkeit des Christentums erlegen sind. Es ist genauso, wie wenn man eine Kathedrale errichtet hätte über einem heidnischen Tempel, und man weiß nicht mehr, dass dieser noch immer darunter ist; das heißt, die innere Entsprechung des äußeren Gottesbildes ist aus Mangel an seelischer Kultur unentwickelt und darum im Heidentum stecken geblieben.

[8] S. 84

Die großen Ereignisse unserer Welt, die von Menschen beabsichtigt und hervorgebracht sind, atmen nicht den Geist des Christentums, sondern des ungeschminkten Heidentums. Diese Dinge stammen aus einer archaisch gebliebenen seelischen Verfassung, welche vom Christentum auch nicht von ferne berührt worden ist. Wie die Kirche nicht ganz mit Unrecht annimmt, hinterlässt das »semel credidisse« (einmal geglaubt haben) gewisse Spuren. Von diesen Spuren ist aber in den großen Haupttatsachen nichts zu entdecken. Die christliche Kultur hat sich in erschreckendem Ausmaß als hohl erwiesen: Sie ist äußerliche Politur, der innere Mensch aber ist unberührt und darum unverändert geblieben. Der Zustand der Seele entspricht nicht dem äußerlich Geglaubten. Der Christ hat in seiner Seele mit der äußerlichen Entwicklung nicht Schritt gehalten. Ja es steht äußerlich alles da in Bild und Wort, in Kirche und Bibel. Aber es steht nicht innen. Im Innern regieren archaische Götter, wie nur je.

[53] GW 12, § 12

In dem Maße, wie das moderne Bewusstsein sich mit Dingen ganz anderer Art als Religion leidenschaftlich beschäftigt, sind die Religion und ihr Objekt, die elementare Sündhaftigkeit, zu einem großen Teil ins Unbewusste verschwunden. Darum glaubt man heutzutage weder das eine noch das andere. Man zeiht die Psychologie einer unsauberen Fantasie und könnte sich doch so leicht durch einen auch bloß flüchtigen Blick auf antike Religions- und Sittengeschichte überzeugen, was für Dämonen die menschliche Seele beherbergt. Mit diesem Unglauben an die Rohheit der menschlichen Natur verbindet sich das Unverständnis für die Bedeutung der Religion.

[73] GW 5, § 106

Zwischen der Religion eines Volkes und seinem wirklichen Lebenswandel besteht immer eine kompensatorische Beziehung, sonst hätte ja die Religion gar keinen praktischen Sinn. Angefangen mit der höchst moralischen Religion der Perser und der schon im Altertum berühmten moralischen Zweifelhaftigkeit persischer Lebensgewohnheiten, hinunter bis in unsere »christliche« Epoche, wo die Religion der Liebe dem größten Blutbad der Weltgeschichte assistiert, bewährt sich diese Regel.
[58] GW 6, § 229

Es ist nicht zu vergessen, dass im gleichen Maße, wie die bewusste Einstellung sich einer gewissen Gottähnlichkeit wegen ihres hohen und absoluten Standpunktes rühmen darf, eine unbewusste Einstellung sich entwickelt, deren Gottähnlichkeit aber nach unten orientiert ist, nämlich nach einem archaischen Gotte sinnlicher und gewalttätiger Natur. Heraklits Enantiodromie sorgt dafür, dass die Zeit kommt, wo auch dieser deus absconditus sich der Oberfläche naht und den Gott unserer Ideale an die Wand drückt.
[58] GW 6, § 150

Der Rausch, diese unmittelbarste und gefährlichste Ergriffenheit, hat sich von den Göttern abgewandt und mit seinem Überschwang und Pathos die Menschenwelt umfasst. Dieser Gefahr begegneten die heidnischen Religionen dadurch, dass die Rauschekstase im Kult ihren Platz hatte. Heraklit sah wohl dahinter, als er sagte: »Es ist der Hades, dem sie rasen und Feste feiern.« Aus diesem Grunde eben erhielt der Orgiasmus die kultische Lizenz, um die vom Hades drohende Gefahr zu bannen. Unsere Lösung aber hat es vermocht, die Tore des Hades weit aufzureißen.
[53] GW 12, § 182

In einer Zeit, wo ein großer Teil der Menschheit anfängt, das Christentum wegzulegen, lohnt es sich wohl, klar einzusehen, wozu man es eigentlich angenommen hat. Man hat es angenommen, um der Rohheit und Unbewusstheit der Antike zu entkommen. Legen wir es weg, so steht schon wieder die ursprüngliche Rohheit da, von der uns ja die zeitgenössische Geschichte einen nicht mehr zu überbietenden Eindruck gegeben hat. … Wir haben es ja erlebt, was kommt, wenn ein ganzes Volk die moralische Maske zu dumm findet. Dann wird die Bestie losgelassen, und eine ganze Zivilisation geht im Rausche der Entsittlichung unter.
[73] GW 5, § 341

Der ungeheure Gewissenszwang zum Guten, die gewaltige moralische Kraft des Christentums spricht nicht bloß zugunsten des Christentums, sondern beweist auch die Kraft des unterdrückten und verdrängten Gegenstückes, des antichristlichen, barbarischen Elementes. Dass noch ein Stück in uns ist, das uns überhaupt anfassen, das uns ernst nehmen kann, halte ich darum nicht nur für eine gefährliche, sondern auch für eine wertvolle und sympathische Eigentümlichkeit. Es ist ein noch unberührtes Vermögen, eine Jugendlichkeit, ein Schatz an Unverbrauchtem, ein Versprechen der Wiedergeburt.

[84] GW 10, § 20

Die Kirche stellt einen höheren geistigen Ersatz für die bloß natürliche, sozusagen »fleischliche« Bindung an die Eltern dar. Sie befreit damit die Individuen aus einer unbewussten, natürlichen Beziehung, die streng genommen gar keine Beziehung ist, sondern ein Zustand uranfänglicher, unbewusster Identität, der wegen seiner Unbewusstheit eine ungemeine Trägheit besitzt, die jeder geistigen Entwicklung größten Widerstand entgegensetzt. Man wüsste auch kaum anzugeben, wo in einem solchen Zustand ein wesentlicher Unterschied zur Tierseele bestünde. Es ist nun keineswegs eine Prärogative der christlichen Kirche, die Loslösung des Individuums aus dem anfänglichen, tierähnlichen Zustand zu erstreben und zu ermöglichen, sondern es ist die moderne, im Besonderen abendländische Form eines instinktiven Bestrebens, das vielleicht so alt ist wie die Menschheit überhaupt.

[109 B] GW 7, § 172

Wenn ich praktizierende Katholiken behandle, so trete ich beim Übertragungsproblem, kraft meines Amtes als Arzt, zurück und leite das Problem über in die Kirche. Behandle ich aber einen Nichtkatholiken, so ist mir dieser Ausweg versperrt, und ich kann, kraft meines Amtes als Arzt, nicht zurücktreten, denn es ist in der Regel dann niemand und nichts da, worauf ich die Vaterimago passenderweise überleiten könnte. Ich kann zwar die vernünftige Einsicht herstellen, dass ich nicht der Vater bin. Aber dann bin ich eben der vernünftige Vater und trotz alledem der Vater. Auch der Patient, nicht nur die Natur, hat einen horror vacui. Ihm graut es instinktiv davor, die Elternimagines und seine Kindheitsseele ins Nichts einer hoffnungs- und zukunftslosen Vergangenheit fallen zu lassen. Sein Instinkt sagt ihm, dass, um seiner eigenen Ganzheit willen, diese Dinge in irgendeiner Form am Leben bleiben sollten. Er weiß, dass

die totale Zurückziehung der Projektion von einer anscheinend grenzenlosen Einsamkeit in dem wenig geliebten und deshalb umso aufdringlicheren Ich gefolgt ist. Man hat es darin schon vorher nicht ausgehalten. Es ist darum wenig wahrscheinlich, dass man es jetzt und erst noch aus purer Vernunft täte. Darum kann in diesem Moment der von allzu persönlicher Bindung an die Eltern befreite Katholik unschwer zu den nun besser und tiefer verstandenen Mysterien der Kirche zurückkehren. Ja, es gibt auch Protestanten, die in einer der neueren Varianten des Protestantismus einen ihnen liegenden Sinn erkennen und damit wieder zu echter Religiosität gelangen.
[61] GW 16, § 218

Mit den bisher angewendeten Mitteln ist es nicht gelungen, die Seele bis zu dem Grade zu christianisieren, dass auch nur die elementarsten Forderungen der christlichen Ethik irgendeinen maßgeblichen Einfluss auf die hauptsächlichsten Belange des christlichen Europäers hätten. Die christliche Mission predigt zwar das Evangelium den armen, nackten Heiden; aber die inneren Heiden, die Europa bevölkern, haben vom Christentum noch nichts vernommen.
[53] GW 12, § 13

Die christliche Erziehung hat zwar das Menschenmögliche geleistet; aber es genügte nicht. Zu wenige haben es erfahren, dass die göttliche Gestalt innerstes Eigentum der eigenen Seele ist.
[53] GW 12, § 12

★

Niemand kann wissen, was die letzten Dinge sind. Wir müssen sie deshalb so nehmen, wie wir sie erfahren. Und wenn eine solche Erfahrung dazu hilft, das Leben gesünder oder schöner oder vollständiger oder sinnvoller zu gestalten, für einen selbst und für die, die man liebt, so kann man ruhig sagen: »Es war eine Gnade Gottes.«

Damit ist keine übermenschliche Wahrheit bewiesen, und man muss in aller Demut bekennen, dass die religiöse Erfahrung extra ecclesiam subjektiv und der Gefahr des grenzenlosen Irrtums ausgesetzt ist.
[55] GW 11, §§ 167f.

Religiöse Symbole sind Lebensphänomene, Tatsachen schlechthin und nicht Meinungen. Wenn die Kirche soundso lang daran festhält, dass die Sonne um die Erde rotiert, im 19. Jahrhundert aber diesen Standpunkt verlässt, so kann sie sich dafür auf die psychologische Wahrheit berufen, dass für viele Millionen Menschen die Sonne eben um die Erde rotierte und erst im 19. Jahrhundert eine größere Anzahl Menschen jene Sicherheit der intellektuellen Funktion erreicht hat, um die Beweise für die planetare Natur der Erde auch einsehen zu können. Es gibt leider keine Wahrheit ohne Menschen, welche sie einsehen.
[53] GW 12, § 166

Die Entwicklungsgeschichte des Protestantismus ist ein chronischer Bildersturm. Eine Mauer um die andere fiel. Und allzu schwierig war die Zerstörung auch nicht, nachdem die Autorität der Kirche einmal erschüttert war. Wir wissen, wie im Großen und im Kleinen, im Allgemeinen und im Einzelnen, Stück um Stück zerfiel und wie die jetzt herrschende, erschreckende Symbolarmut zustande kam. Damit ist auch die Kraft der Kirche geschwunden; eine Festung, die ihrer Bastionen und Kasematten beraubt ist; ein Haus, dessen Wände herausgebrochen sind, allen Winden der Welt und aller Gefährdung preisgegeben. Eigentlich ein beklagenswerter Zusammenbruch, welcher das historische Gefühl schmerzt, ist doch die Aufsplitterung des Protestantismus in einige Hundert Denominationen ein untrügliches Zeichen dafür, dass die Beunruhigung anhält.

Der protestantische Mensch ist eigentlich in eine Schutzlosigkeit hinausgestoßen, vor der es dem natürlichen Menschen grauen könnte. Das aufgeklärte Bewusstsein will allerdings davon nichts wissen, sucht aber in aller Stille anderswo, was in Europa verloren ging. Man forscht nach den wirkenden Bildern, den Anschauungsformen, welche die Beunruhigung von Herz und Sinn befriedigen, und findet die Schätze des Ostens.
[78 B] GW 9/I, §§ 23f.

Ich bin überzeugt, dass die zunehmende Verarmung an Symbolen einen Sinn hat. Diese Entwicklung hat eine innere Konsequenz. Alles, worüber man sich nichts dachte und was dadurch eines sinngemäßen Zusammenhanges mit dem sich ja weiterentwickelnden Bewusstsein ermangelte, ist verloren gegangen. Wenn man nun versuchte, seine Blöße mit orientalischen Prunkgewändern zu verhüllen, wie es die Theosophen tun, so würde man seiner eigenen Geschichte untreu. Man wirtschaftet sich

nicht zuerst zum Bettler hinunter, um nachher als indischer Theaterkönig zu posieren. Weit besser schiene es mir, sich entschlossen zur geistlichen Armut der Symbollosigkeit zu bekennen, statt sich ein Besitztum vorzutäuschen, dessen legitime Erben wir auf keinen Fall sind. Wohl sind wir die rechtmäßigen Erben der christlichen Symbolik, aber dieses Erbe haben wir irgendwie vertan. Wir haben das Haus zerfallen lassen, das unsere Väter gebaut, und versuchen nun, in orientalische Paläste einzubrechen, die unsere Väter nie kannten.
[78 B] GW 9/I, § 28

Archetypische Bilder sind eben a priori so bedeutungsvoll, dass man schon gar nie danach fragt, was sie eigentlich meinen könnten. Darum sterben von Zeit zu Zeit die Götter, weil man plötzlich entdeckt, dass sie nichts bedeuten, dass sie von Menschenhand gemachte, aus Holz und Stein geformte Nichtsnutzigkeiten sind. In Wirklichkeit hat der Mensch dabei nur entdeckt, dass er bis dahin über seine Bilder überhaupt nichts gedacht hat.
[78 B] GW 9/I, § 22

★

Religiöse Sentimentalität anstatt des Numinosum göttlicher Erfahrung. Das ist das wohlbekannte Kennzeichen einer Religion, die das lebendige Geheimnis verloren hat. Es ist leicht verständlich, dass eine solche Religion unfähig ist, Hilfe zu geben oder irgendeine andere moralische Wirkung zu haben.
[55] GW 11, § 52

Die ganze heutige Entwicklung ist Schicksal. Ich würde weder dem Protestantismus noch der Renaissance die Schuld daran geben. Aber eines ist sicher – dass der moderne Mensch, Protestant oder nicht, den Schutz der kirchlichen Mauern, die seit den Tagen Roms sorgfältig aufgerichtet und verstärkt worden waren, weitgehend verloren und wegen dieses Verlustes sich der Zone des weltzerstörenden und weltschaffenden Feuers genähert hat. Das Leben ist schneller und intensiver geworden. Unsere Welt ist erschüttert und durchdrungen von Wellen der Ruhelosigkeit und der Furcht.
[55] GW 11, § 84

Die Spaltungskrankheit einer Welt ist zugleich auch ein Gesundungsprozess oder besser noch: der Höhepunkt einer Schwangerschaft, der Geburtswehen bedeutet. Eine Zeit der Zerspaltung, wie die des Imperium Romanum, ist zugleich eine Epoche der Geburt. Nicht sinnloserweise datieren wir unsere Ära vom Zeitalter des Augustus Caesar, denn in seine Epoche fällt die Geburt jener symbolischen Gestalt des Christus, welcher von den alten Christen als *Fisch*, nämlich als Herr des eben begonnenen Weltmonates der Fische, angerufen wurde und zum führenden Geist eines zweitausendjährigen Zeitalters emporstieg. Sozusagen dem Meere entstieg er, wie der sagenhafte Weisheitslehrer der Babylonier, Oannes, als die Urnacht emporschwoll und eine Weltzeit zum Bersten brachte. Er sagte zwar: »Ich bin nicht gekommen, den Frieden zu bringen, sondern das Schwert« (Mt 10,34). Aber was Spaltung bringt, erzeugt Verbundenheit. Deshalb war seine Lehre die der allverbindenden Liebe.
[9] GW 10, § 293

»Gott« ist eine Urerfahrung des Menschen, und die Menschheit hat sich seit unvordenklichen Zeiten eine unausdenkbare Mühe gegeben, diese unfassbare Erfahrung darzustellen, zu assimilieren durch Deutung, durch Spekulation und durch Dogma, oder sie zu leugnen. Und immer wieder ist es geschehen und geschieht es, dass man zu viel vom »lieben« Gott weiß und ihn zu gut kennt, sodass man ihn mit den eigenen Vorstellungen verwechselt und diese für heilig hält, weil sie sich über ein tausendjähriges Alter ausweisen können; ein Aberglaube und eine Idolatrie, ebenso schlimm wie der Wahn, man könne »Gott« wegerziehen.
[13] GW 11, § 480

Die primitive Geistesverfassung *erfindet* keine Mythen, sondern sie *erlebt* sie. Die Mythen sind ursprünglich Offenbarungen der vorbewussten Seele, unwillkürliche Aussagen über unbewusstes seelisches Geschehen und nichts weniger als Allegorien physischer Vorgänge. Solche Allegorien wären ein müßiges Spiel eines unwissenschaftlichen Intellekts. Mythen hingegen haben eine vitale Bedeutung. Sie stellen nicht nur dar, sondern sind auch das seelische Leben des primitiven Stammes, der sofort zerfällt und untergeht, wenn er sein mythisches Ahnengut verliert, wie ein Mensch, der seine Seele verloren hat. Die Mythologie eines Stammes ist seine lebendige Religion, deren Verlust immer und überall, auch beim zivilisierten Menschen, eine moralische Katastrophe ist. Religion aber ist eine lebendige Beziehung zu den seelischen Vorgängen, die nicht vom Bewusstsein abhängen, sondern jenseits davon, im Dunkel des seelischen Hintergrundes, sich ereignen.

[107] GW 9/I, § 261

Was soll eine Religion ohne Mythus, wo sie doch, wenn überhaupt etwas, eben gerade die Funktion bedeutet, die uns mit dem ewigen Mythus verbindet?

[6] GW 11, § 647

Religiöse Erfahrung ist absolut. Man kann darüber nicht disputieren. Man kann nur sagen, dass man niemals eine solche Erfahrung gehabt habe, und der Gegner wird sagen: »Ich bedaure, aber ich hatte sie.« Und damit wird die Diskussion zu Ende sein.

[55] GW 11, § 167

Es ist gleichgültig, was die Welt über religiöse Erfahrung denkt; derjenige, der sie hat, besitzt den großen Schatz einer Sache, die ihm zu einer Quelle von Leben, Sinn und Schönheit wurde und die der Welt und der Menschheit einen neuen Glanz gegeben hat. Er hat Pistis und Frieden. Wo ist das Kriterium, welches zu sagen erlaubte, dass solch ein Leben nicht legitim, dass solch eine Erfahrung nicht gültig und solch eine Pistis bloße Illusion sei? Gibt es tatsächlich irgendeine bessere Wahrheit über letzte Dinge als diejenige, die einem hilft zu leben?

[55] GW 11, § 167

Der Glaube ist kein genügender Ersatz für die innere Erfahrung, und wo Letztere fehlt, kann auch ein starker Glaube, der als ein donum gratiae wunderbar gekommen ist, ebenso wunderbar wieder verschwinden. Man bezeichnet zwar den Glauben als die eigentliche religiöse Erfahrung, bedenkt aber nicht, dass er eigentlich ein sekundäres Phänomen ist, welches darauf beruht, dass uns primär etwas zugestoßen ist, das uns »pistis«, das heißt Vertrauen und Loyalität, einflößt.

[21] GW 10, § 521

Religion bedeutet Abhängigkeit von und Unterwerfung an irrationale Gegebenheiten.

[21] GW 10, § 505

Solange die Religion nur Glaube und äußere Form und die religiöse Funktion nicht eine Erfahrung der eigenen Seele ist, so ist nichts Gründliches geschehen. Es muss noch verstanden werden, dass das »mysterium magnum« nicht nur an sich vorhanden, sondern auch vornehmlich in der menschlichen Seele begründet ist. Wer das nicht aus Erfahrung weiß, der mag ein Hochgelehrter der Theologie sein; aber von Religion hat er keine Ahnung und noch weniger von Menschenerziehung.
[53] GW 12, § 13

Die Theologie kommt dem Suchenden nicht entgegen, denn sie fordert den Glauben, der aber ein echtes und rechtes Charisma ist, das niemand machen kann. *Wir Modernen sind darauf angewiesen, den Geist wieder zu erleben, das heißt Urerfahrung zu machen.* Dies ist die einzige Möglichkeit, den Zauberkreis des biologischen Geschehens zu durchbrechen.
[20] GW 4, § 780

Selbst Gott kann nicht gedeihen in einer seelisch unterernährten Menschheit.
[19] GW 10, § 274

Der moralisch und geistig höherstehende Mensch unserer Zeit wünscht nicht mehr, einem Glauben oder einem starren Dogma zu folgen. Er will verstehen. Kein Wunder, dass er alles zur Seite wirft, was er nicht versteht, und das religiöse Symbol gehört zu jenen Dingen, die dem Verständnis nicht gerade leicht zugänglich sind. Daher geht die Religion meistens zuerst über Bord. Das sacrificium intellectus, welches der positive Glaube verlangt, ist eine Gewalttat, gegen die sich das Gewissen des höherstehenden Menschen sträubt.
[87] GW 4, § 434

Die Brücke, die vom Dogma zum inneren Erlebnis des Einzelnen führt, fehlt. Stattdessen wird das Dogma »geglaubt«; es ist hypostasiert, wie bei den Protestanten die Bibel, welche illegitimerweise zur höchsten Autorität erhoben wird, ungeachtet ihrer Widersprüche und ihrer kontroversen Auslegungen. (Man kann aus der Bibel bekanntlich alles autorisieren!) Es formuliert nicht mehr, es drückt nicht mehr aus, sondern ist ein Lehrsatz an und für sich, der auf keinem beweisenden Erlebnis fußt. Ja der Glaube selber ist dieses Erlebnis geworden.
[1] GW 9/II, § 276

Nötig sind einige einleuchtende Wahrheiten, aber keine Glaubensartikel. Wo eine verständliche Wahrheit wirkt, da stellt sich auch willig der Glaube ein, der noch immer da geholfen hat, wo das Denken und Verstehen nicht ganz mitkam. Das Verständnis ist nämlich nie ein Notbehelf des Glaubens, sondern umgekehrt ergänzt der Glaube das Verständnis. Die Menschen zu einem Glauben zu erziehen, den sie nicht verstehen, ist gewiss eine gut gemeinte Bemühung. Man riskiert aber, damit eine Einstellung zu erzeugen, die alles glaubt, was sie nicht versteht.

[63] GW 18/II, § 1381

Dogmata begegnen heute tauben Ohren, denn nichts in unserer bekannten Welt kommt solchen Behauptungen entgegen. Verstehen wir diese Dinge aber als das, was sie sind, nämlich als Symbole, dann können wir die abgrundtiefe Weisheit dieser Dinge nur bewundern und jener Institution dankbar sein, die sie nicht nur konserviert, sondern auch dogmatisch entwickelt hat. Dem Menschen von heute fehlt das Verstehen, das ihm zum Glauben helfen könnte.

[88] GW 11, § 293

Es sind nicht noch so hohe ethische Leitsätze oder noch so orthodoxe Bekenntnisse, welche die Autonomie und Freiheit des Individuums begründen, sondern es ist einzig und allein das empirische Bewusstsein, das heißt die unzweideutige Erfahrung einer allerpersönlichsten und wechselseitigen Beziehung zwischen dem Menschen und einer extramundanen Instanz, welche der »Welt und ihrer Vernunft« die Waage hält.

[21] GW 10, § 509

Der negative Entscheid des Einzelnen hinsichtlich seiner Teilnahme an einer Konfession bedeutet keineswegs immer eine antichristliche Haltung, sondern gegebenenfalls geradezu das Gegenteil, nämlich eine Rückbesinnung auf das Gottesreich im Herzen des Menschen, wo sich nach den Worten Augustins das »mysterium paschale« »in interioribus ac superioribus suis« vollzieht. Jene alte und längst obsolete Idee vom Menschen als Mikrokosmos bedeutet nämlich eine große psychologische Wahrheit, die noch zu entdecken ist. Früher war sie auf den Körper projiziert, wie die Alchemie die unbewusste Psyche in den chemischen Stoff projizierte. Ein anderes aber ist es, wenn der Mikrokosmos jene innere Welt und Natur meint, die sich uns im Unbewussten zögernd enthüllt.

[52] GW 16, § 397

Je unbewusster sich das religiöse Problem der Zukunft stellt, desto größer ist die Gefahr, dass der Mensch den Gotteskeim in sich zu einer lächerlichen oder dämonischen Selbstaufblähung missbrauchen wird, anstatt sich bewusst zu bleiben, nicht mehr als etwa der Stall zu sein, in dem der Herr geboren wird.
[88] GW 11, § 267

Wahres Menschsein ist ein äußerstes Entfernt- und von Gott Verschiedensein. »De profundis clamavi ad te, Domine« – dieses Bekenntnis zeigt beides, das Fern- und das Nahsein, die äußerste Verfinsterung und zugleich das Aufblitzen des Gottesfunkens. Gott ist in seinem Menschsein sich selber wohl so ferne, dass er mit völliger Hingabe sich selber wieder suchen muss. Was wäre es mit der Ganzheit Gottes, wenn er nicht auch das »ganz Andere« sein könnte?
[92 B] GW 11, § 380

Der bloß gläubige und nicht denkende Mensch vergisst immer, dass er es ist, der sich beständig seinem ureigensten Feinde, dem Zweifel, ausgesetzt sieht; denn wo der Glaube herrscht, da lauert immer der Zweifel. Dem denkenden Menschen dagegen ist der Zweifel willkommen, denn er dient ihm als wertvollste Stufe zu verbesserter Erkenntnis. Leute, die glauben können, sollten etwas duldsamer sein mit ihren Mitmenschen, die bloß zu denken imstande sind. Der Glaube hat ja den Gipfel vorweggenommen, den das Denken in mühsamer Ersteigung zu gewinnen trachtet. Der Gläubige soll seinen habituellen Feind, den Zweifel, nicht auf den Denkenden projizieren und damit dem Letzteren zerstörerische Absichten zutrauen.
[88] GW 11, § 170

Ein Christ von heutzutage sollte sich eigentlich nicht mehr auf ein einseitiges Bekenntnis versteifen, sondern sich der Tatsache bewusst sein, dass die Christenheit seit vierhundert Jahren im Zustand des Schismas existiert; infolgedessen jeder einzelne Christ in seiner Seele gespalten ist. Diese Wunde wird natürlich weder behandelt noch geheilt damit, dass jeder auf seinem Standpunkt beharrt. Hinter seinen Mauern kann er sich zwar seiner absoluten und einheitlichen Überzeugung freuen und sich des Konfliktes enthoben wähnen, aber außen unterhält er eben durch seine Intransigenz den Konflikt und fährt fort, die Verbohrtheit und Verstocktheit des *anderen* zu beklagen. Es scheint, als ob das Christentum von jeher die Religion der Streitsüchtigen gewesen sei und sich auch jetzt noch Mühe gäbe, den Zank ja nie einschlafen zu lassen. Merkwürdigerweise verkündet es anhaltend das Evangelium der Nächstenliebe.

[41] GW 14/I, § 251

Obschon der Moment der Bekehrung ein absolut plötzlicher zu sein scheint, so wissen wir doch andererseits aus vielfacher Erfahrung, dass zu einer so fundamentalen Umwandlung eine längere innere Vorbereitung gehört; und erst wenn diese vollendet ist, das heißt, wenn das Individuum zur Bekehrung reif ist, so bricht die neue Erkenntnis mit gewaltigem Affekt durch. Saulus war unbewusst schon längere Zeit ein Christ, daraus erklärt sich sein fanatischer Christenhass; denn Fanatismus findet sich immer bei solchen, die einen inneren Zweifel zu übertönen haben. Darum sind die Konvertiten immer die schlimmsten Fanatiker.

[57] GW 8, § 582

Über einen indiskutablen Gegenstand kann und darf man nicht denken. Man kann ihn nur behaupten, darum kann es auch keine Einigung zwischen divergierenden Behauptungen geben; und so bietet die Christenheit – man denke: die Religion der brüderlichen Liebe – das klägliche Schauspiel eines großen und vieler kleiner Schismata, wo jede Fraktion sich rettungslos in der Falle ihrer Alleinrichtigkeit gefangen hat.

[42] GW 14/II, § 441

Die »physische« und die »wahrnehmbare Welt« sind zwei sehr verschiedene Dinge. Dieses Wissen ermutigt uns keineswegs, nun gar zu meinen, dass unser metaphysisches Weltbild mit der transzendentalen Wirklichkeit übereinstimme. Überdies sind die Aussagen über Letztere von schier unabsehbarer Verschiedenartigkeit, sodass man auch beim besten Willen nicht wüsste, wer nun recht hat. Das haben die Bekenntnisreligionen auch schon längstens anerkannt, und deshalb erhebt nicht nur jede von ihnen den Anspruch, allein wahr zu sein, sondern darüber hinaus auch gar keine menschliche Wahrheit zu vertreten, sondern die von Gott direkt inspirierte und geoffenbarte Wahrheit selber zu sein. Jeder Theologe spricht von »Gott« schlechthin, wobei er meinen macht, dass sein »Gott« der Gott überhaupt sei. Der eine spricht aber vom paradoxen Gott des Alten Testaments, der andere vom inkarnierten Gott der Liebe, der dritte

von dem Gott, der eine himmlische Braut hat usw., und jeder kritisiert den anderen, aber nicht sich selber.
[42] GW 14/II, § 436

Meiner Psychologie macht man zum größten Vorwurf: sie entscheide sich nicht für die oder die bestimmte religiöse Lehre. Ohne meiner subjektiven Überzeugung irgendwie vorzugreifen, möchte ich die Frage aufwerfen: Ist es nicht denkbar, dass auch das eine Entscheidung sein könnte, wenn man sich nicht zum »arbiter mundi« aufwirft, sondern ausdrücklich auf diese Subjektivität verzichtet und zum Beispiel dem Glauben huldigt, dass Gott sich in vielen Sprachen und in vielen Erscheinungsweisen ausgedrückt habe und dass alle diese Aussagen *wahr* sind? Der namentlich von christlicher Seite erhobene Einwand, dass doch unmöglich die allerwidersprechendsten Aussagen wahr sein können, muss sich die höfliche Anfrage gefallen lassen: Ist eins = drei? Wie kann drei eins sein? Kann eine Mutter Jungfrau sein? Und so weiter. Hat man denn noch nicht bemerkt, dass alle religiösen Aussagen logische Widersprüche und prinzipiell unmögliche Behauptungen enthalten, ja dass das sogar das Wesen der religiösen Behauptung ausmacht?
[53] GW 12, § 18

Wenn die Psychologie von dem Motiv der jungfräulichen Geburt spricht, so beschäftigt sie sich nur mit der Tatsache, dass es eine solche Idee gibt, nicht mit der Frage, ob eine solche Idee in irgendeinem Sinne wahr oder falsch sei. Die Idee ist psychologisch wahr, insoweit sie existiert.
[55] GW 11, § 4

Religiöse Behauptungen betreffen allesamt die *Wirklichkeit der Seele* und nicht die der Physis.
[6] GW 11, § 752

Die Paradoxie gehört sonderbarerweise zum höchsten geistigen Gut; die Eindeutigkeit aber ist ein Zeichen der Schwäche. Darum verarmt eine Religion innerlich, wenn sie ihre Paradoxien verliert oder vermindert, deren Vermehrung aber bereichert; denn nur das Paradoxe vermag die Fülle des Lebens annähernd zu fassen, die Eindeutigkeit und das Widerspruchslose aber sind einseitig und darum ungeeignet, das Unerfassliche auszudrücken.
[53] GW 12, § 18

Eindeutige Aussagen können nämlich nur über immanente Gegenstände gemacht werden, über transzendentale dagegen kann nur antinomisch ausgesagt werden.
[42] GW 14/II, § 372

Das Geheimnis der jungfräulichen Geburt oder die Homoousie des Sohnes mit dem Vater oder die Trinität, die keine Triade ist, beflügeln keine philosophische Fantasie mehr. Sie sind bloße Glaubensobjekte geworden. Es ist daher nicht erstaunlich, wenn das religiöse Bedürfnis, der gläubige Sinn und die philosophische Spekulation des gebildeten Europäers sich von den Symbolen des Ostens, den grandiosen Auffassungen der Gottheit in Indien und den Abgründen taoistischer Philosophie in China angezogen fühlen, wie einstmals das Gemüt und der Geist des antiken Menschen von den christlichen Ideen erfasst wurden. Es gibt viele, die sich zuerst der Einwirkung des christlichen Symbols hingaben, bis sie sich in die Kierkegaard'sche Neurose verwickelten oder bis ihr Verhältnis zu Gott, infolge zunehmender Verarmung an Symbolik, zu einer unerträglich zugespitzten Ich-Du-Beziehung sich entwickelte, um dann dem Zauber der frischen Fremdartigkeit östlicher Symbole zu erliegen. Dieses Erliegen ist nicht notwendigerweise stets eine Niederlage, sondern es kann die Aufgeschlossenheit und die Lebendigkeit des religiösen Empfindens beweisen. Wir beobachten etwas Ähnliches beim östlichen Gebildeten, der sich nicht allzu selten vom christlichen Symbol oder von der dem östlichen Geiste so inadäquaten Wissenschaft angezogen fühlt und sogar ein beneidenswertes Verständnis dafür entwickelt. Dass man diesen ewigen Bildern erliegt, ist eine an sich normale Sache. Dafür sind diese Bilder ja vorhanden. Sie sollen anziehen, überzeugen, faszinieren und überwältigen. Sie sind ja aus dem Urstoff der Offenbarung geschaffen und bilden die jeweils erstmalige Erfahrung der Gottheit ab.
[78 B] GW 9/I, § 11

Der Agnostizismus behauptet, keine Gottes- noch irgendwelche andere metaphysische Erkenntnis zu besitzen und übersieht, dass man eine metaphysische Überzeugung niemals *besitzt*, sondern dass man von ihr *besessen ist.*
[6] GW 11, § 735

Da nun in dieser Welt nichts von heilsamen Mächten sichtbar ist als jene großen »psychotherapeutischen« Systeme, die man als Religionen bezeichnet und von denen man das »Heil der Seele« erwartet, so ist es ganz natürlich, dass nicht wenige den gerechtfertigten und nicht selten auch geglückten Versuch unternehmen, mit neu gewonnenem Verständnis der Bedeutungsschwere überlieferter Heilswahrheiten sich einer der bestehenden Konfessionen einzuordnen.

Diese Lösung ist insofern normal und darum befriedigend, als die dogmatisch formulierten Grundwahrheiten der christlichen Kirche die Natur der inneren Erfahrung in fast vollkommener Weise ausdrücken. Es ist darin ein kaum zu überbietendes Wissen um die Geheimnisse der Seele enthalten und in großen, symbolischen Bildern dargestellt. Das Unbewusste hat daher eine natürliche Affinität zum geistigen Gehalt der Kirche, und zwar gerade zur dogmatischen Gestalt, die ihr Sosein den uns absurd vorkommenden jahrhundertelangen, dogmatischen Streitereien, das heißt der in ihnen liegenden leidenschaftlichen Bemühungen vieler großer Männer, verdankt.

[52] GW 16, §§ 390f.

Die Dogmen sind pneumatische Strukturen von höchster Schönheit und einem bewundernswerten Sinn, um den ich mich in meiner Art bemüht habe. Daneben lassen sich unsere wissenschaftlichen Versuche, Modelle der »objektiven Psyche« herzustellen, überhaupt nicht sehen. Sie sind erd- und wirklichkeitsnah, widerspruchsvoll, unfertig, logisch und ästhetisch unbefriedigend.

[5] GW 18/II, § 1511

Die *Schönheit der Kulthandlung* ist unerlässliches Requisit, denn der Mensch hat Gott nicht recht gedient, wenn er ihm nicht auch in Schönheit dient.

[92 B] GW 11, § 379

Das geistige Abenteuer unserer Zeit ist die Auslieferung des menschlichen Bewusstseins ans Unbestimmte und Unbestimmbare, wennschon es uns scheinen will – und dies nicht ohne gute Gründe –, als ob auch im Grenzenlosen jene seelischen Gesetze walteten, die kein Mensch erdacht, deren Kenntnis ihm aber durch »Gnosis« zuteilwurde in der Symbolik des christlichen Dogmas, an dem nur unvorsichtige Toren rütteln, nicht aber Liebhaber der Seele.

[55] GW 11, § 168

Wenn der Theologe wirklich an die Allgewalt Gottes einerseits und an die Gültigkeit der Dogmen andererseits glaubt, warum vertraut er dann nicht darauf, dass auch die Seele Gott ausspricht? Warum diese Angst vor der Psychologie? Oder soll die Seele (in gänzlich undogmatischer Weise) direkt als die Hölle gelten, aus der nur Dämonen sprechen? Sollte dies wirklich der Fall sein, so wäre eine solche Tatsache wohl nicht minder überzeugend; denn wie man weiß, hat die mit Entsetzen wahrgenommene Realität des Bösen mindestens ebenso viele Menschen bekehrt wie die Erfahrung des Guten.
[53] GW 12, § 19

Wenn ich den Versuch gewagt habe, alte, fremd gewordene Dogmata einer psychologischen Betrachtung zu unterziehen, so geschah dies wahrlich nicht aus eingebildeter Besserwisserei, sondern aus der Überzeugung, dass das Dogma, um welches so viele Jahrhunderte gerungen haben, unmöglich eine leere Fantasie sein kann. Dazu lag es mir zu sehr auf der Linie des consensus omnium, nämlich des Archetypus. Erst diese Einsicht hat mir überhaupt eine Beziehung zum Dogma ermöglicht. Als metaphysische »Wahrheit« blieb es mir völlig unzugänglich, und ich darf wohl vermuten, dass ich bei Weitem nicht der Einzige bin, dem es so ergangen ist. Die Erkenntnis der universalen archetypischen Grundlagen an sich hat mir den Mut gegeben, das quod semper, quod ubique, quod ab omnibus creditum est, als psychologische Tatsache, die sich weit über den Rahmen des christlichen Bekenntnisses hinaus erstreckt, ins Auge zu fassen und sie als naturwissenschaftliches Objekt, als ein Phänomen schlechthin zu betrachten, was für eine »metaphysische« Bedeutung ihr auch immer zugedacht sein mag.
[88] GW 11, § 294

Dass der Mensch als Maß der Dinge durch eine psychologische Betrachtungsweise mehr ins Zentrum des Blickfeldes gerückt wird, ist nicht zu bestreiten. Man misst ihm damit keine unberechtigte Bedeutung zu. Schon die großen Weltreligionen, Buddhismus und Christentum, haben dem Menschen, jede in ihrer Weise, eine zentrale Stelle angewiesen, und das Christentum hat diese seine Tendenz symbolisch durch das Dogma unterstrichen, dass Gott selber wirklicher Mensch geworden sei. Keine Psychologie der Welt könnte diese Würdigung überbieten.
[42] GW 14/II, § 444

Denn zweifellos wird der Mensch in seiner Bedeutung gemehrt, wenn sogar Gott selber Mensch wird.
[6] GW 11, § 650

⋆

Seit ungezählten Jahrtausenden lehren die Initiationen die Geburt aus dem Geiste, und sonderbarerweise vergisst der Mensch immer wieder, die göttliche Zeugung zu verstehen. Das beweist keine besondere Stärke des Geistes, aber die Folgen des Missverstehens äußern sich als neurotische Verkümmerung, Verbitterung, Verengung und Verödung. Leicht ist es, den Geist auszutreiben, aber in der Suppe fehlt das Salz, das »Salz der Erde«. Doch der Geist beweist immer wieder seine Stärke darin, dass die wesentliche Lehre der alten Einweihungen von Generation zu Generation weitergetragen wird. Immer wieder gibt es auch Menschen, die es verstanden haben, was es heißt, dass Gott ihr Vater sei. Das Gleichgewicht von Fleisch und Geist bleibt dieser Sphäre erhalten.
[20] GW 4, § 783

Obschon im Allgemeinen angenommen wird, dass das einmalige Opfer Christi den Fluch der Erbsünde gebrochen und Gott endgültig versöhnt habe, so scheint Christus in dieser Hinsicht doch etwelche Besorgnisse empfunden zu haben. Was wird mit den Menschen, insbesondere mit seinen Anhängern geschehen, wenn die Herde ihren Hirten verloren hat und wenn sie den vermissen, der für sie beim Vater eingetreten ist? Er versichert zwar seinen Jüngern, dass er immer gegenwärtig sein werde, ja dass er in ihnen selber sei. Trotzdem scheint ihm dies nicht zu genügen, sondern er verspricht ihnen darüber hinaus, an seiner statt einen anderen parákletos (Anwalt, Rechtsbeistand), der ihnen mit Rat und Tat beistehen und ewig bei ihnen bleiben werde, vom Vater her zu senden.
[6] GW 11, § 691

Der christliche Mensch ist der moralisch leidende Mensch, der trotz seiner potenziellen Erlöstheit in seinem Leid des Trösters, des Parakleten, bedarf. Der Mensch kann den Konflikt aus eigener Kraft nicht überwinden, wie er ihn ja auch nicht erfunden hat. Er ist auf die göttliche Tröstung und Versöhnung angewiesen, das heißt auf die spontane Offenbarung jenes Geistes, der menschlichem Willen nicht gehorcht, sondern kommt und geht, wie Er will. Jener Geist ist ein autonomes seelisches

Geschehen, eine Stillung nach dem Sturm, ein versöhnendes Licht in den Finsternissen des menschlichen Verstandes und die geheime Ordnung unseres seelischen Chaos. Der Heilige Geist ist ein Tröster wie der Vater, ein stilles, ewiges und abgründiges Eines, in welchem die Liebe und der Schrecken Gottes zu wortloser Einheit zusammengeschmolzen sind. Und eben darin wird der Ursinn der noch sinnlosen Vaterwelt im Raume menschlicher Erfahrung und Reflexion wiederhergestellt. Der Heilige Geist ist in einer quaternarischen Anschauung eine Versöhnung der Gegensätze und damit die Antwort auf jenes Leiden in der Gottheit, das Christus personifiziert.
[88] GW 11, § 260

Die Sendung des Parakleten hat aber noch einen anderen Aspekt. Dieser Geist der Wahrheit und Erkenntnis ist der Heilige Geist, von dem Christus gezeugt worden ist. Er ist der Geist der physischen und geistigen Zeugung, der von nun an in den kreatürlichen Menschen seine Wohnung aufschlagen soll. Da er die dritte Person der Gottheit darstellt, so heißt das so viel, als dass *Gott im kreatürlichen Menschen gezeugt* werde.
[6] GW 11, § 692

Gott hat einen furchtbaren Doppelaspekt: Ein Meer der Gnade stößt an einen glühenden Feuersee, und das Licht der Liebe überstrahlt eine dunkle Glut, von der es heißt: »Ardet non lucet« (sie brennt, aber sie leuchtet nicht). Das ist das ewige Evangelium (im Gegensatz zum zeitlichen): *Man kann Gott lieben und muss ihn fürchten.*
[6] GW 11, § 733

Dazu hat er sich durch den Heiligen Geist den kreatürlichen Menschen mit dessen Dunkelheit ausersehen; den natürlichen Menschen, den die Erbsünde befleckt und den die gefallenen Engel die göttlichen Wissenschaften und Künste gelehrt haben. *Der schuldige Mensch ist geeignet und darum ausersehen*, zur Geburtsstätte der fortschreitenden Inkarnation zu werden, nicht der unschuldige, der sich der Welt vorenthält und den Tribut ans Leben verweigert, denn in diesem fände der dunkle Gott keinen Raum.
[6] GW 11, § 746

Seit der *Apokalypse* wissen wir wieder, dass Gott nicht nur zu lieben, sondern auch zu fürchten ist. *Er erfüllt uns mit Gutem und mit Bösem*, sonst

wäre er ja nicht zu fürchten, und weil er Mensch werden will, muss die Einigung seiner Antinomie im Menschen stattfinden. Das bedeutet für den Menschen eine neue Verantwortlichkeit. Er kann sich jetzt nicht mehr mit seiner Kleinheit und Nichtigkeit ausreden, denn der dunkle Gott hat ihm die Atombombe und die chemischen Kampfstoffe in die Hand gedrückt und ihm damit die Macht gegeben, die apokalyptischen Zornschalen über seine Mitmenschen auszugießen. Da ihm sozusagen göttliche Macht geworden, kann er nicht mehr blind und unbewusst bleiben. Er muss um die Natur Gottes und das, was in der Metaphysik vorgeht, wissen, damit er sich selbst verstehe und dadurch Gott erkenne.
[6] GW 11, § 747

Die Tatsache, dass christliche Ethik in Pflichtenkollisionen hineinführt, spricht zu ihren Gunsten. Indem sie unlösbare Konflikte und damit eine »afflictio animae« erzeugt, bringt sie den Menschen der Gotteserkenntnis näher: aller Gegensatz ist Gottes, darum muss sich der Mensch damit belasten, und indem er es tut, hat Gott mit seiner Gegensätzlichkeit von ihm Besitz ergriffen, das heißt sich inkarniert. Der Mensch wird erfüllt vom göttlichen Konflikt.
[6] GW 11, § 659

Der »lichte Gott« beschreitet die Brücke Mensch von der Tagseite, der »Schatten Gottes« aber von der Nachtseite. Wer wird entscheiden in diesem furchtbaren Dilemma, das mit nie gekannten Schauern und Trunkenheiten das armselige Gefäß zu zersprengen droht? Es wird wohl die *Offenbarung eines Heiligen Geistes aus dem Menschen selber* sein. Wie einst der Mensch aus Gott offenbar wurde, so mag, wenn der Ring sich schließt, Gott auch aus dem Menschen offenbar werden.
[88] GW 11, § 267

Ein lebendes Beispiel des Mysteriendramas, welches die Permanenz und Wandlung des Lebens darstellt, ist die Messe. Wenn wir das Publikum während der heiligen Handlung beobachten, so können wir alle Grade von indifferenter, bloßer Gegenwart bis zum tiefsten Ergriffensein sehen. Die Männergruppen, die während der Messe in der Nähe des Ausgangs zusammenstehen, allerhand weltliche Unterhaltung pflegen und ganz mechanisch die Bekreuzigungen vornehmen und ein Knie beugen, haben trotz ihrer Unaufmerksamkeit doch Anteil an der heiligen Handlung, und zwar durch ihre bloße Gegenwart in dem von Gnade erfüllten

Raume. In der Messe wird als ein außerweltlicher und unzeitlicher Akt Christus geopfert, und Er ersteht wieder in den gewandelten Substanzen. Der rituelle Opfertod ist keine Wiederholung des historischen Geschehens, sondern der erst- und einmalige, ewige Vorgang. Das Erlebnis der Messe ist daher eine Anteilnahme an einer alle Schranken von Raum und Zeit überwindenden Transzendenz des Lebens. Es ist ein Ewigkeitsmoment in der Zeit.
[85] GW 9/I, § 209

Ich wünsche allen, dass die Kirche ihnen die Last ihrer Sünden abnehme. Wem sie diesen Dienst aber nicht leisten kann, der muss sich in der Nachfolge Christi *sehr tief bücken*, um die Last seines Kreuzes auf sich zu nehmen. Die Antike konnte sich mit griechischer Urweisheit behelfen: Μηδὲν ἄγαν, τῷ καιρῷ πὰντα πρόσεστι καλά. (Nichts übertreiben, am rechten Maß liegt alles Gute.) Aber welcher Abgrund trennt uns noch von der Vernunft!
[53] GW 12, § 37

Der Anspruch des christlichen Taufsakramentes stellt einen Markstein höchster Bedeutung in der seelischen Entwicklung der Menschheit dar. Taufe verleiht wesenhafte Seele; nicht der einzelne, magische, baptismale Ritus tut es, sondern die Idee der Taufe, welche den Menschen aus der archaischen Identität mit der Welt heraushebt und in ein weltüberlegenes Wesen verwandelt. Dass die Menschheit die Höhe dieser Idee erklommen hat, das ist im tiefsten Sinne Taufe und Geburt des geistigen, nicht natürlichen Menschen.
[7] GW 10, § 136

Wenn Gott als Mensch geboren werden und die Menschheit in der Gemeinschaft des Heiligen Geistes sich vereinigen will, so leidet er die furchtbare Qual, die Welt in ihrer Realität tragen zu müssen. Es ist eine Crux, ja er ist sich selber ein Kreuz. Die Welt ist das Leiden Gottes, und jeder einzelne Mensch, der auch nur annähernd seine eigene Ganzheit sein möchte, weiß genau, dass sie eine Kreuztragung bedeutet. Aber die ewige Verheißung der Kreuztragung ist der Paraklet.
[88] GW 11, § 267

Anhang

Bibliografischer Zitatennachweis

Die Quellenangaben am Ende der zitierten Texte (z. B. [55] GW 11, § 87) sind folgendermaßen zu verstehen: Die Zahl in eckigen Klammern (unser Beispiel – [55]) ist die Klassierungsnummer der Bibliografie und verweist damit auf die Schrift, aus der das Zitat stammt [die Texte wurden behutsam der reformierten neuen deutschen Rechtschreibung angeglichen, Anm. d. Lektorats]; die Paragrafenangabe (unser Beispiel = GW 11, § 87) gibt die Zitatstelle im jeweiligen Band der Gesammelten Werke (GW) an. Die Schriften sind in den allermeisten Fällen in den Bänden der Gesammelten Werke erschienen: 1958 bis 1970 im Rascher Verlag, Zürich, ab 1971 im Walter Verlag, Olten, und ab 2011 in broschierter Ausgabe in der Edition C. G. Jung im Patmos Verlag, Ostfildern. Einige Zitate stammen aus anderen Quellen, die unter der jeweiligen Klassierungsnummer angegeben werden.

1 *Aion* (1951). GW 9/II.

2 »Allgemeine Gesichtspunkte zur Psychologie des Traumes« (1928/1948). In: GW 8.

3A »Analytische Psychologie und Erziehung« (1926/1936). In: *Psychologie und Erziehung.* Rascher Paperback, Zürich 1969 (Erstfassung von 3 B).

3B »Analytische Psychologie und Erziehung« (1926/1946). In: GW 17.

4 »Analytische Psychologie und Weltanschauung« (1931). In: GW 8.

5 »Antwort auf Martin Buber« (1952). In: GW 18/II.

6 »Antwort auf Hiob« (1952). In: GW 11.

7 »Der archaische Mensch« (1931). In: GW 10.

8 *Basler Seminar.* Privatdruck. Zürich 1934.

9 »Die Bedeutung der Psychologie für die Gegenwart (1934). In: GW 10.

10 »Die Bedeutung der schweizerischen Linie im Spektrum Europas« (1928). In: GW 10.

11 »Der Begabte« (1943). In: GW 17.

12 »Über die Beziehungen der Psychotherapie zur Seelsorge« (1932). In: GW 11.

13 »Bruder Klaus« (1933). In: GW 11.

14 Vorwort zu Brunner, *Die Anima als Schicksalsproblem des Mannes* (1959). In: GW 18/II.

15 Epilog zu Jung, *L'homme à la découverte de son âme* (1944). In: GW 18/II.

16 »Die Ehe als psychologische Beziehung« (1925). In: GW 17.

17 »Psychologischer Kommentar zum Bardo Thödol (*Das tibetanische Totenbuch*, hg. von W. Y. Evans-Wentz, 1935). In: GW 11.

18 »Psychologischer Kommentar zu: Das tibetische Buch der großen Befreiung« (1939/1955). In: GW 11.

19 »Die Frau in Europa« (1927). In: GW 10.

20 »Der Gegensatz Freud und Jung« (1929). In: GW 4.

21 »Gegenwart und Zukunft« (1957). In: GW 10.

22 »Der Geist Mercurius« (1943). In: GW 13.

23 »Geist und Leben« (1926). In: GW 8.

24 »Das Gewissen in psychologischer Sicht« (1958). In: GW 10.

25 »Grundfragen der Psychotherapie« (1951). In: GW 16.

26 »Das Grundproblem der gegenwärtigen Psychologie« (1931). In: GW 8.

27 »Grundsätzliches zur praktischen Psychotherapie« (1935). In: GW 16.

28 »Gut und Böse in der Analytischen Psychologie« (1959). In: GW 10.

29 Einleitung zu Harding, *The Way of All Women* (1933). In: GW 18/II.

30 Besprechung von Heyer, *Der Organismus der Seele* (1933). In: GW 18/II.

31 »Der Inhalt der Psychose« (1908/1914). In: GW 3.

32 »Instinkt und Unbewußtes« (1919). In: GW 8.

33 *Gespräche mit C. G. Jung und Äußerungen von Ernest Jones*. Ins Deutsche übertragen von Lucy Heyer-Grote. Hg. von Richard I. Evans. Rhein-Verlag, Zürich 1967.

34 »Werden die Seelen Frieden finden?« In: *Die Weltwoche* (Zürich) 13: S. 600 (11. Mai 1945). Auf Englisch veröffentlicht als »The post-war psychic problems of the Germans«. In: *C. G. Jung Speaking: Interviews and Encounters*. Ed. by William McGuire / R. F. C. Hull. Princeton University Press, Princeton 1977, S. 149–155.

35 Vorworte zu *Seelenprobleme der Gegenwart* (1930, 1932, 1959). In: GW 18/II.
36 »Ein neues Buch von H. Keyserling, *La Révolution mondiale et la responsabilité de l'esprit*« (1934). In: GW 10.
37 Einführung zu W. M. Kranefeldt, *Die Psychoanalyse* (1930). In: GW 4.
38 »Die Lebenswende« (1931). In: GW 8.
39 *Ein moderner Mythus: Von Dingen, die am Himmel gesehen werden* (1958). In: GW 10.
40 Vorrede und Beitrag zu Moser, *Spuk: Irrglaube oder Wahrglaube?* (1950). In: GW 18/I.
41 *Mysterium Coniunctionis. Teil I* (1955). GW 14/I.
42 *Mysterium Coniunctionis. Teil II* (1956). GW 14/II.
43 »Nach der Katastrophe« (1945). In: GW 10.
44 Vorwort zu Erich Neumann, *Ursprungsgeschichte des Bewußtseins* (1949). In: GW 18/II.
45 Zu Karl Eugen Neumann, *Die Reden Gotamo Buddhos* (1955). In: GW 18/II.
46 »Paracelsus« (1929). In: GW 15.
47 »Paracelsus als Arzt« (1941). In: GW 15.
48 »Paracelsus als geistige Erscheinung« (1942). In: GW 13.
49 »Der Philosophische Baum« (1945/1954). In: GW 13.
50 »Die praktische Verwendbarkeit der Traumanalyse« (1934). In: GW 16.
51 »Die Probleme der modernen Psychotherapie« (1929). In: GW 16.
52 *Die Psychologie der Übertragung* (1946). In: GW 16.
53 *Psychologie und Alchemie* (1944/1952). In: GW 12.
54 »Psychologie und Dichtung« (1930/1950). In: GW 15.
55 *Psychologie und Religion* (1940). In: GW 11.
56 »Die psychologischen Aspekte des Mutterarchetypus« (1939/1954). In: GW 9/I.
57 »Die psychologischen Grundlagen des Geisterglaubens« (1928/1948). In: GW 8.
58 *Psychologische Typen* (1921). GW 6.
59 »Psychologische Typologie« (1936). In: GW 6.
60 »Psychotherapeutische Zeitfragen: Ein Briefwechsel zwischen C. G. Jung und R. Loy« (1914). In: GW 4.
61 »Die Psychotherapie in der Gegenwart« (1945). In: GW 16.
62 »Psychotherapie und Weltanschauung« (1943). In: GW 16.

63 »Randglossen zur Zeitgeschichte« (1945). In: GW 18/II.
64 »Rückkehr zum einfachen Leben« (1941). In: GW 18/II.
65 Vorwort zu Schmitz, *Märchen vom Fischotter* (1932). In: GW 18/II.
66 »Seele und Erde« (1931). In: GW 10.
67 »Seele und Tod« (1934). In: GW 8.
68 »Das Seelenproblem des modernen Menschen« (1928). In: GW 10.
69 »Sigmund Freud als kulturhistorische Erscheinung« (1932). In: GW 15.
70 »Sigmund Freud: Ein Nachruf«. In: GW 15.
71 »Die Struktur der Seele« (1928/1931). In: GW 8.
72 Vorwort zu Daisetz Teitaro Suzuki, *Die große Befreiung* (1939). In: GW 11.
73 *Symbole der Wandlung* (1952). GW 5.
74 »Theoretische Überlegungen zum Wesen des Psychischen« (1947/1954). In: GW 8.
75 Ein Gespräch mit C. G. Jung über Tiefenpsychologie und Selbsterkenntnis. In: GW 18/II.
76 »Die transzendente Funktion« (1916/1958). In: GW 8.
77 »Über den Archetypus, mit besonderer Berücksichtigung des Animabegriffes« (1936/1954). In: GW 9/I.
78A »Über die Archetypen des kollektiven Unbewußten«. In: *Ostwestliche Symbolik und Seelenführung.* Vorträge gehalten auf der Eranos-Tagung am 20. August bis 1. September 1934. Hg. von Olga Fröbe-Kapteyn. (Eranos-Jahrbuch 1934.) Rhein-Verlag, Zürich 1935 (Erstfassung von 78 B).
78B »Über die Archetypen des kollektiven Unbewußten« (1954). In: GW 9/I.
79 »Über die Beziehungen der Analytischen Psychologie zum dichterischen Kunstwerk« (1922). In: GW 15.
80 »Über die Energetik der Seele« (1928). In: GW 8.
81 »Über Grundlagen der Analytischen Psychologie«. Tavistock Lectures (1935). In: GW 18/I.
82 »Über den indischen Heiligen. Einführung zu Heinrich Zimmer, *Der Weg zum Selbst*« (1944). In: GW 11.
83 »Über Konflikte der kindlichen Seele« (1910/1916). In: GW 17.
84 »Über das Unbewußte« (1918). In: GW 10.
85 »Über Wiedergeburt« (1940/1950). In: GW 9/I.
86 »Ulysses« (1932). In: GW 15.

87 »Versuch einer Darstellung der psychoanalytischen Theorie« (1913/1955). In: GW 4.

88 »Versuch einer psychologischen Deutung des Trinitätsdogmas« (1942/1948). In: GW 11.

89 »Die Visionen des Zosimos« (1938/1954). In: GW 13.

90 »Vom Werden der Persönlichkeit« (1934). In: GW 17.

91 »Vom Wesen der Träume« (1945/1948). In: GW 8.

92A »Das Wandlungssymbol in der Messe«. In: *Vorträge gehalten auf den Tagungen in Ascona im August 1940 und im August 1941.* Hg. von Olga Fröbe-Kapteyn. (Eranos-Jahrbuch 1940/41.) Rhein-Verlag, Zürich 1942 (Erstfassung von 92B).

92B »Das Wandlungssymbol in der Messe« (1954). In: GW 11.

93 »Was Indien uns lehren kann« (1939/1974). In: GW 10.

94 Einführung zu Frances G. Wickes, *Analyse der Kinderseele* (1931). In: GW 17.

95 Vorwort zu Wickes, *Von der inneren Welt des Menschen* (1953). In: GW 18/II.

96 Kommentar zu Richard Wilhelm, *Das Geheimnis der goldenen Blüte* (1929). In: GW 13.

97 »Wirklichkeit und Überwirklichkeit« (1933). In: GW 8.

98 Randbemerkungen zu Wittels, *Die sexuelle Not* (1910). In: GW 18/I.

99 »Wotan« (1936). In: GW 10.

100 »Yoga und der Westen« (1936). In: GW 11.

101 »Ziele der Psychotherapie« (1929). In: GW 16.

102 »Zugang zum Unbewussten«. In: *Der Mensch und seine Symbole.* Hg. von C. G. Jung (1968). 21. Aufl. Ostfildern 2019. (In anderer Übersetzung unter dem Titel »Symbole und Traumdeutung« in: GW 18/I.)

103 »Zum psychologischen Aspekt der Korefigur« (1941). In: GW 9/I.

104A »Zur Empirie des Individuationsprozesses«. In: *Yoga und Meditation im Osten und im Westen. Fünfzehn Vorträge gehalten auf der Tagung in Ascona, 14. bis 26. August 1933.* Hg. von Olga Fröbe-Kapteyn. (Eranos-Jahrbuch 1933.) Rhein-Verlag, Zürich 1934 (Erstfassung von 104B).

104B »Zur Empirie des Individuationsprozesses« (1950). In: GW 9/I

105 »Zur gegenwärtigen Lage der Psychotherapie« (1934). In: GW 10.

106 »Zur Phänomenologie des Geistes im Märchen« (1946/1948). In: GW 9/I.

107 »Zur Psychologie des Kindarchetypus« (1940). In: GW 9/I.
108 »Zur Psychologie östlicher Meditation« (1943). In: GW 11.
109A »Neue Bahnen der Psychologie« (1912; Erstfassung von 109B). In: GW 7
109B »Über die Psychologie des Unbewußten« (1943). In: GW 7.
110 »Die Beziehungen zwischen dem Ich und dem Unbewußten« (1928). In: GW 7.

Verzeichnis der Gesammelten Werke von C. G. Jung

Die Bandnummern der Gesammelten Werke sowie der einzelnen Schriften sind mit der Jahreszahl der Erstveröffentlichung versehen. Die Erscheinungsjahre etwaiger Neuausgaben von Bänden oder revidierter Fassungen von Schriften sind nicht berücksichtigt. Die den einzelnen Schriften vorangestellten Zahlen entsprechen den Klassierungsnummern des bibliografischen Zitatennachweises (S. 359–364).

Die Angaben beziehen sich sowohl auf die gebundene Ausgabe der Gesammelten Werke, die ab 1971 im Walter Verlag, Olten und Düsseldorf, erschienen ist, als auch auf die broschierte Ausgabe in der Edition C. G. Jung im Patmos Verlag, Ostfildern 2011 ff.

1. Band (1966)
Psychiatrische Studien
Zur Psychologie und Pathologie sogenannter okkulter Phänomene (1902)
Über hysterisches Verlesen (1904)
Kryptomnesie (1905)
Über manische Verstimmung (1903)
Ein Fall von hysterischem Stupor bei einer Untersuchungsgefangenen (1902)
Über Simulation von Geistesstörung (1903)
Ärztliches Gutachten über einen Fall von Simulation geistiger Störung (1904)
Obergutachten über zwei widersprechende psychiatrische Gutachten (1906)
Zur psychologischen Tatbestandsdiagnostik (1905)

2. Band (1979)
Experimentelle Untersuchungen
Experimentelle Untersuchungen über die Assoziationen Gesunder (Mit Franz Riklin) (1904)
Analyse der Assoziationen eines Epileptikers (1905)

Über das Verhalten der Reaktionszeit beim Assoziationsexperimente (1905)
Experimentelle Beobachtungen über das Erinnerungsvermögen (1905)
Psychoanalyse und Assoziationsexperiment (1905)
Die psychologische Diagnose des Tatbestandes (1905)
Assoziation, Traum und hysterisches Symptom (1906)
Die psychopathologische Bedeutung des Assoziationsexperimentes (1906)
Über die Reproduktionsstörungen beim Assoziationsexperiment (1907)
Die Assoziationsmethode (1910)
Die familiäre Konstellation (1910)
Über die psychophysischen Begleiterscheinungen im Assoziationsexperiment (1907)
Psychophysische Untersuchungen mit dem Galvanometer und dem Pneumographen bei Normalen und Geisteskranken (Mit Frederick Peterson) (1907)
Weitere Untersuchungen über das galvanische Phänomen, Pneumographen und die Respiration bei Normalen und Geisteskranken (Jung und Ricksher) (1907)
Statistisches von der Rekrutenaushebung (1906)
Neue Aspekte der Kriminalpsychologie (1908)
Die an der psychiatrischen Klinik in Zürich gebräuchlichen psychologischen Untersuchungsmethoden (1910)
Ein kurzer Überblick über die Komplexlehre (1911)
Zur psychologischen Tatbestandsdiagnostik (1937)

3. Band (1968)
Psychogenese der Geisteskrankheiten
Über die Psychologie der Dementia praecox (1907)
Der Inhalt der Psychose (1908)
Kritik über E. Bleuler: Zur Theorie des schizophrenen Negativismus (1911)
Über die Bedeutung des Unbewußten in der Psychopathologie (1914)
Über das Problem der Psychogenese bei Geisteskrankheiten (1919)
Geisteskrankheit und Seele (1928)
Über die Psychogenese der Schizophrenie (1939)

Neuere Betrachtungen der Schizophrenie (1956)
Die Schizophrenie (1958)

4. Band (1969)
Freud und die Psychoanalyse
Die Hysterielehre Freuds (1906)
Die Freudsche Hysterietheorie (1908)
Die Traumanalyse (1909)
Ein Beitrag zur Psychologie des Gerüchtes (1910)
Ein Beitrag zur Kenntnis des Zahlentraumes (1910)
Morton Prince »The Mechanism and Interpretation of Dreams« (1911)
Zur Kritik über Psychoanalyse (1910)
Zur Psychoanalyse (1912)
87 Versuch einer Darstellung der psychoanalytischen Theorie (1913)
Allgemeine Aspekte der Psychoanalyse (1913)
Über Psychoanalyse (1916)
60 Psychotherapeutische Zeitfragen (Briefwechsel mit R. Loy) (1914)
Vorreden zu »Collected Papers on Analytical Psychology« (1916)
Die Bedeutung des Vaters für das Schicksal des Einzelnen (1909)
37 Einführung zu W. M. Kranefeldt »Die Psychoanalyse« (1930)
20 Der Gegensatz Freud und Jung (1929)

5. Band (1973)
73 **Symbole der Wandlung (1952)**
(Neubearbeitung von »Wandlungen und Symbole der Libido«, 1912)
1. Teil:
Einleitung
Über die zwei Arten des Denkens
Vorgeschichte
Der Schöpferhymnus
Das Lied von der Motte

2. Teil:
Einleitung
Über den Begriff der Libido
Die Wandlung der Libido
Die Entstehung des Heros

Symbole der Mutter und der Wiedergeburt
Der Kampf um die Befreiung von der Mutter
Das Opfer
Schlußwort
Anhang: Die Millerschen Phantasien

6. Band (1960)
58 **Psychologische Typen (1921)**
Einleitung
Das Typenproblem in der antiken und mittelalterlichen Geistesgeschichte
Über Schillers Ideen zum Typenproblem
Das Apollinische und das Dionysische
Das Typenproblem in der Menschenkenntnis
Das Typenproblem in der Dichtkunst
Das Typenproblem in der Psychopathologie
Das Problem der typischen Einstellung in der Ästhetik
Das Typenproblem in der modernen Philosophie
Das Typenproblem in der Biographik
Allgemeine Beschreibung der Typen
Definitionen
Schlußwort
Anhang – vier Arbeiten über Psychologische Typologie:
Zur Frage der psychologischen Typen (1913)
Psychologische Typen (1925)
Psychologische Typologie (1928)
59 Psychologische Typologie (1936)

7. Band (1964)
Zwei Schriften über Analytische Psychologie
109B Über die Psychologie des Unbewußten (1943)
110 Die Beziehungen zwischen dem Ich und dem Unbewußten (1928)
Anhang:
109A Neue Bahnen der Psychologie (1912)
Die Struktur des Unbewußten (1916)

8. Band (1967):
Die Dynamik des Unbewußten

80 Über die Energetik der Seele (1928)
76 Die transzendente Funktion (1916)
Allgemeines zur Komplextheorie (1934)
Die Bedeutung von Konstitution und Vererbung für die Psychologie (1929)
Psychologische Determinanten des menschlichen Verhaltens (1936)
32 Instinkt und Unbewußtes (1928)
71 Die Struktur der Seele (1928)
74 Theoretische Überlegungen zum Wesen des Psychischen (1947)
2 Allgemeine Gesichtspunkte zur Psychologie des Traumes (1928)
91 Vom Wesen der Träume (1945)
57 Die psychologischen Grundlagen des Geisterglaubens (1928)
23 Geist und Leben (1926)
26 Das Grundproblem der gegenwärtigen Psychologie (1931)
4 Analytische Psychologie und Weltanschauung (1931)
97 Wirklichkeit und Überwirklichkeit (1933)
38 Die Lebenswende (1931)
67 Seele und Tod (1934)
Synchronizität als ein Prinzip akausaler Zusammenhänge (1952)
Über Synchronizität (1952)

9/I. Band (1976)
Die Archetypen und das kollektive Unbewußte

78B Über die Archetypen des kollektiven Unbewußten (1935)
Der Begriff des kollektiven Unbewußten (1936)
77 Über den Archetypus mit besonderer Berücksichtigung des Animabegriffes (1936)
56 Die psychologischen Aspekte des Mutterarchetypus (1939)
85 Über Wiedergeburt (1940)
107 Zur Psychologie des Kindarchetypus (1940)
103 Zum psychologischen Aspekt der Korefigur (1941)
106 Zur Phänomenologie des Geistes im Märchen (1946)
Zur Psychologie der Tricksterfigur (1954)
Bewußtsein, Unbewußtes und Individuation (1939)
104B Zur Empirie des Individuationsprozesses (1934)
Über Mandalasymbolik (1938)
Mandalas (1955)

9/II. Band (1976)

1 **Aion. Beiträge zur Symbolik des Selbst (1951)**
Das Ich
Der Schatten
Die Syzygie: Anima und Animus
Das Selbst
Christus, ein Symbol des Selbst
Das Zeichen der Fische
Die Prophezeiung des Nostradamus
Über die geschichtliche Bedeutung des Fisches
Die Ambivalenz des Fischsymbols
Der Fisch in der Alchemie
Die alchemistische Deutung des Fisches
Allgemeines zur Psychologie der christlich-alchemistischen Symbolik
Gnostische Symbole des Selbst
Die Struktur und Dynamik des Selbst
Schlußwort

10. Band (1974)
Zivilisation im Übergang
Über das Unbewußte (1918)
66 Seele und Erde (1931)
7 Der archaische Mensch (1931)
68 Das Seelenproblem des modernen Menschen (1928)
Das Liebesproblem des Studenten (1928)
19 Die Frau in Europa (1927)
9 Die Bedeutung der Psychologie für die Gegenwart (1934)
105 Zur gegenwärtigen Lage der Psychotherapie (1934)
Vorwort zu »Aufsätze zur Zeitgeschichte« (1946)
99 Wotan (1936)
43 Nach der Katastrophe (1945)
Der Kampf mit dem Schatten (1946)
Nachwort zu »Aufsätze zur Zeitgeschichte« (1946)
21 Gegenwart und Zukunft (1957)
39 Ein moderner Mythus: Von Dingen, die am Himmel gesehen werden (1958)
24 Das Gewissen in psychologischer Sicht (1958)
28 Gut und Böse in der analytischen Psychologie (1959)

Vorrede zu: Toni Wolff »Studien zu C. G. Jungs Psychologie« (1959)
10 Die Bedeutung der schweizerischen Linie im Spektrum Europas (1928)
Der Aufgang einer neuen Welt (1930)
36 Ein neues Buch von Keyserling »La Révolution mondiale et la responsabilité de l'esprit« (1934)
Komplikationen der amerikanischen Psychologie (1930)
Die träumende Welt Indiens (1939)
93 Was Indien uns lehren kann (1939)
Verschiedenes (Neun kurze Beiträge 1933–1938)

11. Band (1963)
Zur Psychologie westlicher und östlicher Religion
55 Psychologie und Religion (1940)
88 Versuch einer psychologischen Deutung des Trinitätsdogmas (1942)
92B Das Wandlungssymbol in der Messe (1942)
Geleitwort zu Victor White: Gott und das Unbewußte (1952)
Vorrede zu Zwi Werblowsky: Lucifer und Prometheus (1952)
13 Bruder Klaus (1933)
12 Über die Beziehung der Psychotherapie zur Seelsorge (1932)
Psychoanalyse und Seelsorge (1928)
6 Antwort auf Hiob (1952)
18 Psychologischer Kommentar zu: Das tibetische Buch der großen Befreiung (1939)
17 Psychologischer Kommentar zum Bardo Thödol (1935)
100 Yoga und der Westen (1936)
72 Vorwort zu Daisetz Teitaro Suzuki: Die große Befreiung (1939)
108 Zur Psychologie östlicher Meditation (1943)
82 Über den indischen Heiligen. Einführung zu Heinrich Zimmer: Der Weg zum Selbst (1944)
Vorwort zum I Ging (1950)

12. Band (1972)
53 **Psychologie und Alchemie (1944)**
Vorwort [undatiert] zur 2. englischen Auflage von 1967
Einleitung in die religionspsychologische Problematik der Alchemie (1943)
Traumsymbole des Individuationsprozesses (1936)

Die Erlösungsvorstellungen in der Alchemie (1937)
Epilog

13. Band (1978)
Studien über alchemistische Vorstellungen
96 Kommentar zu »Das Geheimnis der goldenen Blüte« (1929)
22 Der Geist Mercurius (1943)
89 Die Visionen des Zosimos (1938)
48 Paracelsus als geistige Erscheinung (1942)
49 Der philosophische Baum (1945)

14/I. Band (1968)
41 **Mysterium Coniunctionis (1955)**
Die Komponenten der Coniunctio
Die Paradoxa
Die Personifikationen der Gegensätze

42 **14/II. Band (1968)**
Mysterium Coniunctionis (1956)
Rex und Regina
Adam und Eva
Die Konjunktion

14/III. Band (1973)
Mysterium Coniunctionis, Ergänzungsband
(Herausgegeben und kommentiert von Marie-Louise von Franz)
Aurora Consurgens

15. Band (1971)
Über das Phänomen des Geistes in Kunst und Wissenschaft
46 Paracelsus (1929)
47 Paracelsus als Arzt (1941)
69 Sigmund Freud als kulturhistorische Erscheinung (1932)
70 Sigmund Freud (1939)
Zum Gedächtnis Richard Wilhelms (1930)
79 Über die Beziehung der Analytischen Psychologie zum dichterischen Kunstwerk (1922)
54 Psychologie und Dichtung (1930)

86 »Ulysses« (1932)
Picasso (1932)

16. Band (1958)
Praxis der Psychotherapie

27 Grundsätzliches zur praktischen Psychotherapie (1935)
Was ist Psychotherapie? (1935)
Einige Aspekte der modernen Psychotherapie (1930)
101 Ziele der Psychotherapie (1929)
51 Die Probleme der modernen Psychotherapie (1929)
62 Psychotherapie und Weltanschauung (1943)
Medizin und Psychotherapie (1945)
61 Die Psychotherapie in der Gegenwart (1945)
25 Grundfragen der Psychotherapie (1951)
Der therapeutische Weg des Abreagierens (1921)
50 Die praktische Verwendbarkeit der Traumanalyse (1934)
52 Die Psychologie der Übertragung (1946)

17. Band (1972)
Über die Entwicklung der Persönlichkeit

83 Über Konflikte der kindlichen Seele (1910)
94 Einführung zu Frances G. Wickes »Analyse der Kinderseele« (1931)
Die Bedeutung der Analytischen Psychologie für die Erziehung (1923)
3B Analytische Psychologie und Erziehung (1926)
11 Der Begabte (1943)
Die Bedeutung des Unbewußten für die individuelle Erziehung (1928)
90 Vom Werden der Persönlichkeit (1934)
16 Die Ehe als psychologische Beziehung (1925)

18/I. Band (1981)
Das symbolische Leben

Über Grundlagen der analytischen Psychologie (1935)
Symbole und Traumdeutung (1961)
Das symbolische Leben (1939)
40, 81, 98, 102: Ergänzungen zu GW 1, 3, 4

18/II. Band (1981)
Das symbolische Leben
5, 14, 15, 29, 30, 35, 44, 45, 63, 64, 65, 75, 95: Ergänzungen zu GW 5, 7–17

19. Band (1983)
Bibliographie
Die veröffentlichten Schriften von C. G. Jung (Originalwerke und Übersetzungen)
Die Gesammelten Werke von C. G. Jung
Die Seminare von C. G. Jung

20. Band (1995)
Gesamtregister